KODAK Gray Scale

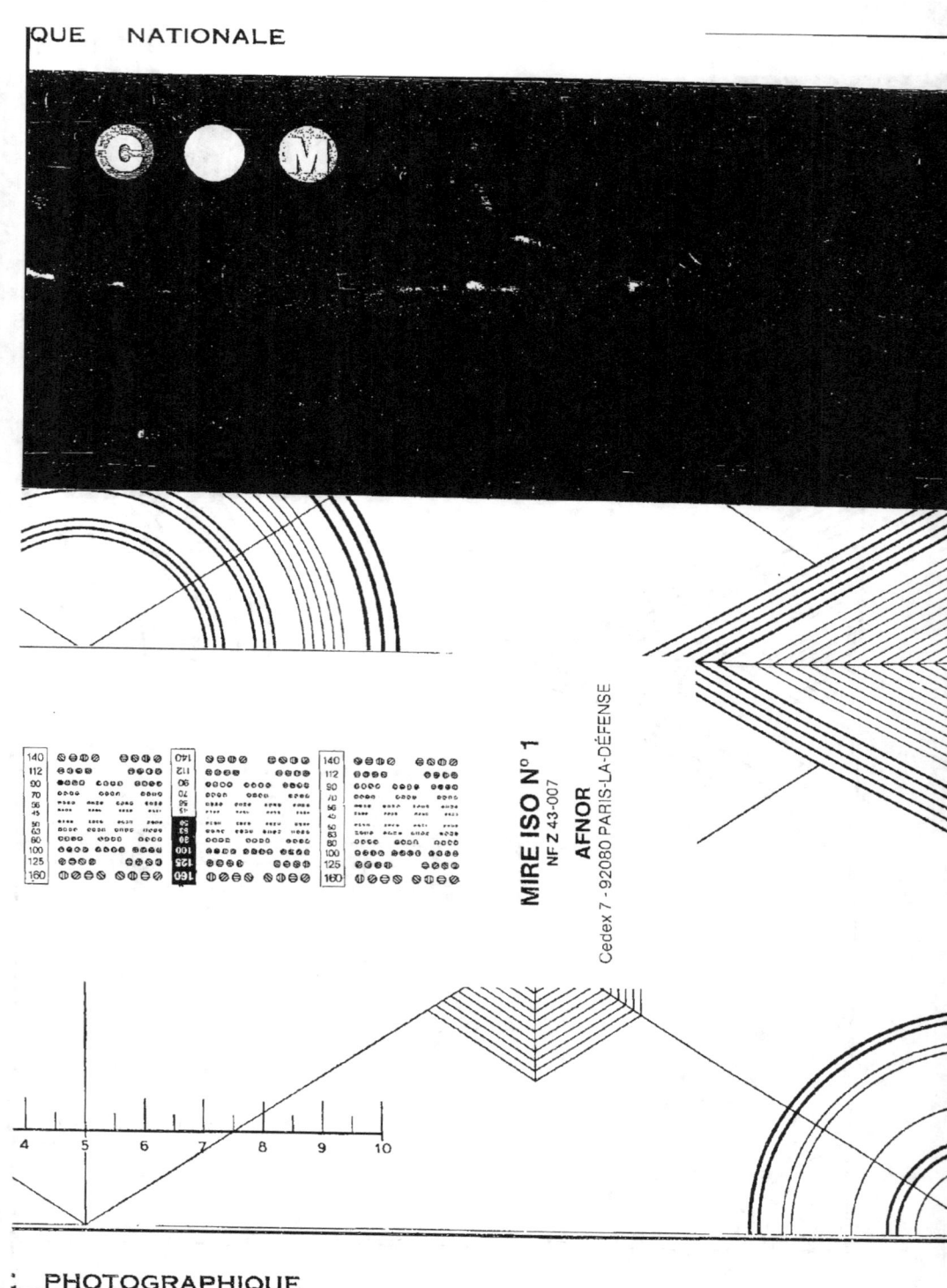

PHOT. BIBL.
REPRODUCTION INTE

LES OEUVRES PRO
TION SUR LA PROPRIÉT
QUE (LOI DU 11 MARS
REPRODUITES SANS AU
OU DE SES AYANTS DRO

DANS L'INTÉRÊT DE
THÈQUE NATIONALE TIE
RELATIFS AUX MANUSCR

ELLE PRIE LES UT
MICROFILM DE LUI SIG
QU'ILS ENTREPRENDRA
L'AIDE DE CE DOCUME

NAT. PARIS
DITE SANS AUTORISATION.

ÉGÉES PAR LA LÉGISLA-
 LITTÉRAIRE ET ARTISTI-
957) NE PEUVENT ÊTRE
 ORISATION DE L'AUTEUR
T.

LA RECHERCHE LA BIBLIO-
T UN FICHIER DES TRAVAUX
TS QU'ELLE CONSERVE.
LISATEURS DU PRÉSENT
ALER LES ÉTUDES
ENT ET PUBLIERAIENT A
.

CE DOCUMENT A
TEL QU'IL A

ÉTÉ MICROFILMÉ
ÉTÉ RELIÉ

BIBLIOTHEQUE NATIONAL DE FRANCE

DEPARTEMENT DES LIVRES IMPRIMES

FILMOTHEQUE DE SECURITE

Entier

R 116026

Cde : 4736 Volts : M6

Date : 26.04.98

MAG

L.n. 27/10252

LA VIE,
LES MAXIMES
ET
PARTIE DES OEVVRES
DV TRES-EXCELLENT CONTEMPLATIF,
LE VENERABLE
FR. IAN DE S. SAMSON,
AVEVGLE DE'S LE BERCEAV,
& Religieux Laïc de l'Ordre des Carmes
Reformez.

Par le R. P. DONATIEN DE S. NICOLAS,
Religieux du mesme Ordre.

Confiteor tibi, Pater, Domine Cœli & terræ, quia abscondisti
hæc à sapientibus & prudentibus; & reuelasti ea
paruulis. Matth. 11.

A PARIS,
Chez DENYS THIERRY, ruë sainct Iacques,
à l'enseigne de sainct Denys.

M. DC. LI.
Auec Priuilege du Roy, & Approbation.

A MONSEIGNEVR
MESSIRE HENRY DE BOVRG-NEVF, CHEVALIER,

Marqvis de Cvcé, Baron d'Orgeres, &c. Conseiller du Roy en ses Conseils d'Estat & Priué; & son Premier President au Parlement de Bretagne.

MONSEIGNEVR,

Ie m'expose sans doute à estre blasmé d'imprudence & de temerité, en vous dediant ce Liure; lequel dans son titre & dans son escorce porte des qualitez, qui paroissent opposées à celles d'vne personne de vostre rang, & de vostre merite. Car on n'y voit d'abord que la vie d'vn pauure Religieux Laïc, priué de la veuë corporelle, & dépourueu des scien-

ã ij

EPISTRE.

ces humaines ; lequel d'ailleurs traitte des choses spirituelles dans vn air si extraordinaire, & d'vne façon si abstraite ; que cela semble n'auoir pas assez de rapport, & de conformité aux emplois continuels de vostre charge, & de vostre condition.

Toutefois si on le considere attentiuement, on iugera sans difficulté, qu'il ne pouuoit estre adressé plus raisonnablement qu'à vous : puisqu'il est ici question de parler d'vn Homme, lequel vous auez honoré de vostre connoissance & de vostre estime ; & puisque vous portez encore vn doux & agreable souuenir des rares exemples de sa vertu. Il m'a semblé que ie pouuois, auec beaucoup de cōuenance & de proportion, dédier la Vie d'vn Religieux, Aueugle des yeux corporels, & tres-lumineux selon l'esprit à vne Personne, qui par vn saint & vertueux aueuglement, a tousiours eu les yeux du corps fermez à la vanité, & qui n'ouure ceux de l'esprit qu'à ce qui est plus solide, & plus veritable. Et certes ie ne voy rien de plus naturel, que d'offrir à vn esprit eminent en science & en vertu, la Vie & les Oeuures d'vn grand seruiteur de Dieu ; qui contiennent

EPISTRE.

les plus rauiſſantes pratiques, les Maximes les plus hautes, & les plus profonds ſecrets de la ſapience diuine.

Mais ce qui m'y a le plus conuié, MONSEIGNEVR, c'eſt qu'aiant reflechi ſur les obligations tres-grandes, qui attachent noſtre Ordre à voſtre illuſtre Maiſon; l'ay creu, qu'à moins de bleſſer la Iuſtice, & de tomber dans vne trop euidente ingratitude, ie deuois vous en faire vn aueu public, dans vne occaſion ſi fauorable que celle-cy. On ne doit pas ignorer la tendreſſe & cordiale affection, que feu Monſeigneur voſtre Pere portoit à noſtre Obſeruance, & à noſtre Reforme, lors qu'elle eſtoit encore naiſſante en noſtre Conuent de Rennes. Nous ſçauons qu'il l'à maintenüe dans ſa foibleſſe & dans ſes beſoins, par ſes ſages conſeils, & par ſon autorité : & qu'à l'ordinaire des grandes Oeuures de Dieu, lors qu'elle eſtoit trauerſée de mille difficultez, qui la menaçoient d'vn aſſuré naufrage dés ſon berceau; ce grand Homme touſiours zelé pour la gloire de Dieu, auſſi bien que pour l'integrité de la Iuſtice, n'a rien eſpargné de ſa puiſſance & de ſon credit, pour faire auancer ce chef-d'œuure à ſa perfe-

ã iij

EPISTRE.

...tion. Il a confirmé les principales colomnes de cét edifice, encourageant les premiers zelateurs de la Reforme à poursuiure leur genereux dessein : Et nous auons un souuenir tres-recent de l'amour, de la confiance, & de l'estime qu'il eut iusques à la mort, pour le V. Fr. Ian de S. Samson ; le regardant comme un soleil lumineux, né pour dissiper les nuages & l'obscurité, qui cachoient alors la beauté de nostre Carmel.

Dés ce temps-là, MONSEIGNEVR, vous imitiez ce Pere illustre dans son zele, & secondiez parfaitement l'affection, dont il honoroit nostre petite Obseruance. Et le Ciel nous aiant depuis enleué ce puissant appui, vous auez succedé à sa grande pieté, aussi bien qu'au reste de ses vertus, & à ses augustes emplois. De sorte que cette Reforme estant un arbre éleué sous l'influence de deux astres si fauorables, ie serois trop iniuste si ie ne portois pas à vos pieds, un des plus beaux fruits, qu'elle ait produit iusques à present.

Ces iustes raisons, MONSEIGNEVR, m'ont persuadé de vous presenter ce tableau racourci, dans lequel le Venerable Fr. Ian de

EPISTRE.

ſaint Samſon ne paroiſtra plus ſous la forme d'vn aueugle, ny comme vn pauure Frere Laïc : mais cõme vn Cherubin tres-lumineux, & comme vn Seraphin tout embraſé d'amour : au moins comme l'vn des doctes Perſonnages dans la ſcience des Saints, qui ait paru dans ſon ſiecle.

A la verité, les ſacrez Miſteres de cette haute ſcience ſont ici traittez d'vne façon, qui ne ſent point le langage affecté des Mondains. Ce qui pourra chocquer quelques eſprits, accouſtumez à ne voir la ſageſſe du Ciel, que ſous vn habit emprunté de celle de la terre. Mais cela meſme eſt vn des plus puiſſans motifs, qui m'oblige a vous dedier cét Ouurage. Car cette fille du Ciel deſirant s'y faire voir à découuert, & ſans déguiſement de paroles, ne peut recourir plus heureuſement qu'à vous, comme à l'vn de ſes plus affidez & de ſes plus intimes. Elle ſçait que vous auez blanchi, non moins dans l'eſtude & dans l'experience de ſes maximes, qu'au ſeruice de la France, à la teſte d'vn de ſes plus auguſtes Parlemens. Par conſequent elle ne peut douter que vous ne faſſiez beaucoup plus d'eſtat de ſa pure & naïue ſimplicité, & des

EPISTRE.

sinceres productions de son esprit, que si on y auoit adiousté les vains ornemens, & le fard d'vne eloquence mondaine. Telle est la pratique des vrais sages, de ne s'arrester iamais à l'apparence, mais seulemēt à la verité des choses; & regarder solidement ce qu'elles sont dans leur fond & dans leur substance. C'est à ces grandes Ames, que cette Reine des esprits se presente: Ce sont les Amis qu'elle cherche, & les Protecteurs qu'elle desire. C'est à eux qu'elle addresse sa voix, & ses clameurs amoureuses; elle repose doucement en leur sein, & leur cœur luy sert de refuge, & d'vn azile asseuré, contre tous ceux qui la veulent combatre.

Puis donc, MONSEIGNEVR, que vous portez auantageusement ces beaux caracteres, qui vous rendent le deffenseur, & l'appui de la sagesse: permettez qu'à l'abri de vostre protection, elle découure au public vne partie de ses plus beaux secrets; & que pour ce suiet, elle rappelle du silence & du tombeau cét excellent Religieux, qu'elle a d'autant plus esclairé et penetré de ses lumieres, qu'il estoit heureusement incapable d'enuisager celles de la nature. On le verra, non sans estonnement, parler auec tant
d'energie

EPISTRE.

d'energie & de sublimité des choses de l'esprit, & des secrets surnaturels, que les Ames pures, qui cherchent auidement ce pain du Ciel, & ces hautes connoissances, trouueront vne indicible satisfaction dans lecture de ses Oeuures, & de ses Maximes. Tous apprendront combien il est auantageux, de s'adonner à la vertu, espurer son cœur de la lie du siecle, éleuer son esprit aux choses eternelles, se ioindre & adherer purement à Dieu. Ils verront là dedans en quoy consiste la vraie sagesse, & cette Prudence diuine, qui dans le sentiment de l'Apostre, ne s'accorde iamais auec celle de la chair. Ils experimenteront, que comme il n'est rien de plus desiré que cette excellente vertu; de mesme il n'est rien qu'on possede plus delicieusement. Nihil sapientiâ ardentiùs diligitur, nihil dulciùs possidetur; dit le docte Richard de sainct Victor.

C'est vn tresor tres-precieux, qui rend ses possesseurs merueilleusement aimables aux yeux de Dieu, des Anges, & des hommes. Pour ce suiet nous le communiquons au public, & nous le communiquons sous vostre nom, MONSEIGNEVR, afin que si quelqu'vn man-

EPISTRE

que de generosité, pour en poursuiure l'heureuse possession; il s'y sente poussé & encouragé par l'exemple, & d'vn Religieux, & d'vne Personne de vostre condition. Puisque par vne heureuse alliance, vous auez sçeu marier vne haute sagesse, vne rare modestie, & le reste des vertus Chrestiennes; auec l'eminente dignité de Premier Oracle de Iustice en cette Prouince: et puisque vous portez cette verité escrite en gros caractere sur toutes vos actions: Qu'il n'est pas impossible de viure spirituellement, & d'appliquer son cœur purement à Dieu, au milieu des plus grands emplois, & des affaires publiques.

Sur tout cette douceur, qui vous rend accessible mesme aux plus petits, & qui vous acquiert vn merueilleux empire sur les cœurs; me fait esperer que vous ne desagréerez pas ce present, qui vous est offert auec tant de motifs, de deuoir, et de reconnoissance. Et qu'auec la mesme bonté, vous receurez les respects, que vous rend

MONSEIGNEVR,

    Vostre tres-humble & tres-obeïssant
    seruiteur, Fr. DONATIEN DE S.
    NICOLAS Religieux Carme.

PREFACE.

C'EST le commun sentiment des Sages, qu'vn effet est tousiours ignoré tandis qu'on ignore son principe : & tout esprit iudicieux, voiant quelque chose de rare & d'excellent, en recherche incontinent l'origine, s'il en veut auoir la parfaite connoissance. C'est pourquoi ie ne doute pas que ceux qui verront les Oeuures Mistiques du V. FR. IAN DE S. SAMSON remplies de lumieres & de sentimens diuins, ne soient incontinent touchez du desir de sçauoir quelle a esté sa vie; & de découurir à mesme temps la source, d'où il a puisé vne si eminente sagesse. Ce qui nous meut donc à mettre au jour quelque eschantillon de ses Oeuures, nous oblige de donner au public ce grossier craion de sa vie ; afin qu'on voie par l'excellence de l'Auteur quel estat on doit faire de ses Ouurages.

PREFACE.

I'aduoüe ingenuëment que c'eſt auec honte & confuſion que i'entreprens ce deſſein de deſcrire les perfections d'vne ame ſi diuine. Car comment découurir cette chaſte Eſpouſe cachée dans le ſein de Dieu, qui demeure auec lui dans vne lumiere inacceſſible? Comment ſonder & penetrer iuſques au centre de ſon diuin repos, ou dés cette vie elle joüiſſoit de l'objet de ſes chaſtes amours? Pourray-je parler d'vn Eſprit deuenu ineffable à force de ſe plonger & de ſe transformer par amour en celui qui eſt ineffable? Enfin par où me pourray-je prendre, & quel ordre tiendray-je à deſcrire la vie d'vn homme, qui s'eſt tellement excedé & ſurpaſſé ſoi-meſme, qu'il eſtoit tout perdu en Dieu, & reueſtu de ſes diuines perfections? Certes c'eſt ou entreprendre infiniment au delà de mon pouuoir; ou m'engager à dire des choſes qu'à peine pourra-on croire; & que pluſieurs Eſprits ne conceuront jamais.

Toutefois la ſainte Obeïſſance, qui ne parle que de victoires & de triomphes, me determinant à cette action; je ne dois pas tant enuiſager les difficultez de mon ſujet, qu'au contraire eſperer que celui qui commande, quand il luy plaiſt, aux enfans & aux muets de parler en Prophetes, con-

PREFACE.

duira ma plume, & fera reüssir le tout à sa gloire. C'est lui qui est le premier moteur & le veritable auteur de ce dessein, & comme il l'a inspiré à mes Superieurs par des voies mesme extraordinaires, ie suis obligé plus que jamais en cette occasion, de pratiquer l'obeïssance aueugle.

I'expose cét Ouurage à la censure de deux sortes de personnes. Les hommes de chair & de sang n'y trouuans rien qui ne condamne leurs voies, s'en riront à leur ordinaire; & condamneront la simplicité du iuste, ie veux dire, de nostre Aueugle illuminé. Mais quoy ? *Cœci sunt, & duces cœcorum.* Ce son de vrais aueugles, qui se conduisent l'vn l'autre au precipice; & qui s'estans abbaissez à vne condition toute animale, ne conçoiuent aucunement ce qui est de l'esprit de Dieu.

D'autres blasmeront la publication de ces merueilles, sous pretexte de modestie & d'humilité: ausquels ie respons, qu'il y a temps de parler, aussi bien que de se taire; selon le sentiment du Sage. Le silence & l'obscurité ne sont que pour les ames qui sont encore icy bas, mourantes ou mortes par l'operation mystique du diuin Amour. Elles doiuent demeurer dans leur precieux tombeau; ius-

PREFACE.

ques à ce que celui qui seul reſſuſcite les morts, les tire de l'obſcurité, & les mette en euidence. Mais il n'en eſt pas ainſi lors qu'elles ont franchi le pas de la mort naturelle : *Lauda poſt mortem, magnifica poſt conſummationem*, dit vn Pere de l'Egliſe. Loüez les ames fideles, & les exaltez tant qu'il vous plaira apres la mort & la conſommation de leur vie corporelle. L'hyuer eſtant paſſé, la terre ne manque point, au retour du Soleil, de produire les beautez qu'elle tenoit cachées dans ſon ſein : & certes il faut à bien plus forte raiſon, que les richeſſes ſpirituelles cachées ſous l'humilité d'vne Ame ſainte, telle que celle-cy, paroiſſent maintenāt au iour pour la gloire de Dieu, & pour l'edification du prochain. Car l'hyuer de la vie mortelle eſtant heureuſement écoulé, elle n'eſt plus dans vn eſtat, où il y ait du peril à publier ſes loüanges.

Paſſant donc toutes ces reflexions, & toutes ces cenſures, que diuers eſprits pourront faire ſur cét œuure d'obeïſſance : ie l'addreſſe ſeulement aux ames fameliques, & qui ont vne ardente ſoif des eaux tres-pures de la Sageſſe diuine. Ie l'offre & le conſacre particulierement aux Perſonnes Religieuſes du ſaint Ordre de Noſtre-Dame du Mõt-

PREFACE.

Carmel, & leur presente ce beau Miroir, pour l'enuisager souuent, & découurir dans les prattiques, de nostre pieux Aueugle, quel est le double esprit de nostre Pere & Patriarche S. Elie. On y verra vn zele ardent comme celui de ce grand Prophete, mais plein de prudence & de discretion selon la sagesse du Ciel. On y verra la viue imitation de ses austeritez & de sa mortification. On y verra ses exercices de la Presence de Dieu, de sa continuelle Oraison, de sa contemplation tres-pure & tres-eminente. On y verra les lys de sa chasteté virginale, portée heureusement iusques dans le tombeau; son obeïssance & sa soûmission à tous les ordres de Dieu, sa genereuse pauureté, sa foy tres-nuë, son esperance sublime, sa charité tres-parfaite; & generalement toutes les perfections & les vertus, qui peuuent former & accomplir vn vrai Carme selon le double esprit de son Pere saint Elie. Esprit, qui n'est autre que la mortification & le détachement de tout ce qui n'est point Dieu, ou qui ne nous porte point à Dieu; & l'esprit d'oraison continuelle, qui doit animer tous les exercices de nostre vie religieuse : & pour parler auec vn Apostre, enflamme la rouë de nostre naissance, & le cours de toute nostre vie iusques à la mort.

PREFACE.

C'est donc à nous plus particulierement que s'adresse ici la voie de ce grand seruiteur de Dieu; C'est à nous que parlent ses exemples de vertu, & les excellentes productions, qu'il nous a laissé dans ses Escrits de la Sapience diuine. Ses actions toutes heroïques, & les hauts degrez de sa contemplation diuine sont autant de langues, qui nous disent, que la vraie fin du Religieux, specialement d'vn Carme, c'est de vacquer à Dieu, chercher nuit & iour sa face & sa iouïssáce amoureuse, & s'écouler affectueusement en luy: & que pour arriuer à cette fin bien-heureuse, nous deuōs prendre auec vne sainte auidité tous les moiens qui y conduisent. Il nous conuie à la solitude de cœur & d'esprit, & à celle du corps, autant que nous le permet nostre condition de Religieux, destinez à la recherche du salut des ames. Il nous persuade par ses prattiques d'estre parfaittement soufmis à la volōté de nos Superieurs, & d'enuisager en chacun d'eux, non les caracteres d'vn homme mais ceux de I.Ch. Nous verrons, si nous lisons attentiuemēt sa Vie & ses Traittez spirituels, que l'esprit de la sainte Religion n'abhorre rien plus que la satisfaction des sens, & les sentimens de la chair: Qu'il est incompatible auec le vain éclat du monde

PREFACE.

monde & l'applaudissement des creatures: Qu'il mesprise tous les plaisirs pour embrasser la Croix, & toutes les richesses, pour acquerir vn tresor immortel dans le Ciel. Enfin nous y apprendrons cette importante leçon, Qu'vn Religieux qui ne s'obserue pas continuellement soi-mesme, pour ne donner aucun lieu aux suggestions du Demon, ou aux recherches de la nature, & qui s'engage soi-mesme dans l'embarras des choses creées, en vn mot, qui ne cherit pas le silence & la solitude, c'est vn poisson hors de son element, & vne ville sans enceinte de murailles, exposée à toutes sortes de perils, & à la rage de ses ennemis.

Ie sçai qu'on m'obiectera sur ce poinct, que tous ne peuuent pas mener vne vie si solitaire, ni paruenir à vn si haut degré de contemplation que le V. Fr. Ian de saint Samson: que ces graces sublimes sont reseruées à peu de personnes: & que tous ne vont pas à Dieu par vn mesme chemin. Pour satisfaire à cette obiection, ie prie les Lecteurs de considerer que la vie de ce bon Frere n'a pas esté si retirée, qu'il n'ait esté plusieurs fois appellé & employé de Dieu à l'assistance du prochain. Aussi-tost que le S. Esprit l'eut touché des

PREFACE.

premiers traits de son amour, il commença à deuenir chasseur des Ames. Il les attiroit doucemét à Dieu sous pretexte de lectures spirituelles, leur insinuant les diuerses obligations du Chrestien: entr'autres de fuir le vice, embrasser la vertu, s'adonner à la pieté & aux exercices d'vne deuotion solide. Il fit, auec vn merueilleux profit, cét office à l'endroit de plusieurs seculiers, & mesme de quelques-vns des nostres, au grand auantage de nostre Reforme naissante. Si tost qu'il fut receu au Conuent de Dol en qualité de Religieux, il mit encore plus efficacement la main à l'œuure, non par autorité, mais par ses bons exemples, & par ses prudentes & saintes cómunications auec les Religieux, pour defrischer cette terre inculte, où l'obseruance reguliere n'auoit plus sa force ni sa vigueur. De là, par des secretes & admirables conduites de l'esprit de Dieu, il exhala au dehors parmi les seculiers tant d'odeur de vertu, de pieté, & de charité, & auec des efforts si extraordinaires, qu'il deuint comme l'Apostre de tout le pays, renuersa l'empire du Demó, qui estoit puissant dans ces contrées, & y establit par ses suaues instructiós les plus beaux exercices de la Religion Chrestienne. Que n'a-il point fait pour l'assistan-

PREFACE.

ce du prochain, depuis qu'il fut appellé au Conuent de Rennes? Quoy qu'à la verité, il y ait mené vne vie beaucoup plus solitaire qu'ailleurs. Quels fruits n'a-on point recueilli de ses sages conseils, pour l'établissement & le maintien de la Reforme, & pour l'auancement de la pieté dans les Ames? Quelle matiere spirituelle a-il omis dans ses Escrits? A qui a-il refusé ses charitables aduis & sa tres-sage conduite, depuis que la sainte obeissance l'eut engagé à l'assistance de ses freres?

On ne peut donc pas nier que ce grand Homme n'ait esté appellé de Dieu pour de hauts desseins, & qu'il n'ait secondé ces desseins par de grandes & genereuses actions. Sa vie par consequent, a esté mélée d'action & de contéplation; de solitude & d'employ exterieur pour le bien des Ames. C'estoit vn diuin Ambidextre, à qui l'vne & l'autre main estoit également auantageuse; Et sa vie a esté vn modele accompli de celle du vray Religieux Carme, qui comme vne abeille fidele & industrieuse, doit sortir de sa solitude quand il est appellé, pour communiquer à son prochain l'onction & le miel de ses sentimens; & y rentrer chargé de merites & de rosée spirituelle, pour continuer l'œuure principal de sa vocation.

PREFACE.

Ie veux que tous ne soient pas appellez à vn si excellent degré de contemplation: quoy qu'il soit tres-difficile d'en iuger, parce qu'à parler vniuersellement, à peine se trouue-il personne qui se dispose auec verité au parfait accomplissement des desseins de Dieu sur lui. Mais on ne peut nier que tout Religieux Carme ne soit appellé à vne vie solitaire & retirée du monde, au moins quant à l'affection. On ne peut nier qu'il ne doiue cherir de tout son cœur vne vie inconnuë, silentieuse, obeïssante, & mourante auec Iesus-Christ. On m'aduoüera tousiours, si on ne veut combattre les maximes de l'Euangile, que l'interieur est preferable à l'exterieur; l'vnité & la simplicité de cœur, à la multiplicité & diuision; la retraitte & l'occupation affectueuse auec Dieu, à l'empressement du cœur & de l'affection auec les creatures.

Quoy que c'en soit, s'il y a quelqu'vn qui soit d'vne opinion contraire, ie le laisse dans son sentiment, priant nostre Seigneur qui est la lumiere du monde, de luy desiller les yeux pour luy faire connoistre la verité. Cependant i'espere qu'il y aura beaucoup de Personnes, qui gousteront & sauoureront à plaisir l'excellence de l'esprit, qui

PREFACE.

leur est insinué dans tout cét Ouurage. Et s'ils refusent d'approuuer la maniere trop basse & trop rempante, auec laquelle je traitte vn sujet si releué; au moins admireront-ils les hautes communications de Dieu, & les rares exemples de vertu qui s'y découurent; lesquels portent auec soy leur prix, & leur propre recómandation. Ie ne crains pas de parler ainsi d'vn Oeuure, où j'aduouë qu'il n'y a quasi rien de moi-même. Car dás la premiere Partie qu'ó pourroit m'attribuer, c'est plustost FR. IAN DE S. SAMSON, que moy, qui fait le narré de sa vie. Et je le fais parler, citant ses propres paroles, dans les choses qui sont plus importantes; afin qu'on n'attribuë pas à hyperbole, ou à exageration ce qui est tres-veritable, & beaucoup au dessous de la verité qu'il a sauoureusement experimentée.

Or afin qu'on ne s'étonne pas de voir qu'il porte ainsi témoignage pour soi-mesme, & de ce qu'il parle si hardiment en choses qui tournent à sa propre recommandation; Il est à propos que le Lecteur soit aduerti, qu'en cela mesme il y a vn merueilleux secret de la sage Prouidence de Dieu; & que ç'a esté par sa dispensation extraordinaire que ce Religieux, profondement humble &

PREFACE.

aneanti à foi-mefme, ait publié par fa propre bouche ce que Dieu faifoit fecretement en fon cœur, qui autrement euft efté à jamais inconnu à la pofterité. Car comme il nous dictoit fes Traittez fpirituels, fort fouuent il eftoit éleué dans vn eftat tout ecftatique; (ainfi que ie l'ay veu auec plufieurs autres Religieux) pendant lequel, eftant agi de l'efprit de Dieu, & ne fe poffedant pas, il difoit des merueilles de fes experiences interieures. On peut dire qu'alors la Sapience diuine couloit de fa bouche à guife d'vn torrent ou d'vn fleuue delicieux; dont les eaux tres-pures traînoient auec foi certaines eftincelles de cét or embrafé de la Charité, qui regnoit au fond de fon cœur. D'où on pouuoit iuger que Dieu fe plaifoit en lui comme en vn Paradis de delices.

Dans ce diuin Eftat il a dicté & compofé fes Contemplations & fes Soliloques, dans lefquels il parle à Dieu le plus fouuent de foi-mefme, auec la candeur, naïfueté & verité, qui eft ordinaire aux Ames agies de l'Efprit diuin. Dans ce mefme Eftat il a compofé fes particuliers Exercices de la vie Contemplatiue, où il ne pouuoit qu'il ne découurift, au moins en partie, fes plus facrées experiences, ne les efcriuant que pour foi-mefme,

PREFACE.

ainsi qu'il a plusieurs fois ingenuëment aduoüé. Ce sont ces sacrez transports, ces mouuemens anagogiques, & ces saillies d'vn Esprit, outré, enyuré & embrasé d'amour, que j'ai tiré de ses Escrits, pour seruir de principales, & plus importantes instructions de sa Vie. Les Ames lumineuses, qui considereront attentiuement ce que i'en ay mis ç'a & là dans cét abregé, iugeront sans difficulté que cela seul suffist, pour donner vn solide fondement à l'opinion que nous auons conceu de lui. Car quoi que ces Operations Mystiques de Dieu dans l'ame ne touchent pas les sens du Lecteur, comme font les miracles, & autres choses extraordinaires; Neantmoins on ne peut leur refuser le premier rang entre les marques de sainteté, que nous auons ici bas. C'est là la source & le fond de toutes les vertus Chrestiennes & Religieuses, que nous auons apperceu en ce V. Frere. C'est cét *vn necessaire* canonisé par la bouche de Iesus-Christ, que i'estime en nostre Aueugle, au dessus des miracles & des autres marques sensibles d'vne rare perfection. Quoy que ie n'aie pas omis de parler, en temps & lieu des graces gratuites, dont nostre Seigneur l'a honoré, comme de la grace que l'Apostre appelle *Gratiam cu-*

PREFACE.

rationum, & autres fort considerables.

Ces richesses du Ciel, que Dieu lui à si abondamment departi, m'ont fait conceuoir vn tel sentiment de l'excellence de cét humble Frere Laïc, que dans plusieurs passages de l'histoire de sa Vie, ie n'ai peu m'empescher de lui donner quelques eloges; qui peut estre eussent esté mieux seans à vne autre plume, qu'à celle d'vn de son Ordre. Neantmoins i'y ay tousiours apporté le plus de modestie que j'ai peu, croiant d'ailleurs estre obligé de traitter plus respectueusement & auec plus d'honneur vn sujet, que Dieu a voulu honorer des plus rares caresses de son amour.

Pour ce qui est des termes de Saint, de Bienheureux, de Saincteté, de Miracles & autres semblables, j'ai tasché non seulemét de ne m'en point seruir dans tout cét Ouurage; mais encore ie declare que ie ne pretens en aucune façon, par toutes les choses que i'y traitte, exceder les bornes qui me sont prescrites dans le decret du tres-Saint P. Vrbain VIII. touchant la veneration des Personnes decedées en odeur de vertu, & la publication de leurs Oeuures. Mon dessein est seulemét de donner à ceux qui sont appellez à la vraie saincteté vne idée veritable & toute familiere de la

vie

PREFACE.

vie Contemplatiue, accompagnée de ses principaux ornemens de vertu, tant à l'exterieur qu'à l'interieur. Idée, que j'ai heureusement rencontré, & que ie tasche d'exprimer dans la Vie du V. Fr. Ian de S. Samson, Aueugle vraiement illuminé, qui recompensant son aueuglement corporel par vne veuë interieure des plus subtiles de son siecle, a dicté & composé plus de cent Traittez de la vie Spirituelle, & de la Theologie Mystique; sa langue seruant de plume & d'instrument aux operations tres-promptes de l'Esprit de Dieu.

On verra dans ce tableau combien heureuse est l'Ame solitaire, qui frequente l'école de la Sapience diuine, qui fait sa demeure dans les playes de Iesus-Christ, qui s'approche de ses pieds pour receuoir sa doctrine, & qui creusant tousiours, sans se lasser, dans l'abisme de son rien, n'est jamais satisfaite qu'elle n'y ait rencontré son tombeau, pour faire viure Dieu vniquement en elle.

Ie me suis estudié à m'exprimer auec vn stile le plus simple que j'ai peu, afin de n'obscurcir pas par vne humaine industrie, la pure & naïue beauté des choses que ie traitte. Que si certains mots semblent exagerans ou extraordinaires à ceux qui ne sont pas versez dans la Theologie Mysti-

PREFACE.

que : il me suffit que les Doctes, & vraiement experimentez par l'onction de l'Esprit de Dieu, verront que ces termes sont encore beaucoup au dessous du merite & de la verité du sujet.

Enfin, ie prie affectueusement le Lecteur, de croire que tout ce que ie dirai de ce Religieux n'est quasi rien en comparaison d'vne infinité de graces dont il a esté enrichi, lesquelles ont esté perduës auec lui dans l'abisme de son humilité. Ce sont ici les restes de ce naufrage, qu'on m'a commandé de ramasser pour l'edification du public. Plaise à nostre Seigneur faire reüssir le tout à sa gloire, & au profit spirituel de ceux qui s'en voudront seruir. Ce que i'espere d'autant plus de sa Misericorde, qu'il semble y vouloir mettre dauantage de son action & de son pouuoir. Puisque par vn mistere inconnu à la sagesse du monde, il choisit vn pauure Frere Laïc Aueugle, pour estre la lumiere de son siecle : Et qu'il daigne bien emploier la plume d'vn autre aueugle, que ie suis, dans les voies de son amour, & de la contemplation, pour découurir les prodiges qu'il a fait en ce grand Contemplatif.

TABLE DES TITRES DE CE LIVRE.

I. PARTIE.

La Vie du tres-excellent Contemplatif, le Venerable Fr. Ian de S. Samson, Aueugle dés le berceau, Religieux laïc, &c.

Chap. 1. Sa naissance, son aueuglement, ses premiers attraits à la vie spirituelle; & ses premieres prattiques de vertu. pag. 1.

Chap. 2. De ses premieres souffrances interieures, de son entier despoüillement de tous biens temporels ; & comme il fut blessé d'vne playe d'amour en son cœur. 8.

Chap. 3. Son zele ardent pour le salut des ames ; & comme Dieu permit pour le bien de nostre Reforme, qu'il fist connoissance, & liast amitié auec vn Religieux Carme. 13.

Chap. 4. Ayant prié pour le repos de l'ame d'vn sien frere, il la void sortir des peines du Purgatoire: & est appellé de Dieu à l'Ordre des Carmes. 19.

Chap. 5. Comment il passa l'année de son Nouitiat. 25.

Chap. 6. Ses graces gratuites, & son ardente charité pour les malades : le tout éprouué par l'Illustrissime Euesque de Dol. 29.

Chap. 7. Il est tourmenté des Diables, & exercé de Dieu en plusieurs autres manieres. 33.

Chap. 8. Il est appellé au Conuent de Rennes, & puis renuoyé en celuy de Dol pour la Reforme. 38.

Table

Chap. 9. Comme on éprouua au Conuent de Rennes, l'esprit & la vertu de Fr. Ian de S. Samson. 45.

Chap. 10. Des operations diuines ; du feu d'amour consommant, & autres effets extatiques, que Dieu a operé en l'ame du V. Fr. Ian de S. Samson. 53.

Chap. 11. Des autres operations du Pere & du Fils, & de sa sureminente contemplation. 60.

Chap. 12. Des morts penibles & angoisseuses, que nostre Frere a souffert dans ces hauts degrez de contemplation. 64.

Chap. 13. De l'estat de sa contemplation plus extraordinaire. 68.

Chap. 14. Ses rauissemens ordinaires, & ses sentimens admirables sur les mysteres de la Foy. 74.

Chap. 15. Son ardente deuotion au sainct Sacrement, & comme les sacrées especes demeuroient six heures en son estomach, sans estre consommées. 78

Chap. 16. De sa deuotion à la saincte Vierge, & à sainct Ioseph son tres-chaste Espoux. 84.

Chap. 17. De ses rares vertus, qui partoient de son ardent amour enuers Dieu : & premierement de sa tres-profonde humilité. 91.

Chap. 18. De la haute estime, en laquelle il estoit chez les Grands : de l'horreur qu'il en auoit ; & du desir d'estre inconnu à toute humaine creature. 96.

Chap. 19. Son exacte obeyssance à Dieu, aux Superieurs, aux Regles, & aux Constitutions de son Ordre. 107.

Chap. 20. De l'amour qu'il portoit à la Croix, aux souffrances, & aux austeritez. 112.

Chap. 21. Des combats & des victoires qu'il a eu contre les Demons. 116.

Chap. 22. Du don de la crainte de Dieu ; de sa pureté de conscience, & de sa pauureté Euangelique. 125.

Chap. 23. De sa pieté vers les choses sainctes : de sa compassion vers les ames du Purgatoire ; & de sa dilection à l'endroit du prochain. 129.

Chap. 24. Des dons de Science, de Prophetie, de Force infuse; & de l'amour qu'il auoit pour la solitude. 135.

Chap. 25. Du don de Conseil, comme Dieu luy manifestoit quelquefois sa volonté par des signes sensibles: & comme il a esté remply des dons d'intelligence, & de sapience diuine. 141.

Chap. 26. Combien sa conuersation estoit honneste, saincte, & agreable. 146.

Chap. 27. Les profits spirituels de la conduite & conuersation du V. Frere; en la vie du R. Pere Dominique de S. Albert, duquel la memoire est en odeur de benediction dans nostre Obseruance. 153.

Chap. 28. De quelques autres personnes de diuers estats, gaignées & conduites à Dieu par la conuersation, ou direction spirituelle du V. Frere Ian de S. Samson. 160.

Chap. 29. Des bruslans desirs que Fr. Ian de S. Samson auoit de mourir: & de sa resignation à la Iustice diuine. 168.

Chap. 30. De sa derniere maladie, & de sa mort. 176.

Chap. 31. Assistances, tant spirituelles que corporelles receuës au Tombeau du V. Frere. 182.

Chap. 32. Apparitions du Venerable Frere depuis son decez. 190.

Chap. 33. Closture de tout cét abregé. 194.

II. PARTIE.

Regles & Maximes spirituelles du Ven. Fr. Ian de sainct Samson, &c.

Preface. page 201.
Tiltre 1. De l'humilité. 205.
2. De la Superbe. 212.
3. De la connoissance de soy-mesme, & de son propre

neant. 216.
4. Du Peché. 218.
5. De la vanité du mōde. 221.
6. De la vocation en Religion. 225.

ē iij

Table

7. De l'Obeyssance. 227
8. De la Pauureté. 230
9. De la Chasteté. 231
10. De la Modestie. 232
11. De la Solitude. 234
12. Du Silence. 236
13. Des recherches & malicieux instincts de la Nature. 238
14. De la Mortification. 244
15. De l'Amour de Dieu. 247
16. De la Charité vers le prochain. 252
17. De l'Oraison & vie intérieure. 254
18. De la saincte Communion. 260
19. De la Foy. 261
20. De la patience, constance, force, & generosité d'esprit. 262
21. De la Resignation. 267
22. De la mort Mistique de l'ame en Dieu. 276
23. De la vie Contemplatiue. 286.
24. De la Sapience diuine. 296
25. De l'Abstraction. 306
26. De la Simplicité. 307
27. De la vraye liberté des enfans de Dieu. 312
28. De l'estude des Sciences. 316
29. De la mort naturelle, & comme il se faut comporter dans les maladies. 319
30. De la Vieillesse. 327
31. Regles de Conuersation. 329
32. De la dignité des Prestres. 337
33. Maximes & lumieres pour les Superieurs. 339
34. Lumieres & veritez sur les vexations & illusions diaboliques. 353
35. Des possessions diaboliques. 356
36. Regles pour vn Exorciste. 357

III. PARTIE,
Contenant trois Traittez.

Preface. 363

Premier Traitté.

LE Miroir & les Flammes de l'Amour diuin, propres pour rendre l'ame amoureuse de Dieu, en Dieu mesme.

des Tiltres.

Chap. 1. *De la connoissance de soy-mesme, de Dieu & de son amour.* 387

Sect. 1. *Quelle est la source, & quels sont les effets de la vraye connoissance de soy mesme.* 387

Sect. 2. *La necessité de la vie purgatiue, pour connoistre Dieu & soy-mesme: & la difference des enfans de Dieu d'auec les mercenaires.* 391

Sect. 3. *Que cette vraye humilité, & connoissance de soy-mesme ne s'acquiert point par les sciences naturelles.* 395

Chap. 2. *De la presence de Dieu.* 396

Sect. 1. *Comme il faut conuerser auec Dieu, & reposer en luy seul.* 396

Sect. 2. *Que le moyen plus excellent de cette presence de Dieu, est d'aller à luy par son fils Iesus-Christ.* 399

Sect. 3. *Que Dieu s'absente quelquefois de l'ame selon ses operations sensibles: & comme il faut imiter Iesus-Christ en cét estat.* 401

Sect. 4. *Les auantages d'vne Ame, qui est deuenuë amour à force s'escouler en Dieu: & combien elle est differente de celles qui ne font estat que de l'action.* 404

Chap. 3. *Que l'amour doit sortir aux pratiques des vertus comme à ses propres effets.* 408

Sect. 1. *Que les vertus se peuuent prattiquer en leurs propres motifs, iusques à ce qu'on les ait surpassé à force de fluer en Dieu par amour.* 408

Sect. 2. *Que les cheutes d'infirmité, & les indiscretions, ne font pas tousiours inutiles à l'Ame amoureuse de Dieu.* 410

Sect. 3. *Que la veuë & representation continuelle de nostre Sauueur est le meilleur moyen pour acquerir l'amour pur, & toute sorte de vertus.* 412

Sect. 4. *Que l'affection d'amour est fort conforme à l'amour propre, & par consequent suspecte, si elle n'est accompagnée des vertus, & de la mortification.* 414

Sect. 5. *Conclusion & aduis sur le mesme sujet.* 415

Table

Chap. 4. Des choses exterieures, qu'on doit faire vniquement en amour. 417

Sect. 1. Comme il se faut comporter dans l'action, & dans la conuersation. 417

Sect. 2. Comme on peut se tenir attentif à Dieu dans l'action exterieure. 419

Sect. 3. Comme on peut, sans preiudicier à son amour, traitter affaires d'importance, estudier, se recreer, &c. 420

Sect. 4. Quelques regles & aduis pour conseruer l'amour de Dieu dans les actions exterieures. 423

Sect. 5. Aduis touchant les illusions diaboliques, & conclusion de tout ce Chapitre. 426

Chap. 5. De la voye Mistique. 427

Sect. 1. Que la Sapience diuine est le fondement de cette voye : & quelle opposition il y a entre la voye Scholastique, & la Mistique. 427

Sect. 2. De la contemplation tres sublime des simples, & quelle est leur occupation hors de l'attrait diuin. 430

Sect. 3. Perte admirable de l'ame en Dieu, qu'elle ayme nuëment par dessus l'amour. 433.

Sect. 4. Continuation du suiect precedent, ou se monstre la force de l'amour. 436

Chap. 6. De l'Aspiration. 439

Sect. 1. Sa definition & ses premieres prattiques. 439

Sect. 2. Quelles personnes sont propres à cét exercice d'aspiration, & ses admirables effets. 441

Sect. 3. Ce qu'il faut éuiter en cét exercice d'aspiration : & comme il y faut entrer. 443

Sect. 4. Exercice d'aspiration, propre pour vne ame qui commence à s'adonner interieurement à Dieu. 445

TRAITTÉ

II. TRAITTÉ.

DE l'Amour Aspiratif, ou de l'aspiration amoureuse de l'ame vers Dieu.

Chap. 1. Que l'exercice de l'amour aspiratif presuppose la haine & mespris de soy-mesme. 451

Chap. 2. Comment se doit prattiquer l'exercice d'aspiration. 454

Chap. 3. De la douceur spirituelle qu'apporte cét amour aspiratif, & de la fidelité auec laquelle on doit souffrir les desolations interieures. 457

Chap. 4. Que les images creées, & les reflexions nuisent beaucoup à cét exercice : & de la liberté & pureté interieure qu'il cause dans l'ame. 459

Chap. 5. De l'Aspiration essentielle & inclination iouyssante. 462

Chap. 6. Ce que l'ame doit faire estant éleuée au dessus de sa propre operation. 464

Chap. 7. Soliloque amoureux de l'ame conuertie à Dieu, sur le suiet de la Passion de Iesus-Christ. 467

Chap. 8. Icy l'ame languissante d'amour desire sa dissolution, se resignant neantmoins au bon plaisir de Dieu. 472

Chap. 9. L'Ame toute penetrée d'amour, croit n'aymer point; & cherche à se sacrifier dans la Croix. 475

Chap. 10. Amour passif, mourant, & renoncé. 477

Chap. 11. Protestations amoureuses de l'ame qui est proche de sa separation. 479

Chap. 12. Aspirations de l'Ame agonisante à Iesus son bien-aymé. 482

Chap. 13. Autres aspirations pour les malades, & agonisans. 485

Table

III. TRAITTÉ.

DE la Souueraine consommation d'amour, &c.
Chap. 1. En quoy consiste cét Estat. 495
Chap. 2. Quelle fidelité l'ame doit à Dieu en cét estat : & des morts insupportables qu'elle y rencontre. 496
Chap. 3. Comme l'ame en cét estat, passant en Dieu d'vne maniere inconnuë, deuient luy-mesme; & en iouyt ineffablement. 498
Chap. 4. Dégorgement & inondation d'amour, où l'ame est surcomblée de delices diuines. 500
Chap. 5. En quoy consiste le point de l'entiere consommation; l'excellence de cét estat, & comme l'ame y deuient diuine. 502
Chap. 6. Que le feu d'amour agit tousiours sur l'ame, tandis qu'il y a quelque chose en elle à consommer. 504
Chap. 7. Que ce sublime estat ne tombe point sous le sens, & ne se peut exprimer. 506
Chap. 8. Difference notable entre l'estat d'inondation d'amour, & celuy de la consommation suressentielle. 507
Chap. 9. Que tout ce qui se dit de cét estat n'est rien à l'égal de ce qui en est; & pourquoy les mistiques n'en parlent que par excez. 509
Chap. 10. Que la maniere d'exprimer cét estat, est d'autant plus noble qu'elle approche plus de la prattique. 511
Chap. 11. Que l'ame en ce sublime estat, doit tousiours demeurer aneantie, & ne plus reuiure à soy. 512
Chap. 12. Que les reflexions sur soy-mesme, & sur son estat, en certaines occasions, ne sont pas deffenduës à l'ame Contemplatiue. 514
Chap. 13. Lumiere pour découurir les subtiles attaches de la nature. 516

des Tiltres.

Chap. 14. *De la souueraine resignation de l'ame consommée en Dieu.* 518

Chap. 15. *Que l'ame consommée en Dieu, iouït d'vn vray Paradis, &c.* 520

Chap. 16. *Qu'il faut suiure fidelement le raion diuin pour arriuer à cette consommation.* 522

Chap. 17. *Lumieres importantes pour se maintenir en cette vnité suressentielle.* 524

Chap. 18. *De l'exercice que les parfaits reçoiuent des diables, & combien ils doiuent s'obseruer eux-mesmes.* 527

Chap. 19. *De l'obscurité diuine, & comme il s'y faut comporter.* 528

Chap. 20. *Que le silence du desert interieur vaut mieux que toute expression de cét estat.* 530

Chap. 21. *Conclusion de tout ce Traitté, où l'Autheur rend raison pourquoy il a plus particularisé les merueilles de ce sublime estat que tous les Autheurs Mistiques.* 532

Fautes plus notables suruenuës en l'impression par l'absence de l'Autheur.

PAge 11. ligne 6. déchargre *lisez* décharger. pag. 15. lig. 17. sçauroit *lisez* sçauoit. pag. 90. lig. 24. les *lisez* ses miracles. pag. 93. lig. 3. vous en faites *lisez* vous faites en. pag. 192. lig. 31. Cela, dit-il, il *lisez* Cela dit, il. pag. 195. lig. 16. l'esprit de *lisez* l'esprit de Dieu. pag. 212. lig. 19. est en *lisez* & en. pag. 236. lig. 38. sauourer, *lisez* sauuer. pag. 237. lig. 34. gastent, *lisez* goustent. pag. 240. lig. 23. Ceux-là sont, *lisez* ceux-là en sont. pag. 251. lig. 11. derniere, *lisez* diuine. p. 253. lig. 18. & 19. *lisez* lassez & vaincus, &c. en plurier. p. 280. lig. 19. le *lisez* se. pag. 286. lig. 20. *lisez* de la vie. pag. 288. lig. 19. & 21. Reflux, *lisez* reflexe. pag. 402. lig. 17. le. *lisez* se. pag. 420. lig. 22. *lisez* lors qu'on veut aimer plus qu'on ne peut. lig. 29. estenduë, *lisez* entenduë. pag. 421. lig. 30. *effacez*, entendu. pag. 423. lig. 7. agreable, *lisez*, on creable. pag. 424. lig. 16. de vouloir, *lisez* de vouloir.

ATTESTATION DE TRES-NOBLE
& tres-illustre Seigneur, Monsieur le Duc President au Parlement de Bretagne, touchant la vie du V. Fr. Ian de S. Samson.

NOVS Marc le Duc, Conseiller du Roy en ses Conseils, & President en sa Cour de Parlement de Bretagne, Certifions à qui il appartiendra, pour la gloire de Dieu, & pour l'edification du prochain, que cy-deuant, lors que nous estiōs dans l'exercice de nostre charge d'Aduocat General audit Parlement : Nous auons connu & frequenté le Venerable Frere Iean de saint Samson Religieux Laïc, Aueugle, du Conuent des Carmes de Rennes. C'estoit vn homme, qui dans le sentiment du public, estoit d'vne vie fort sainte, d'vne vertu tres-rare, d'vne austerité continuelle, d'vne oraison & contemplation toute extraordinaire. Nous auons sçeu par personnes dignes de foy, comme par ses prieres il a guary plusieurs fiéures & autres maladies qui sembloient estre sans remede. La ville de Dol, lors qu'il y estoit resident, & tout le pays circonuoisin a ressenti long-temps les effets de la pieté de ce bon Religieux : & depuis que la Prouidence de Dieu l'appella dans cette ville de Rennes, nous sommes tesmoins, auec plusieurs personnes de condition ; de la rare modestie, du silence, & de l'humilité qu'il a tousiours obserué dans vne vie si éclatante en vertus & en sainteté. Nos Seigneurs les Euesques de Rennes, de Dol, de Nantes, de saint Brieuc, & autres Personnes de grand merite l'estimoient comme vn Saint, le frequentoient comme vn homme tout diuin, admirans ses hautes lumieres, & tirans profit de ses exemples de vertu. Il nous a tous charmé par ses pieux entretiens & diuins sentimens : mais beaucoup plus par sa modestie & par son humilité. Apres sa mort vraiement precieuse deuant Dieu, plusieurs malades ont trouué la guerison de leurs infirmitez à son tombeau, qui ne l'auoient peu trouuer dans les remedes naturels. La tombe de marbre posée sur son corps par le vœu, & la pieté d'vn Presidēt de ce Parlement, en est vn témoignage autentique ; qui est pour seruir de marque à la posterité, cōme ce President l'an 1637 a.u mois d'Auril, dans vne maladie desesperée, dans vn estat tout proche de l'agonie, & dans vn aage plus que septuagenaire, recouura sa santé contre le sentiment des Medecins, par l'inuocation & les intercessions du bon Frere Ian de saint Samson. C'est le témoignage, que nous rendons à la verité, pour reconnoissance telle quelle, de plusieurs benedictions que nous-mesme croions auoir receu de Dieu par les merites de ce saint Homme, dont la memoire nous est en tres-singuliere recommandation. En foy dequoi nous auons signé de nostre main, & scellé du sceau de nos armes, cette presente attestation pour valoir où besoin sera. Fait à Rennes le sixiéme iour d'Aoust, mil six cens cinquante.

M. LE DVC.

✠
La place du sceau.

APPROBATION DES DOCTEVRS.

NOvs soubsignez Docteurs en Theologie de la Faculté de Paris, certifions auoir leu & examiné vn liure intitulé, *La Vie, les Maximes & Partie des Oeuures du Venerable Fr. Ian de saint Samson, Religieux, Laïc, de l'ordre des Carmes Réformez*: composé par le R. P. Donatien de S. Nicolas Religieux du mesme Ordre; dans lequel nous n'auons rien trouué, qui ne soit conforme aux maximes de la Religion Catholique, & aux vrays sentimens de la foy; ains beaucoup de choses pieuses & exemplaires, qui peuuét grandement seruir à l'edification des Ames, tant Religieuses, que Laïques, & à l'admiration des merueilles de la grace de Dieu, qui choisit ordinairement les humbles, pour confondre les Sçauans, & faire voir aux Doctes, que la science des Saints n'est pas celle qui enfle, comme dit l'Apostre, mais qui edifie, & qu'en ce genre de doctrine, l'on peut-estre sçauant & ignorant tout ensemble: En foy de quoy nous auons signé la presente attestation. Fait à Paris ce neufiesm: Aoust, mil six cens cinquante.

I. PEROV. PAYEN.

Permission du Reuerendissime P. General.

FRATER IOANNES ANTONIVS PHILIP-
PINVS SACRÆ THEOLOGIÆ MAGISTER,
ac humilis Prior Generalis totius Ordinis B. V.
Mariæ de Monte Carmelo.

CVM Opus, cui titulus, *Vita, & pars Operum Venerabilis Fratris Ioannis à S. Samsone*, &c. concinnatum à P. Donatiano à S. Nicolao, Prouinciæ nostræ Turonensis strictioris Obseruantiæ Professo Sacerdote, duo è nostris Theologi recognouerint, & probauerint; Facultatem concedimus, vt in lucem edi possit, si ita alijs, ad quos pertinet, videbitur: In quorum fidem &c. Datum Romæ die 29. Augusti. 1650.

Fr. IOANNES ANTONIVS PHILIPPINVS
Generalis Carmelitarum.
Fr. Gabriel à S. Iosepho Secretarius.

Permission du R. P. Prouincial.

FRATER Vrbanus ab Ascensione, humilis Prior Prouincialis Fratrum Gloriosæ Virginis Mariæ de Monte Carmelo Prouinciæ Turoniæ, Dilecto nobis in Christo Patri Donatiano à Sancto Nicolao Sacerdoti Professo dictæ Prouinciæ salutem.

Cùm tuo labore piissimo, juxta commissionem impertitam à nostris Prædecessoribus, collegeris & ordinaueris Vitam, Gesta, & aliquot Opera Religiosissimi Viri bonæ memoriæ Fratris Ioannis à S. Samsone Laici, Professi, Carmelitæ dictæ Prouinciæ; vt deinceps permissu Superiorum typis mandentur: Nos dicti nostri officij autoritate, non solùm concedimus libentissimè, vt quamprimùm imprimatur; sed insuper declaramus eamdem licentiam à Reuerendissimo Patre nostri Ordinis Generali Vicario Hippolyto Sessoldi datam fuisse, expresso articulo, & speciali contento in confirmatione Actuum Capituli nostri Prouincialis, in Conuentu Pictauiensi celebrato anno 1647. si modò, prout de iure, seruanda seruentur. Datum in Conuentu nostro Pictauiensi, die 20. Septembris 1650.

Fr. Vrbanus ab Ascensione Prouincialis, vt suprà.

Approbation des Professeurs de l'Ordre.

I'AI leu auec vne extreme satisfaction les choses contenuës en ce liuré intitulé, *La Vie, les Maximes, & Partie des Oeuures du V. Fr. Ian de S. Samson*, &c. Ie ne sçai lequel admirer le plus, ou la profondeur des sentimens de ce grand Homme ; ou les prattiques de ses rares vertus. Ie me persuade que ceux qui en feront la lecture, y trouueront des sujets de continuer les actions de graces, que nostre Seigneur rendoit à son Pere celeste, *d'auoir reuelé aux petits ce qu'il a caché aux sages du monde.* Ils iugeront que la Vie de cét Aueugle s'est passée sur vn Thabor, où *contemplant presque à voile découuert la gloire du Seigneur, il s'est transformé de clarté en clarté*, par l'esprit de verité & de saincteté qui le possedoit, & nous a parlé *d'vn excés* qu'il nous est plus aisé d'admirer que de loüer. Ils verront par ce premier échantillon de ses Oeuures, quelle est la sagesse cachée dans le Mistere, dont le grand Apostre s'entretenoit auec les parfaits de son siecle : & reuerans le cœur de ce deuot Religieux, comme vn Arche d'alliance, où il n'y auoit pour meuble que la croix & la loy d'amour grauées au plus intime de son ame ; Ils découuriront quelle est la manne, dont Dieu nourrist les vrais Israëlites, dans le desert d'vne vie solitaire & toute Angelique. *L'esprit souffle où il luy plaist : Nous entendons sa voix ; mais nous ne sçauons pas d'où il vient, ny où il va,* ainsi il en est de cét Homme né de Dieu. Nous ne sçauons où il a puisé ses sçauantes lumieres, si ce n'est aux pieds de Iesus-Christ qui en est la source : & nous ignorons iusques à quel poinct de profondeur cette science des Saints l'a si viuement penetré. Ie voudrois que dans ce siecle, où la curiosité de nos esprits nous porte à rechercher les causes & la nature de la Grace, on voulust s'arrester plus vtilement à en ressentir en soy-mesme les plus puissans effets. Cette curiosité seroit plus innocente ; Et ie m'assure que plusieurs lisans ces Escrits seront touchez de ce desir. C'est pourquoi ie les iuge dignes d'estre donnez au public : N'y aiant rien d'ailleurs qui ne soit tres-conforme à la Foy Catholique Apostolique, & Romaine. Fait auec ordre de nostre R. P. Prouincial en nostre Conuent des Carmes de Rennes ce vingt-sixiesme du mois d'Aoust, mil six cens cinquante.

Fr. René de S. Albert, Prieur des Carmes de Rennes, Lecteur en Theologie.

Tout ce qui est en ce Liure de *La Vie & des Maximes du V. Fr. Ian de S. Samson, &c.* est conforme à la doctrine de l'Eglise Romaine, remply de sublimes sentimens de Dieu, & tres-propre pour auancer les Ames en son parfait amour. C'est vn témoignage que ie rends à la verité, & au merite singulier de ce grand Contemplatif, dont la memoire est en benediction à tous ceux qui ont eu le bon-heur de le connoistre: Desirant que cette mesme Approbatiō serue aussi pour l'impression de tous les autres Traittez Spirituels, composez par le mesme Frere Ian de S. Samson, que i'ai leu & examiné auec autant de satisfaction, que de soin. Fait au Conuent des Carmes d'Angers le premier iour de Iuin, mil six cens cinquante.

Frere Hilaire de S. Ian R. Carme Professeur en Theologie, par ordre du R. P. Prouincial.

QVOI qu'en ce siecle corrompu, on ne doiue pas aisément exposer au public les matieres plus mistiques; dautant qu'elles sont sujettes au mespris de plusieurs. Neantmoins cette Vie du V. Frere Ian de S. Samson, & ses Escrits contiennent des prattiques d'vne vertu si solide, & d'vne si haute pieté, qu'on les peut publier tres seurement, & tres vtilement. Quand mesme il ne se trouueroit qu'vne seule ame, qui en tirast son auancement spirituel, c'est vn motif suffisant pour ne cacher pas au public vn tresor si precieux, & des veritez si orthodoxes, & si conformes à la pureté du saint Euangile. Cét Homme instruit en la seule ecole de Dieu, paroist dans cét Ouurage comme vn aigle entre les Mistiques; & ses termes (quoy qu'vn peu extraordinaires, à la façon des autres Contemplatifs) marquent la profondeur de ses sentimens, l'excez de son amour, & sa perte tres sublime en Dieu. Enfin ie voy dans ses Escrits ce que i'ai veu de mes propres yeux dans sa conuersation, qui m'a autrefois découuert tant d'exemples de vertu, & tant de lumieres diuines, que ie n'y puis reflechir qu'auec étonnement & deuotion. C'est l'adueu que ie rends à la verité, apres auoir leu cette Vie & ces Traittez Spirituels, par l'ordre de mes Superieurs. En nostre Conuent de Rennes le quatorziéme iour de Iuin mil six cens cinquante.

Fr. Eustache de l'Incarnation, Professeur en Theologie.

LA VIE
DV
TRES-EXCELLENT
CONTEMPLATIF,
LE VENERABLE
FR. IAN DE S. SAMSON
AVEVGLE DES LE BERCEAV,

Et Religieux Laïque de l'Ordre des Carmes Reformez, & de la Prouince de Touraine.

CHAPITRE PREMIER.

Sa naissance, son aueuglement, ses premiers attraits à la vie spirituelle; & ses premieres pratiques de vertu.

LE seruiteur de Dieu, duquel nous allons portraire vn tableau racourci, print sa naissance en la ville de Sens, & fut nommé Ian sur les fonts de Baptesme, le vingt-neufuiesme iour de Decembre, l'an de nostre Seigneur mil cinq cens soixante & onze. Son pere s'appelloit Pierre du Moulin, & sa

A

mere Marie d'Aiz, tous deux perſonnes conſiderables, pour leur nobleſſe, & pour leurs biens temporels: mais beaucoup plus pour leur rare vertu, & pour leur ſinguliere deuotion enuers la ſaincte Vierge, qui eſtoit comme hereditaire à leur famille.

 Ils eurent trois garçons, dont le premier fut honorablement auancé dans les armes, & mourut genereuſement à la breche d'vne Ville, ſouſtenant la cauſe du Roy Henry le Grand, non encore paiſible poſſeſſeur de la Couronne de France. L'autre fut pouſſé aux eſtudes, & y reüſſit ſi bien, qu'il s'acquit beaucoup d'eſtime en Cour de Rome, où il fiſt vn aſſez long ſejour, & depuis eſtant retourné à Paris à la ſuite de la Reine Marie de Medicis, lors qu'elle vint premierement en France, il ſeruit le Roy en qualité de Secretaire, Threſorier & Payeur de la Gendarmerie de France. Le troiſieſme, dont il eſt icy queſtion, ſurpaſſant le merite de ſes deux aiſnés, a eſté dans ſa vie, tant ſeculiere que Religieuſe, vn continuel exemplaire de Sageſſe, de Vertu & de Pieté Chreſtienne.

 Sous l'aage de trois ans, eſtant malade de la petite verole, ſa mere & ſa nourrice trop facilement perſuadées par vn paſſant inconnu, lui appliquerent vne emplaſtre corroſiue, pour lui oſter vne crouſte fort épaiſſe, que le mal lui auoit fait ſur les yeux. Ce remede par vn effect tout contraire à leur deſſein, lui perdit tout à fait la prunelle de l'œil gauche; & vn oculiſte, appellé pour lui conſeruer l'autre l'œil, ne pût y reüſſir, en ſorte qu'il ny demeuraſt vne taie, qui acheua d'aueugler cét enfant pour le reſte de ſa vie. Quelques-vns, apres auoir inutilement cherché par toute la Ville cét homme inconnu, creurent que c'eſtoit vn magicien, ou quelque Demon; comme ſi dés lors il euſt voulu denoncer la guerre à cét enfant, qui eſtoit choiſi de

Dieu, pour remporter sur luy plusieurs victoires. Quoy qu'il en soit ie ne suis pas seul à croire que ce fut vn traict de la Prouidence de Dieu, qui ne permist pas, qu'on lui peust rendre la veüe corporelle ; afin qu'estant aueugle aux choses de ce monde auant de les connoistre, il fust plus propre à contempler en esprit celles de l'eternité. Ce funeste accident n'empescha pas neantmoins qu'il ne fust auancé auec des soins tres-particuliers, non seulement à la crainte de Dieu: mais encore à l'estude des lettres, & de la musique.

Il perdit son pere & sa mere dés l'âge de dix ans, & son oncle maternel, qui lui fut donné pour Tuteur, continua de l'éleuer dans l'étude des lettres. A quoy il s'addonna seulement iusques à entendre mediocrement le Latin. A mesme temps on lui fist apprendre la Musique & le jeu des instrumens en perfection ; specialement celuy de l'Orgue, qu'il touchoit fort adroitement dés l'âge de douze ans. Il fist quelques années cét office en l'Eglise de sainct Dominique de Sens: & estoit tousiours apellé aux concerts de musique, qui se faisoient aux solemnités extraordinaires.

Cependant l'amour diuin, qui dés lors commençoit à poindre dans son cœur, le dégousta de toute sorte d'autres estudes, & l'obligeoit mesme par fois à interrompre ses exercices de musique, pour se faire lire des liures spirituels. Si bien qu'il refusa d'oresenauant de se trouuer aux balets, & aux autres musiques de réjouïssance, où il estoit ordinairement conuié : & se voyant importuné sur ce sujet par son Tuteur & par quelques autres parens, il resolut de quitter le païs, pour éuiter ces occasions de vanité mondaine. Il se déroba donc secretement de la maison de son oncle, accompagné d'vn sien seruiteur, & alla passer quelques années hors de son païs ; pratiquant tout de bonne heure le conseil du sainct Esprit ; d'oublier ses proches & la maison de ses parens. *Obliuiscere populum tuum, & domum Patris tui.* Dans cét exil volontaire, où il ne se ietta, que pour se donner tout à Dieu, il passoit la plus grande partie de son temps à ouïr des lectures spirituelles, qu'il alloit mendiant chez ses amis ; sans negliger neantmoins ses estudes de Musique. Il assistoit auec affection, (comme il auoit tousiours fait dés son bas âge) au seruice diuin, & aux predications, qu'il retenoit fort heureusement ; & taschoit de les reduire en pratique selon son pouuoir. Ainsi il éuita, plustost par inclination de vertu, qu'à l'occasion de son aueuglement, les jeux pueriles, & les débauches, qui sont ordinaires à la ieunesse.

Entr'autres lectures, il s'affectionna particulierement à celle d'vn petit liure intitulé, *Le Mantelet de l'espoux*, qui traitte des moiens de se dépoüiller soi-mesme auec IESVS-CHRIST aux pieds de la Croix : repetant à tous les tiltres, ces paroles de l'Apostre : *Christo confixus sum Cruci.* Il gousta merueilleusement ces mots mysterieux, croiant qu'ils n'estoient écrits que pour lui ; & les graua si auant en son cœur, qu'il en a fait sa plus chere deuise pendant qu'il a vescu, & les prononça pour dernieres paroles fort peu de temps auant de mourir. On lui lisoit encore les liures de *l'Imitation de* IESVS-CHRIST, *de l'abnegation interieure. Les Institutions de Taulère*, & autres, dans lesquels il nous a dit, qu'il trouuoit vne manne si delicieuse à son goust interieur, qu'il en estoit comme insatiable.

On lui faisoit aussi, dans ce commencement, quelques autres lectures indifferentes, comme d'Histoire & de Poësie. Toutefois Dieu coula en bref dans son cœur de si vifs raions de sa lumiere, & des sentimens si pressans de son amour ; qu'il resolut bien-tost de quitter

Fr. Ian de sainct Samson.

toute autre exercice, voire toute autre pensée que de la vertu & de la vie interieure, qui est la vraie science des Saincts. De sorte que conceuant dés lors vne saincte horreur, & vn entier dégoust de toute autre science que de celle de IESVS-CHRIST crucifié; il ne s'occupe plus qu'aux exercices de l'oraison mentale ou vocale, à frequenter les Eglises & les Sacremens, à cherir les œuures de penitence, de mortification & d'austerité; & à se faire lire des liures, qui traittent des voies de la perfection & de l'amour diuin.

Pour s'appliquer plus facilement & auec plus d'auantage à ces saints exercices, il alla demeurer chez son frere à Paris en l'an 1597. Là il commença à recouurer & acheter tout ce qu'il pouuoit de liures de la Theologie mystique, entr'autres, les œuures de S. Denis, Rubroche, Taulere, Gerson, & Harphius, qui estoient ses plus delicieux entretiens, apres l'oraison, & la frequentation des Sacremens.

On ne sçauroit penser sans estonnement, combien les fruits de cette étude sacrée & de cette sainte occupation furent grands & subits en luy. Car Dieu vint enfin à verser en lui tant de graces & de benedictions, qu'il estoit côme insatiable, dans le feruent desir qu'il auoit de correspondre à vn Dieu si liberal & si prodigue à son endroit. Il s'exerçoit beaucoup à mediter les souffrances du Fils de Dieu; de sorte qu'il auoit toûjours deuant les yeux de son ame la pitoiable image de ce cher Sauueur tout couuert de playes, qui lui sembloient comme autant de sacrés souspiraux, par lesquels s'exhaloient mille & mille flammes d'amour. Aussi fut-il tout le reste de sa vie dans vn perpetuel estonnement, comme quoi tous les hommes n'estoient pas bruslez & consommez, en la veuë de cét affreux & tres-amoureux spectable. *Est il possible*, dit-il, en l'vne de ses

A iij

contemplations, que l'attentiue veüe de cét aspect ne rauisse les hommes hors d'eux mesme, & ne les brusle, embrase, & consomme pour iamais sans resource, dans l'immense feu de vostre tout consommant amour? ô abisme d'amour! qui redoutera desormais de s'approcher de vous, pour vostre tres-effroiable iustice, puisque elle vous perd & vous abisme vous-mesme dans l'abisme de ces maux?

Tels estoient dés ce temps là ses suaues & amoureux écoulemens en Dieu; sentant en son cœur vn desir tres enflammé, de donner à son doux Sauueur sang pour sang, vie pour vie, & amour pour amour. Dieu d'autre-part, qui est inuincible en amour & en liberalité, versoit toûjours de plus en plus l'abondance de ses graces dans ce cœur amoureux. De sorte que se voiant comblé de tant de bien-faits de son Dieu, il estoit contraint de gemir doucement sous l'abondance ineffable de cét amour diuin; qui desia comme vn impetueux torrent, le noyoit de delices & de consolations interieures.

En effet il se sentoit souuent comme forcé de crier à Dieu, qu'il moderast l'affluence de ses dons, s'il ne vouloit qu'il mourust d'amour. *Combien de fois, ô mon amour,* lui dit-il, dans l'vn de ses Soliloques, *ay-ie eu sujet dans l'abondance de vos communications diuines, de vous prier de vous enfuir hastiuement de moi; si vous ne vouliez me voir mourir de ioye & d'amour, presentement à vos yeux? Cela se faisoit, ô mon amour, parce que mon ame estoit encore nouuelle aux exercitations de vostre amour, dont vous vous delectez au commencement dans vos espouses: & craignoit de n'auoir pas la force de soustenir les impetueux efforts de vostre voluptueux & lumineux amour.*

A ces gousts & suauitez interieures, l'homme de Dieu faisoit respondre au dehors la pratique continuelle de toute sorte de vertus; particulierement de penitence & d'austerité. Iamais on ne vid rien de plus humble que lui, rien de plus soufmis, rien de plus affectionné aux souffrances, rien de plus détaché de l'affection des choses temporelles. Toute son ambition n'estoit que de respondre par amour à l'amour diuin, qui le brusloit & consommoit au dedans, d'vne maniere tres-douce & tres-delicieuse.

Dés son bas âge il fut fort affectionné à la vertu de Chasteté. Il ne pouuoit souffrir qu'on proferast aucun mot lascif en sa presence, reprenant aigrement ceux qui prenoient cette liberté ; quoi que d'ailleurs il fust d'vn naturel tres-doux, & facile à supporter les defauts d'autrui ; Aussi cette vertu de Chasteté a toûjours esté en lui si entiere pendant sa vie, que l'on ne doute point, qu'il n'ait emporté cette fleur celeste dans le tombeau.

Ses ieusnes estoient fort austeres. Il ne mangeoit qu'vne seule fois le iour, sans rien prendre au soir. On lui a veu ieusner les Caresmes entiers au pain & à l'eau, & passer trois iours & trois nuicts de suite sans rien manger. Outre les iours commandez de l'Eglise, il ieusnoit tous les Mercredis & Vendredis de chaque semaine, portoit la haire & prenoit la discipline, accoustumant ainsi son corps au joug de la Croix. Cependant il tenoit toutes ces austeritez fort secretes ; & Dieu aiant permis qu'on découurist vn iour ses instrumens de penitence, il ne pût nier, qu'il n'en fist vsage, pour souffrir quelque chose à l'imitation de IESVS-CHRIST.

Chapitre Second.

De ses premieres souffrances interieures, de son entier dépouïllement de tous biens temporels, & comme il fut blessé d'vne playe d'amour en son cœur.

CE pieux Aueugle passa quelques années dans ces diuines caresses & visites delicieuses, qu'il receuoit continuellement de Dieu. Apres lequel temps nostre Seigneur lui voulant faire gouster l'amertume de sa Croix, le priua de toutes ces graces sensibles. Et afin d'éprouuer, espurer & affermir sa vertu & sa fidelité, le mist en vn estat tres-nud, tres-delaissé, tres-obscur & tres-miserable selon le sens, qui lui dura mesme plusieurs années sans autre consolation. De sorte qu'il lui sembloit pendant tout ce temps-là estre abandonné & reprouué de Dieu ; & ne se pouuoit persuader, que iamais il peust estre admis aux jouïssances diuines, dont il auoit autrefois esté fauorisé ; ny que cét estat pust estre agreable à Dieu, & seruir de disposition a des graces plus grandes, & a des vnions plus parfaites. C'est pourquoi refléchissant depuis là dessus, il parloit ainsi à sa diuine Majesté dans vn sien Soliloque. *Ce qui m'a autre-fois estonné mon cher amour, lors que ie vous estois nouuelle espouse ; c'est que vous vous soiés serui pour la consommation de vostre amour en moi, du moien actif de ma repudiation d'auec vous : pour nous conioindre neantmoins par apres, par mariage solemnel, en qualité d'espoux & d'espouse.*

Or quoi que dans cét estat il se sentist comme repudié & delaissé de Dieu, tant s'en faut que cela lui fist perdre courage ; qu'au contraire il commença a redoubler les actes de son amoureuse fidelité enuers lui,

prenant

prenant plaisir à le souftenir nuëment dans le penible & affreux desert de son esprit. Son refuge estoit l'oraison, & la sainte Communion, de laquelle il approchoit quasi tous les iours, passant le reste du iour en oraison, retiré & introuerti au dedans de soj ; sans chercher diuertissement ny consolation ailleurs, que dans les plaies sacreés de son cher Sauueur crucifié.

Il s'exerçoit aussi fort soigneusement dans le mépris de soi-mesme, dans la pratique des vertus, & dans la mortification de tous ses appetits & instincts naturels, lesquels il persecutoit en fond & iusques dans leur racine. Il prenoit bien garde de donner rien à connoistre au dehors, de ce qu'il souffroit interieurement sur l'absence sensible de son bien-aimé. Ce que nous laissons à estimer à ceux qui ont fait semblables experiences.

Non seulement Dieu l'exerça au dedans, par la soustraction de ses graces sensibles : mais encore le dépoüilla au dehors de tout ce qui lui pouuoit seruir d'appuj & de consolation en ce monde. Et de vraj en mesme année il luy osta son Frere & sa belle Sœur; chez lesquels il demeuroit à Paris, & qui seuls prenoient soin de ses necessités. De sorte que ce pauure Aueugle demeura denué de toute assistance humaine.

Cependant il accepta de si bon cœur ce coup de la main de Dieu, que iugeant par ces desastres, que Dieu le vouloit parfaitement appauurir au dedans & au dehors, à l'exemple de IESVS-CHRIST, il voulut contribuer parfaitement à l'execution de ses adorables desseins. C'est pourquoj plein de courage, il se resolut de se dépoüiller volōtairement de tous ses biens temporels ; afin de n'auoir doresenauant autre recours en sa pauureté, que la pauureté mesme, & de viure pauure & inconnu, à l'imitation de celuy qui posse-

B

dant toutes les richesses du Ciel, s'est faict pauure pour l'amour de nous.

En ce temps vn Prieur de l'Ordre des Chanoines Reguliers de sainct Augustin, nommé Monsieur de Montdidier, venu d'Abbeuille à Paris, à la poursuite d'vn procés, print nostre Aueugle chez luy pour l'amour de son frere defunct, qu'il auoit connu à Rome chez l'Eminentissime Cardinal de Pelué, & encore ailleurs. La Prouidence de Dieu, qui suscitoit ce bien-facteur à nostre pauure volontaire, voulut luy fournir chez lui de frequentes occasions de souffrir, afin de mettre vn peu d'amertume dans ce Calice de benediction. Car quoy qu'il eust grande charité, tendresse & affection pour ce pieux Aueugle; neantmoins se trouuant obligé de passer les iours entiers à la poursuite de ses affaires, & souuent ne retournant au logis qu'au soir & fort tard, le seruiteur de Dieu demeuroit cependant dans vne Eglise toûjours à genoux, & en oraison, deuant le tres-sainct Sacrement de l'Autel, & souffroit beaucoup de faim, de soif & autres incommodités. Mais il le faisoit à la manière des Saincts, sans s'inquieter, ny se plaindre iamais; perseuerant toûjours en oraison, iusques à ce que son nourricier estant de retour de ses affaires l'enuoiast querir par vn petit garçon, pour prendre son repas. Vn bon Religieux, qui nous seruira de témoin, & duquel nous parlerons en plusieurs passages de cette vie, l'a plusieurs fois trouué en cét estat à vne heure apres midi dans l'Eglise de nostre grand Conuent de la place Maubert, & l'a diuerti de son oraison, pour luy faire prendre quelque nourriture.

Il ne viuoit la plufpart du temps chez ce Prieur que de pain & d'eau; témoignant neantmoins par vn sacré déguisement à ceux de sa connoissance, lors qu'ils luy en parloient, qu'il receuoit en cette maison beaucoup de courtoisie & de bon traittement. Ce qui rend sa vertu & sa patience tres-notable en ce poinct, c'est que ce fut entre les mains de ce Beneficier mesme, qu'il se dépouïlla volontairement des droits de la succession de ses parens ; estimant à vn gain tres-auantageux d'auoir trouué sur qui se décharger de ce pesant fardeau. Quoi qu'à la verité ce Prieur ne toucha rien de la succession, pour des raison, qui ne font rien à mon propos.

Ce fut alors que ce genereux imitateur de la pauureté de IESVS-CHRIST dépouïllé de toutes choses, & ne pretendant plus rien dans la terre, establit tout son thresor dans le Ciel : & delaissé de tout secours humain, il se donna tout en proie au diuin amour. Lequel l'aiant conduit par des Croix & par des souffrances ineffables, le mit enfin dans l'estat, qu'il appelle la *Plaie d'Amour*. Plaie, qu'il nomme en ses escrits, également douloureuse & delicieuse. Plaie, qui se fait, dit-il, dans l'ame, en l'estat de caliginosité & obscurité diuine : où elle est languissante & malade, à cause de la grande distance, dont elle se voit éloignée de l'vnité diuine. Car alors Dieu par vn secret & inconceuable mistere d'amour, se cachant au centre de l'ame, la touche insensiblement & l'entame de ce trait d'amour, qui la blesse & la rend languissante pour le reste de sa vie. Il nous dépeint luy mesme ses experiences sur ce sujet dans l'vn de ses Soliloques.

Pourquoi, mon cher amour, vous cachiez vous en moi, en mon cœur & en mon ame? Ne sçauiés-vous pas, que ie demeurerois tellement navré d'vn tel effect d'amour, qu'il me faudroit tristement & douloureusement passer le reste de mes jours en continuelle langueur d'amour, sans soulagement, ni consolation quelconque? Quoi? ne sçauez-vous pas, ma treschere vie, & mon tout, combien ma langueur est grande, douloureuse & penible? Ah! qui me donnera que ie sois de-

livré de ce corps mortel, pour mettre fin a mes langueurs ; par la iouïssance de mon Amour, que vous estes ?

Cette plaie mortelle d'amour fut tellement immortelle en cét homme diuin, que tandis qu'il à vescu il l'a toûjours portée dans son cœur. De sorte qu'elle s'ouuroit & se renouuelloit au moindre souuenir des misteres de nostre salut, specialement des misteres douloureux. C'est ce qu'il donne à connoistre au liure de ses Contemplations sur le sujet de la Circoncision de nostre Seigneur. *Il est impossible*, dit-il, *que contemplant & penetrant vostre amour si immense, & si profond en sa source propre, que vous estes, ô mon Amour, & ma vie, & dans le flux debordé de ses effects, nous ne demeurions totalement blessez de la plaie ignée d'amour, qui fait en nous la faim, la soif, la chaleur, & la langueur d'amour.*

Le temps donc, au lieu de guarir cette viue & douce blessure de son cœur, l'augmentoit au contraire de plus en plus, parce qu'il croissoit toûjours en amour. A la verité dans ce supreme repos de la contemplation, dont nous parlerons cy-apres, il semble estre exempt des effects de cette plaie amoureuse ; car voici comme il en parle au liure sus-allegué de ses Contemplations : *Que si nostre supreme repos nous satisfait, & nous contente par dessus l'estat de la plaie d'amour, & par dessus la faim & la soif insatiable du mesme amour, c'est en cela que nous sommes tres contens, &c.* Les paroles suiuantes font neantmoins voir, que ces hauts estats de sureminent repos, ne font point exclusion de cette blessure d'amour. *L'Amour*, dit-il, *deuient discret à mesure que l'ame est faicte diuine, pour soustenir en soi toutes les operations de son diuin feu ; sans receuoir lesion, foiblesse, ou empeschement, quant à sa nature corporelle au dehors. Encore qu'il soit vrai, qu'elle est profondement navrée de la plaie d'amour au dedans d'elle mesme.*

Chapitre Troisiesme.

Son zele ardent pour le salut des ames; & comme Dieu permit pour le bien de nostre Reforme, qu'il fist connoissance, & liast amitié auec vn Religieux Carme.

DANS ces hauts estats de perfection spirituelle, où Dieu alloit éleuant cette ame blessée de son amour, il luy vint vn fort desir, & vne inclination tres douce de publier à tout le monde les prodigieuses merueilles, que Dieu fait dans les ames, qu'il choisit pour ses espouses, afin de ietter, s'il eust peu, dans le cœur de tous les hommes le mesme feu, & les mesme flammes d'amour, qui le brusloient au dedans. De sorte qu'il alloit cherchant de toutes parts, s'il ne rencontreroit point de sujets disposez à ce doux embrasement, & bien-heureux incendie. Aussi estoit-ce Dieu mesme, qui le mouuoit à cela, se seruant de ce digne instrument de sa gloire, pour la conuersion & sanctification de plusieurs. En effet, tous ceux qui conuersoient auec luy, tiroient des profits incroiables de ses diuins entretiens. En quoj toutefois il se comportoit auec tant de modestie, de retenuë & de discretion, que rarement il produisoit au dehors les excez d'amour, qu'il ressentoit au dedans de soi: Et quoi qu'il fust tout comblé des chastes generations de la diuine Sagesse, il s'efforçoit de tenir tout cela tres secret; accommodant ses discours à la portée & capacité des autres. Sa peine à la verité n'estoit pas petite de moderer les violens desirs, qui lui venoient souuent, d'exhaler au dehors les flammes, qui luy brusloient le cœur. C'est à ce propos, qu'il parle ainsi à Dieu dãs vn Soliloque: *Vous estonnez-vous, ô mon Amour, de me voir comme folle en l'abondance de mes excez, qui me feroient publier aux creatures les prodiges de vostre amour; sans que vous me reprimez par vostre amour mesme, & empeschez les saillies de mes excez, par la manifestation de vostre desir, qui veut que nostre vnion s'accomplisse & se possede en secret? Ah! que i'ay grand desir de vous donner à connoistre aux hommes, pour la plenitude abondante, dont vous estes totalement inondé en vous-mesme: & dont vous m'inondez, en sorte que ie suis totalement changé par vostre amour, de moi-mesme en vous-mesme.*

Estant donc continuellement agité de ce violent desir, & pressé par la charité de IESVS-CHRIST, de s'addonner à la conqueste des ames: la Prouidence diuine entre plusieurs occasions de le faire, lui en presenta vne, que ie déduirai plus au long, parce qu'elle nous touche de plus prés, & fait notablement au fil de l'histoire de sa vie.

Ce vertueux Aueugle passant, ainsi que i'ay dict, quasi tous les iours, vn temps fort notable en l'Eglise des Peres Carmes de la place Maubert; vn iour de saincte Agnes, l'vne de ses patrones, qu'il honoroit extremement en son cœur, Dieu l'inspira, apres auoir communié de prier l'Organiste du Conuent de lui permettre de toucher l'Orgue durant la Messe Conuentuelle, en l'honneur de la saincte. Cét Organiste estoit vn ieune Religieux profez du Conuent des Carmes de Dol en Bretagne, nommé Frere Mathieu Pinault; lequel a depuis esté vne des premieres, & des plus fortes colónes de la Reforme, & lequel estudiant en Philosophie, meditoit entre Dieu & lui les moiens de contribuer à la reforme de son Conuent, & mesme de s'associer au Conuent des Carmes de Rennes, où le R.

P. Pierre Behourt commençoit à introduire la Reforme, qui s'eſt depuis eſtenduë par toute la Prouince de Touraine, & en pluſieurs autres lieux, au dedans, & au dehors du Royaume.

Noſtre charitable Seculier trouuant ce ſujet diſpoſé au veritable amour de Dieu, print auidement cette occaſion ; & commença à conuerſer ſouuent auec ce ieune Religieux, ſous pretexte de la ſcience du jeu des Orgues. Il s'inſinua d'extremement dans ſon affection, par le moien de ſes diuins entretiens ; & le voulant tout à fait gaigner à Dieu, il s'aduiſa de lui demander vn iour quels eſtoient ſes exercices de Religion, s'il ne s'addonnoit point à l'oraiſon mentale, & à la lecture des liures ſpirituels ? A quoi le Religieux lui reſpondit qu'aiant entré dés l'âge de treize ans en Religion, & n'aiant iamais demeuré en aucun Conuent Reformé, il ne ſçauroit ce que c'eſtoit qu'oraiſon mentale: Et que pour tout exercice de deuotion il s'addonnoit aux prieres vocales, à la lecture des œuures ſpirituelles des ſieurs de Nerueze, d'Intras & autres petits liurets de deuotion, qui eſtoint alors en vogue pour leur eloquence ordinaire. L'Aueugle luy conſeilla de changer la lecture de ces liures, & d'en prendre de moins eloquens, plus ſimples, & plus inſtructifs, qu'il lui offrit, comme Grenade, Arias, & autres ſemblables. Et pour l'exciter dauantage à faire ces lectures, il le pria, quoi qu'il euſt vn lecteur chez lui, de lui donner tous les iours vne demie heure de ſon temps, pour lui lire quelqu'vn des liures plus miſtiques, qu'il apporteroit auec ſoi.

Le Religieux s'eſtant accordé à lui faire cette courtoiſie, quoi que ſes eſtudes l'en diſſuadaſſent quelque peu ; ils firent pour vn temps, leur lecture dans le lieu capitulaire du Conuent. Mais parce que ce lieu public estoit exposé à la veuë des autres Religieux, qui mesme y venoient entendre leur lecture, le prudent Aueugle demanda que cela se fist doresenauant en la chambre; afin d'auoir plus de liberté de lui parler sur la lecture, & de lui prescrire certains petits Exercices qu'il desiroit y ajouster. Si tost qu'ils estoient dans la chambre, ils se iettoient tous deux à genoux, disoient l'Himne *Veni creator Spiritus*, & apres auoir deuotieusement imploré la grace de Dieu, ils commençoient leur lecture, la continuans pour l'ordinaire l'espace de plus d'vne heure. Ce qu'estant fait, ils se mettoient derechef à genoux, pour remercier Dieu de ses graces, disans le Psalme, *Laudate Dominum omnes gentes*, &c. Lors qu'il se rencontroit quelque chose de plus affectif dans la lecture, il le faisoit repeter deux ou trois fois, afin que le Religieux, & lui-mesme en profitassent dauantage.

Outre cela, il lui donnoit quantité de belles instructions pour la vie vertueuse & spirituelle; & par fois s'enqueroit de lui fort serieusement ce qu'il vouloit deuenir apres ses estudes. A quoi Fr. Mathieu lui respondit, qu'il se faisoit vne Reforme dans nostre Conuent de Rennes, en laquelle, quoi qu'extremement trauersée de difficultez, il desiroit entrer, au cas que Dieu la fist subsister. Sinon, qu'il iroit à Dol, où les Religieux estãs assez simples, quoi que non Reformés, il pourroit s'y donner à Dieu, auec plus de paix & de tranquillité.

Le clair-voiant Aueugle estant ainsi sommairement informé de l'estat des Conuens de nostre Prouince, entre autres de celui de Dol, & du dessein qu'on auoit d'establir la Reforme; exhortoit souuent ce bon Religieux à mener vne vie toute autre, que ceux qui n'estoient pas Reformez, & de se ioindre à ceux qui porteroient au bien & à la vertu. Qu'au reste il ne se décourageast

courageast point pour les difficultés, qui trauerſoient noſtre Obſeruance dans ſon berceau, & qu'il s'aſſeuraſt que bien-toſt il y auroit aſſez de Religieux, qui lui ſeruiroient d'appui & de maintien. Il exhorta lors pareillement le P. Philippe Thibault Religieux de la meſme Prouince à ſe mettre de la partie; l'aſſeurant qu'il y pouuoit beaucoup, s'il ſe vouloit ioindre à cette ſaincte entrepriſe: comme c'eſtoit en effet vn homme d'vn rare eſprit, d'vn grand courage & d'vne ſinguliere vertu. Il lui dit ces paroles auec tant d'energie & d'efficace, qu'elles frapperent au cœur du P. Thibault comme vn coup de foudre, & y demeurerent deſormais tres-profondement grauées, comme il a depuis ſouuent aduoüé au P. Matthieu. Ainſi la ſage Prouidence de Dieu ſe ſeruoit dé-ja de ce pieux Seculier pour auancer le deſſein de noſtre Reforme, le diſpoſant lui-meſme peu à peu, à en eſtre vn iour l'vne des principales & plus fortes colomnes.

Cette heureuſe conuerſation, qu'ils eurent enſemble, ſe paſſa dans ces ſainctes inſtructions l'eſpace de prés de deux ans; apres leſquels Monſieur de Montdidier, qui, comme i'ay dit, nourriſſoit noſtre Aueugle chez luy, le voulut mener à Abbeuille, aiant eu iſſuë de ſes affaires à Paris. Mais Dieu en diſpoſa autrement, & celui-ci demeura dans Paris, où il continua les pratiques de ſa pauureté volontaire, abandonné ſi parfaitement à la Prouidence diuine, qu'il ſe reſolut de ne demander quoi que ce fuſt à perſonne pour ſes neceſſitez corporelles. Pere Matthieu aiant deſcouuert ce deſſein, lui diſt que c'eſtoit tenter Dieu, de ne ſe vouloir pas aider des moiens ordinaires aux mendians & neceſſiteux: & lui offrit d'employer ſes amis, pour lui faire obtenir l'office d'Organiſte en l'Abbaïe de ſainct Victor lez Paris, qui eſtoit alors vacant. Il refufa cette offre, difant auec affeurance, que Dieu ne lui manqueroit pas. Seulement pria-t'il ce bon Religieux d'auoir agreable, qu'il lui continuaſt ſes viſites, & ſa frequentation ordinaire.

Ici les eſprits lumineux pourront reconnoiſtre, & adorer les admirables conduites de Dieu, lequel aiant choiſi ce ſien ſeruiteur, pour en faire vn des plus aſſeurez fondemens de noſtre Obſeruance, faiſoit tres ſuauement reüſſir toutes choſes à ce deſſein. A quoi celui-ci cooperoit ſi parfaittement, qu'il ſemble que déslors il euſt ou reuelation, ou veuë prophetique de ce que Dieu vouloit faire de luy dans noſtre Ordre. Car vn Religieux du grand Conuent de la place Maubert, nommé P. Pierre Geoffroi lui fiſt offre à meſme temps de le loger en ſa chambre, & de le nourrir en partie, auec le congé des Superieurs, pourueu qu'il lui pleuſt de luy apprendre à iouër de l'Orgue. Le bon Aueugle accepta cette condition, bien moins auantageuſe que celles qu'il auoit refuſé ; Dieu ne permettant pas, qu'il s'éloignaſt de ce Conuent, qui deuoit eſtre le lieu de ſa vocation à la vie Religieuſe & Carmelitaine.

Sa nourriture plus ordinaire eſtoit pour lors de pain & d'eau; car bien que le Religieux qui l'auoit retenu, & celuy qui eſtoit de ſon ancienne connoiſſance fiſſent tout ce qu'ils pouuoient pour le ſecourir : neantmoins la pauureté d'vne part ne leur permettoit pas de faire ce qu'ils euſſent bien deſiré; & d'ailleurs le ſeruiteur de Dieu ne deſiroit pas de ſe départir de cette auſterité de vie, qui lui eſtoit ordinaire. Il n'auoit quaſi aucune autre conuerſation qu'auec ces deux Religieux, qui luy ſeruoient de lecteurs l'vn apres l'autre. Mais comme la vertu ſe répand toûjours au dehors, il donna aux autres Religieux de ce Conuent mille beaux exemples de vertu, qui ſeruirent comme d'vne sacrée semence, laquelle produisit auec le temps en plusieurs, les fruicts d'vne saincte vie, & d'vne solide pieté.

Chapitre Quatriesme.

Aiant prié pour le repos de l'ame d'vn sien frere, il la void sortir des peines du Purgatoire: Et est appellé de Dieu à l'Ordre des Carmes.

LA sage Prouidence de Dieu, qui destinoit ce pieux Seculier, pour estre l'vne des plus claires lumieres de nostre Obseruance de Rennes, preuint en ce temps, par vn effect grandement remarquable, les difficultez, qui se pourroient rencontrer & s'opposer à la reception, faisant voir à découuert, que cette ame lui estoit tres-precieuse, & choisie pour de hauts desseins: Et que ses prieres estoient puissantes & efficaces deuant sa diuine Majesté.

Il y auoit dé-ja plusieurs années que son frere aisné estoit mort, pour lequel il n'osoit prier Dieu, le croiant hors de voie de salut; parce qu'il auoit esté tué au seruice de Henri IV. non encore retourné au giron de l'Eglise; & il auoit peur qu'épousant les interests de sa Couronne, il ne se fust aussi engagé en ceux de sa Religion. Mais par l'aduis & instruction de Monsieur Blanzi son Confesseur, homme d'vne rare pieté, & Docteur de Sorbonne, il communia vn certain iour, & pria Dieu pour le repos de son ame. Ce mesme iour il assistoit à la Messe Conuentuelle en nostre grand Conuent auec le P. Mathieu, durant laquelle ils touchoient l'Orgue l'vn apres l'autre. Lors qu'on fut à l'Euangile, son esprit lequel estoit toûjours profondement recueilli en soi-mesme, souuerainement attentif à Dieu, & partant susceptible en tout temps des lumieres diuines, entra en rauissement : durant lequel luy furent monstrez les horribles tourmens, que souffroit dans les flammes du Purgatoire l'ame de son frere. Le seruiteur de Dieu iettoit des souspirs fort profonds, & monstroit par sa posture, & par certains mots entre-coupez, qu'il proferoit de fois à autre, que ce qu'il voioit estoit grandement effroiable. *Misericorde*, disoit-il, *ô mon Dieu, helas ! quelle horreur !* Et autres semblables. Enfin quelque temps apres, il vid cette ame sortir des flammes, pour aller dans la gloire ; & à l'instant il commença à frapper des mains en signe de ioie, se ietta à genoux, & pria le Religieux (qui voioit tous ses gestes, & entendoit toutes ses paroles) de dire auec lui le *Te Deum laudamus*, en action de graces, pour la deliurance de l'ame de son frere des peines du Purgatoire, parce qu'enfin Dieu lui auoit fait misericorde. Il auoüa par apres, à ce mesme Religieux, que iusques alors il n'auoit osé prier Dieu pour lui, ne croiant pas qu'il fust mort dans l'vnité de l'Eglise : mais que ce iour-là il auoit communié à son intention par l'aduis de son Confesseur.

Cette meruielle fist encore conceuoir au Religieux, qui estoit là present, vne plus haute estime de cét Aueugle qu'il n'auoit auparauant : De sorte qu'il le regardoit comme vn Sainct, taschant de plus en plus de ioüir & de profiter de sa conuersation, & de ses rares exemples de vertu.

Peu de iours apres cette meruielle, arriua enfin le temps ordonné de Dieu, pour la vocation de ce grand homme à l'Ordre des Carmes ; Et ce fut lors que touché d'vn mouuemét interieur de demander l'habit, il se resolut de manifester son desir à son cher confident le

P. Mathieu Pinault. Auant que se declarer, il s'enquit derechef de lui plus serieusement que iamais, s'il estoit toûjours dans les desseins de viure dans la Reforme. Sur quoi ce Religieux (qui auoit tousiours mené vne vie fort exemplaire) aiant respondu, qu'il ne démentiroit iamais ce desir; deust-il estre seul dans ce dessein : l'autre lui repart : non, vous ne demeurerez pas seul : car dés à present ie suis à vous, & vous declare que Dieu m'appelle efficacement à prendre l'habit en vostre Conuent de Dol. Le Religieux fut d'abord estonné de l'entendre parler de la sorte, & lui monstra que la chose estoit impossible, ou pour le moins tres-difficile. Premierement, parce que depuis quarante ans on n'auoit voulu receuoir aucun Frere Laïc dans la Prouince de Touraine : de sorte qu'il sembloit estre hors d'apparence de recommencer par la reception d'vn Aueugle. Secondement, parce que le Conuent de Dol estoit dés lors si pauure, qu'aucun Nouice n'y estoit receu, qu'il ne fournist pour le moins ses habits de Religion. Ce qui sembloit estre hors du pouuoir de cét homme depoüillé volontairement de tous ses biens : & qui faisoit estat de ne rien demander à personne. Enfin parce qu'il estoit d'vn païs éloigné ; ioint qu'il ne prenoit pour son mediateur & entremetteur, qu'vn ieune Religieux, qui n'auoit ni pouuoir, ni accez familier auprés des Superieurs de la Prouince.

Le seruiteur de Dieu lui répondit en vn mot, que sans s'arrester à ces difficultez, il print seulement la peine d'escrire au R. P. Prouincial & à sa Communauté ; Et qu'il s'asseurast que sa demande seroit exaucée : qu'au reste l'argent ne manqueroit point pour le voiage. Ce qui s'effectua en peu de iours. Car le R. P. Prouincial, & la Communauté de Dol aians donné leur consentement par écrit ; certaines personnes inspirées de Dieu, lui apporterent plus qu'il ne failloit d'argent pour son voiage, & pour sa vesture. Il desira mesme que sans attendre ces aumosnes, on traittast auec le Messager, qui le deuoit conduire : marque euidente de l'asseurance plus qu'humaine, qu'il auoit de la volonté de Dieu, & de la verité de sa vocation ; dont l'excellence parut encore beaucoup dans les rencontres suiuantes.

Vn sçauant Ecclesiastique, nommé Monsieur de Morlencourt, (Personnage illustre en doctrine & en pieté, & cheri pour ses rares vertus à la Cour de nos Rois Henri troisiesme & quatriesme) regardant cét Aueugle prendre congé de nos Religieux, se trouua surpris de ie ne sçai quel éclat lumineux tout extraordinaire, qu'il apperceut en sa face, & qui lui fist conceuoir d'abord vne haute opinion de lui. Il s'arresta vn temps notable à le considerer, & aiant appris du P. Matthieu là present, qu'il alloit prendre l'habit de nostre Ordre ; il faut, lui respondit-il, que cét Aueugle soit souuerainement docte ou vn excellent contemplatif. On luy dist, qu'à la verité il s'estoit beaucoup appliqué à l'exercice de l'oraison mentale. L'éclat de cette face, repliqua-il, & cette phisionomie le monstrent assez : Et dist encore, se confirmant de plus en plus dans son sentiment, que l'Ordre des Carmes acqueroit ce iour là en cét Aueugle, vn tres-rare & tres-precieux iojau. Cela fist que cét illustre personnage aiant depuis contracté amitié auec le P. Matthieu, lui demandoit fort souuent des nouuelles de ce bon Aueugle, & le prioit de le recommander à ses prieres.

Le sentiment de ce grand homme, que l'euenement a monstré estre veritable, fut encore fortifié par ce qui arriua à nostre Postulant, lors qu'on le monta à cheual. Car son cheual se cabrant d'abord soubs lui, sa cecité ne lui aiant pas permis d'apprendre à le gouuerner, peu s'en fallut qu'il ne le iettast par terre. Sur quoi, sans se troubler aucunement, il ne fist que ioindre les mains, & leuer la face vers le Ciel ; ce qui fist iuger à tous les assistans, que c'estoit là vn homme fort sainct, de garder vne si grande tranquillité, & ne changer point de visage, en vn accident perilleux & inopiné.

Il fut beaucoup regretté de nos Religieux de Paris, & mesme quelques-vns se resolurent de suiure son exemple, & de venir embrasser la Reforme, qui naissoit alors au Conuent de Rennes. Ce que fist pareillement vn de ses lecteurs, fils d'vn Procureur de Paris. Quelques Seculiers eurent aussi bien du ressentiment de cette retraitte ; entr'autres vne Dame de grande condition, nommée Madame la Presidente d'Andresel, témoigna qu'elle estimoit y perdre beaucoup. Car bien qu'elle ne lui eust iamais parlé, elle auoit neantmoins conceu vn tres-haut sentiment de sa vertu, & l'estimoit comme vn Sainct. Parce qu'elle le voioit en continuelle oraison dans nostre Eglise, témoignant en son port exterieur vn merueilleux respect à la presence de Dieu, & demeurant tous les iours six & sept heures entieres à genoux, immobile comme vne statuë, deuant le tres-sainct Sacrement de l'Autel. I'estime en effect que ce fut vne particuliere Prouidence de Dieu, que cét homme d'oraison s'accoustuma, sans y penser, à prendre sa place dans nostre Eglise tout aupres du banc ordinaire de cette Dame, afin que sur le modele, & sur l'exemple de sa deuotion & de sa modestie, elle conceust la haute opinion, qu'elle eut toûjours depuis de la vie interieure. Aussi l'honoroit-elle grandement, prenant bien garde de ne le diuertir, ou de l'incommoder, lors qu'elle prenoit sa place ; & se leuant auec beaucoup de respect deuant lui, pour le laisser passer, lors qu'il alloit à l'Orgue, ou à la Communion. Elle tiroit mesme auantage de communier, quand elle pouuoit, en sa compagnie. Tant il est vrai que la modestie des ames sainctes à vn pouuoir merueilleux sur vn esprit bien-faict, particulierement dans les Eglises.

Ainsi alla-il prendre le sainct habit de nostre Ordre au Conuent de Dol en Bretagne, en l'an mil six cens six. Ce qu'il fist auec les sentimens & les consolations d'esprit, telles qu'on peut iuger d'vn homme si touché de Dieu, & dont la vocation estoit si rare & si extraordinaire.

Outre que ce n'estoit pas la coustume, auant la Reforme de changer les noms aux Nouices en leur reception, Dieu voulut qu'on lui laissast celui du Baptesme. Parce qu'en effect il estoit choisi comme vne vn autre sainct Ian, pour viure dans la solitude & dans la contemplation, & afin d'estre rempli de la vertu & de l'esprit de son pere sainct Elie : pour aider en suitte, sans sortir de sa retraitte, à conuertir les cœurs des enfans à l'amour de l'esprit interieur cheri par leur pere, & contribuer efficacement de son costé à reparer les breches que la malice & succession du temps auoit faites, dans le Carmel; donnant à ses Freres vn haut sentiment, & vn rare exemple de l'estude serieux du silence, de la solitude, de l'oraison, de la penitence & mortification, par des voies toutes diuines & admirables. On adiousta depuis à son nom propre le surnom de *sainct Samson*, qui est le Patron de l'Eglise Cathedrale, & de la ville de Dol. Et peut-estre que Dieu voulut qu'il portast ce surnom, pour le rapport, qu'il deuoit auoir auec cét illustre Samson de l'ancienne Loy: bien moins à cause de son aueuglement corporel, qu'à raison de la force diuine & de la generosité de son esprit.

CHAPITR

Chapitre Cinqviesme.

Comment il paſſa l'année de ſon Nouitiat.

VOILA donc à la bonne heure celui que nous appellerons doreſenauant Fr. Ian de S. Samſon, Nouice en noſtre Conuent des Carmes de Dol en Bretagne. Ce fut en ce Monaſtere, non encore Reformé, qu'il fiſt naiſtre vn nouueau Paradis, y donnant des exemples d'vne vie toute angelique & diuine. Car outre les pratiques de toutes les vertus Religieuſes, qui le firent auſſi-toſt regarder comme vn nouueau Soleil; outre les rares & admirables operations, que Dieu faiſoit ſecretement en lui, ainſi que ie dirai ci apres: ſes dons & ſes graces extraordinaires eſclaterent merueilleuſement au dehors, à l'edification & conſolation des ames. L'occaſion de découurir les threſors cachez en ce champ fut telle que nous allons dire. Peu de temps apres ſa reception, il ſe trouua malade d'vne fiévre, qui lui fut cauſée par le changement d'air. Cette fiévre l'attenua ſi fort par ſa longueur, & par ſa violence, qu'il faiſoit compaſſion à tous les Religieux. Or en ce téps, Monſeig. L'Illuſtriſſ. Antoine de Reuol, qui depuis peu eſtoit nommé & conſacré Eueſque de Dol, y enuoia de Paris le R.P. Louis de Cenis, fameux Predicateur de noſtre Ordre, Docteur de la Faculté de Paris, & qui auoit eſté trois fois Prouincial en la Prouince de France. Ce grand homme trouuant Fr. Ian de S. Samſon dans ce pitoiable eſtat, lui conſeilla d'auoir recours aux remedes diuins, puiſque les humains ne pouuoient rien pour ſa ſanté; & de dire auec vne viue foi cette oraiſon, qu'il auoit veu pro-

D

noncer publiquement à Rome sur les fiévreux par les Sacristes de S. Pierre. *Dominus* IESVS, *qui curauit socrum Petri à febribus, quibus tenebatur; ipse curet famulum suum à febri, quâ laborat. In nomine Patris, & Filÿ & Spiritus sancti. Amen.*

Le Frere suiuant ce bon conseil, s'estant confessé & communié le lendemain, qui estoit le iour de sa fiévre; prononça cette oraison auec vne foi si parfaite, qu'il fut entierement gueri dés le mesme iour. Ce qui consola tellement les Religieux, que quelques-vns aussi malades de fiévre, le supplierent de dire la mesme oraison sur eux. Il refusa par humilité de le faire, mais il y fût obligé par le commandement des Superieurs; & guerit à mesme temps ces malades. Le bruit en courut aussi-tost par la ville, d'où s'ensuiuit ce que ie dirai ci apres au Chap. 6.

Vne autre occasion, qui fist voir les rares vertus, & les graces merueilleuses de cét excellent Nouice, fut la contagion, qui estant pour lors en la ville de Dol, attaqua l'vn de nos Religieux; & l'aiant reduit dans peu de iours au tombeau, en frappa encore vn autre qui estoit Nouice. Le Superieur & les autres Religieux épouuantez de cét accident, se resolurent de quitter, & de ne laisser au Conuent qu'vn ieune Frere Clerc nommé Frere Oliuier, auec vn garçon seculier, pour assister le malade. Mais nostre Nouice ardent de charité, quoi que sa cecité semblast le rendre inhabile à l'assistance des malades; se resolut de tenir ferme, & de se victimer à leur seruice; esperant qu'en cela la grace supléeroit au defaut de la nature.

Cette confiance en Dieu ne fut pas sans effect. Car vn iour, comme il estoit en sa chambre, le malade qui estoit frenetique en vn autre assés éloignée, voulut aller se precipiter par la fenestre du Dortoir. Mais par vn coup tout à fait admirable Fr. Ian de S. Samson, tout Aueugle qu'il eſtoit, conduit ſans doute & éclairé d'vne lumiere plus haute, fort à meſme temps de ſa chambre, va directement vers ce frenetique au lieu du precipice, le ſaiſiſt, & l'empeſche de ſe ietter. Le tenant, il appelle les deux autres, qui pour la crainte du mal s'écartoient au bas du iardin : fiſt remettre ce pauure malade en ſon lict, & demeura toûjours aupres de lui, ſans aucuue apprehenſion de la maladie ; priant Dieu qu'il lui rendit ſon bon ſens, afin de pouuoir mourir dans les diſpoſitions de ſa grace. Noſtre Seigneur octroia l'vn & l'autre à ſes prieres. Car au meſme inſtant l'vſage de la raiſon lui reuint, & le Superieur, qui eſtoit au dehors du Conuent, s'eſtant heureuſement preſenté dans vn lieu aſſez proche, pour ſçauoir des nouuelles du malade, qui eſtoit ſon nepueu ; noſtre bon Aueugle le priſt entre ſes bras, le porte à la feneſtre, & lui aiant fait receuoir l'abſolution ſacramentale, apres s'eſtre confeſſé, le rapporte en ſon lict, où incontinent apres il mourut.

Il aida à porter le corps en terre : & tandis qu'on faiſoit la foſſe, il demeura toûjours en prieres, aupres de ce dangereux cadaure ; croiant auec S. Paul, n'auoir point d'autre vie, que Iesvs-Christ, & reputant à vn gain fort auantageux de mourir dans l'exercice de la charité.

Le mal aiant attaqué l'autre Religieux, qui reſtoit ſeul auec lui dans la maiſon ; il l'aſſiſta auec le meſme ſoin & aſſiduité, demeurant toûjours aupres de lui pendant vingt quatre heures, qu'il fut dans vn ſommeil lethargique, & l'excitant de temps en temps à éleuer ſon cœur à Dieu. Il pria pour ce malade, qui fut remis auſſi-toſt en ſanté.

Ses charitables trauaux furent enfin recompenſez

de la mesme maladie contagieuse. Mais Dieu reseruant ce fidele seruiteur pour de plus hauts desseins, permit qu'en bref, le venin, qui lui auoit sorti, lui rentra au dedans du corps, sans lui causer neantmoins autre mal, qu'vne fiévre quarte, suiuie d'vne longue hydropisie ; laquelle il souffrit auec vne patience angelique.

Apres cela il fut conduit au Champ S. Iammes, lieu destiné pour la retraite, & pour le desairement des pestiferez : où il demeura quelques temps. Là il fist encore paroistre à merueille sa grande charité enuers quelques malades, & agonisans. Car il les exhortoit auec tant de feruer & d'efficace en ce poinct decisif de l'eternité, qu'ils rendoient leur esprit à Dieu, auec vne paix & consolation bien extraordinaire.

La peste aiant cessé dans le Conuent de Dol, & les Religieux y estant retournez ; ce feruent Nouice fut receu à profession, & fist ses vœux solemnels de Pauureté, Chasteté & Obeïssance. On peut penser combien ce sacrifice amoureux fut agreable à Dieu, lui estant presenté par vn homme consommé dans la vertu ; & dans la pratique mesme des vœux, que ses lévres prononcerent en face d'Eglise. Qui pendant son Nouitiat auoit esté si fidelle à sa vocation, qu'encore qu'il patist extremement en toutes façons, ainsi que ie dirai plus au long ci-apres, & qu'il fust asseuré de passer le reste de sa vie par de plus rudes épreuues, il n'eust pas toutefois la moindre pensée de quitter la lice, & de sortir de Religion. Au contraire, poursuiuant auec vne sainte generosité à l'exemple de S. Paul, le trophée de sa souueraine vocation en IESVS-CHRIST, il trouua dans ce Conuent non encore Reformé, la vraie perle Euangelique, & le thresor de la perfection Religieuse & Carmelitaine.

Chapitre Sixiesme.

Ses graces gratuites, & son ardente charité pour les malades : le tout éprouué par l'Illustrißime Euesque de Dol.

FRERE Ian de S. Samson n'eut pas si-tost fait sa Profession solemnelle, que Dieu lui voulut donner de nouueaux exercices de vertu ; entre autres de charité, laquelle éclatoit en lui au dessus des autres vertus, comme vn Soleil par dessus les estoilles. La Prouidence donc, permit qu'en ce temps il y eut vn grand cours de fiévres parmi le peuple. Ce mal, que le mauuais air de la contrée rend tresj-dangereux, sert de matiere à sa compassion ; il redouble ses larmes & ses prieres deuant Dieu pour ces malades, & inuoque sans cesse la diuine misericorde sur eux. Son pouuoir merueilleux en ces rencontres, auoit paru dés lors qu'il entra en Religion.

Dequoi ses Superieurs se souuenans dans cette occasion de calamité publique, lui commanderent de reciter la mesme priere sur les fiévreux, qui se presenteroient à lui. Ce qu'aiant fait auec le mesme succés, on vid depuis vne si grande foule de malades, qu'on fut contraint de leur assigner certaine heure du iour, afin qu'estans assemblez en nostre Eglise, il peust en vne fois satisfaire à plusieurs.

Le peuple prend aussi-tost la coustume de s'y assembler tous les matins, deuant le grand Autel ; où incontinent apres l'heure de Prime, le bon frere venoit conduit par vn jeune Religieux : Et apres auoir salüé le tres-sainct Sacrement par vne briéue priere, il se tournoit vers les malades, qui estoient rangez en ordre, & à genoux, prononçoit sur chacun d'eux l'oraison susdite, & mesme quelquefois celle de S. Albert Confesseur & Religieux de nostre Ordre, dont la vertu a toûjours parû miraculeuse, & efficace contre les fiévres. Puis, apres auoir exhorté vn chacun de viure chrestiennement, & de faire de bonnes œuures selon sa condition, il les renuoioit auec la benediction de nostre Seigneur.

Dieu voulut en ceci exalter son obeïssance & son humilité. Car les malades alloient publiant dans tout le païs, qu'ils auoient esté guaris par ses prieres. Et cete voix publique paruint iusques aux oreilles de Monseigneur Antoine de Reuol Euesque du lieu, homme d'vne rare vertu, pieté & capacité.

En effect l'vn de ses domestiques affligé d'vne fiévre inueterée, qui ne cedoit à aucuns remedes, aiant dit hautement qu'il se presenteroit à Fr. Ian pour estre gueri; L'Euesque le lui deffendit expressement. N'aiant pas laissé d'y aller vn iour auec les autres malades, il retourna au manoir Episcopal sain & gaillard. Ce digne Prelat & vigilant Pasteur, voulant, selon les deuoirs de sa charge, voir & examiner tout ce qui en estoit, se transporta le lendemain au matin en nostre Eglise, accompagné de Monsieur Berthelot Docteur insigne de la Faculté de Paris, & son Theologal, auec plusieurs autres personnes de condition & de suffisance. Le Frere, qui n'en fut point auerti, dit à l'ordinaire son oraison sur les malades. L'Euesque le regarde, & considere toutes ses procedures. Apres quoi il commença d'vn accent fort aigre & éleué à lui demander, qui le faisoit si hardi de benir le peuple en sa presence? L'humble Frere se prosterne à genoux, & demande excuse, sur ce qu'il ne le sçauoit pas là present. Le sage

Euesque insiste, le rabroüe & le reprimende seuerement deuant toute l'assistance ; disant que tout ce qu'il faisoit n'estoit qu'abus & tromperie, & que son oraison estoit superstitieuse. Il demeuroit cependant profondement humilié en son cœur, sans penser à aucune excuse, ni iustification : sinon qu'à ce dernier mot de *superstition*, il dist, aiant humblement demandé permission de parler ; *Excusés-moi, Monseigneur, l'oraison est en vn sens parfait, & sans superstition, ie l'ai apprise d'vn Docteur en Theologie.*

Apres plusieurs autres rudes paroles, qu'il souffrit, sans ouurir la bouche ; l'Euesque se tournant vers son Theologal, lui demanda ce qui lui sembloit de toutes ces choses. A quoi ce Docteur, qui auoit examiné le tout au poids du sanctuaire, répondit : Les Apostres, Monseigneur, n'en faisoiët pas dauantage : si nous menions la vie de Fr. Ian., & si nous auions autant de foi que lui, nous gueririons sans difficulté tous les malades, en recitant cette oraison.

Alors il se tourna derechef vers le Religieux, & l'interrogea, de quel mouuement il se portoit à cette assistance des malades ; il répondit, que c'estoit par commandement de ses Superieurs. L'Euesque, qui enuisageoit en toute cette affaire, la seule gloire de Dieu, n'y voiant rien que de tres-conforme à l'Euangile, & à la charité Chrestienne, lui dit doucement, *Et bien, mon Frere, i'adiouste à vostre Obedience le commandement, que ie vous fais, de continuer à guerir les malades.* Et s'en alla si profödement edifié, & satisfait de la grande humilité & soûmission de ce Religieux, qu'il l'eut toûjours depuis en tres-grande veneration, en faisoit recit en toutes les bonnes compagnies, & voulut mesme desormais receuoir de lui, tant de viue voix, que par écrit les plus importantes regles de sa conduite interieure & particuliere.

La vie du Venerable

Entre autres il en fist recit, trois ou quatre ans apres, à vn sien Predicateur, Official de sainct Malo, personnage fort docte, & de sainte vie, nommé Monsieur Durand; le priant d'éprouuer la vertu de ce Religieux. A ce dessein ils vinrent ensemble en nostre Monastere, & parlans à l'humble Frere Laïc, ce Predicateur commence à le mal-traitter de paroles, l'appellant hypocrite, seducteur du peuple, semeur d'heresie: que c'estoit vn méchant homme, qui abusoit tout le monde par sa fausse sainteté. Enfin, il lui dist tout ce qu'il pût, pour le toucher au vif, & pour découurir de quel esprit il se conduisoit. A quoi, Monseigneur de Dol adiousta plusieurs choses pour le mesme dessein, auec de grosses menaces de le mettre en prison. Mais tant s'en faut, que ce sage & patient Religieux fust aucunement émeu de ce mauuais traittement, que bien au contraire, il en receut vne tres-grande ioie & consolation en son cœur, croiant que c'estoit tout de bon qu'on le traittoit de la sorte: si bien qu'il souffrit cette épreuue auec vne humilité nompareille, aduoüant qu'il estoit vn tres-grand pecheur; & coniurant ceux qui le baffoüoient ainsi, de prier Dieu pour sa conuersion. A ce mot toutefois de (semeur d'heresie) il répondit auec vne humilité fort entiere, & pour la cause de Dieu, qu'il n'y auoit point d'heresie en sa maniere de prier pour les malades: & que seulement il prioit Dieu, s'il l'auoit agreable, de leur rendre la santé, sans y rien mettre du sien. A tout le reste, il n'ouurit pas seulement la bouche, pour se iustifier en façon quelconque. Ce que le grand & docte Predicateur aiant veu, il dist hautement que ce que Fr. Ian faisoit pour les malades, estoit vraiement de l'esprit de Dieu, puis qu'il venoit d'vne personne si humble, si patiente & si abiecte à ses propres yeux.

CHAPITRE

Chapitre Septiesme.

Il est tourmenté des Diables, & exercé de Dieu en plusieurs autres manieres.

NOstre Seigneur exaltoit ainsi cét humble Frere Laïc, afin puis apres de se seruir de lui plus efficacement, dans l'auancement de l'esprit interieur en nostre Prouince de Touraine: & peut-estre pour autres raisons, que nous ne connoissons pas. Cependant les Diables enrageoient, de voir qu'vn pauure Aueugle desoloit leur empire, & rétablissoit celui de Dieu, dans tous le païs. Car il est vrai, qu'il touchoit tous les cœurs, & les portoit hautement à embrasser la deuotion. C'est pourquoi ces malins esprits preuoians les biens, qu'il deuoit faire, commencerent dés son arriuée à Dol à le tourmenter en mille façons.

Tantost ils l'accabloient de tentations, tantost ils lui faisoient souffrir des peines fort sensibles; taschans de le suffoquer & de l'étouffer. Tantost ils l'attaquoient en troupe, auec des cris épouuantables de bestes feroces: tantost ils contrefaisoient des voix humaines, qui lui reprochoient ses exercices de deuotion, l'appellans hipocrite, bigot, arrogant, qui se mesloit d'instruire le peuple, & de guerir les malades de fiévre. *Pourquoi*, disoient-ils quelquefois en se plaignant, *es-tu venu de si loing, pour nous troubler?* Par fois il auoit le corps tout brisé des coups qu'ils lui donnoient. Et le R. Pere Matthieu Pinault, homme tres-digne de foi, & des plus considerables de nostre Ordre, l'aiant fort long temps assisté dans ces effroiables combats contre les Demons, a veu plusieurs fois sur ses mains & sur sa

E

face les égratigneures, qu'il lui faisoient.

Parmi tous ces tourmens, ce grand seruiteur de Dieu se lassoit moins de patir, que les Demons de le tourmenter : & dist vn iour que ses desirs de souffrir & d'endurer pour Dieu, alloient toûjours s'augmentant, à proportion de ses souffrances. En effect, Dieu qui lui donnoit ces desirs de patir pour son amour, lui fournit abondamment les occasions de les mettre en pratique. C'est pourquoi il disoit quelque temps apres sa profession, que n'aiant point eu iusques alors de Pere-Maistre pour sa conduite, Dieu auoit fait excellemment cét office en son endroit ; & loüoit sa Majesté du plus profond de son cœur, de ce qu'elle daignoit bien l'exercer continuellement au corps & en l'esprit, & lui fournir les occasions de patir en plusieurs manieres.

Pour en specifier ici quelque chose, il est à remarquer, que dans les Monasteres, qui ne sont pas parfaitement Reformez, les Religieux, qui veulent se tenir à l'obseruance des regles, patissent ordinairement beaucoup dans les necessités corporelles. Car la Communauté n'a pas toûjours dequoi les assister ; & eux-mesme celent leurs besoins, afin de ne perdre pas les occasions, qui se presentent de souffrir.

Tel fut le sort de ce bon Religieux, tandis qu'il vescut au Conuent de Dol, où par le malheur du temps, la vigueur de la discipline Religieuse estoit beaucoup décheuë. Car aiant aimé dés sa ieunesse, la sainte pauureté, comme vn precieux thresor, il n'auoit garde qu'il ne la cherist encore dauantage dans l'estat de Religion. S'estant dépoüillé de tous ses biens, lors qu'il estoit encore seculier, pour viure comme vn pauure inconnu, sans rien demander à personne, il estoit bien éloigné de se procurer ce dont il auoit besoin, depuis qu'il eut plus étroittement embrassé le joug de la Croix dans la condition Religieuse.

La communauté donc aiant à la verité assez d'affection, mais non assez de moien, pour lui fournir ses besoins, il patissoit beaucoup dans son viure, dans ses maladies, & dans ses autres necessitez. Quant au vestement il changeoit fort rarement de linge, dont l'vsage estoit permis auant la Reforme : de sorte qu'il estoit, comme vn autre Iob, tout mangé de vermine. Ce qu'il supportoit neantmoins auec vne patience si merueilleuse, que iamais il ne témoigna par aucune parole, ou action, qu'il souffrist cette incommodité. Sçachant vn iour, qu'on auoit apperceu de la vermine sur ses habits, il adoüa que cela le rendoit honteux, & comme indigne de conuerser auec ses Freres : mais qu'il se réjoüissoit en sa pauureté, & que cette corruption, qui sortoit de son corps, estât l'appennage du peché, l'approfondissoit en la connoissance de la misere humaine, & de la sienne propre. Il souffroit auec la mesme patience & modestie, les sensibles picqueures de certains moucherons tres-frequens, & importuns en ce païs là, sans iamais s'en plaindre.

Son viure n'estoit pas moins chetif que son vestir. Le pain ordinaire du Conuent estoit fait de seigle, d'orge, d'auoine, de bled noir, & de fébues ; leur boisson estoit du citre du moindre prix, & souuent gasté : le reste tres-pauure & tres-miserable. D'où on peut iuger combien ce patient Religieux à souffert parmi de si pauures traittemens, dans les maladies qu'il eut quasi continuelles en ces premieres années.

Outre cela, Dieu pour l'espurer & l'éprouuer dauantage, le ietta dans des aridités, & secheresses interieures si penibles, qu'il se sentoit crucifié de toutes parts sans appui, ni consolation quelconque. Où ie ne dois pas

E ij

oublier, que son humilité fut admirable en cét estat de souffrances. Car son Superieur n'estant aucunement versé dans les choses spirituelles, il alloit neantmoins lui rendre compte de son interieur, comme si c'eust esté l'homme le plus lumineux du monde. Aussi Dieu acceptant ce sacrifice de soûmission, mettoit ordinairement en la bouche de ce Superieur des paroles & des resolutions conformes à l'estat de son Religieux.

Or quoi que sa nourriture, quelque miserable qu'elle fust, semblast moins austere, que celle qu'il prenoit dans le monde, où il ne viuoit pour l'ordinaire que de pain & d'eau ; neantmoins cette maniere de viure, estant iointe aux penibles exercices, qu'il receuoit de Dieu & des Demons, attenua tellement son corps déja assez delicat, qu'il tomba en vne fiévre quarte, laquelle par sa longue rigueur le reduisit presque iusques au tombeau. Dieu, qui le vouloit faire passer par le feu & par l'eau des tribulations, ne lui voulut pas rendre sa santé ; quoi que pour obeïr aux Superieurs, il l'en pria plusieurs fois, recitant son oraison pour les fiévreux. Au contraire, sa Prouidence le laissa languir, l'espace d'vn an ou plus, dans cette maladie.

La maison n'aiant alors aucun lieu d'Infirmerie, & la distinction des cellules du dortoir, estant faite d'ais fort mal assemblez, où les vents entroient de toutes parts, il souffroit & trembloit tous les accez de sa fiévre dans la sienne, où il n'y auoit ni feu ni cheminée. Il ne se presentoit iamais aux Offices pour se chauffer, quelque besoin qu'il en eust, parce qu'ils estoient l'abord de plusieurs personnes externes, qui auoient affaire au Conuent, & il craignoit les occasions d'estre diuerti de Dieu. Dans l'hyuer on l'a veu souuent à l'abri de quelque muraille, & aux raions du Soleil, trembler sa fiévre assis sur vn buis du iardin ; & souffrir les violences de son mal, auec vne patience angelique. Il estoit mesme alors si parfaitement attentif à Dieu, qu'oubliant son mal, & tout ce qui se passoit au tour de lui, les petits oiseaux venoient en bande, se percher, & s'entre-becqueter sur lui, sans qu'il s'en apperceust. Dequoi le R. P. Matthieu Pinault, comme tesmoin oculaire à donné son rapport; disant que delà aiant pris occasion de faire naistre vn discours sur l'innocence d'Adam; ce lumineux Aueugle lui dist des choses admirables de ce que Dieu opere dans les ames innocentes & fidelles.

Il donna des preuues bien notables de sa fidelité à Dieu, pendant toute cette maladie. Car iamais il ne mangea hors du refectoir commun : iamais ne print autre nourriture que l'ordinaire, quoi qu'elle ne fust propre qu'à fomenter & augmenter son mal, & plustost capable d'attenuer & debiliter vne nature malade, & dé-ja extremement affoiblie, que de lui donner de la force.

De vrai, la mort lui estoit comme inéuitable dans sa langueur, si Dieu, qui viuifie apres auoir mortifié, n'eust enfin retiré son fidele seruiteur de cette extremité, le reseruant à de tres-hauts desseins. Il lui suscita, pour cét effect vn charitable Ecclesiastique Recteur ou Curé de la paroisse de Roz sur Coësnon en l'Euesché de Dol : lequel à la sollicitation de quelques-vns, touché de compassion, s'offrit de faire traitter chez lui ce patient Religieux, l'y fist conduire auec le congé des Superieurs, mesme par diuerses fois : où enfin par les charitables soins de ce bien-facteur, il reuint en santé.

Chapitre Hvictiesme.

Il est appellé au Conuent de Rennes, & puis renuoié en celui de Dol, pour la Reforme.

CE fut par ces continuels exercices de charité, d'humilité, de souffrances, & de continuelle oraison, que nostre Frere vint à vn tel poinct de perfection, qu'à peine se peut-il exprimer par paroles : & Dieu sçait, que ce que i'en dirai cy-apres demeure beaucoup au dessous de ce qu'il estoit en verité.

Sa reputation s'estendit incontinent dans les autres Conuens de la Prouince; & ce fut le sujet pourquoi il fut appellé au Conuent de Rennes, non tant par vne vocation humaine, que par vne speciale Prouidence de Dieu, qui le regardoit & le preparoit de tout temps, pour en faire vn des principaux fondemens de nostre Reforme, pour la vie spirituelle.

Il est donc à remarquer que ce rare seruiteur de Dieu, embaûmoit tous le païs de Dol de l'odeur de ses vertus, au mesme temps que le R. P. Philippe Thibault estoit en nostre Conuent de Rennes, continuant le dessein & l'œuure de la Reforme, qui dés l'an 1604. y auoit esté heureusement commencée par le R. P. Pierre Behourt, & par cinq ou six autres, sous l'authorité & le commandement du Reuerendissime P. Henri Siluius tres-digne General de nostre Ordre.

Ie puis dire sans faire aucun tort à ces premiers zelateurs & introducteurs de nostre Reforme, qu'encore que le R. P. Thibault ne mist pas si tost qu'eux la main à ce chef-d'œuure, il en a toutefois esté le principal appui, & pour ainsi dire, la pierre angulaire. En effect, cét

homme plein de zele, de doctrine, d'éloquence, &
de pieté, fut appellé de Dieu pour ce sacré dessein dés
le siecle precedent, lors qu'il estudioit à Paris en Theologie, où depuis il fist tous ses actes, & prist ses degrez
auec éclat & applaudissement.

 La Reforme, qui se proiettoit déslors par le P. Pierre Behourt, estoit agitée de mille difficultez & mille
empeschemens; ce qui fist que le P. Thibault doutant
du succez de cette entreprise, tascha d'entrer dans
l'Ordre des Chartreux, & depuis dans la compagnie
de nos P. P. Déchaussez nouuellement arriuez à Rome. Dieu, qui le reseruoit pour choses plus grandes,
empescha l'vn & l'autre effect par sa Prouidence; car
estant sur le poinct de prendre l'habit de Chartreux,
le R. P. Dom Leonard Beau-cousin Prieur de la Chartreuse de Paris, aduerti par Monsieur du Val, celebre Docteur de Sorbonne, qu'il y auoit à Rome depuis peu des Carmes Déchaussez, refusa de receuoir
le Pere; & creut, qu'il ne deuoit pas rauir à l'Ordre
des Carmes vn hôme si zelé pour sa reformation: Aussi
par ce même instinct, il ne lui auoit promis l'habit, qu'au
cas qu'il n'y eust plus dans la Religion aucune esperance de Reforme. S'estant en suite presenté aux R. R.
P. P. Carmes Déchaussez à Rome, pour estre receu
dans leur Institut, Dieu inspira nostre Reuerendissime
Pere General Henry Siluius, de s'opposer à cette reception. De sorte que le P. Thibault fut contraint de
retourner en France, où continuant sa Theologie, il fut
promeu aux degrez par le mesme Pere General, attendant les dispositions de la volonté de Dieu sur lui.

 Enfin, arriua le temps, que la Prouidence diuine
auoit marqué, pour se seruir de ce bel instrument de sa
gloire, qui fut vers l'an mil six cens sept. Le R. P.
Louis Charpentier estoit lors Prieur de nostre Con-

uent de Rennes, qui voulant continuer cette Reforme naissante depuis trois ou quatre ans, appella à son secours ce grand homme, né pour conduire à chef semblables entreprises. Il obeït à la volonté de Dieu, qui lui fut manifestée mesme par certains accidens, qui tiennent en quelque façon du miracle. Venant de Paris en Bretagne, il parut en cette Prouince comme vn feu subit, ainsi qu'vn autre Elie, penetrant iusques au fond des cœurs par ses predications lumineuses, & par ses paroles ardentes : de sorte que par vne tres-puissante, mais douce violence, il assujetissoit les plus obstinez, au seruice de Dieu, & à l'obseruance Religieuse.

Il fut aussi-tost establi Pere-Maistre des Nouices; dans lequel emploi il se comporta auec tant de zele, de ferueur & de discretion, qu'on ne sçauroit dire combien grands furent délors les fruicts de ses peines & de son trauail, pour l'auancement de la perfection dans les ames. Deux ans apres, il fut éleu Prieur de ce mesme Conuent, & depuis encore continué dans cette charge au chapitre Prouincial tenu à Hennebont, l'an 1611. Ce fut alors, qu'il fist dessein d'appeller à Rennes Fr. Ian de S. Samson, qui estoit encore à Dol, menant vne vie éclatante en vertus & en odeur de pieté; accablé au reste de maladies & d'infirmitez, qui vrai-semblablement se pouuoient guarir par le changement d'vn Conuent à l'autre.

Il vint donc à Rennes, par ordre du R. P. Prouincial vers l'an 1612. & là fut mis d'abord dans les pratiques & dans les épreuues d'vn seuere Nouitiat, comme s'il eust esté quelque Seculier tout nouuellement venu du monde. Ses Superieurs, pour éprouuer la solidité de sa vertu, lui ordonnerent de mener doresenauant vne vie solitaire & parfaittement éloignée de la
conuersation

conuersation des hommes, & lui deffendirent mesme de continuer ses exercices de charité vers les malades externes. A quoi s'estant tres-ioyeusement soûmis, on lui donna, l'espace de deux ans, plusieurs autres épreuues, ainsi que ie dirai plus au long au Chapitre suiuant.

Les Superieurs asseurez de la solidité de sa vertu, & de son esprit interieur, commencerent à le regarder comme l'œil du corps de l'obseruance; prenans son conseil sur les choses plus importantes de la Reforme, & ordonnans aux inferieurs de le consulter sur leurs difficultez interieures. Les Nouices mesme, quoi qu'ils ne manquassent pas d'habiles Peres-Maistres, lui estoient particulierement recommandez; & il les entretenoit tantost en general, tantost en particulier, des choses spirituelles, auec tant d'onction & de sentimens de pieté, qu'ils sortoient de sa conuersation plus enflâmez, que de leurs plus feruëtes oraisons. Mais comme il n'y a point de persuasion plus efficace que les exemples, c'est en ce point qu'il se rendit plus remarquable en ces deux maisons de Dol & de Rennes; verifiant & par ses paroles & par ses actions ce que i'ay cidessus auancé: que Dieu l'auoit destiné, pour estre le plus clair flambeau de nostre petite Obseruance, és choses de la vie spirituelle. Plusieurs à la verité auoient dé-ja beaucoup trauaillé dans cette vigne du Seigneur, auant la venuë de cét Aueugle; Mais on n'y auoit encore point veu de Religieux si éclatant en vertu, en saincteté, & en lumiere diuine.

Trois ans à peu prés s'écoulerent en ces pratiques de vertu, & d'instruction spirituelle. Ce qui fut cause que le Conuent des Carmes de Rennes, spirituellement éclairé par ce lumineux flambeau, deuint de plus en plus la maison de Dieu, & la porte du Ciel. Car les Religieux y viuoient comme des Anges incar-

F

nez, qui n'auoient autre ambition ny defir au monde, que de croiftre de vertu en vertu. Ce n'eſtoit là dedans qu'oraiſon continuelle, que mortification & auſterité ſans relaſche, qu'obeïſſance tres-aueugle, que dénuëment des affections de la terre ; auec cela vne pauureté tres-neceſſiteuſe, & neantmoins tres-volontaire.

L'odeur de cette Reforme, s'eſtant répanduë au dehors, & aiant attiré du monde vn tres-grand nombre de Nouices de naiſſance, qualité, & doctrine. Monſeigneur l'Illuſtriſſime & Reuerendiſſime Eueſque de Dol, duquel nous parlions au Chapitre precedent, touché d'vn ſainct deſir d'en eſtablir vne ſemblable au Conuent de Dol, fiſt en ſorte, que les Superieurs y enuoierent des Religieux pour ce deſſein : auſquels on iojgnit F. Ian de S. Samſon, pour la conſolation du peuple de Dol, qui l'aimoit auec tendreſſe. Mais la Prouidence diuine, qui diſpoſe doucement & fortement toutes choſes, fiſt par ce moien reüſſir cette miſſion au plus grand bien de la Reforme. Car, tout Aueugle, & tout Frere Laïc qu'il eſtoit, il contribua ſi heureuſement à ce deſſein, par ſes rares exemples de vertu, par ſes prieres continuelles, & par ſa ſimple & ſaincte conuerſation auec les ieunes Religieux ; qu'ils ſe trouuoient incontinent tous changez & gaignez à Dieu. Son ſoin principal eſtoit de leur donner vn eſprit tres-ſuaue de la mortification de Iᴇsᴠs-Cʜʀɪsᴛ, d'oraiſon & occupation interieure auec Dieu, d'vne pratique rigoureuſe de toutes les vertus, & d'vn amour actuel, c'eſt à dire, aſpiratif vers Dieu, au fond de leur cœur. Ce qu'il leur faiſoit toûjours pratiquer, iuſques à ce qu'à force de s'écouler en Dieu par plongemens amoureux, leur actiuité ſe tournaſt en ſimple contemplation.

Ce fut en ce temps qu'il commença par l'Ordre des Superieurs à dicter les plus sublimes Traittez de ses œuures mistiques, où il décrit ses plus hautes experiences dans la vie contemplatiue. Les malades de tout le païs continuerent aussi d'auoir recours à leur charitable Medecin ; où il continua de faire voir le don de Dieu, qu'il auoit tout particulier pour assister les agonisans, & leur procurer vne saincte mort ; soit dans le Conuent, soit qu'il fust mandé, comme il l'estoit tres-souuent, dans les maisons des personnes de qualité. Il rendoit ces derniers secours auec vn succez admirable : car s'il y auoit apparence, ou esperance de guerison, il les consoloit & fortifioit d'vne maniere toute celeste. S'ils approchoient de leur derniere fin, il les tiroit à la penitence & à la confiance, leur formant des affections & des sentimens si amoureux vers Dieu, qu'ils decedoient auec vne tres-grande resignation & consolation. Si mesme par frenesie, ou par autre voie, les malades estoient priuez de l'vsage de la raison ; il obtenoit souuent de Dieu le retour en leur bon sens : dont voici vn exemple assez considerable, & chose arriuée trois ans apres sa profession au Conuent de Dol.

Lors que le R. Pere Philippe Thibault, fut éleu Prieur de nostre Conuent de Rennes, dans les premieres années de la Reforme : nous auons dé-ja remarqué qu'il y voulut aussi-tost faire venir Fr. Ian de S. Samson, emploiant pour cét effect l'autorité du R. Pere Prouincial. Peu de temps apres, le R. Pere Simphorien Godiuier, fut éleu Prieur au Conuent de Dol, homme venerable, qui auoit blanchi dans les charges de la Religion, & Docteur en Theologie. Quoi que ce Superieur n'embrassast pas pour lors le dessein de la Reforme, il cherissoit neantmoins beaucoup les hom-

F ij

mes de pieté, & entre-autres Fr. Ian de S. Samson, qui estoit son Religieux. Car il le regardoit comme le flambeau allumé de sa Communauté, & desiroit fort estre assisté de lui à la mort. Se voiant donc tous les iours approcher du tombeau, & sçachant qu'on lui vouloit oster celui dans lequel il mettoit sa confiance, pour ce dernier passage, il vint tout exprés à Rennes, afin de prier instamment, qu'on lui donnast cette consolation, de le laisser mourir entre les bras de ce bon Frere, & qu'on ne lui rauist pas si tost ce thresor. Toute sa Communauté, s'opposa pareillement à cette sortie; ce qui fut cause qu'on le laissa encore à Dol, pour vn temps. Sur ces entre-faites, voilà, que ce Prieur tombe malade d'vne grosse fiévre chaude, qui le ietta incontinent en delire & en frenesie, accompagnée de conuulsions, & d'agitations si effroiables, qu'abandonné des Medecins, & comme desesperé de ses Religieux, leur vnique recours estoit aux prieres & à l'assistance de Frere Ian de S. Samson. Ce Frere, qu'on peut appeller vrai Pere des agonisans, continua plusieurs iours & plusieurs nuicts à exhorter ce malade, & à lui parler de Dieu & de son salut, auec vne admirable feruer. Le malade, au lieu de respondre quelque chose à propos, ne prononçoit que des paroles capables d'espouuanter les plus asseurez, & disoit parfois qu'il estoit perdu & damné. Là dessus le bon Aueugle se prosterne la face côtre terre, & demande instáment à Dieu sa misericorde, & sa grace pour cét agonisant, & qu'il peust receuoir ses Sacremens en vsage de raison. Le Pere en vn instant, tomba en vn sommeil letargique, & tous creurent qu'il alloit mourir en cét estat. Nostre Frere ne perd point courage; mais parlant à haute voix, exhorte ce letargique auec des paroles si ardentes, & si amoureuses, qu'il reuint tout à coup de ce sommeil ; & iettant les yeux sur lui, le pria de ne l'abandonner point : demanda vn Confesseur, & receut les Sacremens de Penitence, d'Eucharistie, & d'Extreme-Onction, auec vne deuotion tres-exéplaire. Ainsi, rendit-il fort religieusemét son esprit à Dieu, disant auec action de graces, à ce fidelle assistant auant de mourir, qu'il lui estoit redeuable de son salut. En effect, celui-ci, comme s'il en auoit eu reuelation, dist à vn Superieur que le defunct auoit esté en vn tres-notable peril de son salut, & lui recommanda de prier pour cette ame, qui patissoit beaucoup en Purgatoire. Voila vn exemple entre vne infinité d'autres, des assistances toutes celestes, qu'il rendoit aux personnes agonisantes.

Or pour retourner à mon propos ; Le Conuent de Dol estant reformé, les Superieurs le rappellerent en celui de Rennes l'an 1617. où il a toûjours demeuré depuis, menant vne vie sainte, & tant qu'il à peu, inconnuë à tout autre qu'à Dieu seul, ainsi que nous verrons cy-apres. Car il couppa pied, dés son retour, aux visites de plusieurs personnes de grande condition & merite, qui attirées par l'odeur de ses vertus, le venoient souuent voir : & cacha si bien d'orcsenauant les graces extraordinaires, que Nostre Seigneur luy faisoit, qu'à peine les Religieux mesme en pouuoient-ils rien connoistre ; sinon qu'à mesure que se disposans à receuoir les attraits de l'esprit de Dieu, ils se pouuoient glisser dans sa conuersation, & ioüir comme à la dérobée de ses diuins entretiens & communications.

Son emploi exterieur, estoit de joüer de l'Orgue, durant l'office diuin. Ce qu'il faisoit si excellemment, que des plus habiles en cét art, ont creu qu'il y auoit quelque chose de surnaturel. Hors delà, & des actes reguliers, qui estoient de sa condition de Frere Laïc, il

F iij

estoit toûjours en solitude occupé à l'exercice de la contemplation, ou à conferer de choses spirituelles auec les Religieux, soit Superieurs, soit inferieurs. Ils venoient à lui de toutes parts, mesme des autres Prouinces & Religions, pour le consulter, soit sur leurs difficultés interieures, soit sur la conduite & gouuernement de la Religion; & cét homme de Dieu les renuoioit toûjours extraordinairement satisfaits, edifiez & consolez: quoi qu'il eust des peines extremes à se communiquer, lesquelles il ne surmontoit que par la force de l'obeïssance, & de la charité.

Chapitre Nevfiesme.

Comme on éprouua au Conuent de Rennes, l'esprit & la vertu de Frere Ian de S. Samson.

IL n'est rien de plus important en matiere de conduite spirituelle, que d'éprouuer les esprits, ainsi que dit l'Apostre; & sans s'arrester à l'apparence, qui ne frappe que les sens, sonder iusques au fond de la verité, pour mettre le iuste discernement, & la difference entre l'esprit de Dieu, l'instinct de la nature, & les subtiles tromperies du Demon. A moins que d'auoir passé par ces épreuues, vne ame ne doit iamais estre estimée solidement vertueuse, fust-elle tres-éclatante en miracles, illustre en reuelations, & rauie cent fois le iour en ecstase. Reste donc à remarquer en ce lieu les plus solides témoignages, que nous pouuons auoir de la vertu, & pieté de celui, duquel nous escriuons la vie, & quelles ont esté les épreuues, qu'on à fait de son esprit, depuis son entrée & sa profession dans l'Ordre.

Ie ne repeterai point ici comme le don, qu'il auoit

receu de Dieu de guarir les malades par ses prieres, fut éprouué & approuué par Monseigneur l'Illustrissime & Reuerendissime Euesque de Dol. Ni comme Dieu l'épura tout ainsi que le fin or dans la fournaise par diuerses maladies, tribulations, delaissemens des creatures, souffrances interieures, vexations des Diables, & autres exercices tres-penibles ; dans lesquels il se comporta en homme vraiement fidele. Seulement adiousterai-ie les épreuues, qu'il receut depuis par ses Superieurs, & autres personnes experimentées en la discretion des esprits.

Le R. P. Louïs Perrin Predicateur de nostre Ordre, Docteur & Theologal de Poictiers, vrai fleau des heretiques, à cause de sa doctrine & de sa pieté ; passant vne fois par la ville de Rennes, pour aller prescher le Caresme à Dol, les R. R. P. P. Philippe Thibault, & Matthieu Pinault, qui estoient les deux colomnes de l'obseruance, le prierent de voir là quelquefois ce bon Religieux Aueugle, & de lui donner quelque consolation, dans les exercices qu'il receuoit de Dieu & des Demons. Ce grand homme, qui se défioit prudemment de tout ce qui paroist extraordinaire, print deslors resolution de bien sonder & éprouuer son esprit & sa vertu. A quoi il s'appliqua d'autant plus soigneusement, qu'il le vid d'exprimer son estat interieur auec des termes, qui ne sont ordinaires qu'aux Mistiques. Mais enfin, apres auoir examiné le tout au poids du sanctuaire, & donné plusieurs touches à ce vertueux Aueugle, le Pere ne remporta que des témoignages tres-solides d'vne veritable vertu, & d'vne sagesse tres-rare ; iointe auec le fond d'vne tres-profonde humilité, & simplicité Religieuse. C'est pourquoi il l'eut toute sa vie en vne estime singuliere, & aduoüa qu'il auoit receu dans sa conuersation, de grandes lumieres sur l'Escriture saincte, sur les passages les plus difficiles de saint Denis Areopagite ; & mesme sur les plus notables poincts de la controuerse. Il assura de plus, que si vn homme de cette façon eust esté emploié à cathechiser, & disputer contre les Heretiques, il y eust fait de tres-grands progrez pour la foi Catholique.

Vn autre coup d'épreuue, que nous auons déja remarqué au Chap. precedent, fut qu'estant appellé au Conuent de Rennes; le Superieur lui enioignit aussi-tost de mener doresenauant vne vie priuée, solitaire, & inconnuë aux hommes; & de retrancher toutes ces instructions & assistances éclatantes qu'il donnoit aux Seculiers, & aux malades estant à Dol. Il lui remonstra qu'encore que Dieu eust donné sa benediction à ces assistances du prochain, parce qu'il ne s'y portoit que par obeissance ; cela neantmoins n'estoit plus de saison. Que le Conuent de Rennes, comme le berceau de la Reforme & de l'Obseruance, estoit vn lieu de silence, de retraitte & de simplicité ; & non d'apparence & d'éclat. Et qu'il failloit qu'il se resolust d'y passer exactement par toutes les épreuues du Nouitiat, d'y viure humblement dans sa condition de Frere Laïc, d'abhorrer les visites des Grands, de fuïr la conuersation seculiere, & de se mesler seulement de dire son chappelet, & garder saintement sa solitude.

A ce sage & lumineux commandement, le vrai obeïssant, amoureux du silence & de la retraitte, sentit épanoüir son cœur d'vne sainte ioje, de ce qu'il auoit rencontré le precieux thresor de la vie solitaire, humble, & retirée, qu'il cherchoit, il y auoit si long temps ; abhorrant la frequentation des Seculiers, sur tout de ceux qui estoient de plus grande qualité, comme la mort de l'humilité, & de la simplicité Religieuse.

Fr. Ian de ſainƈt Samſon.

ſe. Il refuſa donc doreſenauant, de tout ſon pouuoir les viſites des Seculiers, qui d'abord ne lui furent pas peu importuns, à cauſe de l'odeur de ſes vertus, qui qui s'eſtoit répanduë de toutes parts.

Pluſieurs perſonnes de grand merite, Preſidens, & Conſeillers du Parlement de Bretagne, ſe preſentoient quelquefois pour le voir, & pour ioüir de ſon pieux entretien; leſquels il renuoioit plus ſurpris, & plus rauis des exemples de ſa modeſtie, & de ſon humilité, que s'il les euſt entretenu par de longs diſcours, de la plus haute ſageſſe. D'abord, il leur diſoit, que n'eſtant qu'vn pauure Frere Laïc, aueugle, & ignorant, il eſtoit incapable de traitter d'affaires de conſcience auec les doƈtes, & auec les perſonnes de qualité. Qu'il ne ſe meſloit que d'apprendre à bien dire ſon chappelet, & à garder ſa ſolitude, ainſi qu'il lui eſtoit ordonné par ſes Superieurs; & prenoit là deſſus humblement congé, ſe retirant en ſa chambre. Il eſt aiſé de découurir les marques d'vn veritable eſprit de Dieu, dans cette pratique de ſoûmiſſion, par laquelle cét humble ſeruiteur de Dieu, preferant l'obeïſſance au ſacrifice, quitta de bon cœur ſes exercices de charité, vers le prochain; quoi que Dieu y donnaſt tant de benediƈtion pour l'edification des ames, & pour la gueriſon des malades. Aƈtion ſemblable à peu prés, à celle de ce grand Simeon Stilite, qui ſe mit librement en deuoir de quitter ſa colomne, & ſa maniere de vie, quoi qu'il y fuſt appellé de Dieu; pour obeïr au commandement qu'on lui fiſt, à deſſein d'éprouuer ſon eſprit & ſa vocation.

Les Superieurs non contens de l'auoir tenté ſur cette obeïſſance & ſoûmiſſion, vraie pierre de touche du fin or de la charité, le ſonderent encore plus forte-

G

ment sur la maniere, qu'il tenoit à faire oraison mentale. Ils le reprenoient de ce que voulant faire du contemplatif, il se dispensoit trop legerement des regles communes de la meditation, qu'on donnoit aux Nouices. C'est pourquoi ils lui ordonnerent de s'attacher à ces regles de mediter sur vn sujet preparé; prenant chaque poinct l'vn apres l'autre, & y adioustant des affections formées selon la pratique ordinaire. L'homme de Dieu, qui dés long temps auoit excedé cette commune maniere d'agir en l'oraison, soûmist neantmoins son esprit à l'obeissance, & commença à suiure les regles, qu'on lui auoit ordonné. Mais aussi-tost qu'il se representoit vn Mistere, il estoit en vn moment tiré de l'esprit de Dieu, au dessus de sa propre operation. De sorte que lors qu'il rendoit compte de son oraison, il estoit obligé d'exprimer son estat & ses experiences interieures, sous des termes mistiques, qui supposoient vne voie toute autre que celle du commun.

Le R. P. Philippe Thibault, alors Prieur du Conuent de Rennes, feignant qu'il ne pouuoit se persuader qu'vn Frere Laic aueugle, eust peu dans si peu de temps, & dans vn Conuent de Dol, non reformé, s'auancer si hautement en la contemplation diuine; lui ordonna de dicter briefuement à quelqu'vn sa maniere d'oraison & d'application interieure à Dieu. Il obeit, & dicta trois ou quatre pages, où il descriuoit son estat interieur, auec grande simplicité & naiueté, en ces termes.

Mon exercice consiste en vne éleuation d'esprit, par dessus tout objet sensible & crée, par laquelle ie suis fixement arresté au dedans: regardant stablement Dieu, qui tire mon ame en simple vnité, & nudité d'esprit. Cela s'appelle oisiueté simple, par laquelle ie suis possedé passiuement par dessus tou-

*te espece sensible en simplicité de repos, duquel ie iouis en ce-la mesme toûjours également, soit que ie fasse quelque cho-se au dedans de moi, ou bien au dehors; par action ou dis-cernement raisonnable. C'est ce que ie puis dire de mon inte-rieur. Ma constitution est simple, nuë, obscure, & sans science de Dieu mesme. C'est vne nudité & obscurité d'es-prit, éleuée par dessus toute lumiere inferieure à cét estat. En quoi ie ne puis operer de mes puissances internes, qui sont toutes vnanimement tirées, & arrestées en la force de l'vnique & simple espece, qui les arreste nuëment, & sim-plement en sureminence de veuë & d'essence, au plus haut de l'esprit, par dessus l'esprit. Ie veux dire en la nudité & obscurité du fonds du tout incomprehensible, à cause de son obscurité. Là, tout ce qui est sensible, specifique & créé est fondu en vnité d'esprit, ou plustost en simplicité d'essence & d'esprit. Et les puissances sont là fixement arrestées au de-dans, toutes attentiues à regarder fixement Dieu, qui les arreste toutes également à le contempler. C'est lui, qui les rauit & occupe simplement, par l'operation de son continuel regard, qu'il fait en l'ame, & que l'ame fait mutuellement en lui. En cét estat, il n'y a ny créé, ny creature; Ny scien-ce, ny ignorance; Ny tout ny rien; Ny terme ny nom; Ny espece, Ny admiration, Ny difference de temps passé, fu-tur, ou mesme present: non pas mesme le maintenant eter-nel. Tout cela est perdu & fondu en cét obscur broüillard, lequel Dieu fait lui-mesme; se complaisant ainsi dans les ames, en qui il lui plaist de faire cette noble operation, &c.

I'omets le reste de la description de cét estat, que cét Aueugle lumineux, continuë d'vne façon tres-eminente: parce qu'on la trouuera tout au long, dans les trois premiers Chapitres de son Traitté qu'il a inti-tulé, *La consommation du sujet en son objet*. Car de ceci, il print depuis occasiō de dicter tous les autres Chapitres de ce Traitté, pour obeïr aux Superieurs; qui lui commanderent de dicter & faire escrire ce que Dieu lui inspireroit, tant pour sa conduite particuliere, que pour l'edification & l'instruction de ses freres.

Or pour retourner à mon propos : Le R. P. Philippe Thibault, desirant s'asseurer de l'esprit, & de la conduite de son Religieux, communiqua cét écrit, premierement aux plus doctes & plus considerables du College des R. R. P. P. Iesuites de Rennes. Puis à Monsieur du Val, celebre & fameux Docteur de Sorbonne : & à Monsieur Gibbius, autre Docteur de grande reputation. Il le fist encore examiner fort exactemēt en deux Chapitres Prouinciaux, l'vn des R. R. P. P. Capucins, où presidoit leur Reuerendissime P. General. L'autre des R. R. P. P. Carmes Déchaussez. Tous approuuerent vnanimement les voies de Fr. Iam. de S. Samson, couchées dans cét écrit, que les deux Docteurs offrirent de soussigner. Nos P. P. Déchaussez, adiousterent mesme au sentiment de leur approbation, ces belles paroles de l'Apostre ; *Spiritum nolite extinguere*, recommandans auec affection au P. Thibault, de ne s'opposer pas aux desseins de Dieu sur ce Religieux.

Neantmoins, il n'en demeura pas là. Car pour s'asseurer encore dauantage des voies, & de la conduite interieure de cét Aueugle, il se resolut de l'exercer par des rudes & tres-fréquentes mortifications, suiuant le conseil qu'on lui auoit donné. Ce qu'il fist l'espace d'vn an tout entier, auec tant de vigueur & d'assiduité, qu'il eust fait quitter prise à tout homme, qui n'eust pas esté profondément humble, & solidement establi dans la vertu. Mais enfin, ce dernier coup d'épreuue heroïquement supporté, persuada entierement que c'estoit vn homme de Dieu, conduit par vn vrai esprit de lumiere, & choisi pour de hauts desseins. On lui permit alors d'edifier desormais ses freres par quelques familiers entretiens de la vie spirituelle, & aiant receu commandement de leur dresser quelques Exercices spirituels, pour leur conduite interieure, il continua à dicter & composer les écrits qu'il nous à laissé en dix-huict volumes. Dont les vns sont pour sa propre conduite, & pour son vsage particulier : Les autres pour diuerses personnes particulieres ; Les autres enfin pour la conduite vniuerselle du corps de nostre Prouince, & mesme de toute Religion bien ordonnée.

Chapitre Dixiesme.

Des operations diuines ; Du feu d'amour consommant, & autres effects ecstatiques, que Dieu à operé en l'ame du V. Frere Ian de S. Samson.

POur entrer, autant que ie pourrai selon ma foiblesse, en la déduction des admirables operations de Dieu en l'ame de cét excellent contemplatif ; ie prie le lecteur, de ne s'étonner pas, si en vn siecle de vanité & de brutalité, comme le nostre, il y en a tres-peu qui soient dignes, ou capables de comprendre les admirables estats, que les trois Personnes diuines ont operé en lui.

Sa vie a esté vraiement vn abisme de lumieres, dont ie vais tirer quelques petits raions, ou pluftost tres-foibles craions de ce que nous ne sçaurions iamais assés admirer.

Premierement donc, le saint Esprit alluma au fond

de son cœur vn feu d'amour si bruslant, si consommant, & qui agissoit en toutes les puissances de son ame, auec vne telle impetuosité & volupté, qu'encore qu'il fust contraint, quelquefois d'en produire quelque chose à l'exterieur, il sentoit toutefois qu'il n'en exprimoit rien en verité. *Parce que*, dit-il, en l'vn de ses Exercices ; *cette operation diuine, qui embrase & consomme ainsi tout l'homme, ne tombe point sous le sens, non plus que Dieu mesme.* C'est pourquoi, il disoit qu'il vaut bien mieux brusler en silence dans ce feu, puis qu'il n'est allumé que pour s'y brusler & consommer, & non pas pour en parler aux hommes. Toutefois, comme la douce violence de ce feu diuin, auec l'obeïssance des Superieurs, le pressoit parfois extremement, à peine pouuoit-il se tenir d'en parler. Car, disoit-il à Dieu, *ô mon amour & ma vie, quel moien, d'estre amoureux, bruslant au feu d'amour, & n'en point parler ? Quoi ? brusler en silence d'vn feu si doux, si souëf, & si delectable, sans exhaler la flamme d'amour par la bouche.*

Il donnoit donc quelquefois liberté à son cœur, & à sa langue d'exhaler au dehors ce feu mistique, qui le deuoroit delicieusement au dedans : specialement lors qu'il dictoit ses écrits plus perdus & plus mistiques. Car à peine l'a-il iamais fait pleinement dans la conuersation. Là il compare ce feu diuin aux flammes deuorantes, qui sortans de certains lieux souterrains, sont comme des torrens de feu, qui reduisent en cendre tout ce qu'ils rencontrent. Et dit, que depuis que ce feu est allumé dans vn ame, il brusle toûjours là dedans : & ne cesse iamais son action, qu'il n'y ait consommé tout ce qui est de la creature ; & qu'il ne l'ait entierement fonduë, substantiée, & conuertie en soi, incomparablement mieux que le feu ne fond & ne conuertift en soi les metaux, & tout ce qui lui est appliqué ; l'ame neantmoins demeurant toûjours dans son estre crée.

Il appelloit ce feu, *tout deuorant*, parce qu'au commencement, il agissoit d'vne force ineffable sur tout ce qu'il y auoit à consommer en lui. Mais à proportion qu'il deuenoit plus simple, plus perdu à soi-mesme, & moins distinct, comme il dit, *de sa suressentielle vnité*; ce feu alloit adoucissant sa rigueur. De sorte qu'il vint à éprouuer son operation, comme d'vn doux embrasement d'amour, qu'il appelle au liure de ses comtemplations, *le Baptesme du saint Esprit*.

Il disoit que ce feu d'amour est beaucoup plus vif & plus actif à embraser, & consommer certaines ames, que d'autres; à cause de la diuerse force & disposition, quelles ont receu de Dieu, moiennant leur fidelité, pour souffrir & soustenir en soi la force de son action. Que l'ame, qui est embrasée de ce feu, iouït en quelque maniere de la gloire de Dieu icy bas: & ne void point de difference entre elle, & son diuin objet. *Que les sens mesme participent quelque fois à cette feste solemnelle*: (il l'appelle ainsi) *qui se fait*, dit-il, *en la plenitude de iubilation de toute l'ame; laquelle pour lors iouïst de la gloire des Bien-heureux, autant que son estat present le permet.*

Il n'est pas possible d'exprimer ici, les admirables effects, que son diuin feu a operés dans l'ame de ce feruent Religieux. Ie dirai neantmoins, que cela le mist dans vn estat tout ecstatique, & de continuel rauissement. Lesquels rauissemens estoient d'autant plus parfaits en lui, qu'ils se faisoient, non selon la partie sensible, comme l'experimentent les personnes moins fortes, pour soustenir en soi les operations diuines: mais selon la plus noble partie de l'ame, & dans le plus pur esprit: où par l'efficace de ce feu diuin, elle est faitte esprit sans esprit, & amour sans amour; ie veux dire, en la maniere que le conçoiuent les Theologiens mistiques, que l'ame estant perduë à elle-mesme, est faite vn esprit & vn amour auec Dieu. C'est pourquoi, il dit en ses écrits; *Que l'ame est diuine, à proportion qu'elle soustient en soi les operations du feu d'amour: sans en receuoir lesion, foiblesse, ou empeschement, quant à sa nature corporelle au dehors, c'est à dire, dans les sens.*

En effet, il a supporté l'action de ce feu diuin, & ses embrasantes operations, auec tant de force; que sans tomber, que tres-peu, dans les defaillances & agonies spirituelles d'vne sainte Catherine de Genes: & dans les transports, langueurs & éuanoüissemens qu'on lit dans les vies de plusieurs grandes ames Saintes; il supportoit la violence de ce feu; auec vne égalité d'esprit inesbranlable, paroissant à l'exterieur, comme s'il eust esté l'homme le plus commun de sa condition; quoi qu'il fust interieurement dans vn continuel excés d'amour. Estat, dont l'excellence doit estre conceuë sur l'idée de la tres-sainte Vierge, qui pour soustenir le poids & l'efficace de Verbe eternel, dans ses chastes entrailles: fut tellement fortifié de la vertu du Tres-haut, qu'on ne lit point, qu'elle ait iamais paru ecstasiée par dessus les sens. En effet, les maistres en cét art, sçauent bien que telles ecstases n'appartenant qu'à vn degré de vie spirituelle, qui en comparaison du pur & parfait estat de contemplation, est encore imparfait; elles doiuent se perdre & se surmonter necessairement, pour arriuer au sommet de la vie contemplatiue.

Par fois neantmoins on l'a trouué raui hors du sens; Et souuent, lors mesme qu'il estoit encore seculier, quand on lui lisoit quelque liure mistique, il tomboit, pour peu de temps, dans l'ecstase: de sorte qu'il
sembloit

sembloit tout plongé dans vn doux sommeil, semblable à celui de l'Epouse, qui disoit : *Ego dormio, & cor meum vigilat.*

Mais retournant à cét autre estat ecstatique, voions comme il le décrit lui mesme en ce passage de l'vn de ses exercices : *Quoi que ces creatures*, dit-il, *ne soient pas entierement rauies hors de leur corps, par l'immensité de ce feu amoureux : en la maniere que le sont ceux qui sont dans vne ardente action d'amour en l'estat actif : elles sont neantmoins aussi loin hors d'elles-mesme, que ce feu est grand, & capable de tout engloutir, & perdre en soi : où l'ame estant perduë entierement à ses sens, & à leurs operations, demeure tres-esprit selon sa propre substance ; laquelle toute penetrée de ce feu de gloire, n'a plus d'autre vie, que la vie du mesme feu. Là toutes les intellections, & les formes creées sont aussi parfaitement aneanties, que si iamais elles n'auoient esté. Dans la iouïssance de cét estat de profonde ecstase, on ne fait autre chose que soustenir, & regarder son objet immense, dans son infinie fruition : & s'il arriue mesme qu'on fasse quelque chose de l'vsage de ses membres, par acte commandé de la raison ; c'est par cela mesme que toute l'ame se perd & s'ecstasie de plus en plus, en l'abisme de son infini objet beatifique.*

Voila comme il décrit ces rauissemens mistiques, sur lequel sujet il parle ainsi amoureusement à Dieu, en vn autre endroit de ses écrits. *C'est ainsi & dedans vous, ô mon amour, que souuent ie iouïs du Paradis en terre, sans reflexion sur ceci, ny sur cela. Tout tiré, que ie suis & raui en vous ; où ie iouïs abondamment de vous, dans vne ineffable suauité. Et vois, à mon retour delà, que tout homme est menteur, & que toute creature n'est rien.*

Ie ne puis omettre en ce lieu vn passage tres-notable de ses écrits ; où il décrit clairement, les progrés de cét estat ecstatique au feu d'amour. Dans lequel

G

on verra quelles ont esté ses experiences en ce poinct, qui lui a serui de moien, pour monter par diuers degrés, qu'il contient, au souuerain repos de la vie Contemplatiue. *Tandis*, dit-il, *que l'estat d'ecstase est en vigueur dans les puissances rauies de sa tres-forte operation mistique, qui est d'ineffable saueur, & d'ineffable largeur, l'ame toute reduite en ce feu simple & anagogique, est tres-vnique fond.* (Il veut dire, qu'elle est toute recueillie en vnité d'esprit) *& est tres simple dedans sa largeur ineffable, qui n'a ny termes ny paroles, ny mesme appetit pour sortir, s'expliquer, & s'exprimer. Neantmoins, comme toute cette operation essentielle est de tres-grande & tres-mistique perception : la creature s'enfonçant & se perdant de plus en plus en son abissal obiet, en l'effort & l'effet de ce rapide flux ignée, il arriue enfin au delà de la perception. Ce qui ne se fait pas tout d'vn coup, mais à force de mouuir & de s'aneantir en Dieu. Au moien dequoi, l'ame entre en la iouissance du bien-heureux repos : & s'y auance toûjours sans s'appercevoir de ce qu'elle est, ny de ce qu'elle fait. Et à mesure que cette eminence reçoit progrés, la perception & l'operation diuine est faite & renduë simple. De sorte, qu'enfin il n'y en a plus rien dans le sens, & les puissances sont mesme chose auec le fond en parfaite vnité.*

De ce feu diuin naissoit vn rare & extraordinaire estat, qu'en diuers endroits de ses écrits, il appelle *la Guerre, ou combat d'amour.* Cette experience consiste en vn certain rencontre, qui se fait entre l'esprit diuin & l'humain : où celui-ci, comme le plus foible, est contraint d'expirer en Dieu : & de tomber passiuement en ce feu diuin, pour y estre fondu & transformé admirablement en lui ; non par nature, mais par grace, & par amour. C'est ce qu'il va ainsi disant à son cher Amour, dans l'exercice qu'il a intitulé l'Epithalame.

Si vous vous plaisez, ô ma chere vie, aux actes de vos

ſtre plus profond amour, par leſquels vous venez inceſſamment à moi: i'irai auſſi reciproquement & inceſſamment à vous, en la force de mon amour, où par rencontre mutuel & tres-frequent, nous choquerons ſans ceſſe d'eſprit à eſprit; iuſques à ce que l'vn de nous deux ait ſuccombé à ſon action. Mais que dis-je? Pardonnés moi cét excés, ô mon amour: iuſques à ce que, dis-ie, mon action, mon pouuoir, & mes forces animées de voſtre amour, aient ſuccombé aux voſtres. Et qu'ainſi ie ſois totalement vaincu, pour me laiſſer deſormais agiter & poſſeder à pur & à plein, ſans aucune reſiſtance poſſible de ma part.

Il décrit ſi naïuement les effets de cette guerre d'amour, en l'vne de ſes Contemplations, que ie crois ne deuoir pas eſtre ennuieux au Lecteur, ſi ie mets icy tout au long ſes paroles. O douce, ô plaiſante guerre d'amour! Dans laquelle tout eſt eſprit, tout eſt tranſport, tout eſt rauiſſement, tout y eſt ecſtaſe & ſuſpenſion: tout y eſt ebrieté, feu, chaleur, embraſement & ardeur indicible d'amour. Ce n'eſt que plaiſir, que delices, que langueur, qu'vnion, que transformation de l'ame en Dieu. Ce ne ſont que dons, que richeſſes, que jeu, qu'ébat & paſſe-temps. Ce n'eſt qu'oubli de ſa propre vie, & de ſoi-meſme; pour la vie, & le plaiſir d'amour en tout l'amour. Ce ne ſont là que lumieres, que ſplendeurs, que penetration: toute anticipation, ſouueraine ſapience, ſouueraine connoiſſance. Ce n'eſt que ſimple largeur, profondeur, longueur, & hauteur. Ce n'eſt qu'vnité, qu'eternité, que perte & alienation de toutes choſes & de ſoi-meſme. Ce n'eſt qu'experience ineffable des tres-excellentes & delicieuſes notions de l'amour. Ce n'eſt que ſimple veuë & contemplation tres-ſimple, tres-large, tres-vnique, tres-nuë, tres-ſureſſentielle, tres-perduë, & tres-imperceptible. Ce ne ſont-là que penetrations, viciſſitudes, & mobilités de toute penetrante contemplation. Ce ne ſont que ſecrets tresinconceuables, rauiſſans & ineffables : contenans tous en vn ſeul & ſimple flux des verités, notions, & delices infinies; dans leſquels l'eſprit amoureux defaut de ſoi-meſme, viuant en cette vaſtité abiſſale, &c.

Par ce paſſage, qui contient autant de miſteres que de mots, on verra combien extraordinaires, ont eſté en cette grande ame, les operations adorables, & induſtries amoureuſes du tres-ſaint Eſprit; pour la faire expirer à ſoi-meſme, & à toute propre action, en ſon objet bien-aimé.

Chapitre Onziesme.

Des autres operations du Pere & du Fils, & de ſa ſureminente contemplation.

TOVT ainſi que le tres-ſaint Eſprit s'eſt pleu d'enrichir l'ame de ſon fidelle ſeruiteur de ſes plus excellentes graces, par les embraſemens du feu d'amour, dont nous auons parlé : de meſme, le Fils, qui eſt la lumiere & la ſageſſe incrée, à voulu lui départir ſes dons auec la meſme liberalité & magnificence. Ce qu'il à fait, verſant en ſon entendement des lumieres & ſecretes verités, ſi profondes & ſi admirables, que ce ſeroit temerité de les vouloir exprimer par paroles; puiſque l'ame meſme, qui les reçoit, n'a ny le pouuoir de le faire, ny la volonté de ſe diuertir delà, pour quelque ſujet que ce ſoit. Car, dit ſur ceci noſtre lumineux Aueugle, *Les delices obiectiues de l'eſſence diuine, inceſſamment receuës & verſées en ces ames, par la ſapience incrée & diuine du Fils en l'entendement; leur ſont ſi douces & ſi ſauoureuſes, que les ſorties hors delà leur ſont des morts.*

Ailleurs, à l'exemple de l'Epouse, il exprime ceci, sous le nom du baiser amoureux, qui est attribué au Fils eternel. Ah, qu'est-ce à l'Epouse, d'auoir receu le baiser de la bouche de son Epoux ? Quel submergement de delices peut-on conceuoir de plus admirable, que celles qui se gouftent dans l'acte reciproque d'vn amour si vnique à l'endroit l'vn de l'autre ? Dementez-moi, si vous voulez, & si vous pouuez, épouses bien-aimées, qui aués experience d'vn tel effect ? Et dites hardiment, s'il y a des delices efficaces, des refusions, des transfusions, des transports, des ecstases, des rauissemens, des embrasemens, & des amours semblables à ceci.

L'operation du Pere Eternel, dans la memoire ou nuë pensée de l'ame est representée par lui, sous le nom de *Regard diuin*, duquel il à écrit des merueilles.

Il sentoit continuellement ce diuin regard de l'amour incréé, qui sollicitoit le sien à se plonger & se perdre insatiablement en sa bien-heureuse origine : & disant, que depuis qu'vne ame a esté vraiement touchée de Dieu, & rauie dans les splendeurs mistiques ; ce diuin regard la suit toûjours inseparablement, pourueu qu'elle n'y mette point d'obstacle de sa part. Il ressentoit par fois, qu'il estoit doucement frappé au fond de son cœur, par l'efficace de ce diuin regard, qui lui donnoit vne douce & benigne asseurance de la presence de son Dieu. Voici ses paroles.

Par fois, dit-il, *l'ame est doucement frappée de Dieu au plus profond d'elle-mesme, qui l'excite par cét attouchement subit. En sorte, qu'elle est toute renouuellée au dedans, & se trouue toute pleine de force, & d'esprit, d'amour & de delices. Il semble que Dieu lui dit par ce sien attouchement si frequent : Me voici au dedans de toi, ne crains point de me perdre. Ce qui est si admirable, que la foi de ce diuin objet, & de son regard en elle, lui est continuellement re-*

mouüllée ; par cét aiguillonnant, & excitant attrait, & par cette tres-delicieuse, tres-viue, & tres-suaue touche.

De tout ceci on verra, comme Dieu, qui prend le nom d'Epoux dans l'Ecriture, à cause de son étroitte vnion auec les ames contemplatiues, qui sont ses plus cheres épouses, auoit toûjours l'œil si benignement ouuert sur celle-ci; que son œil simple estoit tres-fortement, mais doucement attiré par ce regard diuin. De sorte qu'on peut dire, que son ame estoit comme suspenduë, & attachée par les yeux, & par ses regards aimables à ceux de son bien-aimé.

Il ne faut donc plus s'émerueiller, si ce diuin Contemplatif passa de ces sublimes experiences à vn estat de contemplation si pure, si perduë, & si diuine ; que lui-mesme traittant de cette sorte d'éleuation dans ses exercices, dit qu'au lieu d'en parler, il faut par respect mettre le doigt sur la bouche : & adorer ces ineffables communications de Dieu, par vn respectueux silence. Neantmoins, comme il a gousté cette manne cachée, aussi est-ce à lui de nous dire la diuersité de ces celestes faueurs.

Il appelloit le repos de cette haute contemplation, *son desert. Dans lequel il y a*, dit-il, *vastité, feu tout deuorant & consommant, goust & ecstase.*

Dans ce mistique desert, il trouua d'abord ce qu'il appelle *vastité*. Où son ame heureusement perduë, dans le vaste de l'essence diuine, contemploit son diuin objet en excés d'esprit : ny plus ny moins qu'vne mer infiniment étenduë, contenant en son vnique vnité, le comble de toutes sortes de beautés & de perfections. Il trouua par apres, vne *Region de feu deuorant, & consommant*. Ce qu'il appelle si souuent dans ses écrits, *la fournaise d'amour*, dont nous auons parlé ci dessus. En suite, il tomba dans *l'estat ecstatique*. En enfin dans le plus profond de ce desert, il trouua le sureminent *repos*, & le doux calme de la tres-haute & sublime contemplation.

C'est icy que cét heureux Aueugle experimenta desormais auec auantage, ce que S. Paul disoit autrefois de soi-mesme, & de ses semblables. *Nos omnes reuelatâ facie gloriam Domini speculantes, in eandem imaginem transformamur à claritate in claritatem, tamquàm à Domini Spiritu.* Car le saint Esprit, qui s'estoit amoureusement emparé de toutes les puissances de son ame, l'éleuant à la diuine contemplation ; alloit toûjours de plus en plus le deifiant & transformant en l'image de Dieu ; de clarté en clarté, & de lumiere en lumiere.

En effet, il a experimenté dans ce dernier estat deux sortes de Contéplation. L'vne extraordinaire, lors que son esprit & toutes les puissances de son ame, doucemēt embrasées du feu du diuin amour, estoient rapidement emportées en leur bien-heureuse origine ; où Dieu lui faisoit voir ce qu'il n'est pas permis, ny possible à l'homme d'énoncer, ny conceuoir. L'autre qui lui estoit ordinaire & continuelle, est nettement décrite par lui-mesme en ses propres Exercices. *Encore qu'il soit vrai, ô mon amour, que nous ne soions pas toûjours remplis & regorgeans de vostre amour dans les sens : neantmoins il ne nous delecte & rauit pas moins, par la iouissance, que nous en auons plus interne & secrete, & partant plus spirituelle, plus abstraitte, plus nuë & plus simple, par dessus tout effet & effort sensible, &c.* Et ailleurs ; *Ie suis, & ie vis*, dit-il, *en vostre infinie deité, comme elle-mesme en toute son eternité tres-presente ; où ie suis tres-simple, tres-vnique & tres-eternel, à quoi il me faut respondre selon mon total. Et ainsi, mon amour & ma vie, demeurer en fruition, & iouissance de vous hors de moi, & par dessus toute raison, discretion & discernement, en vostre sim-*

ple aspect, en sureminence de constitution, dans le fin fond de vous-mesme, au tout de vostre suressence, par dessus l'amour ecstatique, &c.

Sur quoi il faut remarquer, que dans cét estat de iouissance, le diuin repos, & l'agissante oisiueté de l'ame contemplatiue, n'est pas tel que s'imaginent les ames faussement spirituelles; qui sous pretexte de quelques attraits sensibles & passagers, qu'elles auront peut-estre receu de Dieu, croient que cela estant cessé, elles ne doiuent plus retourner à leur action vers Dieu: ains demeurent là faussement oisiues, & exposées au jeu des Diables & de leur nature. C'est contre ces ames miserablement trompées, que nostre lumineux Aueugle a écrit son Traitté, *Des faux oisifs & du sureminent repos*. Là où il dit, qu'il n'y a que le vrai mourant, ou le vrai mort, qui puisse soustenir le veritable repos: qui est l'effet du regard diuin, qui fait la vraie & saincte oisiueté.

En suite dequoi, il dit que les faux oisifs, parce qu'ils ne veulent point mourir à eux-mesmes, sont aussi maudits, aueugles & superbes que le Diable mesme: ennemis de toute lumiere, science, raison & verité. Qu'il n'y a mal d'esprit qu'ils ne fassent, pernicieusement couuerts & pretextués de Dieu, s'imaginans estre éleués en la plus haute sublimité de vie.

Chapitre Dovziesme.

Des morts penibles & angoisseuses, que nostre Frere a souffert dans ces hauts degrés de contemplation.

C'est vne ordinaire experience dans la vie mistique & spirituelle, que les morts & angoisses interieures,

terieures, qu'on y souffre, respondent toûjours au degré, dans lequel on est de l'esprit: Et qu'à proportion de la force & pureté d'amour, les priuations & langueurs mistiques, sont plus penibles & angoisseuses. De sorte, enseigne nostre Theodidacte; *Que plus l'ame a esté noiée & submergée des inondations, lumieres, & delices diuines, & plus elle à gousté & experimenté l'amabilité, & l'excellence de Dieu; cela redouble de plus en plus la griefueté de ses mortelles Croix, en la pauureté & misere, où elle se void reduite, par l'absence de son object beatifique.*

On pourra iuger par cette regle, quelles ont deu estre les souffrances, langueurs & destitutions interieures de ce feruent amoureux de Dieu; puis qu'il à si hautement sauouré, gousté & contemplé les beautés Diuines de son object beatifique. A propos de quoi, il dit amoureusement à Dieu sur le sujet de son desert spirituel. *Vostre Majesté m'entend bien, ô mon amour. Car c'est en ce desert si hautement situé, que la vie renoncée & eternellement mourante à lieu; dont il n'y a eu que vous, qui aiés sçeu, ou deu sçauoir les mortels succés tres-diuers, qu'on doit plustost appeller continuels, que frequens; & faits par relasche, & par interualles de temps.* Et ailleurs il parle encore ainsi à Dieu; *Ie vis icy*, dit-il, *comme vn pauure estranger, banni de l'aspect de vostre gloire. Ie suis sans amour & sans goust, assisté neantmoins de vostre force secrette. Et ce sont là mes delices, de consommer ainsi mon martire inconnuëment en vostre amour, & vous adherer nuëment.*

Mais ce qui fait plus voir la rigueur de cét estat, dans vn homme tel que celui-ci; c'est que par fois il estoit si fortement exercé & crucifié, que dans vn passage de ses écrits, il se compare, & ses semblables à vne ame comme reprouuée de Dieu. *Nos exercices*, dit-il, *& nos* voies ne designent qu'abandon, perte, resignation eternelle, d'esprit, & du sens : mort sans consolation, ni rafraichissement. De sorte que nous nous croions & sentons comme reprouuez & inconnus de Dieu ; sans pour cela nous relascher d'vn seul poinct, de son eternelle suite.

Ceux donc qui s'imaginent, que la plus haute misticité des ames contemplatiues, consiste dans les perceptions, gousts & saueurs sensibles, se pourront icy détromper. Et ie leur dirai, empruntant les paroles de nostre Aueugle tres-experimenté ; que n'estre mistique que dans le sens & en sa vie sensible, douce, facile, & actiue ; c'est n'auoir que la disposition requise à la parfaite & totale misticité du mistique entierement mort, & perdu en la mer infinie de Dieu : qui l'engloutit totalement en obscurité & tenebres, sans qu'il sçache où il est, ni ce qu'il fait. Attendu que Dieu le tire en soi par des voies admirables, qu'il lui fait toutes outre-passer en totale ignorance ; sans qu'il fasse autre chose, que suiure en patissant le traict amoureux de Dieu, & totalement inconnu à lui. Non qu'il soit sans le ressentir : mais il ne sçait ce que c'est, pour la grande clarté & viuacité à le toucher, le penetrer, & le rauir en Dieu qui le fait. Or c'est en ce genre de mourans par continuelle mort, que Dieu a son Paradis en la terre, son bien, son honneur, & ses delices.

Il appelloit ceux qui sont ainsi mourans, *martirs du martire d'amour*. Entre lesquels il estimoit & aimoit merueilleusement le saint homme Iob. Sur le sujet duquel il a dicté la suiuante doctrine, digne certes de ce lieu: & d'estre grauée dans les ames, qui tendent au veritable & pur amour de Dieu. *L'excellente sainteté*, dit-il, *dans les hommes est inconnuë ; d'autant qu'il n'y a moment en la vie, par maniere de dire, qu'il ne faille expirer en Dieu au moins autant que la fidelité est veritable. De sorte qu'à mesure qu'ils sont éleués, & subtils ; les morts sont plus sub-*

tiles, aiguës, & profondes ; qui produisent, en l'effort de leur douleur, de terribles effets au dehors, qui precedent du dedans. Telles furent les morts & les douleurs de Iob. Et les tristes & douloureuses plaintes, qu'elles produisirent, les font assés voir telles qu'elles ont esté ; à sçauoir les plus cruelles, & les plus horribles, qui se puissent penser. Sur quoi on a sujet de s'estonner de ce qu'on void mesme plusieurs doctes ignorer ceci. A cause dequoi plusieurs interpretent ses mortels excés tres-ignoramment, & contre toute raison, & vrai sentiment d'esprit. Que si Dieu mesme ne l'eust iustifié là dessus, les hommes l'eussent condamné de forcenerie & de blaspheme. Voila ce que c'est qu'ignorer la science des Saints, & estre sans experience là dessus ; ne sçachant point que Iob estoit à mesme temps profondement tourmenté en esprit, aussi bien qu'en son corps. Toutes ses plaintes n'ont esté autre chose qu'vn continuel excés de douleur amoureuse. Et tant plus il semble auoir perdu & excedé la raison enuers Dieu, tant plus & tant mieux il exprimoit, par ses plaintes, l'amour qui le tourmentoit plus cruellement qu'on ne peut conceuoir. Car il ne sçauoit en son abandonnement vniuersel, ou asseoir son pied ; c'est à dire, son appetit pour pouuoir trouuer repos en soi, ny aux creatures : tant il estoit estroitement & de toutes parts assiegé en l'ame & au corps, de tres-fortes douleurs & angoisses.

Le mesme arriue tous les iours, aux plus intimes amis de Dieu. Certains desquels sont tourmentés en l'esprit, & au corps. D'autres sont delaissés sans sentiment, sans consolation, & sans connoissance en l'esprit. De sorte que dans leur infernales langueurs, ils sortent quelque fois par paroles à des excés estranges. Ce qu'estant ignoré des hommes, ils les iugent forcenés. Mais les hommes diuins, qui ont eux-mesmes passé par ce triste & affreux desert, en iugent bien autrement ; sçachans que ces excés expriment la vehemence des tourmens d'amour, qui supprime en eux radicalement la vie, d'vne maniere inconceuable; & que ces expreßions sont autant éloignées d'eux, qu'ils sont pendant tout ce temps là perdus inconnuëment en Dieu.

Ces angoisses & ces morts mistiques, dans le sentiment de nostre excellent Contemplatif, font le plus haut degré de l'estat de simplicité, qu'il appelle diuine. *Estat, qui consiste*, dit-il, *en la pure & mortelle souffrance, selon le fond & la racine plus intime de l'ame; & qui supprime, tant au dedans qu'au dehors, tout ce qui lui peut donner vie & consolation hors de Dieu.* Car l'ame ne peut viure à Dieu en parfaite conformité, ny estre transformée en lui; si l'amour & la force, qu'il lui communique, ne l'éleue parfaitement au dessus d'elle-mesme; & de toute autre creature. Et c'est lors que la nature tombe dans vne heureuse agonie; defaillant à soi-mesme, elle rend enfin les derniers abbois, & cede tout à fait à l'esprit de Dieu. L'ame donc, qui ne veut pas encore estre dépoüillée, ny separée de ce qui lui donne appui dans les creatures, est dans les angoisses & dans les gemissemens; pour parler dans les termes de S. Paul. Mais quand tout lui est osté, & que par l'operation du diuin esprit, elle est parfaitement perduë à soi, alors s'accomplit en elle cét heureux estat de simplicité diuine, qui l'exempte de toute multiplicité crée, & l'vnit intimement à Dieu, source & fontale origine de toute vnité & simplicité.

Chapitre Treziesme.

De l'estat de sa contemplation plus extraordinaire.

AVANT de passer à la description de cét estat, ie prie affectueusement le Lecteur, de ne s'estonner pas des façons de parler, dont nostre Frere, auec plusieurs autres mistiques, s'est serui pour s'exprimer en cette matiere. Car il s'agit ici de la plus pure vnion de l'esprit crée à l'incréé, où l'ame comme vne goutte d'eau perduë dans son diuin Ocean, ne void plus la difference, qui est entre l'vn & l'autre. Quel moien donc de s'exprimer, sinon auec des termes, qui semblent tenir vn peu de l'exaggeration, quoi qu'ils soient beaucoup inferieurs à la verité du sujet? L'eloquence humaine est bornée de trop prés, pour dire des choses si sublimes: & quoi qu'on emprunte d'elle tout ce qu'elle a d'exaggerant, on ne fait encore qu'effleurer ces hautes verités. C'est pourquoi on se doit plustost attacher au sens, qu'à la lettre des passages, que ie citerai dans ce Chapitre, & par tout ailleurs, sur cét estat de contemplation, que tous les mistiques appellent ineffable.

Celui-ci en parle en ces termes dans l'vn de ses Soliloques. *Si l'ineffable veuë & iouïssance que i'ay de vous, ô mon Espoux, se peut exprimer; & l'aise qui me rauit de plus en plus en mon ineffable iouïssance, sans doute, ie le ferai. Mais que sera-ce faire, sinon se reduire à l'impossible, voulant exprimer vn estat, qui est en admiration par dessus l'admiration; puisque en vn mot, & pour tout dire, ie suis amour de l'amour en mon Espoux? Voire les Anges se rient à present de mon excez, me voians en peine de monstrer & exprimer à moi-mésme vostre amour, & vostre beauté: veu ce que ie suis, ce que ie voi, & ce que ie possede; qui est par dessus le sens & l'expression.*

Voici encore ce qu'il en dit plus formellement en l'vne de ses Contemplations: *Quant à moi,* dit-il à Dieu, *ie suis si estonné que rien plus en cét abisme, & dans le fond de cette infinie fournaise, qui m'embrase, iusques à me reduire en son tout. Là ie suis transformé au mesme amour, & deuenu lui-mesme à force de me plonger, me fondre &*

refondre en lui, iusques au dernier poinct possible à la creature. Voila quel ie suis, où ie suis, & où ie vis. Ce que ie desire infiniment qu'on sçache, & n'importe pas: afin que si les moins amoureux de l'amour en l'amour mesme, veulent s'efforcer à le deuenir dauantage, & receuoir plus abondamment ses diuines influences, ils ne se lassent iamais d'employer toutes leurs forces à la course d'vne si douce carriere. Ah! mon amour & ma vie, pleust à vostre Majesté, que tous les hommes sentissent ce que ie sens, & vissent ce que ie voi! ils desireroient alors par vne amoureuse necessité, ce que ie desire, voire d'vne langueur incomparable, &c.

Dans ces estats extraordinaires, on l'a veu tres-souuent, la face diuinement épanouïe, & éclatante de ie ne sçai quel raion lumineux qui y estoit respandu. Dont moi-mesme suis témoin, auec plusieurs autres Religieux tres-dignes de foi. Et personne ne doit douter de la verité de ce poinct; puisque lui-mesme en son cabinet mistique, monstre qu'il à souuent experimenté ce réjaillissement de lumiere, qui se communiquoit du centre de son ame à toutes ses puissances, iusques à l'exterieur. Et il dit en ces termes exprés, que les Demons n'osent approcher des ames penetrées du feu diuin dans l'estat de souueraine contemplation. Car, dit-il, s'ils vouloient s'approcher de nous, de la distance mesme de nostre regard; ils seroient foudroiez par ce même regard, s'il sortoit de nous iusques à eux.

Au reste, il est certain que ces transformations mistiques en Dieu, sont si parfaites en quelques ames, qu'il n'y a point de creature au monde, qui les puisse dignement exprimer: & tout discours, qui tend à cela, leur est onereux & insupportable, veu que leur experience surpasse tout discours, & tout raisonnement. Voici vn passage estonnant, sur ce sujet, tiré de l'vne de ses Contemplations. *C'est*, dit-il, *la reduction implicite (de cét estat) qui me plaist infiniment par dessus son flux sorti (c'est à dire, par dessus son expression) tel qu'il puisse estre, fust-il mesme du premier des Seraphins. Car dans mon ineffable veuë & repos fruitif, cela me seroit trop moins, que ce que ie suis en vous, ô mon diuin amour: puisque ie suis vous-mesme en tout vous-mesme, & en mon total.* Il voioit là, dit-il, ailleurs, *les richesses, splendeurs, & beautés infinies que le Fils eternel reçoit de son Pere.* Son esprit éleué au dessus de soi-mesme, & arresté par dessus toute suspension, à regarder fixement la beauté infinie de l'essence de Dieu; iouïssoit dés cette vie, d'vn autre Paradis. Aussi disoit-il, que les ames, qui iouïssent de ce bien-heureux estat, n'ont que le corps en terre. Encore est-il deuenu quasi tout esprit, & destitué de ses communes operations, & fonctions naturelles ; tandis que l'esprit éleué en de brillantes & ineffables splendeurs, est comblé d'amour, de science, de richesses, de lumieres, de gousts, & suauités inconceuables, au vaste de l'essence diuine. *Telles personnes*, dit-il, *sont de vrais Seraphins, bruslant d'amoureuses delices sur la terre.*

Ceux qui n'ont point de disposition pour ce sublime estat, n'ont point aussi de disposition pour en parler, dit-il, ailleurs, *ny pour l'entendre. Car il ne s'agist ici que de pureté, de feu, de lumiere, de largeur, de longueur, de profondeur & d'abisme. Il ne s'agist que d'ineffable, que de tout, que de rien, que d'eternité toute presente, que de goust, que de delices toutes rauissantes, que d'infusions, que de flux & reflux, que d'vniformité, de simplicité & toutes semblables notions, dans lesquelles toutes sortes de veritès experimentales fluent, & s'escoulent en la creature, & refluent de la creature en leur principe eternel. Et neantmoins la creature demeurera eternellement en son estre créez* mais qui ſera tout penetré & englouti de l'eſtre increée, pour viure & pour iouïr de ſa pleine felicité.

Enfin, auant de conclure cét ineffable ſujet, ie dirai, qu'en ce haut eſtat s'eſt accompli le ſacré mariage, & les nopces ſpirituelles de cette ame tres-pure auec ſon diuin Eſpoux. C'eſt ici qu'elle a eſté admiſe au plus ſacré baiſer de ſa bouche, & que s'eſt faite la conſommation de ſon amour, autant qu'elle le peut eſtre en cette vie. Car dans ſes écrits, il ne parle point d'amour conſommé dans vn autre ſens. Ie ne veux pour preuue de toute cette verité, que ce qu'il en dit dans ſon Epithalame. Où apres vne infinité d'excés d'amour, & de careſſes entre Dieu & lui; ſon ame expirant enfin d'aiſe & d'amour dans le ſein ſureſſentiel de ſon diuin Eſpoux, eſt contrainte de iouïr en ſilence de cette ineffable beauté, qui la rauiſt ſi puiſſamment à ſoi, qu'elle n'a plus, ni vie, ni action, ni parole, ni veuë, ni quoi que ce ſoit, ce lui ſemble, de ſon eſtre. Alors Dieu lui parle ainſi, non par paroles: mais par actions & operations eſſentielles, qu'il fait réellement en elle.

Ie ſuis arriué en toi iuſques ici, ma fille & mon eſpouſe, au dernier poinct de ſupreme ſatisfaction; deſireux que i'eſtois auidement de te conſommer en moi, iuſques à te faire ſi doucement mourir entre mes bras, dans l'eſtenduë infinie de mon eſſence & de mon amour, pour te rendre pleine & iouïſſante de moi; en qui tu es totalement transformée par deſſus tout degré d'amour transformant; puiſque tu as atteint ton eſſence originaire que ie ſuis. En qui tu viuras & reſideras, comme moi-meſme; ſans diſtinction, ni difference, autant qu'il eſt poſſible; &c.

Les miſtiques, qui ſçauent ce que c'eſt qu'eſtre transformé en Dieu, *par deſſus tout degré d'amour transformant*: Et ce que c'eſt, *qu'auoir atteint ſon eſſence originaire maire*, qui eſt Dieu ; iugeront par cette experience de noſtre tres-illuminé Aueugle, quelle a eſté ſa transformation en Dieu, & la conſommation de ſon amour. Certes par ces termes, *d'auoir atteint ſon eſſence originaire*, Henri Suſo, l'vn des plus grands Contemplatifs de ſon ſiecle; à voulu exprimer dans ſon traitté, *des neuf roches*, (que noſtre Frere s'eſtoit fait lire pluſieurs fois) le meſme priuilege, qu'eut autrefois S. Paul, d'eſtre éleué à la claire viſion de l'eſſence diuine. Mais comme ie fais maintenant abſtraction des ſentimens diuers de la Theologie ſur ce ſujet, ie me contenteray de dire, que ni la verité, ni l'humilité ne lui euſſent pas permis d'exprimer ſes experiences par des termes ſi hauts, ſi elles n'euſſent eſté bien plus ſublimes, que dans l'eſtat d'vne contemplation ordinaire. Au reſte, il s'eſt repenti pluſieurs fois d'auoir écrit ſon Epithalame, parce qu'il y donne à connoiſtre de ſoi des choſes ſi admirables, particulierement touchant ce point ici. Mais l'eſprit de Dieu, qui le mouuoit à cela, l'a ainſi ordonné pour ſa gloire, & pour noſtre conſolation. A quoi ſemble ſe rapporter ce qu'il a dit à pluſieurs, dans la conference ; qu'il ne falloit point diſputer en Theologie, ſi dés cette vie on peut voir intuitiuement l'eſſence diuine : que cela eſtoit non ſeulement poſſible, mais encore qu'elle s'eſtoit dōnée à voir à pluſieurs. Ce qu'il diſoit auec tant d'aſſeurance, qu'il ſembloit qu'il en euſt vne ſcience experimentale. Toutefois ie ne le pretends aucunement auancer : d'autant qu'il n'entendoit peut-eſtre par cela, qu'vne excellente imitation, & participation de l'eſtat des Bien-heureux.

Chapitre Qvatorziesme.

Ses rauissemens ordinaires, & ses sentimens admirables sur les Misteres de la Foi.

CE diuin Contemplatif comparoit tres-sagement & à propos l'ame amoureuse de Dieu, à vne abeille. Parce que de sa simple & delicieuse contemplation, elle s'enuole souuent à la consideration des misteres de nostre salut. D'où elle retourne toute chargée & remplie d'exuberance diuine, par les pertuis & plaies sacrées de l'humanité de Iesvs-Christ, dans le sein suressentiel de son diuin amour. En effet, quoi qu'il fust tellement éleué, perdu & abismé dans la contemplation diuine, ainsi que nous auons veu ci-deuant : & que la sublimité de sa voie, semblast lui deuoir oster l'exercice des considerations plus ordinaires ; il s'efforçoit neantmoins (& le lecteur le remarquera, s'il lui plaist) de descendre à la consideration particuliere des souffrances, & de la Passion du Fils de Dieu, & des autres Misteres de la Foi. Les exercices, qu'il a composé là dessus, en donnent vn tesmoignage asseuré. Et afin qu'on ne doute point en cela de sa pratique, voici comme il en parle au liure de ses Cōtemplations.

Mais, dit-il, ô mon amour, & ma vie, comme vostre sacrée Passion s'est faite & passée en vous, dans vne infinité de douleurs, miseres, mépris, confusions, des-honneurs, & vergognes ; apres quoi vous estes mort, & aués expiré sur vne Croix, à la-veuë & à l'opprobre de tout le monde : aussi ne faut-il pas que nous soions tellement attentifs à contempler au dedans l'excellence de vostre amour infini & égal à vous-mesme, que nous ne sortions de là au dehors, pour vous imiter en vos douleurs, en toute nostre vie corporelle ; dans l'aspect continuel de vostre tres-penible & tres-laborieuse vie, autant que nous le pouuons, dans nostre simple, profonde, & perduë constitution.

 Aussi, disoit-il, que la sainte humanité & Passion de nostre Seigneur, lui estoit toûjours presente : & auoüa vn iour à vn Religieux, qui l'interrogeoit là dessus ; qu'il eust fait grand scrupule de conscience, de l'oublier, voire pour vn seul moment. A quoi se rapporte, ce qu'il disoit vn iour amoureusement à Dieu; Se pourroit-il bien faire, ô mon cher amour ! que ie peusse oublier pour vn seul moment, que vous vous estes rendu mon frere?

 On remarquera neantmoins ce qu'il dit à ce propos ; que les ames consommées en amour, contemplent la Passion de nostre Seigneur, non pas par effort du sens, ou de l'esprit purement naturel, cherchant & considerant les diuerses circonstances du mistere par le dehors : mais elles la contemplent, & là voient en iouïssance d'amour tres-intime, tres-ardent, & d'vne maniere tres-simple, & tres-sublime : enuisageant la Diuinité & l'humanité tout ensemble, d'vn seul tres-subtil regard. C'est de la sorte, que ce cœur diuinement amoureux, contemploit les Misteres de la Passion du Fils de Dieu ; par vn tres-simple & sureminent regard, qui penetre & atteint dans le profond de cét abisme, d'vne fin à l'autre.

 De vrai, la contemplation des diuins misteres dans ces grandes ames, consiste plus dans la penetration de la source, d'où ils procedent, qui est l'amour diuin en lui-mesme : que dans la veuë de l'effect, qu'ils contiennent. Ce qui donnoit sujet à celui-ci, de comparer la diuine essence & l'amour infini, consideré en soi-mesme, à vne mer, dont le flux & l'écoulement, ou les ruis-

K ij

seaux, sont les misteres & les communications d'amour, qui sortent de cette mer sans distinction d'icelle. *C'est*, dit-il, *la tres-vnique contemplation, qui nous arreste eternellement en cét abisme de prodigieux misteres : dans leur tres secrete essence, par dessus tout leur flux visible, qui n'est que pour seruir d'aiguillon tres-vif aux amoureux de moindre vol & actiuité. C'est ce que nous entendons, & connoissons en ces eternels spectacles; qui nous arrestent eternellement à les contempler, comme vne seule chose en tout vous-mesme*, &c.

Ce grand Religieux penetrant ainsi comme vne Aigle mistique, par ses regards tres-purs, iusques à la source de la lumiere : & contemplant les Misteres de la foi dans leur cause souueraine, il voioit en chacun d'eux tant de merueilles enchaisnées l'vne dans l'autre, qu'il demeuroit aussi-tost raui là dessus, & suspendu dans ses operations naturelles. *C'est ici*, disoit-il, *sur le Mistere de la Resurrection, & sur cét aspect, que la raison & le iugement me manquent. Non par defaut, ni de iugement, ni de raison : mais par abondance de veuës, & de penetration d'infinies raisons. Pour ce que nous ne voions en vous, ô mon amour, ni bornes ni limites. Rien dis-je, qu'abismes, qui vont aboutissant les vns dans les autres ; de sorte que tout y est sur-ineffable, en tout Dieu, & en toute sa gloire.*

C'est le sujet pourquoi ses Contemplations, particulierement celles qu'il a composées sur la Passion de nostre Seigneur, sont toutes pleines de suspensions & d'estonnemens. En sorte qu'on y void manifestement, comme il ne se peut resoudre d'entrer en son sujet, tant il est abismé & aceablé, pour ainsi dire, de lumieres, & de veuës ineffables, en sa source & en sa mer infinie, qui est Dieu. *Mon Dieu*, dit-il, *que peut-on dire là dessus? Par où y pourra-on entrer? Pour mon regard, ie trouue tant*

& tant d'abismes aboutissans à celui-ci, que ie ne sçai comment me prendre, pour en dire quelque chose. Aussi me faut-il laisser là toutes choses comme ie les voi, abissalement ineffables. C'est tout cela que ie contemple dans vn tres-simple & sureminent regard, qui penetre & atteint dans le profond de cét abisme d'vne fin à l'autre. Et plus bas, apres plusieurs autres mouuemens d'admiration, & de rauissement ; *Or neantmoins, nous faut il prescrire quelque ordre pour ceci, & ne pas toûjours demeurer muets en nostre rauissement.*

Il auoit vne tendresse indicible, pour le Mistere amoureux de la Natiuité de nostre Seigneur. Dequoi on ne peut auoir de meilleurs argumens, que le nombre des Cantiques spirituels, qu'il a composé sur ce sujet ; tous pleins de beaux sentimens, aussi bien que ses diuines Contemplations sur le mesme Mistere. Il disoit que c'est vn crime de se laisser emporter à la tristesse, depuis qu'vn Dieu s'estant fait homme, à fait naistre le Paradis dans la terre. Il asseuroit que les Anges cherissent fort familierement les ames, qui contemplent souuent ce mistere. D'où on peut iuger, combien ces Bien-heureux esprits lui ont deu estre familiers ; puisqu'il a eu vn amour, & vne deuotion si grande à la naissance du Fils de Dieu, qu'à peine en peut-on trouuer vne qui la surpasse.

Il appelloit l'Incarnation du Verbe Eternel, vn mariage d'amour entre Dieu & les pecheurs, que les Seraphins adorent en silence. Et que pour son particulier, il aimoit mieux incomparablement se ietter dans cette fournaise d'amour, pour s'y brusler & consommer, que d'en rien dire ; puisque la iouïssance de son bien-aimé, estoit infiniment preferable aux plus hautes conceptions & intelligences des Anges, & des hommes.

Ceux qui sont experimentés dans la Theologie Mistique, pourront voir particulierement dans son Epithalame; en quelle maniere il enuisageoit, & contemploit l'Incarnation du Fils de Dieu. Et comme l'amour diuin l'auoit éleué à vn poinct, où il regardoit ce mistere & ce diuin mariage, comme s'il eust esté accompli pour lui seul; parce qu'il y participoit ineffablement en verité de goust & d'experience mistique.

Chapitre Qvinziesme.

Son ardente deuotion, vers le tres-saint Sacrement de l'Autel: & comme les sacrées especes demeuroient six heures entieres en son estomach, sans estre consommées.

L'ARDENT amour, que F. Ian de S. Samson, portoit au S. Sacrement de l'Autel: lui fist merueilleusement ressentir dans ce mistere, la verité de ce que dit nostre Seigneur: *Ignem veni mittere in terram, & quid volo nisi vt ardeat?* Ie suis venu apporter le feu dans la terre, & ie n'ay point d'autre desir, sinon qu'il brusle & illumine tout le monde. Car ce diuin Amoureux parloit continuellement de ce feu, tant il estoit abondamment allumé dans son cœur. Et disoit, que ce feu diuin est si doux, si plaisant & si aimable; que les saints hommes le poursuiuent sans fin, à perte & à gain, pour y estre heureusement bruslés & consommés.

Or il estimoit, & sçauoit par experience; qu'ici bas le centre de ce feu diuin, est la diuine Eucharistie, qu'il appeloit par excellence, *le Sacrement d'amour*: auquel pour ce sujet, il portoit vne deuotion & affection si tendre, & si cordiale; que c'est vne merueille, de voir comme il en parle dans ses Exercices. *C'est vostre amour*, dit-il à Dieu dans ses Contemplations, *qui est allumé en toute la terre : & dont la flamme penetre par dessus tous les Cieux, rauissant tous les Bien-heureux, & les hommes vos speciaux amis. Veu que ceux-ci reçoiuent auec vostre Personne & vostre Majesté, tout vostre feu (par maniere de dire) tout vostre amour, tout vostre bien, & tous vos dons. C'est pourquoi plus nous vous mangeons, mon amour & ma vie, plus nous auons faim & soif de vous : & plus nous remplissés & rassasiés-vous de vos infinies delices, au total de vostre fournaise amoureuse ; qui nous brusle & nous consomme si suauement, que nous défaillons & expirons là dedans, par nostre totale perte & transfusion en vous ; d'où le sortir, voire pour vn seul moment, nous est infernale mort. De sorte, que de plus en plus, nous nous plongeons dans les abismes de vostre tout, où nous sommes oublieux de toutes choses, & de nous mesmes : dominés entierement là dedans de vos viues flammes & brasiers, qui nous consomment en vous toûjours de plus en plus, iusques au supreme poinct possible à la creature.*

Tels estoient les diuins effets du S. Sacrement dans cette sainte ame. De maniere qu'il sortoit de la Communion (laquelle par ordre de ses Superieurs, il faisoit tous les iours) enflammé d'amour comme vn Seraphin. Ce qui paroissoit méme d'ordinaire sur son visage : mais bien mieux, quand immediatement apres, il alloit dicter & composer quelque chose. Car ceux qui écriuoient sous lui, ont remarqué, qu'alors il dictoit auec vne affluence si grande de sentimens d'amour & de lumiere ; qu'il sembloit que ce fust, non pas vn homme mortel, mais vn Ange venu du Ciel, & reuestu d'vn corps humain. Aussi que pouuoit-il sortir de ce cœur tout bruslant des flammes & des brasiers d'amour ? C'est ce qu'il dit lui-mesme : *Par vostre amoureuse somption &*

Communion, noſtre ame eſt embraſée, fonduë, plongée, & perduë en voſtre tout. Et nous ſommes deuorés & conſommés de voſtre feu, & braſier infiniment ardent ; pour n'eſtre plus qu'vn auec vous, au tout de voſtre deïté infinie.

Il faiſoit plus d'eſtat d'vne ſeule Communion du precieux Corps & du Sang de IESVS-CHRIST, que de toutes les graces & faueurs tres-ſingulieres, qu'il auoit receuës de Dieu hors delà. Diſant, que dans la ſainte Communion s'accompliſſoit & conſommoit heureuſement en lui, le ſacré Mariage, & les Nopces miſtiques de ſon ame auec ſon diuin Eſpoux. On le peut voir dans l'vne de ſes Contemplations, ſur ce ſujet. Où apres auoir déploré, comme il faiſoit amerement, l'ingratitude & la deſloiauté des Chreſtiens, qui reçoiuent ce Sacrement d'Amour auec vn cœur plein de laſ-cheté, & ſouuent dépourueu de grace ſanctifiante: crucifians, diſoit-il, plus cruellement cét amoureux Sauueur, qu'ils reçoiuent, que n'ont fait autrefois les Iuifs au temps de ſa Paſſion ; il continuë parlant à ſon cher Sauueur.

A quoi faire, mon Amour, vous parler ici de ces mal-heureux, dont le plaiſir n'eſt que dans la chair? Mais nous autres que deuons nous faire, ſinon exciter noſtre appetit ; afin qu'inceſſamment nous vous deſirions boire & manger, puis que c'eſt le plus grand plaiſir, & la plus grande gloi-re, que nous vous puiſſions donner en cette vie? Voire, c'eſt la conſommation & l'accompliſſement de noſtre diuin maria-ge en vous, & en nous. Qui eſt choſe ſi plaiſante & ſi agreable à voſtre Diuinité, que les Anges & les Eſprits celeſtes, prennent vn extreme plaiſir, à nous voir exercer & pratiquer cét ineffable Miſtere, par noſtre tres-humble & tres-amoureuſe Communion, & vnion de noſtre rien à voſtre tout. Au moien de quoi, nous ſommes de plus en plus transformés en vous, &c. Qu'eſt-ce que ceci, à la fidele Eſpouſe, ſinon celebrer à tres-grand plaiſir les nopces auec l'Agneau?

l'Agneau ? dit-il en vn autre lieu.

Le grand amour & deuotion, qu'il portoit à ce saint Sacrement, fut recompensée de Dieu dés cette vie par deux priuileges bien remarquables. Le premier est, que Dieu donna à ce pieux Aueugle, comme des yeux inuisibles, ou vne certaine faculté surnaturelle; qui lui faisoit ressentir la presence du tres-saint Sacrement de l'Autel: si bien qu'on l'a veu fléchir les genoux, pour l'adorer, lors qu'on le transportoit d'vn lieu à l'autre: sans qu'il en fust aucunement aduerti ; Il aduoüa mesme à vn Superieur, *Que Dieu lui donnoit ie ne sçai quel ressentiment, qui lui faisoit connoistre qu'il estoit en la presence des Superieurs & des Prestres, sans en estre aduerti: & qu'il n'en sçauoit autre cause ni autre motif.* Ce sont les propres mots de la relation que ce Superieur en à donné par écrit.

L'autre priuilege est, qu'aiant communié, il sentoit encore six heures apres & dauantage, la sainte Eucharistie, qui reposoit en son estomach, sans corruption des especes. Ce qu'il tenoit pour vne faueur tres-speciale de Dieu, laquelle il preferoit à toute autre grace, qu'il eust receu de sa diuine Majesté. C'est ce qu'il à autrefois découuert à son Confesseur, qui estoit le R. Pere Valentin de S. Armel ; & ce qu'il a insinué depuis en ses écrits sous ces termes.

Ie iuge, dit-il, *la raison fort bonne de quelques personnes, singulierement deuotes & amoureuses du tres-saint Sacrement, qui voudroient auoir plus long temps en eux, les sacrées especes sans estre digerées, & par consequent nostre benoist Sauueur ; afin de se rauir & de se fondre en l'infinie Mer de son tout, de toutes leurs forces & puissances. Que s'il se trouuoit,* dit-il, *des hommes entre tous ceux-ci dans l'estomach d'esquels l'Hostie sacrée demeurast deux, trois ou quatre heures: voire plus d'vn demi-iour, sans se*

L

corrompre (ce que telles personnes remarquent, & discernent tres-sensiblement) cela dis-je, doit estre tenu d'eux pour vne des insignes graces, que nostre benoist Sauueur, qu'ils possedent en leur infini amour, leur puisse faire en cette vie.

Il eut donc ce rare priuilege, de conseruer si long temps chaque iour dans son estomach, les especes Eucharistiques sans digestion, ni corruption ; la viuacité de sa chaleur naturelle se tournant en amour, s'il faut ainsi dire. Ce qui monstre manifestement, combien ce tres-chaste Espoux & diuin Seigneur, prenoit de plaisir à reposer dans le sein tres-pur de cét amoureux Aueugle. En quoi paroist encore vn autre priuilege, non moindre que le premier ; qu'il peust discerner & connoistre, quand la digestion des especes estoit faite, ou non. Tant il est vrai, que la presence sacramentale de IESVS-CHRIST, n'estoit pas insensible à cette ame, vraiement penetrée de son amour.

Arreste, c'est à ceci que se rapportent les amoureuses inuitations, qu'il fait à son bien-aimé dans son Epithalame ; de venir à lui sous les especes sacramentales : & d'entrer en son iardin plein d'odeurs spirituelles ; & aromatiques. *Nous nous delecterons*, dit-il, *à plaisir, ô mon Espoux & ma vie, quand vous y serés entré. Et ie m'asseure que le plaisir & contentement, que nous y aurons, sera si grand ; qu'à peine en voudrés-vous iamais sortir, & nous y constituerons tous deux nos mutuelles delices.*

Pour ce sujet, il communioit ordinairement d'assés grand matin ; afin que les especes sacramentales peussent estre consommées auant le repas ; & aussi afin de iouïr plustost & tout à loisir de la douce presence de son bien-aimé. C'est pourquoi, il dit dans ses écrits, que ceux qui communient, ne doiuent pas mesme estre long temps, sans aualer l'Hostie. Autrement, ce seroit faire comme celui qui laisseroit attendre à la porte vn Roi desireux d'entrer, & de loger chez son vassal. Ce sentiment tres-simple est digne d'vne ame famelique, & sitibonde de cette nourriture celeste, à qui le moindre moment de l'absence de son bien-aimé est vn siecle tout entier.

Ce sainct Homme se repaissant ainsi tous les iours du pain des Anges, pratiquoit en verité ce que dit Iob. *Antequàm comedam suspiro.* Car ce lui estoit vne douleur inconceuable, de se voir obligé de se nourrir de viandes corruptibles, apres auoir gousté la douceur de cette manne sacrée, qui est la nourriture des grandes ames. Et ce lui estoit vn sujet de grande mort, de descendre ainsi de la table du Roi, pour viure à celle qui ne nous rend pas differens des bestes. Sur quoi il a produit quelques-vns de ses sentimens dans ses Cantiques; d'où i'ai tiré ceux-ci.

Ie me plains, ô mon amour, voiant ma pauureté: & qu'il me faut nourrir d'vn aliment corruptible, semblable à celui des bestes. Veu que vos Saincts fauoris ne viuoient autresfois que de vous, & de vostre diuin Sacrement: & estoient inuisiblement nourris de vostre Diuinité, & de vostre chair adorable. De là, ils tiroient des forces si grandes selon l'esprit, qu'ils ne sçauoient quasi point, comme le reste des hommes, ce que c'est que cheute, & imperfection. Nous souhaitterions, ô mon amour, leur estre semblables: car par ce moien nous serions comme détachés de nostre corps; & nos puissances toutes plongées en vous, perdues en vous, & attachées à vous, ne se chercheroient plus dans les creatures. Mais, mon amour, il faut que ie viue content dans l'estar, où ie suis. Et puisque ie ne merite pas de receuoir de vous vne si grande grace, ie la laisse librement à vos Saincts. Et pour moi, ie vous suiurai à mon possible, en totale renonciation de moi-mesme; mourant, & vous imitant par tout nue-

ment, & au dessus de toutes choses, tant au corps qu'en l'esprit.

Il inuectiuoit quelquefois contre ceux qui se rendent propretaires de la Communion du Corps de IESVS-CHRIST, c'est à dire, qui y sont attachés, & en vsent independemment des Directeurs de leur conscience. Et disoit, qu'il vaut bien mieux aimer nostre Seigneur d'vn amour renoncé, que de l'auoir à soi, & pour soi en son propre plaisir. *O mon cher amour,* disoit-il, *que tels proprietaires vous font de tort! Peut-estre plus grand, que ceux qui par totale ingratitude & infidelité vous laissent seul, & sans entretien, apres vous auoir receu, comme font beaucoup de mauuais Prestres.*

Enfin, il disoit, que pour disposition à receuoir dignement ce Sacrement d'amour, il faut donner nostre ame, & nostre corps personnellement à celui que nous receuons, afin de reciproquer son amour. Et que l'ame vraiement amoureuse, qui reçoit IESVS-CHRIST, sous les especes sacramentales, adjouste, ce semble, vn Paradis au Paradis; à cause de l'vnion amoureuse quelle a déja auec Dieu. Enfin, il disoit comme tres-experimenté, que cette action est si desirée de l'ame touchée d'amour, que s'il estoit permis & possible, elle receuroit cent fois par iour le tres-sainct Sacrement.

CHAPITRE SEIZIESME.

De sa deuotion à la saincte Vierge, & à S. Ioseph son tres-chaste Espoux.

LA deuotion de ce Religieux Carme, enuers la saincte Vierge, Sœur, Mere, & Patrone singuliere de l'Ordre, estoit si intime & si pleine de tendresse, qu'à peine le sçauroit-on expliquer par ses paroles. Il l'auoit succée auec le laict, & dés le berceau; & l'auoit receuë de ses parens, comme vn precieux heritage, qu'ils conseruoient tres-cherement, & de long temps en leur famille. Car nous auons appris de sa propre bouche: Que son Aïeule, qui viuoit encore lors qu'il vint au monde, ieusnoit auec toute sa famille tres-exactement aux vigiles des Festes de nostre-Dame, s'estant obligée par vœu à cette sainte austerité. Or vn iour par mégarde, aiant fait seruir de la viande, & ne refléchissant pas, que le lendemain c'estoit vne Feste de la Vierge, ils furent miraculeusement aduertis de ne faire pas contre leur vœu. Car la viande & le plat disparurent de dessus la table, sans pouuoir découurir apres vne diligente recherche, ce que le tout estoit deuenu.

Ce pieux Aueugle succedant à la tendresse & deuotion de ses parens, enuers la sainte Vierge, commença à l'honorer dés son bas âge, & à la seruir tres-amoureusement comme sa chere Dame & Maistresse. Cette deuotion s'accreut tellement en son cœur, qu'il taschoit mesme de l'insinuer à tous ceux qui le frequentoient, les entretenant des miracles, que la glorieuse Vierge à fait en faueur de ceux qui lui ont esté affectionnez; & leur parlant souuent, de l'origine, deuoirs, & auantages des Confrairies du S. Scapulaire, & du Rosaire. De sorte, que n'estant encore que Seculier, il y attira plusieurs bonnes ames. Mais depuis qu'il eut gousté plus abondamment les douceurs de la vie interieure, & qu'il eut passé par les experiences, que ressentent ordinairement les amis de Dieu; son esprit entra si auant dans la connoissance des perfections de cette Vierge admirable, que la tendresse & la deuotion qu'il auoit pour elle, se changea en continuelle admiration, suspension & rauissement. De sorte qu'il ne se possedoit pas, lors qu'il venoit à parler de ce diuin prodige, & de cette incomparable excellence & beauté. Sur quoi il va ainsi entretenant son diuin amour, dans l'vne de ses Contemplations. Qu'est-ce que cela, mon cher amour, & ma vie ? Le conçoiue, & le dise qui pourra. Pour moi, ie ne sçai ce que c'est, sinon pour le voir & le contempler en tres-profond silence: & en tres-simple & eminente veuë d'vne si large, si profonde, si longue, si haute, & si impenetrable mer, totalement innauigable en la sureminence de vostre tout. En vostre mesme foi, qui nous oste toute conception & expression possible d'vn tel sujet. En la veuë & science tres-ineffable & implicite, qu'elle nous donne sur ceci : en vostre infini aspect, comme si vous & vostre Mere ne deuiés estre qu'vne mesme chose.

Ses sentimens sur les grandeurs & excellences de cette Reine du Ciel, estoient admirables. Il l'appelloit la plus haute saillie de l'amour de Dieu vers nous, & sa premiere idée entre les pures creatures. Il disoit que la voie la plus seure, pour conceuoir quelque chose de ses grandeurs, & de ses perfections, est la voie de negation ; la comparant à vne mer sans bornes, ni limites: dans laquelle tout esprit curieux se perdroit, s'il vouloit entreprendre de la sonder.

Il auoit au reste vne veuë si eminente ; & vne telle connoissance des beautés de la sainte Vierge, qu'il l'estimoit, ainsi que fit autrefois S. Denis Areopagite, comme vne chose diuine ; en laquelle Dieu s'est totalement écoulé & répandu. Sur lequel sentiment, il parle ainsi à Dieu, en l'ecstase de son amour.

De cette veuë, si haute & si equitable en vn bon sens, on peut facilement voir, ô mon amour ; combien profusément elle est semblable à vous, par dessus tout autre. Veu que penser en vous & en elle, & parler de vous & d'elle semble n'estre que vous-mesme. Voila, dit-il plus bas, comme nous voions auec estonnement & admiration intime, cette sur-excellente Majesté, surpasser incomparablement toutes choses : & dont la déduction ne tombe point sous le sens, ni sous l'intelligence de qui que ce soit ; à cause de sa parfaite vnion auec vous, comme tres-noble & premiere idée entre toutes les creatures.

En vn autre endroit ; il parle ainsi. Nous la deuons contempler essentiellement, ô mon cher amour, en sa beauté essentielle, & sortie, comme vous-mesme : car sans doute, en ce qui est manifeste & visible, elle est par dessus la comprehension & toute penetration : mais encore beaucoup mieux en ce qui demeure en elle interieurement, qui n'est pas veu, ni connu des hommes en cette vie, mais reueré, contemplé, & adoré au tres-doux calme d'vn profond & secret silence, qui nous tient rauis & suspendus en elle, comme en la plus profonde sortie de vos sorties.

Delà il tiroit cette consquence, qu'elle estoit la plus mistique & la plus consommée en amour de tous les Saints : La plus bruslante du feu d'amour diuin : En comparaison de laquelle les plus éleués Seraphins ne sont que des oiseaux terrestres. On pourra voir vn grand nombre d'autres sentimens sur ce sujet dans ses Contemplations, & ailleurs dans ses écrits. Entr'autres, i'estime beaucoup ce sentiment, qui lui faisoit dire, qu'il ne croioit pas qu'aucun Saint, excepté la sainte Vierge, ait entierement connu la malice de l'instinct de la nature, à se chercher elle-mesme. Mais que la sainte Vierge l'a si parfaitement connu ; non en elle-mesme, par ce qu'elle en estoit exempte, mais le fond de la nature corrompuë ; qu'elle ne se peut mieux ni plus clairement connoistre.

Il a toûjours grandement cheri la pureté du corps, aussi bien que celle de l'esprit, par laquelle il taschoit de representer en lui-mesme, au plus prés qu'il pouuoit, celle de la saincte Vierge : aiant vne si grande circonspection en toute sa conduite, que ceux qui l'ont obserué de plus prés, n'ont iamais pû remarquer en lui vne seule action, non seulement qui fust indecente, mais encore qui tint le moins du monde de la legereté, de l'immodestie, ou de quelque liberté des sens, comme S. Bernard le remarquoit autrefois dans le B. saint Malachie, & Seuere Sulpice, dans le glorieux saint Martin. Cette vertu d'vne inuiolable & entiere chasteté, estant l'appennage des ames humbles, & contemplatiues; qui dés leur enfance ont pris le joug de la pauureté Euangelique, qui se repaissent parmi les Lis, & se nourrissent du pain des Anges. Entre lesquels celui-ci a eu ce priuilege admirable, que le chaste Espoux des Vierges faisoit vn sejour miraculeux dans son estomach, sous les especes Sacramentales; pour marque du plaisir qu'il prenoit là dedans. Aussi est-il le froment des Eleus, & le vin, qui engendre les Vierges. Et comme autrefois il reuela à sainte Mechtilde, qu'il ne pouuoit estre trouué, ni plus facilement, ni plus asseurement que dans le Ciboire, & dans la poitrine de sainte Gertrude : il semble que la comparaison ne sera aucunement odieuse, si nous disons quelque chose de semblable du cœur de nostre Aueugle, autant embrasé comme illuminé.

Sa deuotion suiuoit les mesme traces vers le grand S. Ioseph, Espoux de la sainte Vierge : Il lui rendoit des hommages tous particuliers, comme au vrai Protecteur des ames Contemplatiues, qui menent ici bas vne vie inconnuë aux hommes. Il auoit des sentimens & des lumieres admirables sur ses excellences, & prerogatiues, dont il en a laissé quelques-vns par écrit, & a celé les
autres;

autres ; comme si la terre n'en eust pas esté capable, principalement, disoit-il, de la *sureminente* sapience, vie cachée & mistique de ce Saint incomparable, & tres-aimable Patriarche.

Il l'appelloit vn Ange incarné, choisi pour cooperateur dans le Mistere le plus estonnant que Dieu ait operé parmi nous, pour gouuerner le Fils de Dieu en qualité de Pere, & conseruer la pureté de la sainte Vierge ; à laquelle il l'estimoit fort semblable, quoi qu'auec inegalité.

Bien plus, il auoit vne forte persuasion que S. Ioseph, est plus éleué dans le Ciel que les Seraphins : & l'appelloit la seconde idée de Dieu, entre les pures creatures. Qu'il estoit le Mistique & le Contemplatif, le plus perdu & abismé dans l'essence diuine, de tous les Saints apres la sainte Vierge. Et que comme chaque Saint est plein de Dieu dans le Ciel, à proportion de sa capacité ; celui-ci auoit vne enceinte, & vne capacité incomparablement plus grande que celle de tous les autres Saincts : qu'il n'a point en eux de grandeur, ni de perfection qui ne soit auec bien plus d'eminence en lui : aussi disoit-il, qu'il estoit tout dans son rien. Tout, à cause de sa sublime transformation en Dieu : & rien à cause de son incomparable abnegation & renonciation. Renonciation si parfaite, qu'il n'a iamais reflechi sur soi dans toute l'abondance des dons de Dieu, dont il a esté comblé dés cette vie : & dans les plus pressans efforts du feu de l'amour diuin, qui le consommoit au dessus de toute intelligence. Ce que nostre Frere attribuoit à vne perfection, & vne force incomparable du saint Esprit.

Il disoit, qu'il estoit vraiement Roi des Anges ; puis qu'il auoit leur Reine pour Espouse : Et qu'il n'osoit par respect la regarder, depuis qu'il eut la reuelation du Mistere de l'Incarnation du Fils de Dieu dans ses entrailles. Qu'au reste son doute precedent, n'arriua que par permission diuine. Il asseuroit en outre, que c'estoit vne merueille, qu'on ne pouuoit assez admirer, d'auoir caché les rares excellences de ce Prince (ainsi appelloit-il saint Ioseph) sous la condition d'vn Charpentier. Aussi auoit-il tout autre sentiment de la sainteté des Saints, que n'ont pas les hommes communs; qui la mettent ordinairement dans les miracles, & dans les actions extraordinaires, qui paroissent auec éclat au dehors; comme dans les grands actes d'austerité & de vertu. Car quoi qu'il fist tres-grande estime des actions heroïques de vertu, de souffrance, & d'austerité, comme on à veu dans ses pratiques; il disoit neantmoins, que la vraie sainteté ne consiste point essentiellement en tout cela. Mais qu'elle gist (supposé, la grace sanctifiante) dans la perte & dans la mort de tout l'homme en Dieu, & à viure totalement inconnu aux hommes. Sur quoi il à fait vn tres-excellent discours, qui meriteroit bien de paroistre en ce lieu, si cela n'excedoit point les bornes de mon dessein.

 Tel estoit donc son sentiment sur la sainteté de S. Ioseph, la mettant dans cette vie inconnuë & perduë en Dieu: & disant, que les miracles consistent, en ce que son cœur est raui & bruslant au feu de la Diuinité. Plus vous sonderées là dedans, plus (disoit-il) vous y trouuerés de miracles. Il croioit que ce grand Saint a esté sanctifié dés le ventre de sa Mere: & a vescu ici bas, dans vn estat fort semblable à celui qu'auoit Adam dans l'innocence, auparauant son peché. Enfin, il tenoit pour certain, que comme la vie de ce Saint, a esté toute d'amour, aussi est-il mort d'amour: & que comme il a vescu dans les flammes de ce feu diuin, il y a heureusement expiré.

Cette haute estime à fait, que non seulement en son particulier il portoit amour & deuotion à ce grand Saint : mais encore il lui auoit vne tres-grande confiance pour le bien spirituel en general de tout nostre Ordre, & specialement de nostre Prouince & Obseruance de Rennes. Et on trouuera dans le Cantique, qu'il à fait à l'honneur de S. Ioseph, qu'il lui recommande instamment cette Reforme comme sienne; parce qu'il est Protecteur de la vie Contemplatiue, & de tous ceux qui font profession de mediter iour & nuict dans la Loi de Dieu ; ce qui a esté l'vn des motifs, qui ont porté nos Peres à choisir auec S. Charles Borromée, le grand S. Ioseph, pour Patron & Protecteur particulier de nostre petite Obseruance.

Chapitre Dix-septiesme.

De ses rares vertus, qui partoient de son ardent amour enuers Dieu : & premierement de sa tres-profonde humilité.

C'est le commun sentiment, & l'experience des Contemplatifs, que l'ame, qui est deuenuë amour, à force de s'écouler & plonger amoureusement en Dieu ; ne regarde plus aucune vertu dans son propre motif & difference de telle vertu, quant à la pratique ; & que toutes ses actions vertueuses, comme d'humilité, de patience, de resignation & autres, ne font point proprement ni humilité, ni resignation, ni patience : mais que ce font seulement des productions, & saillies de son amour ; qui ne deuroient porter autre nom que d'amour ; puisque l'amour est leur vnique principe, leur moien, & leur fin.

Ce sentiment, qui m'a fait rejetter en ce lieu le traitté des vertus de noſtre bon Aueugle, comme effets de ſon feruent & ſeraphique amour, duquel ie viens de traitter aux Chapitres precedens; lui eſtoit ſi ordinaire & ſi familier, qu'encheriſſant encore par deſſus, il diſoit, que non ſeulement certaines ames ſont tellement humbles, qu'elles ne ſçauent plus ce que c'eſt qu'humilité comme telle : mais qu'on peut encore ignorer ce que c'eſt qu'amour, à force de l'auoir ſurpaſſé en Dieu d'vne maniere ineffable. C'eſt pourquoi, il vſe ſi ſouuent dans ſes écrits, de ces façons de parler; *aimer ſans amour, aimer & au deſſus de l'amour*.

Or que ç'ait eſté ici ſa pratique & ſon experience, on le peut aſſés voir dans ſes écrits. Principalement, en ce paſſage d'vn Traitté, qu'il compoſoit pour autrui, où il vient tout d'vn coup (ce qui lui eſtoit aſſés ordinaire) faire cette ſaillie d'eſprit. *Ie rentre*, dit-il, *au rien, tant de toutes choſes, que de moi-meſme; pour eſtre paſſiuement & eternellement agi de Dieu, ſans amour, ſans humilité & autre vertu. Dautant qu'amour & humilité ſont hors de moi, ou pour mieux dire, elles ne ſont point quant à moi: parce que là où ie ſuis, & où ie vis, il n'y a difference, ni diſtinction quelconque.*

Neantmoins, pour parler de ſes vertus à noſtre maniere, & premierement de ſon humilité tres-profonde; ie dois dire auant tout, qu'il eſtoit ſi parfaitement humble, que dans ſon eſtime & à ſes propres yeux, il croioit n'eſtre qu'vn vrai rien, & vn pur neant. Cette veuë & claire connoiſſance de ſon rien eſtoit telle, qu'il l'eſtimoit comme vn poinct de ſa foi. Diſant auec quelque ſorte d'excez, qu'il ne croioit pas, que dans le Ciel il peuſt quaſi mieux connoiſtre cette verité, qu'il la connoiſſoit dés cette vie. Il l'exprime lui-meſme dans ſes entretiens amoureux auec Dieu. *Peut-eſtre* mon amour & ma vie, que les hommes sont desireux de sçauoir quelle estime vos intimes amis ont d'eux-mesme ; veu les merueilles & les prodiges si admirables, que vous en faites chacun d'eux ? C'est à la verité, qu'ils estiment qu'ils sont les plus vtiles creatures de tout l'Vniuers : voire qu'ils ne sont rien du tout, ne sont propres à rien, & ne valent rien deuant vostre infinie Majesté. Tel est leur sentiment, leur veuë, & leur foi; & cela pour raisons infinies.

Ce sentiment & veuë experimentale de son rien, que les Mistiques appellent aneantissement, est toute autre chose, que ce que l'on conçoit ordinairement par le terme d'humilité. Voici comme nostre clair-uoiant Aueugle en éclarcist la difference. *Le rien*, dit-il, *est le but & le terme, où tendent les humiliations, & l'humilité. Là où il n'y a rien, l'humilité est en son centre. Le vrai rien, ne peut paroistre aux hommes en soi-mesme : mais au lieu du rien, la mort leur apparoist. De sorte, que les hommes voient les mourans & la mort, pendant que le rien leur demeure inconnu ; voire mesme à son propre sujet tant il est profondement abismé en Dieu.*

Aussi, disoit-il, qu'on ne peut conceuoir iusques où va & creuse l'humilité des vrais Sages : & que les degrés, par lesquels le vrai humble paruient à la parfaite humilité, sont par rapport au corps enseueli. 1. Demeurer, & prendre son repos dans le plus bas lieu. 2. Estre enterré comme mort, c'est à dire, oublié, delaissé & foulé aux pieds comme chose de neant. 3. Estre pourri & corrompu, abhorré de tous, comme pourriture tres-infecte. 4. Estre reduit en cendre & en poussiere. 5. Estre par sentiment reduit à rien, conformement à ce mot du Psalmiste : *Ad nihilum, redactus sum, & nesciui.*

Degrés d'humilité & d'aneantissement, qu'il monstre auoir passés, en ce qu'il dit, dans ses écrits ; *Où nous* mettra-on ? haut, ou bas ? loin ou prés ? en l'honneur, ou en l'infamie ? que nous ne soions également contens, sans refléchir, ni raisonner bassement sur nous-mesme.

Au bas & abiect sentiment, qu'il auoit de soi-mesme, respondoit par dehors, la pratique tres-sincere de toutes sortes d'humiliations & abbaissemens, qui lui estoient permis & possibles. Car & en particulier, estant auec ses plus familiers, & en public, il taschoit de persuader & de faire croire à tous, qu'il estoit le plus vil, miserable, & ingrat pecheur, qui fust au monde. Ce qu'il dist vn iour deuant tous les Religieux, lorsqu'il se trouua obligé de satisfaire au commandement de son Superieur, qui lui auoit ordonné de dire publiquement ce qu'il pensoit de soi-mesme. Dans la conuersation auec ceux qui l'approchoient de plus prés, il se comparoit souuent aux chiens & aux Diables; disant qu'on deuoit les preferer à lui, comme vtiles à quelque chose, & qu'il estoit inutile à tout bien.

Il s'estimoit tellement indigne de paroistre en la compagnie des Religieux, qu'aussi-tost qu'il entendoit quelqu'vn venir vers lui, il se découuroit & se tenoit profondement courbé iusques à ce qu'il eust passé. Sur quoi estant vn iour enquis, pourquoi il estoit si ponctuel à cette pratique, il respondit, qu'il auoit honte de paroistre deuant ses Freres. Le plus grand tourment, qu'on lui peust faire souffrir, c'estoit de lui donner quelque loüange, ou témoigner aucunement, qu'on l'auoit en estime; car alors on le voioit auec vn visage confus, & couuert de pudeur; faire tous ses efforts, pour persuader le contraire. Sa discretion neantmoins, qui estoit admirable, lui faisoit souuent omettre cette pratique; quand il iugeoit par reflexion, que ce moien contribueroit plustost à le faire plus estimer, qu'à découurir & publier fa mifere & fa vileté.

Mais à l'égard des perfonnes, qui ne lui eftoient pas familieres, il fe comportoit dans les loüanges & applaudiffemés, qu'il receuoit d'eux, comme vn homme infenfible, & auec vn efprit parfaitement abftraict de cela. D'où neantmoins, au fond de fon cœur, il tiroit entre Dieu & lui, des fujets de profonds gemiffemens & humiliations. Voici comme il témoigne fon fentiment fur tout ce fujet. *Nos loüanges en la bouche des hommes communs, ne donnent gueres de témoignage de nous, ni de noftre vie. Au contraire, c'eft fort fouuent vn indice, que nous fommes grandement defectueux & infideles. Et quelle eftime doit-on faire de ce qui n'eft rien ? C'eft cette confeffion (de fon rien) qu'il faut faire & fouftenir, non par paroles, mais par œuures, iufques à la mort. Et cela d'vne force heroïque & continuelle, d'efprit & de fens.*

O que ce lui euft efté vn grand plaifir au fond de fon ame, s'il euft veu tout le monde fe bander contre lui, & le mefeftimer comme vne chofe de neant ! Certes il le faifoit bien paroiftre, en ce que les Superieurs faifans quelquefois femblant de le vouloir mal-traitter par paroles, & l'humiliant en quelque chofe ; celui-ci, qui auoit vne admirable pouuoir fur foi-mefme, excitoit auffi-toft en foi des mouuemens de ioie mefme exterieure : & difoit, *que le fentiment qu'on auoit de fa mifere, eftoit profondement veritable.*

CHAPITRE DIX-HVICTIESME.

De la haute estime, en laquelle il estoit chez les Grands: de l'horreur, qu'il en auoit; & du desir d'estre inconnu à toute humaine creature.

LA parole de nostre Seigneur, s'est trouuée tres-veritable en cét humble Religieux, que celui qui s'humilie sera exalté. Car, outre que deuant Dieu, il alloit toûjours croissant en richesses spirituelles, à proportion qu'il alloit creusant dans la profondeur de son propre rien ; la Prouidence diuine l'a encore voulu exalter & magnifier deuant les hommes, leur donnant de grands sentimens de son extraordinaire pieté, & sainteté de vie. La Reine Marie de Medicis, Mere du feu Roi Loüis XIII. de glorieuse memoire l'estimoit tant, qu'elle à plusieurs fois desiré le voir, l'a fait consulter, & a suiui ses aduis en choses de conscience. C'estoit l'ordinaire de cette grande Reine, de faire grand estat des personnes Contemplatiues, ce que mesme l'Histoire à bien remarqué : de sorte qu'elle les faisoit consulter souuent, & se recommandoit à leurs prieres. Quelques-vns donc, qui estoient informez, de la grande vertu de Fr. Ian de S. Samson, en firent le recit à sa Majesté, dont elle s'assura encore plus expressément, sur le rapport du R. P. Philippe Thibault, homme de grande reputation dans la France, & dans l'Italie ; pour les actions heroïques, qu'il a fait, estant chef de nostre Reforme. La Reine donc aiant conçeu cette estime de Frere Ian, s'enqueroit par apres à toute occasion de ce bon Aueugle & se recommandoit toûjours à ses prieres. Dans la residence

sidence, qu'elle fist en la ville d'Angers, elle parloit souuent de lui au R. Pere Matthieu Pinault, alors Prieur de nostre Conuent, & se faisoit raconter par lui ce qu'il auoit veu dans la vie toute extraordinaire, que cét Aueugle menoit dés auant que d'estre Religieux. Ce Pere prenant vn iour congé de la Reine, pour aller visiter les Conuens de nostre Prouince en l'absence du R. P. Philippe Thibault, sa Majesté lui commanda de voir en son nom nostre Frere Aueugle, & de lui recommander de prier pour la prosperité de son Armée, qui estoit preste de marcher. Le Pere passant à Rennes, ne manqua pas d'obeïr au commandement de la Reine, & fist mesme prier Dieu dans les autres maisons, pour la conseruation de leurs Majestés, qui estoient alors en different. Cependant les nouuelles arriuerent, que le Roi auoit heureusement pris la Ville & le Chasteau de Caën; & qu'il poursuiuoit ceux du parti contraire au Mans, à la Fleche, & au Pont de Cée. Le Pere Matthieu hastant ses visites, pour retourner promptement consoler ses Religieux d'Angers, repassa par Rennes, & vit encore Frere Ian de S. Samson. Celui-ci meu d'vn esprit prophetique, lui dist, *Mon Pere ne vous hastez point tant. Tous ces bruits de guerre ne sont qu'vn nuage, qui sera bien-tost dißipé. Nous aurons plus de peur que de mal; & deuant que vous soiez arriué à Angers, on aura démeslé vne grande partie de l'affaire. Sans doute, la Reine est obligée deuant Dieu de procurer la paix.* Le Pere arriuant à Angers, la Reine le sçeut aussi-tost, & l'enuoia querir. Elle lui demanda nouuelles de Frere Ian de S. Samson, & quel estoit son sentiment, touchant cette guerre. Il lui dist que, dans la pensée de cét Aueugle, sa Majesté auoit grande obligation deuant Dieu, de procurer la paix, pour le bien de tout le Roiaume. La Reine repartit: *Oüi, nous* l'aurons, quand i'en deurois signer les articles de mon propre sang. En effet, elle fut concluë dés le lendemain: & cét heureux éuenement verifia ce que le seruiteur de Dieu auoit predit; que ce nuage de guerre seroit bien-tost dissipé, & qu'il feroit plus de peur que de mal.

Vne autrefois, la Reine fit rescrire au P. Philippe Thibault, qu'à certain iour, il se fust trouué au Pont de Cée, auec son bon Aueugle, voulant lui communiquer, & recommander à ses prieres, vne affaire touchant sa conscience. Par hazard, la lettre n'aiant pas esté renduë à temps, sa Majesté passa par le Pont de Cée, & par Angers, sans trouuer ni l'vn ni l'autre de ces deux Religieux. Dont aiant sçeu la cause, elle manda par le P. Prieur de nostre Conuent d'Angers à Frere Ian, qu'il recommandast cette affaire à nostre Seigneur: & au P. Thibault, qu'il dépeschast promptement ses affaires du Chapitre Prouincial, où il estoit alors occupé, pour l'aller trouuer au plustost à Nantes. Le Frere obeït à la Reine, & recommanda instamment cette affaire à Dieu. Et le R. P. Philippe Thibault estant allé trouuer sa Majesté à Nantes, lui dist sur cette affaire, en la presence du R. P. Suffren, de la Compagnie de Iesvs, son Confesseur & Predicateur ordinaire, ce que le S. Esprit lui inspira. Nostre Seigneur donna tel succez & benediction à ce conseil du Pere, & aux prieres de nostre Aueugle, que l'affaire reüssit à la gloire de Dieu, & à la paix du Roiaume.

Vne autrefois encore, la Reine enuoia visiter nostre humble Aueugle, en son nom, par le R. P. Suffren; auec charge de rapporter à sa Majesté de sa part, au moins quelque mot d'instruction spirituelle. Ce grand & excellent personnage vint donc voir cét humble Frere Laïc, & lui dist le commandement, qu'il auoit receu de sa Majesté. Ce qui l'estonna tellement, qu'à peine se pût-il resoudre de respondre vn seul mot. Et apres auoir long temps resisté aux instances tres-pressantes, que lui fit le R. Pere, de lui dire quelque chose, qu'il peust rapporter à la Reine de sa part, puisque elle l'auoit desiré; il ne lui dist enfin que ces mots: *Dictes, s'il vous plaist à sa Majesté, qu'elle s'humilie en Reine.* Et se retira là dessus tout confus, de voir qu'on auoit quelque souuenance de lui. Cette responce si iudicieuse & si impreueuë, monstre quelle estime il faisoit de cette vertu; & meritoit pour son poids, d'estre inserée en ce lieu, pour seruir d'instruction aux Grands, qu'à proportion de leur grandeur, ils doiuent estre humbles & petits à leurs propres yeux, deuant Dieu & deuant les hommes; autant que le permet la discretion & la prudence, non de la chair, mais de l'esprit diuin.

Enfin la Reine aiant ressenti beaucoup de bons effects des prieres de ce bon Frere, en faisoit tant d'estat; qu'elle porta long temps à sa ceinture vn reliquaire qu'il lui auoit enuoié, pauurement enuelopé dans de l'estoffe de la couleur de nos habits. Elle s'adressa encore vne autre fois à lui, & le fit consulter sur l'estat de ses affaires, qui s'embroüilloient de plus en plus, & l'obligeoient à se retirer de la Cour. Nostre Aueugle respondit, qu'à la premiere fois sa Majesté verroit apres quelque temps vne heureuse issuë; mais qu'à la seconde elle deuoit se resoudre à la patience. Dequoi des personnes de tres-haute qualité, qui sont encore en vie, rendent témoignage: & ce que l'euenement à confirmé. Aussi sur cette seconde disgrace & affliction, que receut sa Majesté, nostre Frere lui écriuit vne grande lettre de consolation, qui meriteroit bien de paroistre en ce lieu; si ie n'estois obligé de la supprimer, pour éuiter la prolixité.

Il estoit aussi fort dans l'estime de quelques Prelats, entr'autres des Illustrissimes Euesques de Rennes, de Dol, de Nantes, & de S. Brieuc. Ces deux derniers, qui estoient pour lors, Monseigneur Philippe Cospean, Euesque de Nantes, & Monseigneur Estienne de Villazel Euesque de saint Brieuc, personnages connus en toute la France, pour leur doctrine, eloquence, & pieté extraordinaires, ne dédaignoient pas de l'aller souuent visiter en sa cellule, lors qu'ils estoient à Rennes; afin de s'edifier de ses entretiens, vraiement celestes & diuins.

Il auoit le mesme credit aupres de Messieurs du Parlement de Bretagne : entr'autres, de Monseigneur de Cucé, premier President, & de Madame de Bon-œil sa compagne. Ces personnes dignes de grande veneration, & d'vne memoire eternelle, pour leur vertu & leurs merites, reconnus en toute la France, faisoient vn grand estat de ce saint Homme, & auoient vne tres-grande confiance en ses prieres. Ce President venoit quelquefois en nostre Conuent, où il prenoit grande satisfaction à le voir, & l'entendre parler de Dieu. Il dist mesme vn iour au R. Pere Matthieu, qu'il deuoit bien prendre garde de ne donner pas facilité à tous, de communiquer auec ce Frere ; *Car dit-il, si on sçauoit son merite à la Cour du Roi, & si on l'auoit autant gousté que ie l'ai gousté, on vous l'osteroit en peu de temps : parce que ie le iuge tres-capable de donner de bons conseils, non seulement pour la vie spirituelle, mais encore pour la conduite de l'Estat. C'est vn thresor en vostre Ordre, que vous deuez garder cherement.* Dans les compagnies, où ce Seigneur se rencontroit, il parloit souuent de lui, comme d'vn homme fort iudicieux & grandement spirituel ; & lui portoit tant d'affection & de confiance, que dans vn accident déplorable, qui arriua à sa maison, par la mort violente & inopinée de Monsieur de Bourg-neuf son second fils, Conseiller au Parlement de Bretagne: on n'eut autre recours pour sa consolation, qu'à cét humble seruiteur de Dieu. Car personne n'osant lui porter la premiere parole de ce funeste accident, lequel on preuoyoit bien lui deuoir estre extremement sensible, à cause de l'amour, & de la tendresse qu'il auoit pour ce fils: on l'enuoia querir pour cét effet, & il lui porta cette triste nouuelle, apres l'y auoir disposé, par vn entretien des choses de Dieu, auec tant de ferueur & d'industrie, que ce Pere affligé, receut & porta ce coup auec vn courage vraiement heroique & Chrestien. Il en arriua autant au decez de Madame la premiere Presidente, où ce Frere le consola auec le mesme succez.

Ie ne dois pas omettre en ce lieu, le témoignage du R. Pere Bertrix, homme de grande reputation, & de pareil merite; qui a esté Recteur de trois ou quatre des plus celebres maisons, de la Compagnie de IESVS, en la Prouince de Paris. Estant Recteur du College de Rennes, il vid plusieurs fois Fr. Ian de S. Samson, à la priere du R. P. Philippe Thibault; mais il demeura si edifié de ses entretiens, & admira tant les hautes lumieres que cét Aueugle receuoit continuellement de Dieu; que sçachant qu'on l'auoit renuoié de Rennes à Dol, pour le commencement de la Reforme, il y alla deux ou trois fois exprés, pour s'entretenir auec lui des choses de la vie spirituelle: & dist au R. P. Matthieu, qu'il ne se pouuoit rassasier d'entendre parler ce Frere: tant il y auoit d'onction, de lumiere; & de sentimens dans ses paroles.

Enfin ie puis dire, que toutes les personnes de pieté & de capacité, qui l'ont connu, l'ont enuisagé comme vn homme tout extraordinaire & tout diuin, dont ie pourrois fournir beaucoup d'autres exemples. Mais m'eſtant dé-ja trop eſtendu ſur cette eſtime des hommes, qui n'eſt rien en comparaiſon de celle de Dieu; il vaut mieux paſſer à vn autre poinct, & faire voir la maniere toute ſaincte, auec laquelle il s'eſt comporté dans ces occaſions, où l'humilité trouue ordinairement ſon naufrage.

Cette grande eſtime, où il eſtoit chés les Grands, & dans tous les bons eſprits, lui eſtoit vne Croix & vne mort incroiable. C'eſt pourquoi dés qu'il vint de Dol à Rennes pour la ſeconde fois, il fiſt tout ce qu'il pût, pour retrencher les viſites de pluſieurs perſonnes de condition; qui attirées par l'odeur de ſa grande vertu, venoient pour ſe conſoler dans ſes entretiens, & s'inſtruire des moiens de faire leur ſalut. Vn Preſident du Parlement de Bretagne, tres-illuſtre pour ſa pieté enuers Dieu, & pour ſon integrité dans ſa charge, aiant eu le priuilege de ioüir quelquesfois de ſa conuerſation, en a conſerué iuſques à preſent vn ſi haut ſentiment, que voici comme il en parle dans ſon atteſtation, que nous auons mis au commencement de ce Liure, & laquelle il à voulu donner de ſon propre mouuement, pour la gloire de Dieu, & à la loüange de ,, ſon tres-digne ſeruiteur. Le Venerable Fr. Ian de S.
,, Samſon, dit-il, eſtoit vn homme, qui dans le ſenti-
,, ment du public, eſtoit d'vne vie fort ſaincte, d'vne ver-
,, tu tres-rare, d'vne auſterité continuelle, d'vne oraiſ-
,, ſon & contemplation toute extraordinaire. Depuis
,, que la Prouidence de Dieu l'appella dans cet-
,, te ville de Rennes, nous ſommes témoins, auec plu-
,, ſieurs perſonnes de condition, de la rare modeſtie, du
,, ſilence & de l'humilité, qu'il a toûjours obſerué dans
,, vne vie ſi éclatante en vertus & en ſaincteté. Il nous a
,, tous charmé par ſes pieux entretiens, & diuins ſenti-
,, mens: mais beaucoup plus par ſa modeſtie & par ſon

humilité. Nos Seigneurs les Euesques de Rennes, de „
Dol, de Nantes, de saint Brieuc, & autres personnes „
de grand merite, l'estimoient comme vn Saint, le fre- „
quentoient comme vn homme du Ciel, admirans „
ses hautes lumieres, & tirans profit de ses exemples „
de vertu. C'est comme en parle cét illustre President.

Vn Superieur d'vne Religion fort austere, vint vn
iour, pour iouïr du bon-heur de sa conuersation. Le
Frere descendit a lui par obeïssance : mais apres l'auoir
salüé, si-tost que ce Superieur voulut entrer en discours auec lui, il ne lui respondit autre chose, sinon,
qu'il n'estoit qu'vn pauure Frere Laïc, & print congé
de lui là dessus.

Non seulement, il fuioit l'estime & l'applaudissement des externes, & seculiers : mais encore, il faisoit
tout son possible, pour n'estre aucunement estimé de
ses Freres dans la Religion. C'est pourquoi il cachoit
fort soigneusement les graces extraordinaires, qu'il
receuoit de Dieu ; & apprehendoit grandement
qu'on n'en découurit quelque chose, dans ses mouuemens, ou dans ses paroles.

Vne nuit il receut de nostre Seigneur quelque visite, ou communication fort extraordinaire : en sorte
qu'on l'entendit faire de grandes exclamations, & dire certaines paroles, qui tesmoignoient qu'il receuoit
quelque grace de Dieu bien excessiue. Ce que lui-méme
aiant apperceu, & craignant que les Religieux, qui
demeuroient dans les cellules voisines l'eussent entendu, & en découurissent quelque chose à d'autres, il
alla au matin frapper à leurs portes, & les sonder fort
prudemment, pour sçauoir s'ils ne l'auoient point entendu, & les pria de n'en parler iamais à personne.

En effect, il receuoit quelquefois des faueurs & des caresses diuines tres-admirables. Ce qu'il donne à con-

noistre en son Cabinet mistique, Reigle quatriesme, en cette maniere. *Quand Dieu*, dit-il, *desire faire quelque faueur extraordinaire à quelqu'vn de ses plus intimes amis, il lui apparoist quelquefois exterieurement lui-mesme ; voire, lors que cét ami est tout à soi. Et afin que sa Majesté le fasse selon toute l'estenduë de son amour : celui à qui elle desire apparoistre, est rendu totalement abstrait hors de ses sens, par de grands tremblemens du lieu où il est : apres quoi Dieu lui communique familierement, & bouche à bouche, ses plus intimes secrets. Pendant ce temps-là, l'homme est tout plein de Dieu au dedans, & tout enuironné de lui, & de sa diuine lumiere au dehors, laquelle vision & colloque, plus delicieux qu'on ne sçauroit penser, aians duré quelque espace de temps ; il lui semble neantmoins, qu'elle n'a duré qu'vn bien petit moment.*

Sur quoi il faut remarquer, qu'encore que ce Religieux fust aucugle : & qu'il parle ici d'apparition exterieure, il ne laisse pas neantmoins de parler de sa propre experience. Car fort souuent semblables visions se font sans l'aide des sens exterieurs. Aussi dit-il, que cét intime ami, est pour lors tout à fait abstrait hors de ses sens ; & que cela arriue le plus souuent la nuit, pendant le sommeil : Et ce qu'il parle en tierce personne, n'est que son ordinaire ; à l'exemple de ce grand Apostre, qui voulant declarer son rauissement au troisiesme Ciel, le commence par ces mots, *Scio hominem*, &c. C'est le langage de l'humilité des Saints, de ne dire ce qui tourne à leur recommandation qu'à contre-cœur : & le plus obscurément qu'il leur est possible ; afin de demeurer inconnus autant qu'il est en eux, aux yeux des hommes.

C'estoit en effet la maxime de celui-cy de viure caché & inconnu à toute humaine creature : sinon à ceux qui estoient de mesme voie que lui. D'où vient, qu'il donne ne cette regle en son Manuel. *Il faut que nos voies soient si perduës, que personne n'en voie ni trace ni sentier ; sinon nous, & nos semblables.* Et voici comme en vn autre endroit, il donne le nom de vraie sainteté à cette vie inconnuë.

Cependant que les hommes connoissent quelque chose dans les Saints, outre ce qu'ils doiuent dans la commune edification ; ces Saints ne sont pas grande chose. Attendu que la pleine Sainteté est tellement perduë, & hors de la connoissance, voire des meilleurs hommes, que s'ils en voient quelque vestige, specialement en l'action, elle est totalement defectueuse, & proprement n'est rien. La vraie sainteté donc consiste à estre perdu, & totalement inconnu de tout homme, au souffrir ou non souffrir, en l'entiere perte & mort de tout le suiet, en son diuin obiet. Il est vrai, qu'on ne peut nier, que la sainteté ne soit excellente dans les personnes, qui souffrent excellemment, & que l'infirmité la conserue fort bien. Mais là où il n'y a rien du tout, ce semble, ni de l'vn, ni de l'autre, en totale perte & mort du suiet en son obiet, aucun ne peut voir ni sçauoir, ni voies, ni traces de telles personnes, non pas mesme elles mesmes ; Dieu seul les aiant & conseruant en son sein suressentiel tres-cherement & amoureusement, comme ce qu'il à de plus cher & precieux entre les hommes.

Il faisoit donc distinction entre la sainteté actiue, c'est à dire, qui paroist dans les œuures, ou dans la souffrance des seruiteurs de Dieu : & la sainteté nuë, tres-pure, & tres-separée du sens ; qui consiste à mourir simplement & nuëment, mesme à toute action & souffrance corporelle. Et disoit, qu'il ne faut rien attendre de visible en cette vraie sainteté ; parce que ces personnes ont totalement surpassé toute voie & pratique humaine, par laquelle l'homme puisse aspirer à la perfection.

L'amour & l'affection, qu'il portoit à cette vie inconnuë, dans laquelle il mettoit la plus veritable sainteté; a esté la cause, pour laquelle nous auons si peu connu les thresors extraordinaires des graces, que Dieu a mis en lui. De sorte, que si Dieu mesme ne l'eust manifesté par le moien de ses écrits, par les choses qui lui arriuerent à Dol, & par ce que quelques-vns des nostres ont peu secretement découurir; à peine eussions nous rien sçeu de l'excellence de cette ame. Car d'ailleurs, son humilité l'a toûjours tenu tres-secretement couuert, aux yeux & à la connoissance des hommes. Et mesme parce qu'il sçauoit, que l'humilité est en estime dans la Religion, il cachoit cette vertu sous l'apparence d'vne vie fort commune, & d'vne ingenuë liberté.

Il aduoüe lui-mesme, parlant à Dieu, qu'il ne lui a iamais esté permis de dire ce qu'il a fait en lui d'extraordinaire. *Quand vous m'aués*, dit-il, *viuement agité, ô mon cher amour, vous aués fait en moi ce que vous sçaués seul: & ce qu'il ne m'a iamais esté loisible de dire, sinon à vos plus intimes amis.* Ces amis intimes de Dieu, ausquels il lui a esté permis de se découurir, sont sans doute ceux qui estans de mesme voie que lui, verront manifestement par ses écrits quel il a esté, & quelles grandes communications de Dieu, il a receu dans la contemplation. Car nous ne trouuons point qu'il se soit autrement découuert, en choses extraordinaires, sinon quelquefois au P. Valentin de saint Armel son Confesseur, au P. Dominique de S. Albert, son intime, & tres-secret confident, lequel alla ioüir de Dieu trois ans auant lui, & a tres-peu d'autres. Encore l'a-il fait auec tant de circonspection, que comme ils taschoient quelquefois de tirer dextrement de lui quelque connoissance de ses secrets; il les voioit venir de loin, comme on dit, & rompoit tout court auec eux, tournant le discours à autre chose.

Que si quelqu'vn demande en ce lieu, comment, & en quel esprit cét homme si desireux de viure inconnu, s'est pû resoudre à écrire si hautement de ses voies & de ses pratiques? Ie respons, que son motif n'a point esté pour rendre témoignage à soi-mesme, mais seulement pour obeïr aux mouuemens de l'esprit de Dieu, & aux volontés de ses Superieurs: sa propre necessité le déterminant à écrire pour soi-mesme, conformement à son estat; & la charité de IESVS-CHRIST, le pressant d'écrire pour autrui, sans refléchir, sur le iugement que les hommes en pourroient faire, ainsi que ie fais voir plus amplement dans la Preface de ses œuures.

CHAPITRE DIX-NEVFIESME.
Son exacte obeïssance à Dieu, aux Superieurs, aux Regles, & aux Constitutions de son Ordre.

LA racine de l'humilité estant sainte, produit l'obeïssance, comme vn fruict de mesme nature. Et cette vertu, pour estre Aueugle, n'en est pas moins éclatante en nostre humble Frere Laïc; qui l'a pratiquée tres-parfaitement en tous ses degrez.

Ce sacrifice volontaire l'immolant premierement, à Dieu, il ne faisoit iamais rien, soit au dehors, soit au dedans, sinon par le mouuement de son diuin esprit; ou pour mieux dire, sa volonté estoit tellement déïforme; que c'estoit Dieu, qui faisoit en lui toutes ses actions, sans forcer neantmoins la liberté de la creature. C'est à dire, en la maniere, que l'entendoit autrefois l'Apostre, par ces paroles; *Si quis loquitur, quasi sermones Dei: si quis ministrat, tanquam ex virtute, quam administrat Deus.* De sorte, qu'il estoit entre les mains de Dieu, tout ainsi qu'vn instrument tres-soûmis à ses diuines volontés, & aux mouuemens de son esprit, sans aucun autre meslange, que de son pur & simple consentement, à tout ce que Dieu faisoit par lui.

C'est ce qu'il dit amoureusement à Dieu, en l'vne de ses Contemplations *Puisque le feu d'amour nous à entierement reduits & consommés en lui ; comme rien ne se trouue plus de nous : il ne faut aussi plus rien chercher en nous, pour nos operations. De sorte, mon amour & ma vie, qu'il faut vous endurer d'vne volonté pure & tres-amoureuse, faire & operer ce qu'il vous plaist tant en nous, que hors de nous.* A propos dequoi, il lui disoit aussi dans ses Soliloques sur la Passion. *Mais, Seigneur, c'est bien à moi de regarder ce que ie dis ; prenant garde de plustost parler par moi-mesme, qu'en vous & par vous.*

C'est en cét esprit de soûmission aux mouuemens de l'esprit de Dieu, qu'il s'est porté à composer ses diuins Ouurages : & mesme plusieurs vers & Cantiques Spirituels, ou il décrit ses amours enuers le chaste Espoux de son ame ; pour les chanter pendant le temps qui lui estoit donné pour sa recreation. Ce que iustifie clairement le Cantique, qu'il a composé sur la mort eternelle des Diables : où il dit expressément, que tout ainsi que l'Aigle quitte par necessité la contemplation du Soleil, & descend icibas, pour y prendre sa nourriture : lui tout de mesme, enuisageant d'vn œil simple le Soleil de iustice, descend en terre, non par vne abjecte necessité : mais par vn mouuement d'amour, & de l'esprit diuin ; pour épouuanter les pecheurs, par les terreurs de l'Enfer, & des iugemens de Dieu. On void encore dans le Cantique qu'il a fait sur le tombeau de IESVS-CHRIST, comme il declare expressément, que tout ce qu'il a dit sur ce sujet, c'est le

Saint Esprit qui l'a conçeu en lui, & le lui à fait écrire en son abondance diuine.

Cét homme vraiement digne de la qualité d'enfant de Dieu, puis qu'il estoit ainsi continuellement meu & agi de son Saint Esprit; n'auoit garde, qu'il ne rendist vne tres-ponctuelle obeïssance, *à ses Superieurs*. Car il les regardoit, non comme des hommes mortels, mais aux termes de nostre Regle & de l'Escriture sainte, comme IESVS-CHRIST mesme, duquel ils tenoient la place, leur portant vn respect admirable. Il faisoit fort grand estat de receuoir leur benediction, & en cherchoit fort soigneusement les occasions; disant que cela lui profitoit beaucoup, & le fortifioit contre les attaques des Diables. En effet, ces superbes malins enrageoient de voir que cét humble Religieux estoit si ponctuel à cette pratique : & entr'autres de ce qu'il alloit tous les soirs receuoir la benediction ordinaire du Superieur, qui se donne au chœur à la fin de Complie.

De ce profond respect, qu'il portoit à ses Superieurs, venoit la parfaite soûmission qu'il auoit à leur volontés, lesquelles il executoit auec vne simplicité nompareille, disant auec vn grand sentiment, que nous ne deuons pas dédaigner de nous assujettir aux hommes; puisque IESVS-CHRIST l'a fait pour l'amour de nous : & que quiconque n'est pas touché de ce sentiment, doit crier hautement misericorde à Dieu; autrement il est perdu.

On l'a veu à l'âge de soixante ans, donner par Obedience aux Nouices de petits diuertissemés auec quelques instrumens de Musique, qu'il touchoit fort habilement, & en autres manieres, qui passeroient pour pueriles aux yeux des Sages du monde. Mais ce grand Religieux ne trouuoit rien de bas ni de puerile, en ce

O iij

qui lui estoit ordonné des Superieurs. Aussi donnoit-il ces petites recreations à ses Freres, d'vne façon toute angelique, & auec vne rauissante innocence, & simplicité : estant sage auec les sages, & se rabbaissant presque à estre enfant parmi les enfans.

Il disoit encore conformément à cette pratique d'obeïssance aueugle, qu'il faut obeïr simplement, quand on nous commande de quitter nos austeritez, & autres actions vertueuses. *Car*, disoit-il, *nous deuons plus desirer d'estre Saints & veritables en fond, qu'en nos œuures, & nous contenter d'estre tels, qu'il plaist à Dieu, sans nous soucier de ce que nous ferons, ou ne ferons pas.*

A propos dequoi il donnoit vne belle lumiere aux personnes spirituelles, qui s'attachent trop à la retraitte, & à leur repos & tranquillité sensible, croiant que l'action les détourne de Dieu.

Il disoit donc, que cela est estre aueugle. *Car*, disoit-il, *l'action perfectionne infailliblement, & approfondit la contemplation, la iouissance, & le repos en Dieu ; pourueu que l'ame agisse auec entiere circonspection d'elle-mesme: dautant que Dieu estant ce qu'il est, infiniment éloigné du sens, la delectation du sensible repos, éloigne d'autant plus l'homme de Dieu, qu'il pense estre en lui. Et tout au contraire, les abandonnemens l'y approfondissent dauantage.*

La tres-simple & aueugle obeïssance, qu'il rendoit à ses Superieurs, passoit mesme quelquefois au delà de son pouuoir. Car on lui commanda vn iour, estant au Conuent de Dol, de sarcler au iardin. Il obeït simplement nonobstant sa cecité : & s'estant fait instruire, par le toucher, au discernement des bonnes & mauuaises herbes, il sarcla aussi parfaitement que s'il eust veu, Dieu benissant & recompensant d'vne veuë plus parfaite, que celle du corps, son obeïssance aueugle. Aussi par cette mesme vertu, a-il rendu plusieurs fois à ses freres des seruices, qui sembloient ne pouuoir compatir auec son aueuglement corporel. Dont nous auons parmi nous bon nombre de tesmoins viuans & irreprochables.

Il estoit de mesme tres-exact, & souuerainement ponctuel à l'obseruance des Regles & Constitutions. Si tost qu'il entendoit le son de la cloche pour vne action de regularité, il quittoit tout emploi, s'il n'estoit d'exprés commandement, pour s'y trouuer : prenant mesme fort honnestement congé des Euesques & Seigneurs, qui le venoient voir, & disant que la sainte Obedience l'appelloit ailleurs. Aussi, disoit-il, que la regularité, pourueu qu'elle soit accompagnée d'humilité de cœur, est la vie du Religieux. Qu'il la doit preferer à tout emploi, quelque excellent qu'il soit, s'il n'est de commandement exprés. Et que quand il faudroit sauuer tout le monde au moindre preiudice, & déchet de l'obseruance reguliere, on ne le deuroit pas.

Il opposoit la regularité Monastique, au vice de singularité : & disoit que celle-ci est la source de tout desordre. Au contraire, la regularité comme effet de l'Ordre, est d'vne beauté rauissante ; rien n'estant plus agreable, que de voir chaque chose, mais particulierement vne personne Religieuse, bien ordonnée, & toûjours dans la pratique des loix de l'obeïssance. Ce qui lui faisoit dire, que le vrai obeïssant est exempt de tout desordre & passion. Et que son contraire est deuoré des bestes, c'est à dire, de ses appetits desordonnés. D'où il tiroit encore cette maxime, que la Religion est vn enfer au desobeïssant ; par ce qu'on n'y fait iamais sa volonté, si ce n'est en contreuenant à celle de Dieu. Auquel cas, on ne doit pas s'estonner, si le Religieux souffre vn Enfer dés ce monde ; puis

La vie du Venerable

qu'il est continuellement tourmenté par le remors de sa propre conscience, duquel il est dit au sujet des damnez, *Vermis eorum non moritur.*

Chapitre Vingt-iesme.

De l'amour qu'il portoit à la Croix, aux souffrances & aux austerites.

COMME parfait imitateur de IESVS-CHRIST, il n'a point eu en toute sa vie de plus tendres sentimens d'amour, que pour la Croix, la souffrance & la mort. C'est pourquoi il a dit lui mesme, chantant ses purs & diuins amours, dans l'vn de ses Cantiques: qu'en ce monde il auoit trois choses, és quelles il prenoit son repos, & faisoit sa demeure. C'est à sçauoir, la Croix, l'amour, & la mort. Disant neantmoins, que ces trois n'estoient qu'vne seule chose à l'ame amoureuse. Voulant dire, que la Croix & la mort estoient son amour: que l'amour & la Croix, estoient sa mort; & que l'amour & la mort estoient sa Croix.

Il a donc aimé la Croix au dessus de toutes les choses de ce monde. Et on ne sçauroit conceuoir combien amoureusement & cordialement il receuoit toûjours de la main de Dieu, & non iamais d'autre part, ce qu'il lui failloit souffrir de quelque creature que ce fust. *Nous sommes inuités*, dit-il, en son Traitté de la tribulation, *persuadés, & fortement excités à la poursuite des Croix, & crucifiemens amoureux; par la tres-viue, & tres-efficace instance de nostre Sauueur, qui non seulement nous y conuie par ce qu'il a souffert pour nous, en la force & ardeur de son amour infini : mais encore nous y contraint fortement & tres-necessairement, toutefois d'vne li-*
liberté

berté si interne, amoureuse & suaue; que nous ne desirons, n'aimons, & n'aceptons rien si amoureusement & souëfuement, que la Croix & les souffrances.

Cette verité lui faisoit preferer le bien de la souffrance & de la Croix, aux plus hauts sentimens, & aux plus diuines infusions, qu'il peust receuoir de Dieu dans la contemplation. Voions comme il le raconte lui-mesme, parlant à nostre Seigneur, sur le sujet de sa Passion. C'est, dit-il, *ô ma chere vie, cét amour, qui nous fera accepter tant au dedans, qu'au dehors, toutes choses ameres à nos sens; les receuant de vous, & non d'autre main, que de celle de vostre amour. Car nous voulons & desirons, moiennant vostre grace, nous conformer à vostre amour, & nous consommer en vos amoureuses peines. Que toute sublime Theorie de vos nobles & excellentes operations en nous, cede à cette veritable & fidele pratique; attendu que i'aime bien mieux vous voir & vous sentir, par viue imitation en vos douleurs: que de voir, sentir, connoistre, & entendre la multiplique & diuerse entrée, & les écoulemens de vos touches, notions, raions, & splendeurs, sans cette conformité à vostre vie.*

Ses écrits, entr'autres ses Contemplations, sont tous pleins de semblables desirs, de souffrir & patir pour Dieu. Desirs, qui estoient si veritables, & si efficaces; que ce Saint homme parlant à Dieu, sur le sujet de la mort: & se representant estre au dernier iour de sa vie, nous en donne vne forte asseurance par les paroles suiuantes. *Pource qui est du dehors, dit-il, à nostre Sauueur, les souffrances m'ont toûjours esté tres-desirées, comme ma viande, & mon breuuage plus delicieux. Et cela, à vostre viue imitation, mon cher amour. Mais maintenant ie trouue ce temps fort briefuement passé, veu l'insatiabilité du desir affamé que i'ai de vous viuement imiter au dehors, & au dedans; en vos souffrances amoureuses, & douloureuses.*

P

La veritable preuue de ce defir affamé de souffrir, a esté sa vie mourante en vn temps, & toute morte & aneantie en l'autre, iusques à son decés. Car telle a esté sa vie vraiement cachée dans le sein de Dieu. Ce qu'il décrit fort bien, & auec vn tres-bel ordre, dans ce passage d'vn Traitté qu'il a fait de l'Humilité, Chap. 3. *Auant que l'ame*, dit-il, *défaille du tout à sa force, & à son operation, en l'abisme de Dieu son amoureux objet; il lui a fallu souffrir les profondes & mortelles rigueurs de feruente humilité en vn temps, & plus que feruente en vn autre; en nudité, morts, renonciations, pertes, resignations, indifferences, conformités: & autres semblables exercices, qu'il a fallu genereusement passer sans appui, ni consolation aucune. Dont on ne sçauroit exprimer les miseres souffertes, telles qu'elles ont esté successiuement & diuersement, en chacun de ces degrés. Car amour illumine en vn temps, il illumine & commence à purger en vn autre: puis il purge purement sans consolation, ni lumiere; & puis cét objet infini se découure à l'ame, en toute sa beauté, qui la rauist.*

Voila la premiere sorte de souffrances, qu'il a experimenté dans les voies de Dieu. Souffrances, qui consistoient en des morts, & crucifiemens du plus profond de l'ame: & qui lui ont esté d'autant plus penibles, que c'estoit Dieu mesme, qui s'en mesloit; & qui appesantissoit sa main sur lui, pour l'épurer iusques au plus haut degré du pur amour.

Pour ce qui est de sa vie exterieure, il y a souffert en diuerses façons: tantost par les hommes, & tantost par les Diables; qui, toute sa vie, l'ont estrangement tourmenté par permission diuine, ainsi que nous verrons cy-apres. Entre les hommes, il n'a point eu de plus grand persecuteur que lui-mesme. Et ce lui estoit vne sorte de Croix, & de souffrance tres-rigoureuse, de voir qu'il ne se trouuoit personne, qui le persecutast & le crucifiast selon son desir. Ce qu'il estimoit & reputoit à misere, confusion, & chastiment de Dieu; en tirant pour toute resource, vn sujet de profonde resignation, humiliation, & abandonnement entre les mains de Dieu. Ce qu'il fait voir en son Traitté de la Tribulation. *Le meilleur pour nous*, dit-il, *est d'attendre toute nostre vie de pied ferme, par vn intime & profond amour de Dieu en lui-mesme, tout le pis que les hommes, & toutes les creatures nous puissent iamais faire. Si bien que lors que rien de cela ne nous arriue, nous demeurons infiniment confus & étonnés en nous-mesme; tant pour cela, que pour nostre profonde indignité & misere. Neantmoins, nous renonçans amoureusement, nous laissons Dieu faire de nous, & en nous ce qu'il veut, donnans de tout nostre pouuoir, & en son infini amour le beaucoup, voire le tout à ses Saincts; & à nous, la seule confusion & misere en sa tres-iuste iustice. Dieu aura égard non pas à ce que nous faisons, mais à ce que nous desirons faire, & endurer de tout nostre cœur pour lui.*

Ce sentiment est bien esloigné de celui des Ames mondaines & immortifiées; qui estiment à mal-heur, lors qu'elles souffrent quelque mespris ou persecution de la part des creatures; oublians le sage & precieux aduertissement, que nostre Seigneur nous donne dans l'Euangile: que lors que les hommes nous persecutent & nous chargent d'opprobres & de maledictions, nous deuons entrer en des sentimens de ioie interieure: parce que la recompense, qui nous attend là-haut dans le Ciel, est d'vn poids & d'vne gloire inconceuable.

Comme donc ce grand Amateur de la Croix de Jesus-Christ, ne trouuoit point assez d'occasions de souffrir parmi ses Freres, dans vne congregation, qui, par la misericorde de Dieu, est ordonnée en charité; il se rendoit le propre persecuteur de soi-mesme. Ses disciplines estoient tres-frequentes, rigoureuses, & d'vn long temps; si bien que quelques Religieux se sont trouuez fort souuent obligez, de heurter à la porte de sa celle, pour le faire cesser. Il reposoit la pluspart des nuicts tout vestu, & pour bien peu de temps; ietté negligemment sur sa paillasse: passant le reste en prieres, & en combats contre les Demons. Ce que nous deuons vn peu dilater, pour l'instruction des ames appellées dans les voies extraordinaires de la grace. Car quoy que la charité qui regne par la grace de Dieu dans nostre Obseruance, aye exempté ce bon Religieux de plusieurs exercices, que les ames vertueuses souffrent ordinairement de la part des hommes; il n'en a pas esté ainsi à son endroit de la part des Demons: puisque la prouidence de Dieu, qui le vouloit parfaitement épurer dans la fournaise des tribulations, à permis, qu'il aye esté vexé par ces mal-heureux Esprits iusques à la fin de sa vie.

Chapitre Vingt-Vniesme.

Des combats, & des victoires qu'il a eu contre les Demons.

C'EST vne profonde verité, que les Diables se portoient à exercer ce tres-fidelle seruiteur de Dieu, par le motif d'vne haine implacable, qui les fait abhorrer la souueraine contemplation des personnes vraiement spirituelles. Qualité, qu'ils découuroient en luy par les coniectures de son égalité d'esprit, nudité d'especes, humilité tres-profonde; & autres marques exterieures, d'vne vocation extraordinaire. Mais ce lumineux Contemplatif, iettant plus haut les yeux de sa foi: receuoit ces exercices de la tres-amoureuse & paternelle Prouidence de Dieu, & en faisoit vne tres-haute estime. C'est pourquoi il mandoit vn iour à certaines Religieuses, que, *ce n'est pas toûjours chose infame d'estre possedé, ou tourmenté des Diables. Cela, estant merueilleusement ordonné de Dieu, pour sa tres-grande gloire, & pour le bien de ses creatures. Le monde*, disoit-il, *s'estonne de voir ce spectacle: mais nous, qui penetrons en quelque façon dans les ressorts de Dieu, nous ne pouuons que nous ne le benißions infiniment; voians vne creature plus forte à souffrir, & plus actiue à desirer les tourmens des Diables: que ceux-ci n'ont d'auidité, à les lui faire souffrir. O que c'est estre né pour grandes choses, que d'estre ainsi choisi entre mille; pour supporter ioieusement & amoureusement vn si penible, mais si doux exercice!*

A la verité, son silence & son humilité, nous ont caché beaucoup de choses touchant ce rare sujet. Mais la necessité l'aiant contraint d'en découurir quelque chose dans ses écrits, qu'il composoit pour son propre vsage: & au R. P. Valentin de S. Armel son Confesseur, homme docte, pieux, & d'vne foi non suspecte; nous tirerons de l'vn & de l'autre, les marques suiuantes.

Quoi que le seruiteur de Dieu, fust rarement attaqué sur iour par ces puissances infernales; ils ne laisserent pas neantmoins de le faire vne fois tomber si rudement, qu'il en fut fort blessé à vne iambe. Vne autrefois ils l'attaquerent, lors qu'il montoit les degrés de l'Autel, pour communier, & voulurent le renuerser; de rage qu'ils auoient, de le voir dans cét exercice, d'où il tiroit la force, auec laquelle il les surmontoit.

Pour l'ordinaire, ces Princes & Recteurs des tenebres, prenoient le temps de la nuit, pour le tourmenter. Ce qu'ils faisoient principalement en deux manieres. L'vne estoit toute de ruses, de pieges, & d'artifices tres-subtils. L'autre consistoit en des attaques manifestes, & en des tourmens, qu'ils lui faisoient souffrir, tres-sensibles, & tres-douloureux.

L'an 1629. le 20. d'Octobre il dist à son Confesseur, que la nuit precedente, les Demons l'auoient grandement trauaillé, s'estans mis comme en deuoir de le brusler. Sur quoi s'estant écrié à Dieu ; *Ah ! mon amour, deliurés-moi* ; ils l'auoient laissé. Et que par apres il les sentoit comme voltiger autour de lui, iettans certains cris.

Le 13. Nouembre en la mesme année, il lui dist, que la nuit precedente, vn Diable l'auoit beaucoup exercé. De sorte, qu'il fut contraint de se mettre en deuoir de prendre la discipline, sçachant par experience, combien cette sorte de maceration tourmentoit les Demons. Et que s'estant mis en prieres, le Diable lui causoit par fois des assoupissemens : puis passoit & repassoit voltigeant auprés de lui, iettant certains cris, mesme sensibles.

Il lui dist vne autre fois, que les Diables le tourmentoient par fois, en sorte qu'il lui sembloit, qu'ils le brusloient auec des torches ardentes : & le transperçoient auec des poignards : de maniere, qu'il souffroit des douleurs extremement sensibles. Il dist de mesme à vn Religieux, qui lui estoit fort confident, qu'vne nuit les Demons se ioignirent iusques au nombre de plus de vingt, pour le tourmenter. Qu'il lui sembloit, qu'ils lui perçoient les doigts, & tous les nefs du corps auec des alesnes, & que cela lui causoit de tres-grandes douleurs.

Fr. Ian de fainct Samson.

Son Confeſſeur rapporte encore auoir ſçeu de lui le 10. Decembre 1629. que la nuit precedente il auoit eſté tourmenté par deux, ou trois Demons. Qu'il y en auoit vn, qui lui ſerroit les mains, lequel il ſentoit ſur lui comme vn coloſſe de chair fort dure : Qu'il entendoit ces malins eſprits, comme ſe rire, & s'entre-parler ſur le mal, qu'ils lui faiſoient ; & triompher de ce qu'il ne pouuoit ſe dégager de leurs griffes. Que le ſoir precedent, le Diable auoit fait luire vne certaine lumiere dans ſa chambre (car quoi qu'il fuſt entierement aueugle, il entre-apperceuoit vn peu la lueur de la chandelle) penſant lui donner de l'orgueil. Mais que ſe tournant vers cette lumiere, il en auoit fait meſpris, & qu'auſſi-toſt elle s'eſtoit éuanoüie. Que pluſieurs autrefois, lors que ces fauſſes lumieres paroiſſoient dans ſa chambre, il les faiſoit incontinent diſparoiſtre par le ſigne de la Croix : mais qu'elles retournoient peu de temps apres.

Il y a nombre de ſages & vertueux Religieux, qui ont veu ces lumieres, & fort ſouuent entendu au milieu de la nuit des bruits étranges dãs ſa chambre : diſtingué les paroles qu'il diſoit au Diable, & l'ont quelquefois tiré de peine, entrans au meſme temps en ſa Cellule.

Mais certes, il n'y a rien à adiouſter, à ce qu'il en dit lui-meſme dans ſes propres Exercices ; quoi qu'il ſemble vouloir attribuer ces experiences à quelque autre, afin de ſe cacher, à ſon ordinaire. Voici ſes paroles. *Quelque perfection que nous aions en cette vie, neantmoins comme nous ne ſommes pas du tout impeccables, & ſans faute : Dieu permet que les Diables nous peuuent exercer & affliger, ſpecialement la nuit en dormant, & en diuerſes ſortes. Vous ſentirés,* dit-il plus bas, *ces efforts diaboliques en dormant, & vous ſemblera, qu'on vous penetre tous les os du corps, auec de tres-viues & douloureuſes poin-*

tes, qui vous cauſeront de tres-grandes douleurs : mais à meſme temps voiant bien que ce ſont efforts des Diables irritès, vous les endurerés, non ſeulement auec patience, mais encore auec ioie. Par fois encore vous les ſentirés peiner, ſuer, & gemir comme recreus & laſſés apres vous, & comme entierement vaincus. Ainſi diſparoiſtront-ils miſerables & confus, & vous incontinent éueillé ſerés tout ioieux.

Ce qu'il particulariſe fort lumineuſement, en la Regle 22. de ſon Cabinet Miſtique. *Ils apparoiſſent, dit-il, tantoſt à couuert, tantoſt à découuert : tantoſt par ſuggeſtions, troubles & mouuemens interieurs : tantoſt ſous diuerſes formes de toutes ſortes de beſtes horribles & cruelles, toutes irritées, & feignans de vouloir deuorer.* Il entend par ce mot d'apparitions, les tourmens ſenſibles dont il parle incontinent apres. *Ils prennent, dit-il, quelque fois les mains de celui qu'ils attaquent, rians & folaſtrans aupres de lui par mille ſortes d'inſolences. Quelquefois ils pleurent à guiſe d'enfans. Quelque fois ils chantent melodieuſement,* &c. Et en ſa Regle 25. *Les vns, dit-il, ſont folaſtres en leurs illuſions,* (ainſi que i'en ay veu vn moi-meſme, contre-faiſant le ſon d'vne petite clochette aupres de moi) *& ſe plaiſent d'autant plus à ces folaſtreries, qu'ils voient que l'on s'en émeut. Les autres donnent iuſques au ſouuerain degré de nuire,* &c.

Or les reſiſtances qu'il apportoit à tous ces aſſauts, eſtoient, outre ſa charité tres-ardente, vne amoureuſe côfiance, qu'il auoit en Dieu, dans ces effroiables combats. De ſorte, qu'encore que les Demons commençaſſent ordinairement durant la nuit leurs attaques contre lui, par des fraieurs qu'ils lui iettoient en la partie ſenſitiue & animale, cela ne l'ébranſloit nullement: mais rappellant auſſi-toſt ſa ſimple & amoureuſe attention à Dieu, & enuiſageant d'vne ſimple œillade, la diuine volonté, d'où lui venoient originairement
ces

ces exercices de la part des Diables ; il s'abandonnoit cordialement à les souffrir. Ce qu'il faisoit auec vne patience toute angelique, & sans rien perdre de la tranquillité & constance de son esprit.

Quelquefois au plus fort de ces rigoureux exercices, il arraisonnoit de viue voix ces miserables esprits, sur leur aueuglement ; les appellant chiens, taulpes, aueugles, incapables de voir iamais Dieu : par consequent inferieurs aux hommes, qui par sa diuine misericorde iouïront vn iour de ce bon-heur. D'autres fois il ne les traittoit que de dédain ; ne faisant pas seulement semblant de ressentir leurs tourmens, ni leurs attaques, ou les chargeant de paroles de mépris. Ce qui les tourmentoit estrangement, à cause de leur superbe enragée ; qui ne sçauroit souffrir le moindre abaissement, qu'auec des ressentimens inimaginables.

De cette sienne pratique, il a tiré la Regle 14. de son Cabinet Mistique. *Quand quelque vision*, dit-il, *ou tentation exterieure des Diables, apparoistra en quelque forme que ce soit, ou d'homme, ou de beste ; on s'armera du signe de la Croix : & s'éleuant à Dieu par feruens actes d'amour, on se tiendra ainsi colé au souuerain bien, par ardentes & actuelles affections. Ce qu'on aura à faire de plus à l'exterieur, sera de mespriser les Diables, & se mocquer d'eux ; ne se souciant non plus de leurs folastreries, vexations, que si rien ne se passoit. Veu que tout cela ne se fait que permissiuement, & en la presence de ce grand Dieu, qui a bien daigné permettre ce pouuoir au Diable pour triompher de lui-mesme, dans lesdites ames : & par consequent de les faire acquerir ses dons & graces tres-solides, & pour iamais plus n'en déchoir. Ce neantmoins, si on a assés de hardiesse & de confiance en Dieu pour sortir à soi-mesme, on pourra se rire & gausser des Diables, & disputer auec eux verbalement ; leur monstrant leur pure & temeraire folie,*

& leur presomptueuse hardiesse ; d'oser bien ainsi attenter contre les seruiteurs de Dieu, ou pour mieux dire, contre Dieu mesme en ses seruiteurs.

Puis, il adiouste cét aduis en la Regle 22. *Quand on entendra les Diables chanter, ou rire au tour de soi, ou faire autres semblables folastreries: qu'on leur dise; Si vous pouuiés ainsi chanter quand vous serés foüettés en Enfer, ce vous seroit vn grand auantage. Ou bien ; allés vous faire battre & foüetter plus menu que gresle en Enfer. Et cependant que vous hurlerés de rage, ie me rirai de vostre ruine, & damnation eternelle.*

C'estoit en effet le sentiment de ce genereux soldat de nostre Seigneur, que quand les Diables ont esté vaincus par l'insigne patience, silence, & autres heroïques vertus de ceux qu'ils attaquent ; ceux-ci ont doresenauant vn tres-grand empire sur eux. Et ces mal-heureux Esprits sont tellement honteux & confus, que par crainte de retourner aux Enfers, ils aiment bien mieux demeurer ici esclaues de leurs vainqueurs, & subir, quoi qu'à contre-cœur, le joug de leur obeïssance. Ce que nostre Contemplatif estime à tres-grand miracle ; adioustant à ce propos de belles & rauissantes instructions dans son Cabinet Mistique.

Delà on peut iuger, quel pouuoir il auoit acquis sur les Demons par ses victoires de plus de quarante années : & si le Demon, parlant vn iour par la bouche d'vne personne possedée, n'eut pas raison d'aduoüer, quoi qu'à force d'exorcismes, que Fr. Ian de S. Samson, auoit vn pouuoir tres-grand sur lui : & qu'il le meritoit bien, puisque ce grand homme l'auoit toûjours vaincu. Que c'estoit vn Aueugle vraiement illuminé, vn homme austere & non delicat, comme plusieurs, qui mesme font profession de mener vne vie vertueuse & spirituelle. Ce tesmoignage a esté rendu par ce Demon quatre ou cinq ans apres le decez de Fr. Ian de S. Samson. Et lors qu'on appliqua sur la possedée vne image de ce Frere, sans qu'elle sçeust qui il estoit, ni ce qu'on lui faisoit; elle fist assez voir par des agitations & contorsions toutes extraordinaires, que le Diable, qui la possedoit, estoit excessiuement tourmenté par cette application, comme par son contraire : c'est à dire, par quelque chose de sacré.

Que si les Diables estans ainsi surmontez, auoient recours aux finesses & stratagemes : le tentans, par exemple, d'orgueil & de vanité, en se confessans vaincus, & en lui donnans des loüanges pour sa constance & generosité (ce qu'il disoit estre le dernier recours, & stratageme des Demons) il pratiquoit alors ce qu'il à écrit sur ce suiet, en son Cabinet Mistique. *On fera*, dit-il, *premierement le signe de la Croix : puis on soufflera, & on crachera contre les Diables. Mais il faut que cela se fasse d'vn esprit courageux, gaillard & hardi; s'humiliant toûiours tres-profondement deuant Dieu, en la verité de son rien. On pourra encore se rire d'eux, ou leur parler ainsi. Oüi, le temps est venu, que les hommes foibles sont faits instrumens de Dieu, pour vous vaincre & vous surmonter, moiennant sa sainte grace. Vous, qui d'Anges de lumiere, estes deuenus Diables de laideur, de tenebres, & de damnation eternelle, Vous estes vaincus ; ie vous commande & coniure de la part de Dieu, de vous en aller aux Enfers, annoncer à vostre Prince, que Dieu vous a vaincu par le plus chetif miserable, que ie suis, de tous les hommes. Partant à lui seul en soit la gloire, & à vous confusion & damnation perpetuelle.*

Ainsi ce fidele Soldat de IESVS-CHRIST, estoit toûjours sur ses gardes, & parfaitement attentif à soi-mesme, pour n'admettre aucune recherche, ni mouuement de nature : sçachant, comme il nous a laissé par écrit en son Cabinet Mistique. Que tout autant que les hommes ont de passions & d'inclinations diuerses, autant y a-il de diuers Diables, pour les agiter. Et que se relascher manifestement dans ses exercices, tant d'esprit que de corps, se donnant trop de licence, par vne vie trop large & trop estenduë; c'est receuoir & admettre les Diables aupres de soi, & estre fauorable à leurs desseins. Car ces malins prennent vn singulier plaisir à voir, que ceux qui font profession d'aimer hautement Dieu, fassent si peu d'estat de pratiquer par œuures, ce qu'ils disent de parole.

Il adioustoit, que les ames, qui sont destinées pour vn plus haut degré de gloire, ont aussi des Demons plus puissans à combattre, & des attaques plus violentes à souffrir. Et qu'il y en a, que Dieu prepare par ces rudes exercices, à posseder dans le Ciel le rang & la place du Demon, qui les tourmente le plus. Mesme qu'il y a des ames, qui ont plus de grace & d'amour de Dieu, que beaucoup d'Anges, qui sont dans le Ciel.

Mais laissant le iugement de ces sublimes pensées à Dieu, qui les inspire; ie conclus ce sujet: renuoiant le Lecteur, qui en voudra sçauoir dauantage sur cette delicate matiere des vexations diaboliques, aux diuers écrits, que ce sage Aueugle en a composé. Dans lesquels on découurira, qu'à peine y a-il autheur, qui ait plus doctement & plus lumineusement décrit les ruses, stratagemes & inuentions des Diables, contre les ames, que la grace éleue au faiste de la perfection.

Chapitre Vingt-Devxiesme.

Du don de la crainte de Dieu, de sa pureté de conscience, & de sa pauureté Euangelique.

L'AME de ce fidele Religieux, estoit vn vrai sanctuaire du saint Esprit; où il auoit si auantageusement versé son don septiforme, qu'encore que ces richesses admirables fussent soigneusement cachées sous le sceau de la sainte humilité: neantmoins, il en à sorti au dehors des éclats & des brillans, par le moien de ses autres vertus, qui nous en feront connoistre quelque chose.

La crainte amoureuse & filiale de Dieu, estoit si profondement grauée dans son cœur : qu'il fust plustost mort mille & mille fois, que de consentir deliberément au moindre peché veniel. Il disoit, que ceux qui ne craignent point de commettre des pechés veniels, sont monstres d'abomination deuant Dieu. Que l'amour ne les reformera iamais, & qu'ils ne se conuertiront iamais parfaitement à Dieu ; si ce n'est à force de fleaux, de maladies, d'afflictons : ou de tourmens qu'ils souffriront, ou verront souffrir par le ministere des hommes, ou des Diables. Il disoit encore, parlant de soi-mesme, que le seul aspect de pouuoir pecher, est tres-horrible au pauure viateur. Qu'il ne pouuoit conceuoir qu'on ne deust pas éuiter quasi également le peché mortel, & le veniel. Et qu'il eust mieux vallu que tout le monde fust allé en ruine, que la moindre offense fust commise contre Dieu.

La pureté de sa conscience estoit si grande, que par

vne lumiere diuine, il y voioit comme dans vn tres-pur cristal, iusques au moindre atome d'imperfection. Comme par la splendeur du Soleil, dit-il, en ses Exercices, se voient facilement tous les atomes d'vn corps transparent, touché de son vif & lumineux raion : il est de mesme de l'ame grandement lumineuse. Car par les vifs & frequens attouchemens du Soleil diuin en toutes ses puissances, elle void tres-clairement iusques au moindre de ses desordres & manquemens ; distinguant, par sa simple veuë, sans aucun empeschement de figures & d'images, ce qui a fait impression en elle. D'où procedoit, qu'il estoit quelque fois des trois mois entiers, sans auoir matiere suffisante de confession. Et c'est vne merueille de voir dans vn de ses Exercices, (qu'il appelloit son Confessionaire), combien pures, lumineuses & subtiles estoient ses regles, pour trouuer & découurir ses défauts.

Il n'auoit souuent rien autre chose à dire en Confession, sinon, qu'il n'auoit pas tendu à Dieu à l'infini, & de toutes ses forces en son attention, en ses œuures. Or ce que c'est que cét infini, auquel il se sentoit obligé de tendre ; voici comme il le dit lui-mesme au lieu cité. L'infini, dit-il, dans les souuerainement parfaits, c'est l'arrest & fermeté de toutes les puissances recueillies, fonduës reduites, & entierement perduës en l'vnité diuine, par dessus tout esprit & fond ; où il faut demeurer si fixement arrestés, qu'aucune des puissances ne retourne, ou se lasche de là à son operation naturelle, autant qu'il est possible : afin que le mort soit toûiours attentiuement arresté à la fruition intuitiue de son diuin obiet, en parfait & entier repos tres-vnique & tres-simple ; s'abstraiant pour cela des obiets creez, tels qu'ils puissent estre, s'ils ne nous touchent point d'office & d'obligation. Il comprenoit encore sous cette pratique de tendre à l'infini, la parfaite modestie & composition de tout son homme interieur, & exterieur. Difant qu'vne ame fidele & veritable, deuoit eftre toute diuine : ou paroiftre à Dieu, aux Anges, & aux hommes, comme vn lumineux flambeau, éclairant au trauers d'vn corps tranfparent : & eftre fi attentiue à foi-mefme, qu'elle n'euft iamais fujet de fe repentir d'aucune de fes forties en geftes, paroles, ou actions quelconques. Au refte, pour ce qui eft des reflexions fur foi-mefme, & du relafchement de fes puiffances interieures, c'eft ce qui ne lui arriuoit iamais, demeurant toûjours ferme dans fon arreft en Dieu. Ce qui femblera peut-eftre exaggeré, toutefois on le pourra facilement iuger de ce qu'il lui échappa, de dicter vne fois en fes écrits, que le feul pouuoir de reflechir fur foi, lui eftoit vne cruelle mort. Mais dans les chofes exterieures, où il faut communiquer auec les hommes, comme il ne pouuoit pas preuoir toutes les circonftances ; s'il arriuoit que faute de preuoiance, il n'euft pas reüffi auec toute la perfection poffible, il faifoit de cela vn fujet & matiere de confeffion.

Enfin, fa pureté de confcience a efté fi grande, que fes Confeffeurs à peine pouuoient-ils fe refoudre de prononcer la forme de l'abfolution fur les chofes, dont il s'accufoit. De forte, qu'il a efté contraint d'écrire là deffus, & de leur donner des regles pour leur feureté en ce poinct, dont les plus generales font,

1. *Que le peché doit eftre iugé tel ; conformement à la veuë, lumiere, fentiment & creance d'vn chacun.*
2. *Que l'ame doucement agitée du Saint Efprit, l'a pour tefmoin de toutes fes actions : & quand elle iuge, ou ne iuge pas auoir peché, cela doit eftre creu veritable. Car Dieu eft en elle, & amour, & lumiere : & comme il la fanctifie, il l'illumine auffi fur toutes chofes.*
3. *Que depuis qu'on a pris à tafche de courir roidement, & de toutes fes forces à la perfection ; tout le temps qu'on em-*

ploie volontairement à autre chose, est peché.

4. Qu'à peine trouue-on personne, qui dans le temps de tentation, aie toûiours l'appetit également desireux de Dieu, & par consequent qui y soit exempt de peché.

5. Que tout ce qui se fait & dit du Religieux, sans preuoiance de raison, est pour le moins action & parole oiseuse.

Au don de la crainte de Dieu, se rapporte encore la pauureté Euangelique. A laquelle ce Religieux, vraiement mort à toutes choses temporelles, à tant porté d'amour & d'affection, qu'il n'eust pas voulu auoir la moindre chose superfluë, ni singuliere, quelque besoin qu'il semblast en auoir. Il estoit aussi souuerainement denué de toute affection aux graces, lumieres, & caresses diuines ; aimant Dieu au dessus de tous ses dons, en lui-mesme. Ce qu'il appelloit mourir en Dieu. *Ie me glorifierai*, disoit-il, *dans mes infirmités & pauuretés. Mon cher Espoux possede mes richesses dans ses Saints. Que la gloire, les richesses, & la gloire diuine soient pour eux : & pour moi toute misere, langueur & pauureté.*

Cette excellente pauureté d'esprit estoit son cher partage en ce monde, dont il estoit plus content, que s'il eust possedé tous les thresors. *I'ai*, dit-il, *en ses Exercices, tout ce que ie ne veux point : & tant plus ie le mesprise comme chose excellente, tant plus & tant mieux ie l'ai eminemment en la pleine possession de moi mesme ; qui suis, & qui vis en Dieu, qui me possede, & lequel ie possede pleinement. Où tout le crée auec tous les efforts de sa malice & de sa cruauté, ne me peut atteindre, non pas d'vne infinie distance, si ie suis veritable.* N'est-ce pas parler comme vn S. Paul, & reputer toutes les beautés de ce monde, comme tres-vil fumier, & choses de neant ?

De là venoient sa resignation supreme, dans les morts d'esprit d'esprit les plus insupportables ; delà venoit la vigilance & attention incroiable qu'il auoit, à supprimer en soi tout mouuement de nature, & n'admettre que ceux de la grace. De sorte, qu'il en vint à vn poinct, que la nature, qu'on appelle, *du vieil Adam*; n'auoit plus aucune vie en lui, du moins quant aux mouuemens deliberez, & imparfaits de propre amour, qui regnent dans la plus grande part des hommes.

Il le mandoit auec vne sainte confiance & liberté, à nostre R. P. Dominique, tres-digne Disciple de cét excellent Maistre, en ces termes: *Nous sommes tres-contens sous le pesant poids, & sous le penible fardeau de la nature : encore qu'il soit vrai pour mon regard, que ie ne suis gueres molesté de ses effets.* Et plus bas il dit, *il est pourtant vrai, que nature est tres-éloignée de moi, & moi d'elle.*

Le Lecteur iugera, à quel poinct de perfection celui-là est paruenu, qui n'est plus molesté des recherches, & appetits de la nature.

CHAPITRE VINGT-TROISIESME.

De sa pieté vers les choses saintes : de sa compassion vers les ames du Purgatoire ; & de sa dilection à l'endroit du prochain.

ON ne peut douter, que le don de pieté n'aye esté tres-liberalement communiqué à nostre Fr. Ian de S. Samson ; puis qu'il alloit continuellement s'écoulant en Dieu son bien-heureux principe, auec vne douce & amoureuse liquefaction de toute son ame. Ce qui lui estoit aussi facile, que le viure & le respirer.

Il faisoit vn tres-grand estat de toutes les choses saintes & diuines, dont l'vsage est receu dans la sainte Eglise. La reuerence, & le respect qu'il portoit aux Reliques des Saints, estoit en lui fort singuliere, rare & exemplaire : & quand il en pouuoit recouurer quelqu'vne, il la portoit sur lui, auec sentiment de tres-grande veneration. Il auoit à son col, vne petite image de la sainte Vierge, laquelle il portoit auec beaucoup de confiance & de deuotion ; & laquelle, cependant qu'il a vescu & apres sa mort, a fait des guerisons miraculeuses.

Il auoit vn respect indicible pour les Saints noms de IESVS, de MARIE, & des Saints : disant à ce propos, que les personnes tant soit peu spirituelles, sont obligées en conscience de faire le mesme : & de tesmoigner en cela, l'amour & l'affection qu'ils leur portent. Il a dit toute sa vie l'Office de Freres Laïcs, ainsi qu'il est prescrit en nostre Regle, auec grande deuotion : toûjours à genoux, & la teste nuë, excepté seulement le temps de sa derniere maladie.

Il gaignoit tous les iours plusieurs Indulgences, qu'il appliquoit aux ames du Purgatoire : & excitoit les autres Religieux, à faire le mesme. En sorte, que cette pratique vint a estre celebre, & vsitée dans nostre Conuent de Rennes. Il auoit pour cét effet, plusieurs medailles & grains benis, qu'il prestoit tous les iours à plus de trente Religieux ; afin de soulager les peines de ces paures ames. La compassion, qu'il a toûjours eu pour elles, s'augmenta fort, depuis que par permission diuine, il eut veu les horribles tourmens, que souffroit l'ame de son frere aisné, dans ces flammes impitoiables.

Dieu seul sçait combien outre celle-là, il en a deliuré d'autres ; dequoi nous auons encore deux exemples remarquables. L'vn, qu'estant à Dol, pendant le temps de la peste ; vne ame se manifesta à lui par signe sensible, lui demandant l'assistance de ses prieres : & l'appellant d'vne voix fort plaintiue, *Frere Ian, Frere Ian*, Ce qu'il aduoüa par apres au Religieux, qui estoit auec lui dans le Conuent, nommé Frere Oliuier, lequel est encore viuant, & duquel ie l'ai appris. L'autre est, que l'an 1628. l'ame d'vn de nos Religieux, de naissance dans le monde, & de grande erudition dans le Cloistre, decedé à Rome, s'apparut à luy le iour de son decez, par vn mesme signe sensible que l'autre, dont ie viens de parler : c'est à dire, par vne maniere de doux bruit, par lequel ce sage Aueugle cõprenoit aussitost ce que Dieu desiroit de lui. Il se tourna donc vers le lieu d'où lui venoit ce signal, & entendit vne voix, qui l'appella aussi-tost par son nom. A quoi aiant respondu, *que voulés vous, dites librement ce que vous voulés?* Il ne lui fut rien repliqué. Là dessus il se mit en oraison : & puis alla prier le Superieur, qu'il fist recommander à Dieu l'ame d'vn de nos Religieux decedé ce iour là. Comme en effet on sçeut depuis, qu'en ce mesme iour, ce Religieux estoit decedé à Rome.

Tel estoit le sacré commerce & familiarité qu'il auoit auec les ames decedées en la charité de IESVS-CHRIST : telle sa compassion à leurs indicibles souffrances, & telle la fidelité tres-ardente, qu'il auoit à leur rendre assistance par ses prieres. Sçachant d'autant plus parfaitement leur besoin & leur necessité, qu'il alloit experimentant tous les iours le rigoureux purgatoire d'amour ; qui consiste dans les morts & angoisses mistiques, dont nous auons parlé ci-deuant. Car c'est vne naïue image du Purgatoire, & de la iustice, qu'on souffre apres cette vie.

Sa charité pour les viuans n'estoit pas moindre, & selon le corps & selon l'esprit; l'vne & l'autre procedant du feu d'amour diuin, qui brusloit insatiablement son cœur. Il auoit vn tres-grand zele pour le salut des ames, & eust voulu exposer mille vies, pour les rendre amoureuses de Dieu; deplorant auec tendresse le peu d'affection, de la plus grande partie des Chrestiens pour leur propre salut. Il fait mille plaintes amoureuses sur cela, dans ses Contemplations. *Ah! mon amour, & ma vie,* dit-il en l'vne; *pleust à vostre infinie Majesté, que tous les hommes sentissent ce que ie sens, & vissent ce que ie voi! ils desireroient alors, mais par vne amoureuse necessité, ce que ie desire d'vne langueur incomparable, indicible, & indeficiente. Qu'est-ce là? Le feu est allumé en toute la terre pour tout brusler, & neantmoins si peu y bruslent, & moins encore y sont consommés? ô aueuglement estrange, & deplorable! Ah! misere inconceuable;* dit-il ailleurs, *faut-il que l'homme, qui est fait pour estre Dieu, demeure en la chair?*

Il disoit neantmoins, qu'il ne faut pas faire les zelez contre les méchans, sous pretexte de l'honneur & gloire de Dieu; si on n'y estoit obligé d'office. Non qu'il blâmast les plaintes amoureuses, que fait l'ame à Dieu, sur les desordres des pecheurs: mais il estoit l'ennemi iuré, *du faux zele,* qu'il appelloit le manteau de la superbe, ordinairement accompagné de passion, & d'indignation. Sur quoi ce Saint homme continuë ainsi son entretien auec Dieu. *Que si vous, à qui le fait touche, ne vous indignez pas; comment, & pourquoi nous en indignerons-nous? Comment ne commettrons nous le tout à vostre bonté, amour & misericorde; vous supplians pour eux, qu'il vous plaise les changer.*

Il a composé deux sortes d'Ouurages: les vns pour luy mesme, dans lesquels il a donné le libre vol à son esprit. Les autres pour autruy, dans lesquels il s'est accommodé à leur eſtat. Quant à ceux qu'il faiſoit pour luy méme, il en diſt vn iour la raiſon à quelqu'vn de ſes plus familiers. *Ie crains*, dit-il, *que Dieu ne me delaiſſe, & que venant à m'aueugler interieurement en ma conduite, ie décheoye de mon eſtat. Ie preuoy dés maintenant au remede de mon malheur, s'il m'arriuoit : d'autant que mes écrits, leſquels ie dicte pour moy-meſme, me ſeruiront de miroir, dans lequel ie verray ce que i'ay eſté, & la pureté des ſentimens, de laquelle ie ſeray décheu.* Quant aux autres; ç'a eſté la charité, qui l'y a porté, & le zele de la perfection de ceux que l'en prioient ; On voit parmi ſes Oeuures le Traitté, qu'il cõpoſa à l'inſtance de Monſeigneur l'Eueſque de Dol ; vn autre pour la conduite d'vn venerable Preſtre, Recteur ou Curé d'vne Paroiſſe de ſon Dioceſe, nommée Roz ſur Coëſnon: grande quãtité de lettres ſpirituelles, qu'il dictoit pour les vns & pour les autres, qui auoient recours à lui. Entre leſquelles ſe void encore la copie de celle qu'il écriuoit à feu la Reine Mere, Marie de Medicis ; pour la conſoler dans ſon affliction, qu'il lui auoit predit. Enfin, tout ce qu'il a dicté pour la conduite de la Religion & des ames, outre les entretiens fort frequens, qu'il auoit auec les Religieux plus attirez à l'eſprit d'oraiſon & de retraitte, font voir, que par charité il preferoit le bien du prochain, aux pures & ſacrées delices, qu'il trouuoit dans le continuel entretien de ſon cœur auec Dieu.

Ce qui faiſoit encore, qu'il ſe comportoit enuers tous auec vne tres-grande douceur & benignité ; diſant qu'il n'appartient qu'à la parfaite charité, & à la profonde humilité, de ſupporter les defauts de ſon frere. A ce poinct il reconnoiſſoit ceux qui ſont capables de faire de grands profits dans la vie interieure ; aſſeurant que ceux qui ne peuuent ſouſtenir les defauts d'autrui, ſont incapables de mort & de perte spirituelle. C'est à dire, qu'ils ne pourront iamais se surpasser eux-mesmes en esprit, ni mourir & se perdre en Dieu.

Il estoit aussi l'ennemi de ceux qui se recréent aux dépens de la charité, gaussans & contre-faisans leur prochain en des manieres ridicules : & prononçoit comme vn oracle, que là où ce defaut & cette imperfection se rencontre, il n'y a pas vn seul grain de simplicité diuine ; qui neantmoins doit estre la marque, & le caractere des ames vraiement touchées de Dieu.

Il estoit si plein de tendresse & de compassion sur les infirmités & afflictiõs des autres, qu'il les ressentoit plus que les siennes propres. Et disoit que quicõque est veritable à Dieu, doit voler en toute occasion à l'assistance des necessités du prochain ; sans se laisser vaincre à l'ennui, ni à la durée du temps. Sur quoi il nous a laissé vne maxime certainement digne de l'eternité. *Que la vraie & forte charité ne cherche ni commandement, ni obligation, pour assister le prochain, mais seulement l'occasion de le faire.*

La tendresse de sa charité, s'estendoit mesme iusques aux animaux. En hyuer, lors qu'il auoit neigé, il portoit du pain aux petits oiseaux sur sa fenestre, afin qu'ils ne mourussent pas de faim. Et sa chambre leur seruoit souuent d'asile & de refuge, mesme quelque fois pendant la nuit. Au matin, ils becquetoient à la fenestre, comme pour dire qu'on leur ouurist, ce qu'il faisoit, leur donnant liberté. Vn Religieux estant vn iour auec lui, en print vn, & le lui aiant mis entre les mains, ce saint Homme paroissoit visiblement benir Dieu en cette petite creature ; & apres l'auoir caressé, il le mist en liberté. Grandes marques en petites choses, de sa tres-grande innocence & debonnaireté.

Chapitre Vingt-qvatriesme.

Des dons de science, de prophetie, de force infuse; & de l'amour qu'il auoit pour la solitude.

NOSTRE Frere a receu tres-auantageusement du saint Esprit le don de science infuse, & surnaturelle. Par le moien duquel il a fort eminemment connu, non seulement les plus hauts secrets de la vie spirituelle & contemplatiue, mais encore les rapports admirables, que les creatures ont à Dieu, mille belles conuenances des choses de la nature auec celles de la grace ; & plusieurs autres excellentes lumieres. Quoi qu'au reste, à l'exemple de S. Paul, il ne fist aucun estat de toutes ces richesses, en comparaison de la sureminente science de IESVS-CHRIST crucifié. *Nous pourrions*, dit-il en ses Contemplations, *prendre suiet de faire voir tout cét abisme de verité, par de toutes plausibles & manifestes demonstrations, en l'ordre de toute la nature elementaire. Mais i'ai toûiours fui toute explicité à mon pouuoir, La tres-docte ignorance (poursuit-il) nous conuient tres-bien ; puis qu'estans infiniment amoureux par dessus l'amour mesme, nous abhorrons la science naturelle, qui est le pain des hommes purement moraux. Mais ie dis infiniment plus, que nous ne voulons pas mesme de la science de l'amour intime. Et toutefois il se fait en l'ordre du mesme amour, que tant moins nous la desirons & y pensons, plus excellemment & admirablement nous l'auons.*

Il comprenoit en vn clin d'œil le sens mistique de l'Escriture sainte, pour laquelle il auoit des respects & des amours tout particuliers, la sçachant quasi toute par cœur. Il parloit & discouroit fort pertinemment, sur les plus difficiles questions de Theologie:

comprenoit le sens des Peres de l'Eglise, desquels il auoit, recueilli (se les faisant lire) quantité de belles sentences spirituelles, qu'il a mesme paraphrasées, ainsi qu'on verra dans ses Oeuures. Enfin c'estoit vn homme vraiement Theodidacte, & instruit à l'école du saint Esprit. *Nous ne sommes pas*, dit-il, en l'vn de ses Traittez, *sans science suffisante de Dieu; par le moien de laquelle nous n'expliquassions bien, si nous voulions, les Misteres de nostre Foi, d'vne simplicité tres-haute, tres-excellente, tres-intellectuelle, & mesme tres-profonde. Que si nous nous arrestions à raisonner, nous ne laisserions pas de découurir excellemment les raisons des choses diuines: mais nous ne voulons point de cela, nous contentans de demeurer enclos & enfermez, comme morts, & viuans en nostre diuine-viuante sepulture, qui est Dieu.*

Ie ne veux pas m'arrester dauantage, à prouuer ce poinct. Car tant de volumes & de rares Ouurages, dont on verra ci apres le Catalogue, en donnent vn trop illustre tesmoignage, pour en douter. Seulement dirai-ie que sa science diuine, a toûjours esté accompagnée d'vne profonde humilité; par laquelle il a soûmis ses sentimens, sa doctrine, & toutes ses Oeuures au iugement des Docteurs de l'Eglise. Il l'a mesme protesté par écrit, en ce passage de son liure, intitulé, le *Miroir des Consciences*. *De tout ce que dessus*, dit-il, *on se verra pleinement satisfait, en sorte qu'on ne nous interpretera point mal à propos, & à sens contraire de nostre intelligence; laquelle nous entendons conformer à celle de l'Eglise, comme à nostre Mere, Maistresse & Correctrice.*

Ce que les doctes admiroient particulierement en ce Religieux, estoit la clarté de ses pensées, & l'exacte conformité de toutes ses paroles, aux regles de la verité naturelle & surnaturelle. Entendons-le parler lui mesme, sur ce passage de S. Paul; SPIRITVALIS IVDICAT OMNIA.

OMNIA. Quand i'ai dit, que le Spirituel iuge toutes choses, & n'est iugé de personne : ie n'ai pas entendu dire, & infiniment moins croire, que ce ne soit à la sainte Theologie de nous iuger, en ce qui concerne la Foi. Mais nous disons, que nous iugeons tout, & de tout ce qui concerne l'estroite perfection des bonnes meurs ; qui est vne science ordonnée au don de la sapience infuse du S. Esprit. Science, qui contient la discretion des esprits, pour tout faire voir, tout iuger & tout ordonner sur les euenemens, sentimens, instincts & lumieres de la nature spiritualisée, celles du Diable, ou de Dieu mesme, & de sa grace.

Ceux qui voudront auoir plus de preuues de la science & de la Theologie infuse de ce bon Frere Laïc, n'ont qu'à consulter ses écrits, & voir comme il y parle de la tres-sainte Trinité, de l'Essence diuine, des richesses de la gloire, des Processions & communications des trois Personnes diuines ; & de quantité d'autres sujets tres-sublimes. Ils verront vn Aueugle parler en tres-clair-voiant, vn homme parler en Ange, & vn Frere Laïc parler en Docteur.

La diuine bonté semble de plus l'auoir honoré du don de prophetie. Car estant encore seculier, il predist au R. Pere Matthieu Pinault l'entrée de plusieurs dans l'Obseruance & Reforme des Carmes de Rennes, qui la soustiendroient dans sa necessité. Depuis, estant Religieux, il lui predist la paix de l'an 1620. entre le Roi Louis XIII. & la Reine sa Mere : disant que cette paix se concluëroit (ainsi qu'il arriua) sur le poinct qu'on croioit la guerre plus fortement allumée. De mesme, aiant esté consulté de la part de la Reine Mere, Marie de Medicis, dans ses dernieres disgraces; il predist, ainsi que nous auôs ci-deuant remarqué, que sa Majesté auroit déliurance, après quelque temps : & qu'à la seconde fois, elle deuoit se resoudre à la pa-

S

cience, ce que l'éuenement à confirmé. Vne ieune femme affligée de n'auoir point d'enfans, lui demanda, pour en obtenir de Dieu, l'affiftance de fes prieres; il les lui promit, & lui dit qu'elle auroit confolation: mais que ce feroit vne courte ioie. En effet, elle eut vn enfant dans vn an, qui ne vefcut que fort peu.

A ces diuines lumieres, eftoit iointe *la force*, dont l'ame de ce Religieux a efté fi diuinement ennoblie par l'operation du tres-faint Efprit : qu'on ne fçauroit fans étonnement en confiderer les effets. Son efprit eftoit toûjours fi égal, que quoi qui lui arriuaft au dedans, & au dehors, ne l'émouuoit non plus qu'vn rocher inebranflable. Toutes les morts penibles de l'amour, qu'il appelle confommant, dont nous auons parlé ci deffus : toutes les operations ineffables du feu diuin, dont nous auons auffi traitté : ces ebrietés fpirituelles, & puiffantes attractions de l'efprit de Dieu : ces mouuemens ecftatiques & ces rauiffemens d'amour : tout cela, dis-je, n'a point efté capable d'alterer la conftance & l'égalité d'efprit de ce fort d'Ifraël : vraiement digne de porter le fur-nom de Samfon, puis qu'il en auoit la force & la generofité ; non pour vaincre au dehors des Philiftins, mais pour fouftenir fortement les operations diuines au dedans de foi, apres s'eftre totalement furmonté.

C'eftoit cette force diuine, qui faifoit que les croix mortelles & angoiffeufes, qu'il fouffroit au dedans de foi ne le changeoient nullement : qui dans les plus extraordinaires operations & attouchemens de Dieu en fon ame, lui faifoit toûjours monftrer au dehors vn vifage égal ; de forte, qu'on euft dit, que ç'euft efté l'homme le plus commun du monde. Et c'eft ce que lui-mefme admiroit dans la fainte Vierge, lors qu'elle receut le Verbe Eternel. C'eft ce qu'il admiroit en saincte Elifabeth, quand elle fut vifitée de la Mere de Dieu. *Pour moi*, dit-il, *i'eſtime tout ceci, ô mon amour & ma vie, tout autant de miracles, que l'on void ici de forces ſurnaturelles à la Mere & au Fils; ie dis à ſainte Eliſabeth, & à ſaint Ian: pour ſouſtenir le doux effort, de voſtre tres-delicieux eſprit & amour.*

Or, il n'auoit pas toûjours cette force en meſme maniere. Car elle eſtoit quelquefois ſi nuë & ſi ſimple au delà du ſens, que c'eſt merueille, comme en cét eſtat il pouuoit ſouffrir l'action angoiſſeuſe de Dieu; ſupprimant en lui, iuſques à la racine de la vie naturelle. Ce qu'il ſouſtenoit ſans ſe laſſer iamais de rendre ainſi la vie à Dieu, ſur la croix, d'vne reſignation eternelle. De là eſt, que, conformément à ſes experiences, il aſſignoit, *trois degrés*, de force diuine, correſpondans aux trois degrés de charité. Le premier, qui conſiſte à faire, & operer choſes grandes & magnanimes. Le ſecond, à endurer & ſouffrir ſans ennui & eternellement, tant au corps qu'en l'eſprit. Le troiſieſme, conſiſte à mourir continuellement, par vne force & generoſité d'eſprit; qui reduiſe & conſomme totalement la vie & les forces par vn tres-ardent & indeficient amour, pour lui adherer ainſi nuëment & ſimplement.

I'attribuë encore à cette vertu plus qu'humaine, comme ſon tres-particulier effet, la conſtante perſeuerance, auec laquelle il a toûjours cheri la retraitte & la ſolitude: nonobſtant les tres-penibles exercices & crucifiemens interieurs, qu'il lui a fallu ſouffrir. Car il en faiſoit vn tel eſtat, qu'il euſt voulu, diſoit-il, qu'on l'euſt condamné à viure le reſte de ſes iours au pain & à l'eau, entre quatre murailles, ou en quelque deſert écarté.

Il appelloit la ſolitude, vne lice des combats d'amour, la retraitte & le lieu des diuinités hautement participées dans la terre, où Dieu fait les hommes Dieux. Il difoit, que les vrais folitaires font la recompenfe de l'amour de IESVS-CHRIST, vers fon Pere Eternel: & que fi les hommes communs pouuoient voir l'ornement & la beauté de ces ames, ils en demeureroient rauis: que ce font elles, qui maintiennent le monde, & l'empefchent d'aller en ruine. Parce qu'encore qu'elles iouïffent de Dieu à pleins voiles, autant qu'on le peut ici bas: elles le prient neantmoins pour les neceffités fpirituelles de leurs prochains, par vn continuel exercice de charité; s'interpofans entre Dieu, & fa iufte fureur. *O qu'vn tel folitaire, difoit-il, auroit chofes grandes à découurir à vos intimes feruiteurs! Là vos deïformes creatures, viuent comme fi elles n'auoient point de corps, à guife de tres-purs efprits, & vous reputerés toûiours à tres-grand plaifir, de faire en l'ordre de voftre infini amour, ce dont vous requierent ces folitaires fi agreables à vos yeux.* Il dit ailleurs, *que Dieu fe plaift d'illuftrer ces ames de fes dons extraordinaires, comme de miracles, ou autres; mais que pour l'ordinaire, elles demeurent inconnuës aux hommes.*

Heureux celui adioufte ce lumineux Aueugle, *qui eft choifi & appellé de Dieu à la diuine folitude, que tous les folitaires, qui font deuenus Saints à force de s'écouler en Dieu, ont cherie comme vn Paradis terreftre!*

On verra par tous ces fentimens, recueillis d'vn nombre prefque infini de femblables, qu'il n'entendoit pas parler de la folitude purement exterieure, laquelle il appelloit l'Enfer, & la gefne des Religieux imparfaits: mais, qu'il parle de la veritable folitude, qui eft en l'efprit; d'vn defert & d'vne region, qui eft en Dieu, Pere, & Maiftre de tous les efprits. Que neantmoins, pour paruenir à cette folitude & defert spirituel, il faut cherir & rechercher de tout son pouuoir la solitude du corps ; enseignant pour cét effet, que cette solitude est necessaire aux commençans, vtile aux profitans : mais plaisante & delicieuse, seulement aux parfaits : *Car il y a*, disoit-il, *plusieurs dangers & inconueniens dans la solitude : plusieurs assauts, & pieges des Diables fort subtils ; plusieurs, & diuerses tentations*. Mais si on y demeure constant & toûjours renfermé, elle deuiendra douce & delectable deuant la mort.

Chapitre Vingt-cinquiesme.

Du don de Conseil, comme Dieu lui manifestoit quelquefois sa volonté par des signes sensibles : & comme il a esté rempli des dons d'intelligence, & de sapience diuine.

L'Esprit de conseil a esté si abondamment communiqué à ce grand seruiteur de Dieu, que quoy qu'il lui fallust faire ou omettre, au dedans ou au dehors de soi : le saint Esprit l'y poussoit, & l'y mouuoit par de tres-doux & tres-suaues attouchemens. En sorte, qu'il ne se comportoit, que comme vn simple & mort instrument, parfaitement soûmis à ce diuin moteur. Les inspirations & manifestations de la plus parfaitte volonté de Dieu, lui estoient aussi ordinaires, que la lumiere du iour dans la nature : iusques-là, que Dieu lui faisoit mesme voir quelquefois sa volonté, par quelque signe sensible & exterieur.

Vn iour, estant en conference auec son Confesseur, ils ouïrent tous deux apres quelque temps, frapper vn coup sur la table de la chambre, où ils estoient. Le Frere, qui sçauoit bien que cela s'addressoit à lui, se leue à l'instant; & dit à son Confesseur, que Dieu l'aduertissoit par ce coup, qu'ils auoient entendu, que c'estoit assez parlé, & qu'il failloit se retirer. Ce qu'il lui confirma encore le iour suiuant, disant que s'il eust manqué de se retirer sur l'heure, ils eussent bien entendu d'autre bruit. Chose, qui a esté aussi entendue diuerses fois par plusieurs des nostres. Si bien que tout son temps estoit diuinement compassé, & n'en perdoit iamais vn seul moment. Car Dieu l'aduertissoit tantost interieurement, tantost en cette maniere exterieure, ou autre semblable; lors qu'il estoit temps de quitter ou la conuersation, ou quelque autre action.

Il a encore aduoüé à ce propos, que iouant quelquefois du Manicorde; lors qu'il failloit cesser, Dieu l'en aduertissoit par vn coup, qu'il entendoit sensiblement frapper au fond de cét instrument de Musique.

Nous auons ci-deuant remarqué que d'ordinaire, il communioit de grand matin, pour satisfaire au desir languissant & famelique, qu'il auoit de iouïr de son Dieu; & afin d'auoir plus de temps, pour consommer les especes sacramentales, auant le repas. Or desirant, vn certain iour, communier mesme auant d'auoir entendu la Messe, pour vne occasion qui lui paroissoit assez vrgente; Dieu lui fist sensiblement connoistre, qu'il n'approuuoit pas cette action. Car montant les marches de l'Autel, pour y receuoir la sainte Eucharistie, il fut arresté tout court, comme par vne main inuisible. Sur quoi, il comprit incontinent ce que cela vouloit dire, descendit & entendit la Messe; apres laquelle il communia, auec toute liberté.

Lors que les Diables, ou la nature lui tendoient quelque piege caché sous de belles apparences; il découuroit en vn moment cét artifice, auant mesme qu'il fust éclos : tant il estoit lumineux au discernement des esprits, & mouuemens interieurs, bons & mauuais. Combien, outre son instruction propre, il a esté habile à conseiller les autres dans les voies de l'esprit, le tissu de sa vie, & les compositions, qu'il a dictées, le iustifient éuidemment.

Pour ce qui est des dons d'intelligence & de sapience diuine, ceux qui verront le grand nombre de ses écrits, & qui en gousteront l'excellence; seront infailliblement contrains d'aduoüer, qu'il y a bien de la difference entre la sagesse de ce lumineux Aueugle, & celle des beaux Esprits, qui sont vraiement aueugles en ce monde. *Nostre sapience*, dit-il, *n'est pas comme celle des anciens Philosophes; mais elle est diuine. A laquelle nous vacquons, non par estude, comme on fait dans les sciences speculatiues : mais par la tres-étroitte vnion de nos ames, & de nos cœurs à Dieu infini: duquel nous receuons excellemment & abondamment l'amour & la sapience, comme vne seule chose : par le moien de laquelle nous agissons par tout, auec vne prudence digne d'elle; & dont nous assaisonnons diuinement tout ce qui sort de nous, ne sortans iamais d'elle; non plus que de Dieu, par la moindre extrouersion. Tel est le continuel effet du tres-saint Esprit en nous, qui consomme, par son ineffable amour, tout ce qui s'y trouue de defectueux, iusques à vn grain.*

Par où l'on connoist clairement, que cét homme, qui estoit deuenu tres-vnique, à force de se plonger & se perdre en l'vnité diuine; ne faisoit pas de distinction, quant à soi, entre tous ces dons du saint Esprit: regardant tout cela, comme simples productions du seul don d'amoureuse & lumineuse sapience. C'est pourquoi il attribuë vn mesme effet au don d'entendement, & à celui de sagesse. Ce qu'estant ainsi, ie tascherai de monstrer particulierement, combien la sapience diuine s'est abondamment communiquée à cét excellent contemplatif, qui a vraiement gousté, veu, sauouré, & experimenté combien le Seigneur est doux à ceux qui l'aiment. Et parce que ie ne le puis mieux faire, qu'empruntant ses propres paroles ; ie mettrai ici quelques-vns de ses diuins écoulemens en Dieu sur ce sujet, tirez de l'vne de ses Contemplations, esperant que la longueur n'en sera pas ennuieuse, ses paroles estant toutes confites en amour diuin & suauité celeste.

Ah ! qu'il est vrai, mon amour, qu'il est vrai, que bienheureux & plus qu'heureux est celui, qui demeure en vostre sapience ! qui pense & medite en sa iustice, pour s'efforcer de n'en varier & ne s'en détourner iamais ; ne franchissant iamais, de si loin que ce soit, le sueil de sa porte ? Heureux qui demeure en elle, comme vn Soleil tres-resplendissant de tout soi en abondance d'esprit, tout tiré, éleué, arresté, & penetré ; & tout penetrant dedans, le haut, le long, le large, & le profond. Estant simple comme vous-mesme en son inclination, en l'vnité de ses supremes puissances, en l'vnité du supreme fond de son ame : & puis en la vostre mesme, où il est lumineux, riche, fecond, sage, fort, constant, inuincible, & inattingible.

O que les vueës, & les notions de telles personnes sont éloignées du sens ! & que tout le bas & inferieur, est noblement éleué en vostre immensité diuine ; qui en l'actiuité toute penetrante de son flux rapide, les remplit de son esprit : & les plonge profondement en vous, d'vne maniere inconceuable à ceux qui n'en ont pas l'experience.

C'est là que par vne telle éleuation, surpassion, & penetration ; on est plein à l'infini de vos generations, en la vueë & manifestation de vos secrets : dont la vueë & l'impression, font vn Paradis ici bas ; de sorte, qu'on ignore souuentefois, si on est sur la terre.

O que

O que telles personnes, sont profondement perduës, en la veuë de Dieu, lequel elles regorgent abondamment au dehors; pour brusler, rauir, & perdre en Dieu tout ce qui est touché de leur flux amoureux.

O qu'il fait bon conuerser auec ceux, qui ont pour soi & pour autrui le Paradis en terre! Car comme ils sont abondamment repûs du pain de vie, & d'intelligence: & abbreuez de l'eau salutaire de la sagesse, ils ont cette abondance, non seulement pour soi; mais encore pour la couler à ceux, qui par la disposition de vostre esprit, sont propres pour la receuoir; & pour en estre rassasiez, illuminez, enrichis, & reuestus.

C'est le flux d'vne telle fecondité, qui fait les merueilles dans la terre, entr'autres d'égal à égal en constitution, &c.

Pour exprimer quelque chose de ces veritéz en elles-mesmes, il n'y a ny paroles, ny similitudes, qui le puissent faire que de fort loin, & grossierement, au respect de ce qui en est en vous-mesme. En qui on est totalement fondu & refus, dans la continuation des effets & experiences d'vn tel estat. Et c'est ainsi, mon amour & ma vie, que la sapience produit ses infinis effets; en tous ceux qui ont esté, sont, & seront vraiement amoureux d'elle, en sa propre source, que vous estes.

Ah! mon amour, à quoi faire, sortir à tant de paroles; quand on est en pleine veuë & iouissance de vous, par dessus toute notion, distinction, & expression de paroles? Que si nous voulions raisonner essentiellement sur ceci, nous le pourrions faire en eminence de fond, & de profondeur. Mais cela mesme, est par trop éloigné de ce que nous voions. Ie dis de nostre obiet, que vous estes; duquel nous iouissons autant qu'il est possible à la pauure, foible, corruptible, & mortelle creature.

Qu'est-ce donc? nous voions tout, nous connoissons tout, nous possedons tout, nous iouissons de tout! Qu'est-ce qui

T

nous pourra faire varier delà, de tout le crée, & de tout le creable? Voſtre Apoſtre l'a manifeſté, & nous le voions en la fruition obiectiue, que nous auons de vous-meſme. D'où ſi nous reflechiſſions au dehors, nous ſerions en cela les plus miſerables, qui furent iamais ſous le Ciel, en la maniere que vous ſçaués.

Chapitre Vingt-sixiesme.

Combien ſa conuerſation eſtoit honneſte, ſainte, & agreable.

LE Venerable Fr. Ian de S. Samſon eſtoit, cōme nous auons dit, ſi grand amateur de la ſolitude, qu'il eſtimoit que l'homme contemplatif, en matiere de communication auec les hommes, doit ſe monſtrer ſeuere & rigide, quaſi iuſques à paroiſtre dépoüillé de toute humanité. En effet, auec tous les autres amoureux de Dieu, lui-meſme auoit experimenté, qu'il n'eſt rien de plus nuiſible à l'introuerſion de l'ame en Dieu, que la conuerſation auec les creatures. Neantmoins, comme l'eſprit de grace fait le iuſte temperament de toutes choſes; ce veritable ſolitaire conuerſoit ſobrement auec les hommes, lors qu'il y alloit de la gloire de Dieu, & de l'execution de ſes ſaintes volontez.

En quoi on peut dire ſans exaggeration, que le miel & le laict couloient de ſes lévres, & que la modeſtie eſtoit eſtenduë ſur ſon viſage, comme la ſainteté entrée dans ſon cœur. De vrai, ſa conuerſation eſtoit ſi ſainte, ſi vertueuſe, ſi edifiante, & ſi vtile au prochain; que le ſeul ſouuenir, qui nous reſte, d'auoir autrefois ioüi de ſes pieux & rauiſſans entretiens, nous en rend la memoire fort douce & delicieuſe. Ses qualités naturelles estoient d'vne trempe à charmer tout le monde, mais la grace y auoit adiousté des charmes & des beautés vraiement surnaturelles.

Tout ce qu'il disoit, ou faisoit au dehors, estoit accompagné d'vne telle sagesse, & d'vne si rare modestie, qu'encore que ses sentimens, & son estat interieur excedassent beaucoup la portée & la capacité de ceux qu'il entretenoit, il s'accommodoit neantmoins à leur esprit, en sorte, qu'il sembloit à le voir que ce fust l'homme le plus commun, & le moins eminent en ses voies qui fust au monde. Aussi est-ce vne des principales regles de conuersation, qu'il a écrit & pour soi-mesme, & pour toute ame, qui est notablement éleuée en Dieu. *Qu'il ne faut iamais communiquer ses excés (qui sont pour l'ordinaire les secrets plus importans de l'esprit) à ceux qui viuent selon la pure nature, soient-ils doctes, ou ignorans. Et quand quelqu'vn*, dit-il, *se sentira porté à produire quelque excés d'esprit entre ses inegaux, qu'il sçache qu'il se recherche en cela.*

Il se trace lui-mesme le tableau de sa modeste conuersation par cette autre Regle, qui estoit sa pure & sincere pratique. *Nous deuons*, dit-il, *garder vne extreme modestie à l'exterieur, & vne entiere composition tres-ordonnée en nostre corps, & en tous ses sens: en nostre ame & en ses puissances; afin que reluisans à guise d'vn tres-lumineux flambeau allumé, au trauers d'vn corps transparent, nous edifions & esclairions les autres & nous-mesmes, à la tres-haute gloire & loüange de Dieu; paroissans sans aucune affectation, ny recherche propre; comme hommes plustost vraiement diuins, que terrestres & corporels.*

Tel qu'estoit son sentiment sur ce poinct, telle aussi estoit sa pratique & son experience. Car ceux qui l'ont conuersé, entre lesquels i'ai eu ce bon-heur vn

temps aſſez notable, n'ont iamais rien apperceu d'im‑
modeſte & deſordonné dans ſes geſtes, dans ſon port,
ni dans ſes paroles. Au contraire, cette belle ame fai‑
ſoit voir dans l'ordre & dans la compoſition de tout
ſon exterieur, qu'elle eſtoit vraiement vn lumineux
flambeau, qui iettant ſa clarté, comme au trauers d'vn
corps diaphane, donnoit ſujet à tous ceux qui l'enui‑
ſageoient, de glorifier le Pere des lumieres, qui eſt
dans le Ciel.

Quelque peſanteur, que ſon âge lui deuſt cauſer, &
quelque foibleſſe, que lui peuſt apporter la continuel‑
le attention de ſon eſprit à Dieu, accompagnée fort
ſouuent de peines interieures tres-crucifiantes: il te‑
noit toûjours ſon corps dans vne compoſition mode‑
ſte, droite, & vigoureuſe, ſans iamais s'appuier inde‑
cemment, ni ſe mettre en des poſtures, qui ſentiſſent
tant ſoit peu la laſſitude, la peſanteur, ou l'ennui. Il s'e‑
ſtoit fait là deſſus cette regle, en ſes Exercices. *L'infirmi‑
té humaine*, dit-il, *pour ſa grande foibleſſe, ne pouuant long-
temps ſubſiſter en vne poſture, il ſera bien expedient d'en changer, quand on ſe ſentira greué, eſtant maintenant aſſis, tantoſt
de bout, tantoſt à genoux, & tantoſt modeſtement appuié: afin
que l'ame ne ſe ſente point diuertie de ſon ſupreme fond, par
l'aggrauement de ſon corps. Que ſi pour la grande attention à
cette compoſition interieure & exterieure, on eſt contraint
de ſoulager ſon corps, ou partie d'icelui (ie dis, entre Dieu
& ſoi) il faut que cela ne ſe faſſe, par maniere de dire, que
pour vn petit interualle de temps, & ſe reuoquer incontinent à ſoi.*

Il croioit deuoir non moins de reuerence à ſon corps
qu'à ſon ame; Conſiderant que l'vn & l'autre eſtoit,
comme dit S. Paul, le temple du ſaint Eſprit, & le lieu
de ſa reſidence diuine. Temple, dans lequel, par ſur‑
croiſt de ſon infinie dilection, la ſainte humanité de

JESVS-CHRIST daignoit bien entrer chaque iour sous les especes sacramentales, & y faire vne longue & delicieuse demeure. C'est pourquoi il se sentoit obligé à cette exacte modestie & composition de tout son homme, tant interieur qu'exterieur : afin que son corps & son esprit fussent à Dieu, comme vn Paradis de delices.

Son abord estoit si gracieux à tous, qu'encore qu'il fust souuentefois actuellement exercé de Dieu, par des angoisses & crucifiemens interieurs, qu'il appelloit des *morts insupportables, supprimans iusques à la racine de la vie de la nature animale* : neantmoins on ne le vit iamais qu'auec vn visage doux, tranquille, toûjours égal, & semblable à soi-mesme. C'est pourquoi il s'estoit prescrit cette regle. *Il faut*, dit-il, *monstrer en nos plus grandes angoisses vne face serene, tranquille, & riante ; & qui puisse faire voir à nos freres, que nous sommes comme incapables de tristesse & d'affliction.* En effet, il abhorroit grandement la tristesse ; & disoit souuent, qu'il ne pouuoit conceuoir qu'vne ame sçachant *que Dieu est*, puisse tomber dans la tristesse & melancholie.

Il haïssoit à mort, pour ainsi dire, les vains complimens & les flatteries des hommes, comme autant de grossieres recherches de nature, & comme autant de pieges, où les ames lasches & infideles se laissent prendre : emploiant d'ordinaire sur ce sujet le dire du *Sage; Frustrà iacitur rete ante oculos pennatorum.* Au contraire, estant contredit & mortifié (comme il l'a souuent esté par les Superieurs, par exercice de Religion) aussi-tost il s'abbaissoit, & aduoüoit son defaut, ou son ignorance, auec vn sentiment d'humilité tres-profonde & tres-edifiante. Vn iour aiant apperceu vne action imprudente d'vne autre personne, il en tesmoigna quelque ressentiment, par zele de Religion, à vn sien confident. Celui-ci dist auec simplicité, que cela se pouuoit excuser. A quoi il repartit, qu'il estoit vrai: que lui-mesme se trompoit, & commença à s'accuser de defaut de lumiere, & blasmer son propre sentiment, auec des paroles d'vne si genereuse humilité, qu'on vit manifestement en cela le mespris, qu'il faisoit de soi-mesme.

Quoi qu'il eust tant d'horreur des complimens mondains, il n'estoit pas neantmoins inciuil. Au contraire, on ne vit iamais rien de plus honneste que lui dans la conuersation. Car il deferoit aux sentimens d'vn chacun, & s'accommodoit à la capacité de tous, autant qu'il lui estoit possible & bien-seant, selon Dieu.

Les deux principales vertus, qui rendoient sa conuersation honneste, religieuse, & agreable à tout le monde, estoient la prudence & la simplicité. La premiere lui donnoit vne circonspection, & vne vigilance exacte sur tous ses mouuemens, sur les circonstances de chaque action, sur les consequences de chaque parole, & sur les diuers effets, & impressions, qu'il pouuoit faire dans l'esprit de son prochain. Il n'eust pas fait, ou dit la moindre chose, que par mouuement diuin, & par correspondance interieure à la volonté de Dieu. *Nostre sapience*, dit-il en ses écrits, *n'est pas comme celle des anciens Philosophes, mais elle est diuine. Nous y vacquons, non comme à vne estude de science speculatiue; mais par la tres-étroite vnion de nos ames & de nos cœurs à Dieu. Duquel nous receuons excellemment & abondamment l'amour & la sagesse, comme vne seule chose. C'est elle qui nous fait agir par tout, auec vne prudence digne d'elle, qui assaisonne diuinement tout ce qui sort de nous; & nous ne sortons iamais d'elle, non plus que de Dieu, par la moindre extrouersion.*

La vertu de simplicité lui estoit si chere & si precieuse, qu'on peut dire, qu'estant auiourd'hui bannie du cœur de la plus-part des hommes; elle auoit trouué dans le sien vn empire absolu, & vn tres-fauorable refuge. Autant que cette precieuse vertu l'vnissoit intimement à Dieu, autant le rendoit-elle sincere, & exempt de toute deception, simulation, & déguisement en ses actions & en ses discours. Ses paroles estoient toûjours la naïue expression de ses pensées. Il abhorroit au dernier poinct les equiuoques, gausseries, railleries, & autres duplicitez, comme les pestes de toute honneste conuersation, non seulement dans la Religion, mais encore dans le siecle. Il inuectiuoit ordinairement contre la pratique de certains, qui contre-font les gestes & les paroles des autres : disant, que ceux-là n'ont pas vn seul grain de simplicité.

Il blasmoit beaucoup plus vn certain gouuernement Politique, qui se glisse quelquefois dans la conduite Religieuse, fondé sur des maximes de prudence humaine & charnelle. Et disoit, que cét esprit, comme tres-pernicieux & dommageable, deuoit estre banni de toute Religion bien ordonnée, dans laquelle on fait estat de suiure les maximes saintes de l'Euangile, & la simplicité, naïueté, candeur, & verité de l'esprit de Dieu. *Que s'il faut quelquefois,* disoit-il, *que le Superieur, par necessité, vse de police, à cause des personnes sensuelles, fines, & purement naturelles, à qui il à affaire : Il faut que ce moien là soit diuin, en la fin diuine, en la volonté de Dieu mesme; qu'il soit rare, & accompagné d'horreur de se voir forcé de proceder ainsi.*

Il sçauoit nettement discerner entre l'esprit de fausse simplicité, & celui de la simplicité veritable. Il a écrit plusieurs regles pour ce discernement, dont voici l'vne des principales. *Certains Religieux,* dit-il, *qui contre-font les simples, & qui en effet ne sont que pure-*

ment politiques, se connoissent en ce que dans les occasions, qui touchent leur honneur, ils sçauent fort bien esquiuer les coups, & les ietter subtilement sur les épaules des personnes simples. Et ceux-ci voient & sentent fort bien cela : Car il est bien sensible de porter la Croix, dont vn autre s'est iniustement déchargé. Voila la pierre de touche & d'épreuue, qu'il donne à la vraie simplicité : c'est à dire, le propre interest, duquel quiconque n'est pas entierement détaché, ne merite pas le nom de simple. Puis qu'il est tout reflechi sur soi-mesme dans ses intentions, double dans ses affections, & vuide du pur & simple esprit de la sagesse.

Pour ce qui est de sa propre pratique, le principal fondement de sa simplicité, estoit la continuelle & infatigable éleuation de son esprit en Dieu : auec vne genereuse abstraction de toutes choses sensibles & apparentes. De sorte, qu'encore qu'il fust par fois obligé à la conuersation ; neantmoins, tout ce qui s'y passoit, ne faisoit aucune bréche à son éleuation spirituelle. Que s'il se sentoit obligé d'y donner attention plus particuliere : il ne le faisoit qu'autant qu'il estoit necessaire selon Dieu, iugeant des choses, non selon leur apparence : mais selon leur fond & leur verité. De sorte, que par le moien de sa diuine & tres-pure abstraction, il laissoit vn chacun dans ses voies & dans ses pratiques, & se tenoit immobilement dans les siennes ; supportant sans empeschement interieur, les defauts & les desordres qu'il apperceuoit en autrui, & laissant chaque chose estre ce qu'elle estoit, sans s'en occuper plus que de raison.

CHAPITRE

Chapitre Vingt-Septiesme.

Les profits spirituels de la conduite, & conuersation du V. Frere ; en la vie du R. Pere Dominique de S. Albert, duquel la memoire est en odeur de benediction dans nostre Obseruance.

LEs vrais enfans de Dieu, qui sont agis de son saint Esprit & remplis de sa charité, n'ont iamais de plus douce & de plus forte inclination, qu'à la sanctification de soi-mesme, & à procurer le salut du prochain. Ce sont des organes & des instrumens parfaitement soûmis à la conduite de Dieu, lesquels aussi bien que tout agent naturel, cherchent à produire des effets, qui leur soient semblables. Dans ce principe, nostre Frere imitant S. Paul, pressé des flammes de la charité, n'auoit autre but dans toute sa conuersation, que de gaigner les ames à Dieu. A quoi il reüssissoit si heureusement, que peu de personnes l'ont frequenté, qui n'en aient remporté des fruits & des profits fort considerables, pour leur auancement dans les voies de la perfection. Aussi y auoit-il vne sainte ialousie, & vne douce emulation entre les Religieux, à qui seroit emploié pour écrire sous lui ses diuins Ouurages, afin de iouïr, à la faueur de cét emploi, de ses entretiens, & de receuoir ses lumineux conseils, touchant les difficultés de leur conduite interieure & spirituelle. Car il auoit ce don de Dieu, qu'il conduisoit vn chacun dans les pratiques de l'amour diuin, auec tant de lumiere, de sagesse & de discretion ; qu'il sembloit que ce fust vn Ange enuoié de Dieu, pour seruir de flambeau à toute nostre Prouince, n'y aiant aucun des nostres, mesme

V

de ceux defquels il a pleu à Dieu fe feruir pour l'honneur de la Religion, & le bien de l'Eglife, qui n'ait fait gloire d'eftre difciple de cét humble Frere Laïc, & aueugle clair-voiant.

L'odeur des vertus & de la fainteté du defunct R. P. Dominique de S. Albert, fert de preuue irreprochable à cette verité. Car c'eft lui, auquel Frere Ian de faint Samfon a plus particulierement découuert ce qu'il experimentoit interieurement des attraits & operations diuines. Et nous fçauons de fa propre bouche, que lors qu'ils conuerfoient enfemble & s'entretenoient des chofes de Dieu, ils fe rauiffoient l'vn l'autre de leurs difcours de l'eternité, & de la fruition de la diuine effence: demeurans ainfi rauis des heures entieres fans fe pouuoir rien dire l'vn à l'autre.

Ce Religieux né d'vne tres-bonne famille de la ville de Fougeres en Bretagne, eftant entré icune dans noftre faint Inftitut, goufta fi bien, quelques années apres, la direction fpirituelle de noftre Aueugle illuminé, qu'il fentit en fon cœur comme vn fubit embrafement d'amour, qui s'accreut enfin iufques à des excez incroiables. De forte, qu'il appelloit cét amour diuin, vn *Exacteur inexorable*, qui ne dit iamais, c'eft affez: parce qu'il lui confommoit infatiablement le cœur.

Sur ce fujet, il mandoit vn iour à Fr. Ian de S. Samfon, fon cher maiftre & guide fpirituel; que c'eft chofe digne de compaffion, de voir vne ame, qui, touchée de cét amour, tend toûjours à l'infini, & ne le peut comprendre: & qu'il fentoit fon cœur autant infatiable à aimer & à defirer, que Dieu eft infini à fe communiquer. *De vous dire*, lui efcriuoit-il, *les graces que noftre Seigneur me fait, & la façon, dont il me traitte, les paroles n'en peuuent rien exprimer. Vne chofe me fait trembler; c'eft le peu de fidelité, que i'apporte à y correfpondre. Car noftre Sei-*

gneur vient à moi, ce me semble, auec toute sa diuinité; & ie lui dis : Ne magnitudinis tuæ mole me premas. Ie le laisse se resoudre en lui-mesme, & mon ame ne desire, sinon estre vn miroir transparent, par lequel le Soleil eternel passe de part en part, se retrouuant toûiours en soi-mesme. Ie veux que rien ne demeure de lui en moi ; & qu'il ait son perpetuel flux & reflux, sans me rien laisser. Mon frere, vous goustez ce que c'est. Infidele que ie suis, si Dieu n'a pitié de moi ! ie vous supplie de prier sa diuine Maiesté, ou de ne me plus venir si fort, ou qu'il me donne la grace de le suiure. Voila comme il escrit à ce lumineux directeur de sa conscience.

Il estoit si embrasé de ce diuin amour, que la nuit mesme en quelque saison que ce fust, autant de fois qu'il s'éueilloit, il se iettoit aussi-tost en place, emporté comme par vn mouuement ecstatique, pour adorer à genoux la diuine Majesté. Le feu de la charité auoit excité des embrasemens iusques dans son corps : de sorte, qu'au fond de l'hyuer, il lui falloit appliquer des linges moüillez sur l'estomach, pour addoucir la rigueur de ce feu.

Il fit plusieurs années l'office de Lecteur de Theologie, auec vne merueilleuse edification & satisfaction de ses freres; mais souffrant des morts indicibles dans cét emploi d'estudes speculatiues, si opposé à la nuë & simple contemplation de Dieu. Car d'vn costé, son esprit tres-subtil, & sa profonde doctrine le remplissoient des especes de la scholastique : & d'autre-part, ses exercices interieurs exigeoient de lui vn parfait denuëment de toutes formes sensibles & intellectuelles, non simples & epurées, afin que son esprit peust voler sans empeschement à la iouïssance diuine. De sorte, qu'au milieu de ces deux extremitez, il souffroit vn supplice d'amour, qui lui causoit vn perpetuel martire. L'exercice de la speculation, dit-il, en l'vne de ses lettres, est la plus profonde mort, que l'esprit amoureux puisse souffrir. Ie l'ai nouuellement experimenté : car aiant eu tréues pour quinze iours, tout ce temps-là me sembloit vn Paradis. Mais estant arriué à mon estude, & aiant embrassé ma speculation auec viuacité d'esprit (car il le faut faire) ie suis deuenu comme hors du sens ; si que ie pensois mourir de tristesse. Et si ie ne me fusse forcé de cacher ma douleur, les Religieux eussent pensé que i'estois fort malade. Toutefois, ie me plais en cette mort, laquelle ie crois toûiours estre meilleure que la vie.

Sa doctrine estoit vraiement plus infuse qu'acquise, & dans ses explications ordinaires, il faisoit souuent des digressions & des saillies d'esprit si pleines d'onction, sur les matieres de la vie spirituelle, qu'il laissoit à ceux qui l'escoutoient, des lumieres & des sentimens tous extraordinaires. I'enseigne, escriuoit-il à ce sien Directeur, deux Traittez tous d'Amour, de la Grace, & de l'Incarnation. Ie fais infiniment plus d'estat de la connoissance, que Dieu m'en à donné en mon interieur, que de celle que i'aprens dans les liures. Celle-ci est mienne, l'autre est pour autrui. Hæc est sapientia, illa scientia. Mon frere, vous goustez ce que c'est que la vraie Theologie : & moi quoi qu'indigne, en gouste quelque chose, non par mes liures, mais par la communication, que nostre Seigneur m'en fait.

Ie voudrois pouuoir exprimer la haute maniere, auec laquelle il mouroit continuellement à soi-mesme, en tout emploi, & en toute occasion. C'est ce qui lui fist prendre pour sa plus chere deuise, ces deux mots : *Toûiours mourir.* Ce qu'il mettoit si parfaitement en pratique, qu'on peut dire qu'il ne viuoit qu'à Dieu seul d'vne maniere inconnuë. Ie ne sçaurois mieux le representer, qu'en décriuant ici quelques sentences & maximes sur cette matiere, tirées des lettres, qu'il écriuoit au V. Fr. Ian de S. Samson ; puisque c'est là qu'il s'est découuert auec plus d'ingenuité, manifestant son interieur à celui que Dieu lui auoit donné pour Directeur, & pour guide en la vie spirituelle.

I'apprens, dit-il, *tous les iours à mourir, & me pensant mort, ie me trouue encore tout plein de vie.*

Toute abondance me semble vie, & toute perfection me semble impureté. Et nostre Seigneur le sçachant, me daigne faire part de ses derelictions, ita vt tædeat etiam nos viuere: *En sorte que ce me seroit vne chose ennuieuse de viure, sinon que ma vraie vie est vne mort continuelle.*

Si i'auois quelque desir en ce monde, ce seroit de la solitude, afin de mourir, mais ie trouue aussi bien la mort en l'occupation, que dans le silence.

Nostre Seigneur veut, que nous conseruions nostre vie, pour mourir de plus en plus. Semper enim in mortem tradimur propter Iesum, vt siue viuimus siue morimur, Domini simus.

In hoc gaudeo, sed & gaudebo, quia ad nihilum redactus sum, & nesciui.

Il faut mourir, mais en la façon, que celui qui nous mortifie & viuifie, le veut. Ie n'ai point d'autre exercice.

Ie me sens desireux de mourir, non de la mort corporelle, elle m'est indifferente; mais de celle des Anges. Morte Angelorum. *Mon frere, vous sçauez ce que c'est. Ie ne pense pas que nous puissions viure sans mourir; iouir c'est viure, mourir c'est desirer auec anxieté.* Hæc est vita amantium Deum.

Nostre bien gist à estre engloutis de cét amour abissal, qui perpetuellement nous deuore, sans nous consommer. Car vous sçauez comment nous sommes, ceux desquels il est dit, mors depascet eos.

Enfin, dans cette continuelle pratique de mort spirituelle & mistique, il s'estoit approprié certains mots de saint Paul, dont il se seruoit souuent, pour exprimer son estat interieur: comme ceux-ci. *Mihi viuere Christus est, & mori lucrum.* Ma vie est toute en IESVS-

V iij

CHRIST, & tout mon gain consiste à mourir. *Puto quòd Deus nos nouißimos ostendit, tanquàm morti destinatos.* Il me semble, que ie suis de ceux, que Dieu n'a destiné que pour mourir; car ie meurs tous les iours. *Quotidie morior.* Là où ie suis, il n'y a ny Ciel, ny terre; *absorpti sumus in miseriâ.* Ie suis tout absorbé dans les miseres de la mort, en telle sorte que ie suis reduit au neant, dans vne maniere inconnuë. *Ad nihilum redactus sum & nesciui.*

Ce qui lui fournissoit plus d'occasion de mourir en ces hautes manieres, estoit la charge de Superieur. D'où il print sujet d'en écrire à son Directeur en ces termes. FIDELIS DEVS, QVI SEMPER TRIVMPHAT NOS IN CHRISTO IESV. *Les offices, où i'auois passé au precedent, me sembloient fournir des occasions suffisantes de mourir; mais celui, où ie suis, m'est vne croix continuelle. Ma deuise est de faire à tous ce que ie pourrai en pure charité; & pour cela estre sindiqué, calomnié, & le reste. Mais ce n'est rien en comparaison des morts interieures, qui sont telles, que si ie n'estois mort en desir, tæderet me viuere.*

Dans cette charge de Superieur, il auoit souuent à la bouche ces paroles de S. Paul: *Quis infirmatur, & ego non infirmor? quis scandalisatur & ego non vror?* AVTANT, disoit-il, que ie voi de desordres, ausquels ie ne puis remedier, ce sont autant de pointures mortelles, qui me percent de part en part, & me font expirer en celui que ie soustiens immobilement. Il me semble l'imiter en son gouuernement, qui voit & & tolere les desordres des hommes, sans en estre émeu; quoi qu'ils lui déplaisent infiniment. QVASI RVPTO MVRO ET APERTA IANVA, *irruerunt super me quotidianæ, sollicitudines fratrum meorum, quos gesto in visceribus, & quotidie parturio, donec formetur Christus in illis.*

Les bornes, que ie me suis prescrit, ne me permettent pas de m'estendre dauantage sur cette matiere;

non plus que sur vne autre, qui la deuroit suiure immediatement, ie veux dire, sur l'estat de sa vie, ou resurrection spirituelle. Estat, auquel l'ame, comme dégagée des liens de cette mort, & de ce tombeau mistique, dont ie viens de parler ; se trouue toute lumineuse, & heureusement passée dans la liberté des enfans de Dieu. Cela doit estre reserué à l'ouurage entier de sa vie. I'adiousterai seulement en ce lieu, que cét excellent disciple de nostre Aueugle illuminé, estoit veritablement tel qu'il paroist dans les œuures & dans les écrits, qu'il nous a laissé sur la Theologie Mistique. Vn homme tout de feu & de feruecur, vn vrai imitateur de S. Paul, zelé comme vn autre Elie, pour la gloire de Dieu : qui aimoit IESVS-CHRIST, non seulement de parole ; mais par œuure & auec verité. C'est ce qui lui fist prendre pour deuise assez familiere, ces deux mots *verité, verité : fidelité, fidelité*. Insinuant par cette façon de parler, que c'est estre mensonger & infidele à Dieu, de ne suiure pas irrefragablement les pas de IESVS-CHRIST, de manquer à remplir parfaitement les graces & les lumieres, qu'vne ame touchée de son amour, reçoit continuellement de lui.

Que dirai-ie, de sa profonde humilité ? il suffit en ce lieu de dire, qu'estant éleu Vicaire Prouincial, il continua toûjours son humble soûmission à la conduite spirituelle de ce Frere Laïc, duquel i'écris ici l'Histoire. Il le pria par lettres, de lui donner ses conseils & ses aduis, sur les moiens d'auancer la perfection dans nostre Obseruance. *Ie vous prie*, lui dit-il, *auec confiance de me mander ce que vous iugerez estre à propos, que ie fasse en mes visites, pour auancer l'interieur le plus que nous pourrons. C'est mon desir : ie m'en acquitterai mieux en mourant profondement à moi-mesme, que faisant beaucoup à l'exterieur.*

C'est chose rauissante, de voir comme il lui rend

compte de tout ce qui se passe en son ame, aussi naïuement qu'vn Nouice. On le verra en ce qui nous reste de ses lettres, qu'il écriuoit à Fr. Ian de S. Samson. Car on en a bruslé & perdu beaucoup, & ce peu que nous en auons, n'a esté conserué que comme par accident, ou plustost par vne prouidence de Dieu, pour l'accroissement de son amour dans les bonnes ames.

Enfin le R. P. Dominique de S. Albert, aiant dés l'âge de trente & huit-ans consommé son corps de trauaux, de veilles, de penitences, & d'austerités, dans les charges de P. Maistre, de Lecteur en Theologie, de Vicaire Prouincial, de Prieur Conuentuel, & autres notables emplois, dans lesquels il suiuoit toûjours fort exactement la vie reguliere : il deceda au Conuent des Carmes de Nantes, dont il estoit Prieur, le 24. Ianuier 1634. Cette mort, que nous pouuons appeller vraiment precieuse deuant Dieu, fut vne mort d'amour, & le couronnement d'vne vie toute de charité. Iusques là que nostre pieux Aueugle, tres-docte dans le discernement des esprits, n'a pas craint d'auancer du depuis, qu'à peine y auoit-il en son temps vne plus grande sainteté dans l'Eglise, qu'elle estoit en cét homme.

Chapitre Vingt-Huitiesme.

De quelques autres personnes de diuers estats, gaignées & conduites à Dieu par la conuersation, ou direction spirituelle du Venerable Fr. Ian de S. Samson.

DIEV, qui sans acception de personnes, verse liberalement les dons de sa sagesse en qui il lui plaist,

plaist; les fait aussi s'écouler au dehors, quand il est expedient pour sa gloire, & pour le salut du prochain. Nous auons veu au Chapitre precedent, comme quoi nostre humble Frere Laïc, Aueugle, abondamment repû des eaux salutaires de cette sapience diuine, & agissantement par l'Esprit de Dieu, communiquoit sans ialousie & auec profit à ses freres, ce que sans feintise il auoit receu du Ciel. Ie passe maintenant dans l'estat seculier, tant Ecclesiastique que Laïc : & mesme dans quelques autres Ordres Religieux, pour y découurir les fruicts de la conuersation vertueuse de ce bon Frere.

Ie commence par feu Messire Antoine de Reuol, Euesque & Comte de Dol. Depuis que ce tres-digne & tres-vertueux Prelat, eût éprouué son esprit, & sa vertu, par la vraie pierre de touche, qui est l'obeïssance & la parfaite humilité : il lui demeura tellement affectionné, & depuis si charmé par ses diuins entretiens, que souuent il venoit à pied iusques à trois fois en vn mesme iour dans nostre Conuent de Dol, assez éloigné de son Chasteau, pour conferer auec lui, des choses sainctes, & des moiens d'auancer la gloire de Dieu. Ce fut par son aduis qu'il fonda vn Conuent de Religieuses à Dol ; & qu'il fist bastir au champ, dit S. Iammes, vne Chappelle, que lui-mesme dedia pour la cōmodité des malades de peste, dequoy nostre Aueugle auoit reconnu le besoin, lors qu'il les y assistoit.

Il acqui dans ses frequens entretiens, vne si grande tendresse, & vne si ardente charité pour les malades, & pour les personnes agonisantes de sa Ville, & des lieux circonuoisins ; qu'il ne manquoit point de les visiter à pied, quelques pauures qu'ils fussent ; afin de les disposer à bien mourir, ou à souffrir patiemment leur infirmité.

X

Il visitoit nos Religieux malades, auec la mesme tendresse, assistant à la mort de plusieurs, & leur donnant sa benediction, & se trouuant aux obseques presque de tous. Estant depuis lui-mesme malade à Montiliers, & iugeant qu'il en deuoit mourir, il receut des mains du P. Matthieu Exprouincial, le saint Scapulaire de nostre Ordre, auec vne deuotion digne de son charactere, & auec des regrets fort grands de ce qu'il n'auoit pas pris cét habit déslors que Frere Ian lui en auoit parlé. Le Ciel n'aiant pas permis que la mort rauist si tost à la sainte Eglise vn si vertueux Prelat, il redoubla ses actes de vertu dans la santé, que Dieu lui rendit par apres. C'estoit le vrai pere des orphelins & des pauures, son exercice plus assidu, estoit la sainte oraison ; il estoit l'ennemi des vanités du siecle, l'exemple & le flambeau non seulement de tout son Diocese, mais encore de tous les lieux, où il a fait quelque sejour. Autant de fois qu'il voioit quelqu'vn de nos Religieux, & entr'autres le P. Matthieu, il les entretenoit toûjours des bons exemples qu'il auoit receu de Fr. Ian, & de l'estime qu'il en faisoit.

Peu de mois auant sa mort, il fist voiage à Rennes tout exprés pour voir encore vne fois ce saint Religieux, & le pria de lui composer vn Exercice spirituel, pour sa conduite & direction particuliere. A quoi il obeït, & fist le Traitté que nous donnerons au public à la fin de ce liure, sous le tiltre de *Miroir & des flammes de l'amour diuin*. Il le visitoit tous les iours dans sa cellule ; & y demeuroit par fois deux & trois heures en conference, touchant les moiens de mourir saintement ; comme s'il eust preueu qu'il approchoit de sa fin. En effet, estant retourné à Dol, il tomba malade, & couronna bien-tost apres par vne sainte & precieuse mort, plusieurs autres grandes œuures de vertu & de pieté, que ie passe sous silence.

Ie dirai seulement, pour faire en peu de mots l'Eloge de ce grand Euesque, qu'on ne peut trouuer en vn homme de son genie, & de son charactere vne plus profonde humilité, ni vne plus haute sagesse. La premiere, paroist dans son humble soûmission à la conduite spirituelle d'vn pauure Frere Laïc aueugle: Et l'autre, n'éclate pas moins dans le choix qu'il a fait de ce guide, se conduisant à la maniere des vrais sages, non par la regle des sens & de l'apparence humaine; mais selon le fond & la verité de l'Esprit de Dieu.

Ie ne veux point rebattre en ce lieu la haute estime que Messire Pierre Cornulier tres-digne & tres-vertueux Euesque de Rennes, fist par apres de Fr. Ian de saint Samson: ny comme par vne sainte auidité de l'entendre parler de Dieu, il venoit en nostre Conuent, afin d'écouter les instructions, que ce Frere donnoit par obedience à vn autre Frere Laïc. Ie sçai que ce sage Prelat charmé par ces pieux entretiens, dist vn iour à vn Superieur signalé parmi nous, qu'il lui sembloit voir vn autre S. Paul dans le desert. I'omets encore ce que ie pourrois rapporter à ce propos de deux autres grands Prelats: de feu Monseigneur de Cussé premier President de Bretagne: de quelques autres Presidens & Conseillers du Parlement: & mesme de la tres-auguste Reine de France Marie de Medicis, Mere du feu Roi Loüis XIII. de glorieuse memoire. Ces choses, quoi que tres-notables, n'appartenans pas tant à ce lieu, ie continuerai de parler de ceux qui par la conuersation, qu'ils ont euë auec lui ont esté gaignez à Dieu, ou mesme se sont volontairement soûmis à sa conduite.

I'ai déja insinué au commencement, qu'estant à Dol affligé depuis long-temps d'vne fiévre quarte, vn tres-bon Prestre Recteur, ou Curé d'vne Paroisse voisine, l'emmena chez lui, pour le faire traitter. Dans cette occasion, il fist de tres-grands profits, pour le salut des ames, & pour l'instruction des enfans en la foi Catholique. Ce Recteur estoit vn homme fort charitable, qui portoit sur sa face beaucoup des lineamens de celle du B. François de Sales, Euesque de Geneue; & qui lui ressembloit encore plus dans son graue maintien, dans sa douceur, & en beaucoup d'autres perfections. Il auoit auec lui vne sienne Sœur, vieille femme, veufue, fort graue, deuote & charitable vers les malades & les pauures de toute la Paroisse. A peine, nostre Frere fut-il arriué chez ce bon Ecclesiastique, qu'il commença à embaüsmer, non seulement cette maison, mais encore tout le païs de l'odeur de ses vertus; & on reconnut aussi-tost en ces quartiers le prix du thresor, que Dieu y auoit enuoié dans ce vertueux Aueugle. Le Recteur & les autres Prestres de la Paroisse, se firent aussi-tost ses Disciples en la vie spirituelle, & tous les iours il leur faisoit de pieux entretiens sur les matieres de la vertu, & des obligations de leur condition. A quoi la bonne Dame, dont ie viens de parler, prenoit vn grand contentement, y appellant tous les soirs les domestiques & seruiteurs de la maison; afin de profiter tous des conferences saintes, qu'ils auoient par ensemble.

Il y auoit entr'autres vn bon Prestre, qui tenoit l'école, & enseignoit la ieunesse: lequel à certains iours de congé, amenoit ses écoliers à Frere Ian de S. Samson. Celui-ci les entretenoit auec tant d'affabilité, & de deuotion, que souuent il leur ostoit l'enuie de se recréer. Tantost il leur faisoit lire quelque liure spirituel; tantost il les interrogeoit sur leur Catechisme, & les instruisoit si methodiquement en la foi Catholique, que la plus grande part des Paroissiens prenoient plaisir à le venir voir, & entendre ses pieux entretiens. Il leur enseignoit à faire au matin la direction de leurs œuures à Dieu: à examiner leur conscience au soir, à sanctifier les Festes, entendre deuotieusement la Messe, frequenter les Sacremens de penitence, & de la sainte Eucharistie, & à porter vne tendre deuotion à la glorieuse Vierge.

Ces exercices de pieté Chrestienne, que les guerres precedétes auoient étouffées dans tout le païs, se renouuellerent en sorte parmi le peuple, que plusieurs se confessoient & communioient aux Festes & Dimanches, & mesme les plus deuots le faisoient assez souuent au Ieudi. C'estoit chose ordinaire, mesme parmi les enfans, de dire tous iours les Litanies de la sainte Vierge. Les filles viuoient chez leurs parens, retirées des occasions de vanité, & plusieurs de ces enfans de l'vn & de l'autre sexe, embrasserent depuis la vie Religieuse en diuers Ordres: dont le nostre peut donner encore auiourd'hui des tesmoignages pleins de benediction, & d'odeur de vertu. Ainsi nostre humble Frere Laïc fut choisi de Dieu, comme vn vrai Apostre de ce païs de Dol, pour défricher cette terre inculte, pleine d'espines & de halliers, que l'heresie & les guerres y auoient produit. Car, à l'exéple des habitans de cette Paroisse, où il fist tant de bien, ceux des Paroisses voisines deuenus emulateurs de leurs vertus & de leur pieté, commencerent à se porter à la deuotion, & au seruice de Dieu: de sorte, que par ce moien, tout l'Euesché a esté peuplé de personnes tres-feruentes en la foi, & affectionnées aux exercices de la pieté & perfection Chrestienne.

Mais sur tous, le Recteur de Roz, & sa bonne sœur; dont i'ai déja parlé firent gloire de se soûmettre à la conduite spirituelle de cét Aueugle illuminé, & en tirerent des profits spirituels tres-auantageux. Car estans conduits par cette belle lumiere, ils changerent leur maison comme vn en petit Monastere, où toute la famille viuoit d'vne maniere fort sainte. Ils faisoient oraison reglée, receuoient les pauures, & les passans, auec vne tendre charité; ils les seruoient à table auec des ciuilités & ceremonies toutes religieuses. En vn mot, ils pratiquoient toutes les vertus Chrestiennes, d'vne maniere fort exacte.

Apres quelque sejour, qu'il fist à diuerses fois en cette maison, il eût obedience d'aller à Rennes; où ce bon Recteur fist voiage exprés, pour le prier de lui composer vn Exercice spirituel, & vn autre à sa Sœur, pour leur direction & conduite interieure. Le Frere dicta ces deux Exercices & les leur enuoia; d'où ils tirerent des profits si auantageux, qu'à leur decez, l'vn & l'autre laissa dans le païs vne grande odeur de vertu, qui dure encore iusques à present.

Ses exemples, & sa pieuse conuersation n'eurent pas vn moindre succez au sujet de deux Predicateurs de l'Ordre de S. François; l'vn, celebre Docteur, l'autre Bachelier en Theologie, de la Faculté de Paris. Ces deux Religieux prescherent successiuement le Caresme à Dol, peu de temps apres la Profession de nostre Aueugle, & apres l'auoir quelquefois visité, ils furent si edifiez des exemples de sa vertu, que deslors ils proposerent, l'vn & l'autre, d'embrasser la Reforme des R. R. P. P. Recollets. En effet, si-tost que ces deux se furent rejoints à Paris, ils se resolurent d'aller à Lion, pour accomplir ce dessein. Or, ce qui est beaucoup à remarquer, ils furent à mesme temps visitez, par vn de nos Superieurs, qui les trouua auec trois ou quatre autres Religieux du mesme Institut, & touchez du mesme desir, pleurans tous à chaudes larmes le déchet de la perfection Religieuse, dans leur Ordre. Le Pere aiant appris le sujet de leur desolation, leur dist qu'il n'estoit pas moins obligé qu'eux de respandre des larmes sur les déreglemens, que les guerres auoient causé dans le sien : & specialement de ce qu'il se voioit dans vne Prouince, où la Regle n'estoit gueres mieux obseruée que dans les autres, ils lui repliquerent qu'il y auoit beaucoup de difference, veu que la Regle des Carmes n'oblige sous peine de peché mortel, qu'en ce qui regarde les vœux : ioint que nous auons veu, dirent-ils, en vostre Conuent de Dol, vostre bon Aueugle, qui y vit auec vn si grand exemple : qu'il est capable d'introduire la Reforme dans vostre Prouince. Là dessus, le Docteur susdit ietta vn grand soûpir auec plusieurs larmes, prononçant ces paroles de S. Augustin : en ses Confessions : *Surgunt indocti & cœlum rapiunt, & nos cū doctrinis nostris sine corde, ecce vbi volutamur, in carne & sanguine.* Les idiots s'éleuent vers le Ciel, & le rauissent ; & nous auec nos sciences, voila que nous croupissons sans courage dans la chair & dans le sang. Sans doute, poursuiuit ce Docteur, ce bon Frere Laïc, aueugle, nous fait rougir de honte, & nous vous asseurons, qu'il a beaucoup contribué au dessein, dans lequel nous sommes, d'embrasser la Reforme. Le Bachelier, qui auoit presché à Dol, en dist autant ; & dés le lendemain, ils allerent se rendre Recollets, dans la Congregation desquels ils ont saintement perseueré.

Ie pourrai encore insinuer en passant, que dés le temps que nostre Frere estoit seculier, tous ceux qui lui seruoient de Lecteurs remportoient de cét emploi & de ses entretiens, de fort grands desirs de seruir Dieu. Les vns se rendoient Religieux. Les autres l'estans déja, embrassoient la Reforme. Les autres viuoient dans le monde auec vne deuotion extraordinaire. Vn soldat mesme, ce qui est assez rare, deuint si deuot pour l'auoir frequenté, lui seruant de Lecteur; que s'estant ietté dans la solitude, pour s'y exercer en continuelle oraison, il print enfin l'habit de Religieux, pour faire l'entier holocauste de soi-mesme au seruice de Dieu.

Enfin, ie pourrois fournir beaucoup d'autres exemples, des rares effets de la sainte conuersation de cét homme de Dieu, tant parmi les seculiers, qu'entre les Religieux. Ce que i'omets afin de n'exceder pas les termes, que l'obeïssance à prescrit à cét ouurage. Il me suffit d'en auoir rapporté d'assez illustres en toutes sortes d'estats, ainsi qu'on aduoüera, si on y veut reflechir sans interest. Pour ce qui est de nostre Obseruance, elle en ressentira eternellement les profits, à cause de plusieurs des nostres, qui aians flairé l'odeur de cette conuersation, ont genereusement suiui les traces de ce pieux Aueugle. Entre lesquels plusieurs sont encore viuans, celebres en pieté, en doctrine, & dans les emplois de Religion, dont la modestie m'impose le silence. Les autres sont decedez en odeur de benediction, pleins de vertu, de sagesse, & de capacité: la recommandation desquels merite vne meilleure plume, & vn ouurage tout particulier.

CHAPITRE VINGT-NEVFIESME.

Des bruslans desirs, que Fr. Ian de S. Samson auoit de mourir: & de sa resignation à la iustice diuine.

C'EST le propre des grandes ames, d'auoir la vie presente en patience, & l'eternelle en desir. L'amour plus fort que la mort leur fait toûjours souhaitter

ter leur separation, & ce desir va toûjours croissant à mesure que Dieu leur découure par auant-gousts les douceurs de l'eternité. Ie ne m'estonne donc pas si nostre Frere n'a iamais eu de plus doux sentimens, que sur ce sujet, & s'il a parsemé ses écrits de tant de saillies d'esprit, qui tesmoignent la forte inclination, qu'il auoit de mourir. Car comment est-ce que la vie presente n'eust pas esté insupportable à vne ame, qui a tant gousté la douceur & la suauité de Dieu, qui a plusieurs fois ioüi de ses communications plus secretes; & qui, au retour delà, se trouuoit toûjours dans vne region de dissemblance.

A l'exemple donc de S. Paul, il regardoit son corps, comme vne fascheuse prison, & la vie presente, comme vn exil tres-penible, dans lequel il souffroit deux sortes de langueurs, l'vne d'amour, & l'autre de pauureté. Langueurs, qui naissoient du desir affamé, qu'il auoit d'aller ioüir parfaitement de l'objet de ses chastes amours. C'est ce qu'il dit manifestement, dans ce passage de son Manuel. *Nous languissons d'amour & de pauureté, en nostre supreme repos fruitif. D'amour, à cause de la science certaine, que nous auons de nostre iouissance obiectiue, par dessus la foi ineffable, que nous en auons. De pauureté, sur ce qui nous manque, pour la consommation de cette iouissance, qui ne nous remplira parfaitement qu'en la gloire consommée. De sorte, que nous auons vne actiue & auide inclination à voir nostre obiet, tel qu'il est en lui-mesme. Car quoi qu'en cette vie & en cette region de dissemblance, nous soions bien-heureux en nostre obiet, voire en tous euenemens: si ne le sommes nous pas en nostre total, non pas d'vne infinie distance: quoi que, dis-ie, nous le soions autant que le peut estre vn viateur, qui est comprehenseur imparfait & de tres-loing.*

A ceci se rapporte ce qu'il dit ailleurs sur le mesme sujet. *Quelle gloire attendons-nous?* dit-il, *n'auons nous pas*

Y

toûjours noſtre gloire preſente ? Oüi, & non, pour diuers reſpect. Car encore qu'il ſoit vrai, qu'au meilleur ſens, qui ſe puiſſe iamais conceuoir, nous deuons immobilement arreſter & eſtablir noſtre pleine gloire, ſelon noſtre intime deſir, qui n'eſt que
Dieu meſme & ſa sureſſence ; neantmoins, nous ſommes aggrauez, & affaiſſez du poids de noſtre propre corps. Et cette
vie, quoi que tres-riche, & tres-auantageuſe en Dieu, nous
eſt tres-penible & ennuieuſe, & nous l'eſtimons comme vne
tres-prolixe mort. A quoi il adiouſte en vn autre endroit, qu'encore qu'il ne ſoit rien de plus onereux à
l'ame contemplatiue, que cette vie mortelle ; toutefois elle la ſouffre auec humble reſignation, & conformité aux volontez diuines. Et que cela l'accableroit de triſteſſe, ſans le ſecours de ſon diuin amour ; qui
fait que toutes les viciſſitudes & changemens de cette
vie, ne ſeruent que pour l'épurer toûjours de plus en
plus.

  Cette peine ſenſible & douloureuſe, qu'il auoit d'e-
ſtre retenu dans les liens de ſon corps, lui fiſt comprendre à l'extraordinaire, le miſterieux abbaiſſement
du Fils de Dieu dans l'Incarnation. C'eſt, lui dit-il
amoureuſement, ce qui eſt admirable, que vous ſoiez fait
homme de douleurs & de pauureté en la voie, comme l'vn
de nous, mon Dieu, mon amour, & ma vie ; pour rachepter
les pecheurs de la mort du peché. Failloit-il tant ſouffrir de peines & de miſeres, tout le temps d'vne ſi longue & ſi peineuſe
vie ? Car vous voila déia empriſonné & enfermé pour cela dans
le ſein de voſtre Mere, comme dans vn cachot, & tout ainſi
qu'vn enfant criminel. Qu'eſt-ce que cela, ô mon amour, & ma
vie ? Voila dequoi arreſter, eſtonner, & rauir pour iamais toute creature capable de raiſon, & d'amour.

  De ce deſir tres-ardent, qu'il auoit de mourir, pour
aller iouïr de Dieu, naiſſoit la haine irreconciliable,
qu'il portoit a ſon corps, comme aux liens & à la pri-

son qui le retenoit hors de son centre & de son repos. De sorte, qu'il eust souhaitté de le rompre & de l'aneantir à force d'austeritez, s'il lui eust esté permis. Et le peu de nourriture & d'autres soulagemens necessaires, qu'il estoit contraint de donner à ce corps de mort, n'estoit qu'à contre-cœur, & pour obeir aux loix d'vne prouidence indispensable : à quoi il donnoit le nom de martire, disant que s'il cessoit de manger, il cesseroit d'estre Martir. De vrai, ses gemissemens, ses soûpirs & ses élancemens amoureux, font assés voir, combien à l'imitation du grand Apostre, il desiroit ardemment la dissolution de son corps, pour estre vni auec Iesvs-Christ, son amour & son tout En voici vn petit recueil.

Si l'ame, qui est emprisonnée ici bas, pouuoit voir clairement & à découuert les miseres de cette vie ; ah! que diroit-elle, & quels seroient les élans de son amour?

La douleur, qui me fait languir est plus penible, que la mort. Car celle-ci est la fin de toutes les souffrances : mais moi, ie meurs cent fois le iour sans mourir, ni mettre fin à ma douleur. O mort, qui est mon extreme, tire moi d'vne autre extremité ou ie suis ; puisque tu es l'extreme de ma douleur, & de mon bon-heur tout ensemble.

Cela me fait cruellement mourir, d'estre obligé de conseruer ma vie, qui seule m'empesche d'aller iouir de mon repos, & de mon amour. O mort, que tu me serois douce, & que tu m'es cruelle ! Helas ! ie te souhaitte cent fois chaque iour, & toûjours ie me trouue en cette vie miserable.

Heureux le iour, ô mon Dieu, heureux le iour, que ie quitterai cette vie miserable, pour vous voir clairement & à découuert ! quoi que ie vous aime ici bas, mon ame ne sera iamais contente, qu'elle ne possede ce

Y ij

« bon-heur. Car ô mon amour, elle est vostre intime
« amie ; a cause de l'amour, qui nous vnit ensemble,
« vous & moi. C'est à quoi vous aurez égard, & à la con-
« fiance que i'ai en vous seul : & non à mes pechez, au
« temps de mon départ & de ma dissolution.

« O que c'est vn doux & rigoureux martire, de n'a-
« uoir qu'vn seul bien, & ne respirer que vous, ô mon
« cher amour! i'aduouë, i'aduouë, qu'il n'est pas possi-
« ble de tant souffrir sans se plaindre. Mais quoi? Ne sça-
« uez-vous pas, que c'est mon amour, qui me rauist où
« il veut?

« O eternelle grandeur, que ie suis ardemment épris
« de vous! ô douce mort! que ne viens tu à moi? Helas!
« ie t'appelle cent & cent fois, & iamais tu ne viens.

« Helas, ma chere vie! que vous tardez long-temps
« à m'oster de cette vie si dure, & si penible, ie ne fais
« que languir, ie soûpire & aspire incessamment à vous :
« n'écouterez-vous point mes plaintes? Ne m'osterez-
« vous point de la tirannie de ce corps, où ie souffre vn
« continuel martire, consommant peu à peu mon amou-
« reux sacrifice?

« O feu diuin! ô aimable & douce ardeur! ô ma ioie,
« mon amour & ma felicité! voiez, comme ie ne fais
« que languir, si vous ne me tirez de ce triste exil, apres
« m'auoir consommé parfaitement en vous. Que ferai-
« ie, ô mon amour! Si vous me laissés plus long-temps
« sans me transformer en vous, & sans me monstrer la
« beauté de vostre face?

« Helas, ie suis ici dans vn seiour de peché, & d'a-
« mour propre; qui, quoi que ie l'abhorre infiniment,
« s'insinuë neantmoins sous couleur de pieté. Ah Dieu!
« sera-ce pour long-temps, que ie me verrai priué de
« vous, cher objet de mon bon-heur? Mon ame sera
« toûjours languissante, & sans repos, & mourra mille

& mille fois ; tandis qu'elle se verra dans cette vie miserable, & dans vne continuelle crainte de vous offenser.

Vous estonnez-vous, ô mon amour, si mon ame soûpire sans cesse apres vous ? N'estes vous pas l'objet des bien-heureux Esprits, & de leur amoureuse contemplation ? N'estes-vous pas leur tout, leur lumiere, leur beauté & leur eternité bien-heureuse, en laquelle vous estes tout à eux, tout en eux, & eux tous en vous ?

Estant perdu en vous, comme ie suis, ô mon amour, ie possede veritablement en vous des richesses infinies. Mais ie suis pauure d'autre part, puisque ie ne vous possede pas parfaitement. C'est estre pauure & riche tout ensemble ; c'est auoir & n'auoir pas ; c'est posseder & ne sçauoir ce qu'on possede dans ce lieu de tenebres, & dans cette vie d'obscurité.

De ces ardens & continuels soûpirs, on peut facilement iuger, que la mort ne l'a pû prendre à l'impourueu, puis qu'il est tres-vrai qu'on pense souuent à ce qu'on desire auec ardeur. Mais ce qui rend ceci plus considerable, c'est sa totale resignation à la volonté & à la iustice diuine. Sentiment, qui n'appartient qu'aux ames bien épurées, comme lui-mesme l'enseigne par ces paroles.

Les vrais seruiteurs de Dieu sçauent tres-bien, qu'il iugera les iustices des hommes tout autrement, & auec plus de rigueur, qu'ils ne pensent. Mais cela mesme ne leur est rien, veu le desir, qu'il ont de Dieu, & de sa satisfaction. Car ils sont resignez à toute eternité à son bon plaisir, qu'il face iustice d'eux selon sa volonté.

Il faisoit plus d'estat de cét abandon à la Iustice de Dieu, que de recourir à son infinie misericorde. Parce que dans le dernier, il y a toûjours quelque meslange d'interest & de reflexion sur soi-mesme ; là où la resi-

Y iij

gnation à la iustice de Dieu, semble n'auoir rien de l'homme : & rend l'homme tout diuin. Car il ne reflechist que sur la grandeur, & sur la gloire infinie de Dieu, pour lui satisfaire à quelque prix que ce soit. C'est pourquoi, afin de preuenir toute apprehension naturelle, qu'il eust pû ressentir à la mort, il dicta cette rauissante doctrine ; *Que le temps de la mort est vn temps de totale renonciation à soi-mesme : que c'est lors, si iamais, qu'on doit craindre les propres recherches, plus que l'Enfer : & estre sans vouloir & non vouloir.* Encore donc, poursuit-il, *que le vrai amoureux, qui est veritablement humble, aie suiet de craindre la iustice diuine : neantmoins il ne se change iamais pour aucun temps. Car il est pour lui du poinct de la mort, comme de sa vie la plus asseurée & confidente ; & le contraire ne peut venir, que d'vne tres-grande infidelité. Helas ! nostre vie n'est-elle pas assez miserablement passée en mille recherches inconnuës, sans se rechercher sciemment & manifestement au poinct de la mort ; reflechissant sur soi-mesme, ainsi que les hommes les plus communs, manque de foi, & d'amoureuse & confidente fidelité à Dieu ? C'est laisser l'amour de Dieu, pour se couurir du bouclier de sa propre iustice : & croire qu'on fera barriere à la iustice diuine, en ce poinct de deffiance ; afin de n'estre pas condamné sur ses infidelitez passées. Pour moi, ie suis bien empesché à conceuoir, & n'oserois le resoudre, si les hommes demeurent apres cela en quelque degré de Charité.*

Dictant vn iour vn Traitté, qu'il nous a laissé, de la preparation à la mort, il se trouua tellement agi de l'esprit de Dieu, & si hors de soi-mesme, que tout ainsi que s'il eust esté vraiement prest de mourir, & aux dernieres agonies, il commença à parler en cette maniere.

« O desirée, ô douce mort ! ô mon cher amour ! est-il
« possible que ie sois arriué au poinct de mon sort tant de-
« siré ? Ah ! que i'ai esté pauure iusques ici : & que ie suis

riche maintenant en la pleine poſſeſſion de vous, ô
mon cher Epoux, qui n'auez ny bornes, ny limites,
non pas meſme en voſtre communication ! c'eſt cela
qui me rauit maintenant en vous-meſme. C'eſt en voſtre veuë & contemplation, que conſiſte ma ſouueraine felicité, laquelle ne ſera comblée qu'en la voſtre &
de la voſtre; où ie ſerai autant eternel dés maintenant,
que i'ai iamais eſté temporel dedans le temps.

Vos yeux, ô mon cher amour, me font maintenant
m'enuoler de ma mortelle & corruptible priſon, en
voſtre diuine & pleine mer; qui eſt la glorieuſe region
de tous les Bien-heureux Eſprits amoureux; qui brû-
lent eternellement d'amour, de ioie & de gloire ineffable au total de vous-meſme; ou tout eſt vous-meſme;
d'vne maniere incomprehenſible. Dont le gouſt eſt ſi
delicieux en chacun de vos amureux, qu'on n'en conçoit, & n'en dit-on rien, ici, quoi que dés ici on en aie
beu à longs traicts. Ce qui a eſté d'vne ſi merueilleuſe
ebrieté; que rien n'en tombe ſous le ſens humain.

Helas, i'ai ſouuent eu ſujet de lamenter ſur ma vie
de diſſemblance d'auec vous, laquelle il m'a fallu endurer en voſtre pleine conformité amoureuſe; lors
particulierement que ie me fondois en voſtre feu ſur le
ſujet de ces paroles: *l'homme ne me verra point tandis
qu'il viura*. Ah, mon cher amour! que cette verité m'a
ſouuent raui là; d'où eſtant retourné à moi-meſme, ie
mourois de ne mourir pas.

O douce & deſirée refuſion! Ah! mon amour, que
l'effuſion de moi-meſme m'a eſté vne cruelle mort!
Vous le ſçauez ſeul, & combien mes conuerſions en
vous m'ont eſté douces, quoi qu'imparfaites: neantmoins, tout y a eſté tel que vous l'auez fait, comme
vous le ſçauez. Car quand vous m'auez viuement agité, vous aués fait en moi, ce que vous ſçauez ſeul, &

« ce qu'il ne m'a iamais esté loisible de dire, sinon à vos
« plus intimes amis.

« Neantmoins, comme le Cerf échauffé, desire vi-
« uement les eaux, pour son rafraichissement : de mes-
« me, ie desire ardemment me gorger en infinie plenitu-
« de de satieté, dans vostre infinie mer.

Telles estoient les douces & amoureuses liquefa-
ctions de ce cœur desireux de Dieu : & par consequent,
de mourir à cette vie miserable & mortelle, qui re-
tardoit la iouïssance de son diuin amour. Sur quoi on
ne se doit pas étonner de le voir parler en homme mourant, si long temps auant que mourir ; puisque l'ardent
desir d'vne chose la fait souuent iuger comme presente, quoi qu'elle soit tres-éloignée, ou mesme impossible. Ici les hommes, qui sont enyurez des choses de
ce monde, & qui ne fuient rien tant que la mort, & les
souffrances, pourront voir tres-sensiblement combien il y a de difference entre vn cœur amoureux de
son Dieu, & celui qui n'aime que la terre, & les choses corruptibles ; & comme à l'vn le morceau de la
mort est tout plein d'amertume ; & à l'autre, au contraire, il apporte des consolations admirables.

CHAPITRE TRENTIESME.

De sa derniere maladie, & de sa mort.

DIEV voulant enfin exaucer la voix de cette ge-
missante tourterelle, & deliurer ce sien seruiteur
de ce mortel exil ; permit qu'il tomba malade d'vne
fiévre, le troisiesme iour de Septembre, l'an 1636. Le
premier accez de cette derniere maladie, lui dura iusques au lendemain au soir. Il tascha de celer son mal,
afin

afin d'éuiter les foulagemens, & de souffrir dauantage. Mais n'aiant pû empefcher, qu'on ne s'en apperçeuft, l'Obedience le contraignit, apres beaucoup de refiftances, d'aller au troifiefme iour à l'Infirmerie.

Le dixiefme du mois, il lui furuint vne groffe fluxion d'humeurs dans l'eftomach, auec pleurefie & douleur de cofté, mal de tefte fort violent, & vne grande effufion de bile par tout le corps. Ces accidens ioints à la fiévre, qui s'augmentoit toûjours de plus en plus firent incontinent iuger, que cette maladie tendoit à la mort.

Pour comble de tous ces maux, Dieu qui vouloit qu'il mouruft dans l'imitation de fon Fils noftre Saueur, ainfi qu'il y auoit vefcu; le denua de toute forte de confolation interieure, & le mift en vn eftat, où fes puiffances, ne receuant rien de l'efprit, eftoient comme fufpenduës entre le Ciel & la terre. De forte, qu'il ne pouuoit parler qu'à toute peine, quoi que d'ordinaire auparauant ce iour, la fapience diuine coulaft de fa bouche, comme vn torrent tres-delicieux : non par artifice de paroles, mais par affluence de fentimens & de veritez diuines.

En cét eftat de croix interieures, & exterieures, le Vendredi apres Matines, il receut la tres-fainte Communion ; pendant laquelle on apperçeut en lui certaines agitations, qui tefmoignoient (ainfi qu'il auoüa depuis) qu'il refiftoit à quelque forte attaque des Demons.

En effet, c'eft ici vne troifiefme circonftance de fa maladie ; que ces mal-heureux efprits, voians cét homme approcher de fa fin, redoublerent déflors tous leurs efforts contre lui. Ce que l'on remarqua encore plus euidemment la nuit fuiuante, lors qu'il receut le tres-faint Sacrement en forme de Viatique. Car les Demons

Z

enrageans lui cauferent d'horribles vifions imaginaires. *Voiez-vous*, dit-il à fon Infirmier par deux ou trois fois, *Voiez-vous ? que cela eſt horrible & ſale* ! L'Infirmier lui demandant ce que c'eſtoit. Il ne lui voulut rien refpondre : mais depuis, il auoüa le tout. Et la plufpart de fes mouuemens, monſtroient la refiſtance qu'il faifoit à ces efprits ennemis, qui mefme l'excitoient à des propres recherches tres-fubtiles, afin de lui faire peine en ce dernier paſſage.

Parmi ces dernieres agonies le genereux foldat de Iesvs-Christ, ne manqua jamais de conſtance: & diſt à vn Religieux, qu'il ne craignoit nullement les Diables. Pour les recherches de la nature, c'eſt ce qui lui feruit de creufet, pour l'affiner dauantage; fa force à fe furmonter foi-mefme, demeurant toûjours inébranflable. Il adiouſta que s'il euſt peu, il euſt fait écrire ces pieges; afin de donner precaution aux Religieux, pour n'y pas tomber.

Lors qu'on lui apporta le facré Viatique, il pria qu'on le leuaſt du lict, ce que fa foibleſſe ne permit pas. Il fiſt fa proteſtation de foi; & demanda pardon à l'affiſtance le plus energiquement qu'il pût. Ce qu'il fiſt encore vne autrefois, fon humilité lui perfuadant qu'il ne s'eſtoit pas bien acquitté de ce deuoir à la premiere.

La nuict fuiuante, il receut l'extreme-Onction, auec grande attention, & d'vn cœur humble, contrit & amoureux. Le Dimanche au matin fur les neuf heures, il fut preſſé de quelques conuulfions : reïtera fes vœux, & fa profeſſion : & produifit beaucoup d'actes des vertus & d'amour de Dieu, que les vns & les autres lui formoient, fe foûmettant à cela fi exactement, & auec vne telle humilité, qu'on euſt dit, qu'il euſt eſté l'homme le moins experimenté dans la vie fpirituelle.

Le R. P. Archange de faint Luc, Prieur du Con-

Fr. Ian de sainct Samson. 179

ment de Rennes, qui l'assistoit en ce poinct decisif de l'eternité, lui fist reciter le Psalme 141. qui commence, *Voce mea ad Dominum clamaui.* Quand il fut paruenu à ce verset; *Intende ad deprecationem meam, quia humiliatus sum nimis.* Il le repeta par deux fois, d'vn accent, qui monstroit assez que son cœur estoit profondement humilié, & son ame excessiuement appauurie & aneantie.

Enfin, l'heure estant venuë, qui deuoit finir & couronner les trauaux de ce grand seruiteur de Dieu, il prist entre ses mains vn Crucifix, & le colla fortement à sa bouche, tesmoignant par cét amoureux baiser, que la mort le trouuoit attaché en esprit sur la Croix du Sauueur, & dans les sacrez abandons à la volonté de son Pere. Puis, prononçant ces paroles de l'Apostre, *Christo confixus sum cruci*; qui dés son ieune âge, auoient donné commencement à sa parfaite conuersion à Dieu: il rendit son ame à son Createur, âgé de 64. ans, 8. mois & 15. iours; ce fut le 14. de Septembre, iour de l'Exaltation sainte Croix, l'an 1636. iour misterieux pour cét homme vraiement crucifié au monde, & qui par la Croix de IESVS-CHRIST, & par l'imitation de ses souffrances, auoit triomphé de toutes les ruses, & attaques des Demons. Iour, dans lequel sa Croix meritoit d'estre exaltée auec celle de son diuin Maistre & Sauueur, comme le fut autrefois celle de la Seraphique Catherine de Gennes, à pareil iour; à laquelle ce pieux Aueugle portoit grande deuotion: cherissant beaucoup les écrits de cette Bienheureuse; parce qu'il y voioit son estat interieur fort naïuement representé.

En toute sa maladie, il fist paroistre des vertus, & des sentiments bien remarquables. Sa patience estoit si grande, que dans les ardeurs de la fiévre, qui le brusloit sans relasche, & qui lui causoit des douleurs

Z ij

fort cruelles à la teste, & par tout le corps ; on ne le vid iamais se tourner çà & là dans le lict, pour chercher soulagement & repos : soustenant d'vne force inébranslable au corps, & en l'esprit la pesanteur de la main de Dieu. A ce dessein, il paroissoit ne souffrir quasi point, afin qu'on ne compatist pas à son mal : & que la nature priuée de toute consolation, mourust en lui plus cruellement auant de mourir.

Dans cét entier abandon, & delaissement, il dist à quelqu'vn des nostres ; qu'il n'est rien de plus merueilleux, que de voir vne ame se consommer peu à peu aux raions de son diuin Soleil, sans chercher appui ni secours dans les creatures. Que c'est l'effet d'vne force & d'vne patience admirable, tant à souffrir qu'à mourir.

Quelque malade qu'il fust, il ne quitta aucunement ses pratiques de mortification & d'austerité. Quand il souhaittoit quelque rafraichissement au degoust, & à la grande alteration, qu'il souffroit, apres auoir prononcé les deux premiers mots de sa demande, il se taisoit tout court, sans acheuer de dire ce qu'il vouloit; quelque instance qu'on lui en fist. Aiant receu quelque satisfaction selon le goust d'vne ou deux framboises confites ; on eut tres-grande peine à lui en faire reprendre vne autrefois. Ce qu'il faisoit dans tous ses autres besoins, mortifiant tous les appetits de son corps, auec vne generosité nompareille.

On tira de lui, auant qu'il mourust, de belles lumieres sur diuerses interrogations qu'on lui fist. Il dist qu'il y a vne difference si extreme entre le dire, & estre viuement dans l'actuel exercice d'vne nuë souffrance, telle qu'il experimentoit ; qu'on ne le conceuroit iamais, si on n'y auoit passé. Qu'il est aussi vrai que la verité mesme, que la mort du Fils de Dieu a esté plus excellente que toute autre ; parce qu'il s'est trouué dans le total abandon de son Pere. Et comme on lui demanda, s'il ne s'estimoit pas heureux d'imiter son Redempteur en ce passage ? *Trop de bon-heur*, dit-il, *si sa Maiesté m'en faisoit digne.* Il dist qu'il ne faisoit que commencer à sçauoir, ce que c'est que viure & mourir: qu'au reste, il n'eust pas donné vn clou de toutes les peines tant interieures qu'exterieures qu'il souffroit. Que toute son esperance estoit dans la Croix de IESVS-CHRIST, & que tout le bon-heur & la vie d'vn Religieux consiste à patir & mourir.

Il eut toûjours iusques à la mort, vn tel sentiment de son neant & de sa misere, qu'il se iugeoit le plus grand pecheur de la terre : le plus redeuable à Dieu, & neantmoins le plus ingrat & méconoissant de ses bienfaicts, le plus necessiteux de sa grace, & de sa misericorde, qui fust dans tout le reste du monde. Estant interrogé, s'il ne se réjoüissoit pas de se voir si proche du Ciel ? il respondit, *helas ! ie n'en sçai rien : les iugemens de Dieu sont autres, que ceux des hommes.* Il sembloit qu'à mesure qu'il approchoit de sa fin, plus apperceuoit-il les beautez de l'Eternité, & l'infinie vanité des choses de la terre. Et repeta plusieurs fois ces paroles ; *pauures hommes ! pauures hommes ! Helas ! à quoi pensent-ils.*

Son agonie fut plustost vn combat d'amour, que de douleur. Il y experimenta, ce semble, ce qu'il auoit autrefois écrit dans son Cabinet Mistique ; que ceux qui ont les visions horribles des Diables au poinct de la mort, verront aussi alors pour leur consolation, nostre Seigneur IESVS-CHRIST crucifié, & navré de ses pretieuses plaies. Et sembla, qu'il vouloit donner à connoistre, fort peu auant que rendre l'esprit, qu'il ressentoit ce diuin Espoux de son ame, qui lui venoit au deuant auec fa Cour celeste : car on l'entendit proferer (mais fort bas, à cause de sa foiblesse) ces noms de Dieu en Hebreu. *Iehoua, grand Iehoua, Saddai, Elohim, Adonai.* Et ces mots de *lumieres, procession de Saints & de Saintes.* Quoi que c'en soit, ces termes & cette langue extraordinaire, dont on ne lui auoit iamais veu l'vsage, tesmoignoient en lui quelque rare sentiment, duquel il pleut à Dieu addoucir l'amertume de son abandon interieur. Il semble que preuoiant ce bonheur, lequel lui deuoit arriuer, il auoit écrit ces belles paroles dans sa preparation à la mort, parlant à soimesme : *Allez, allez iouïr de la beauté de vostre Espoux, le voici qu'il vient ; allez au deuant de lui, par amoureuse iubilation de cœur & d'esprit : mourez plus d'amour que de douleur.*

Chapitre Trente-vniesme.

Assistances, tant spirituelles, que corporelles, receuës au tombeau du Venerable Frere.

Cevx qui ne se conduisent que par les sens, chercheront peut-estre des miracles en Fr. Ian de S. Samson, la vie duquel dans mon sentiment, a esté vn continuel miracle. Ie n'ai pas dessein de satisfaire à leur aueugle curiosité : & ie laisse vn chacun donner tel nom qu'il lui plaira, à ce que i'ai raconté iusques ici, & à ce que ie vais encore adiouster pour clorre l'abbregé de sa vie. Mon but est seulement de dire auec simplicité & netteté, ce qui est arriué de plus notable depuis son decez, pour la gloire de Dieu, & pour l'edification du prochain. Ie sçai que le discernement des vraies marques de sainteté n'appartient qu'à la sainte Eglise ; mais aussi ne me deffend-elle pas de rapporter simplement les choses comme elles sont, auec entiere soûmission à son iugement, à sa correction, & à son autorité.

La grande pieté, que le peuple de Rennes à pour les personnes Religieuses, & pour ceux qui font profession de vertu, parut auec surcroist au iour de la sepulture de ce tres-saint Religieux. Car le peuple se trouua en foule dans nostre Eglise; on lui couppa tout le poil de la teste, & de la barbe : & encore par apres on lui rasa l'vn & l'autre. On fist toucher à son corps grande quantité de Chappelets : & chacun fist effort pour obtenir quelques reliques de ses vestemens, & d'autres choses qui lui auoient serui. Quoi que son tombeau soit caché à la veuë des seculiers, & renfermé au dedans de nostre Côuent, dans vne Chappelle dediée à nostre-Dame de Pitié, où est la sepulture ordinaire des autres Religieux : cette veneration neantmoins continuë, en sorte que plusieurs font dire en ce lieu des Messes à l'extraordinaire ; & mesme y font porter des Vierges, Images de cire, & autres tesmoignages de l'assistance, qu'ils disent auoir receu de Dieu dans leurs maladies, & autres necessitez, par l'inuocation, & par les prieres du Venerable Fr. Ian de S. Samson. Telle est la voix du peuple, qu'on dit ordinairement estre celle de Dieu. Ce qu'on peut croire d'autant plus innocemment en cette occasion, que nos Religieux, pour ne contreuenir pas aux decrets Apostoliques, se comportent auec plus d'indifference, & de froideur à fomenter cette estime, & à recueillir ces guerisons & assistances extraordinaires, que le peuple croit estre autant de marques de sainteté. En voici neantmoins quelques exemples.

Messire Luc Godard, Seigneur des Loges, President au Parlement de Bretagne, du depuis Prestre de tres-grande vertu, fut attaqué d'vne maladie l'an 1637.

laquelle jointe à sa vieillesse, le faisoit condamner de tous à la mort, & tel estoit le sentiment des Medecins. Vn de nos Religieux, nommé P. Ioseph de IESVS, esperant la guerison du malade, par l'assistance & les prieres de Fr. Ian de S. Samson, autrefois familier ami de ce President, fist vœu & promesse à Dieu, que le malade, s'il recouuroit sa santé, diroit neuf iours consecutifs la Messe en la Chappelle, où repose son corps, & feroit mettre vne tombe de marbre sur le lieu de sa sepulture. Le vœu estant fait, le President commença incontinent à se mieux porter, & en bref, retourné en parfaite santé, ratifia & executa le vœu du Religieux selon toutes ses circonstances.

Vne Damoiselle, fille d'Escuier Pierre de Caradeu, sieur de la Chalotaye, premier Conestable de Rennes, estant trauaillée d'vne fiévre, mist à son col vne Medaille, que deffunt Fr. Ian de S. Samson portoit ordinairement, se confiant en la misericorde de nostre Seigneur, qu'il lui rendroit sa santé par ses merites. En suite dequoi elle n'eut plus aucun accez de fiévre, & fut entierement guerie.

Vne autre fille auoit à la iouë vn mal fort dangereux, que l'on croioit estre vn cancer. Elle y appliqua vne piece de l'habit de nostre Frere Ian, implorant l'aide de ses prieres. Et aussi-tost le mal, qui estoit fort perilleux, à cause qu'il estoit tout concentré & ramassé en peu de lieu, se répandit & dilata par toute la teste: auec vne douleur neantmoins si grande, qu'elle en eut la fiévre pendant trois semaines, sans receuoir aucun soulagement des remedes. Ce que voiant, elle eut encore recours aux reliques des vestemens de ce bon Religieux, & en appliqua sur sa teste. Ce qu'elle n'eut pas plustost fait, que la fiévre cessant, elle fut deliurée de l'vne & de l'autre maladie.

Vne

Vne autre sienne voisine auoit vn mal en vne cuisse, qui lui rendoit cette partie tantost froide comme marbre, tantost bruslante comme feu; auec des douleurs, qui ne lui donnoient aucun repos. De sorte qu'elle n'osoit pas mesme se toucher. La fille, dont ie viens de parler, lui dist qu'elle se recommandast au bon Fr. Ian de S. Samson, lequel elle estimoit bien-heureux. Ce qu'elle fist : & à la mesme heure se trouua si parfaitement soulagée de sa douleur, qu'il ne lui en resta que fort peu, qui cessa bien-tost apres.

Vn de nos Religieux, nommé P. Eutrope de sainte Catherine, estant encore seculier, & demandant l'habit de nostre Ordre à Orleans, fut refusé plusieurs fois à cause d'vne taye, qu'il auoit dés son enfance sur vn œil, dont il ne voioit quasi point. Par trois iours consecutifs, c'est à dire, vne fois chaque iour, il appliqua sur son œil vne lettre que le V. Frere auoit autrefois dictée : & fist quelques prieres à Dieu, pour le recouurement de sa veuë. Dés le second iour il commença à voir beaucoup plus que d'ordinaire : & receut de iour en iour vn si visible soulagement, qu'il recouura enfin parfaitement la veuë, fut receu, & est encore viuant parmi nous Religieux Prestre. Outre l'attestation de ce bien-fait, laquelle il a donné par écrit; il a tesmoigné qu'il a receu plusieurs autres assistances spirituelles de Dieu, par les merites & prieres de son seruiteur.

Vn enfant begue, voüé par ses parens au tombeau du bon Frere, apres neuf Messes celebrées en la Chappelle où il repose, a receu le libre vsage de la langue.

Vn Religieux trauaillé d'vn mal de iambes, où il auoit des vlceres, fut enfin reduit à ne pouuoir quasi plus s'en aider. Il se traisna comme il pût à ce tombeau, & demanda sa guerison à Dieu par les merites de son seruiteur, afin de pouuoir seruir ses freres. Ce qu'il ob-

A a

tint à l'inſtant, & s'en alla gueri. La meſme choſe arriua encore à vn ſeculier, homme de condition & digne de foi.

Vn enfant, apres pluſieurs mois de fiévre, approchant tout viſiblement de la mort: ſa mere, à laquelle vne des voiſines auoit conſeillé de l'apporter en noſtre Egliſe, & de le recommander au bon Frere, negligea quelque temps de le faire. Aiant vn iour reſolu de l'y apporter, elle manqua d'executer ſon deſſein, & ſe diuertit à autre choſe. Le ſoir eſtant venu, la fiévre la ſaiſit auec tant de violence, qu'elle creut que c'eſtoit vne punition de Dieu. Le lendemain, elle prend ſon enfant lequel elle ne croioit pas pouuoir rapporter en vie: elle vient en noſtre Egliſe, & y entendant vne Meſſe, elle demande & obtient ſa propre ſanté, auec celle de ſon enfant.

Iacques Emeri, natif de la Paroiſſe d'Oruille, Eueſché de Roüen, condamné aux Galeres pour cent & vn an par le Preſidial de Rennes, en aiant appellé au Parlement; ſon beau frere, qui ſollicitoit ſon affaire, fiſt dire vne Meſſe en la Chappelle ou repoſe Fr. Ian de S. Samſon; & l'accuſé fut renuoié abſous par arreſt, moiennant cent liures de reparation. Ce qu'il eſtima ſi extraordinaire, qu'vn iour apres eſtant ſorti de priſon, il vint en la meſme Chappelle, rendre action de graces à Dieu pour cette faueur, qu'il croioit auoir receuë par les merites de noſtre Frere.

Vn Docteur en Medecine, de la Faculté de Nantes, malade, & en danger de mort, au iugement meſme d'vne aſſemblée d'autres Medecins; fut voüé à Dieu dans la ville de Rennes, l'an 1645. par vne perſonne ſeculiere, ſous l'inuocation du bon Frere Ian de S. Samſon. Et voila qu'à l'eſtonnement de tous ceux qui ſçauoient ſa maladie, il fut veu deux iours apres marcher par la Ville, auec vne pleine santé.

Honorable homme Iean Gourdel, & Ambroise Aubrée sa Compagne, Marchands de draps de soye à Rennes, auoient vn fils âgé de trois à quatre ans, attaqué d'vne grosse fiévre d'hydropisie & de dysenterie, dont on n'attendoit que la mort. M. Iean Aubrée son grand-Pere, s'estant confessé & communié, fist pour lui, neuf iours consecutifs, visite au tombeau du Venerable Frere, & obtint sa guerison.

La sœur de ce petit garçon, âgée de six ans, estoit depuis le berceau extremement incommodée de loüie. Le mesme Ian Aubrée fist pour elle vne semblable deuotion à ce tombeau; & aiant sçeu, que cette surdité diminuoit de iour en iour, depuis qu'il auoit commencé sa neufuaine, le dixiesme iour, qui estoit le 14. Mai, 1649. il amena sa petite fille à ce tombeau. Durant qu'on celebroit la Messe à son intention, vers l'éleuation de l'Hostie, la fille sentit comme vne main inuisible, qui lui touchoit la teste & les oreilles : duquel attouchement elle fut parfaitement guerie de sa surdité. Elle regarda, toute étonnée, au tour de soi, & voiant que horsmis le Prestre & celui qui le seruoit à l'Autel, elle estoit là toute seule auec son grand-Pere, elle raconta ce merueilleux effet, ainsi que ie viens de le dire. En memoire duquel bien-fait, ledit Aubrée à fait celebrer vn an durant le quatorziesme de chaque mois la sainte Messe en la Chappelle, où repose le corps du seruiteur de Dieu, la petite fille y estant presente auec son Pere, & tenant vn cierge en la main.

Vne Religieuse de grande vertu, Maistresse des Nouices en vn Conuent tres-celebre, auoit en vn genoux vne inflammation & vne tumeur fort douloureuse, qui fist qu'on lui ordonna de s'alitter. L'auersion, que sa vertu lui donnoit des soulagemens de l'Infirmerie, & le preſſant beſoin qu'on auoit alors d'elle au Nouitiat, fiſt qu'elle ſe reſolut de demander à Dieu ſa ſanté corporelle, contre ſon ordinaire. Elle ſe fiſt apporter vne petite parcelle, qu'on lui auoit donné de la robbe du bon Frere Ian de S. Samſon, & la tenant entre ſes mains, elle rendit des actions de graces à la tres-ſainte Trinité, & à l'Humanité deïfiée de IESVS, des miſericordes faites à ce bon Religieux, priant Dieu par ces meſmes miſericordes de lui donner aſſez de ſanté, pour accomplir preſentement ce qui eſtoit de ſon office, ſans eſtre obligée à autre traittement. Elle n'eut pas pluſtoſt appliqué cette relique ſur la partie malade, que les douleurs ceſſerent auſſi-toſt, l'enflure diminua, elle repoſa paiſiblement toute la nuit, & le lendemain elle marcha tres-aiſément. Si bien que deux iours apres toute la fluxion ſe diſſipa, au grand eſtonnement des Medecins. Cette grace exterieure fut ſuiuie d'vne onction ſi intime au fond de ſon ame, qu'elle ne s'eſt point effacée depuis. Ceci arriua dans l'an 1649. & dans l'atteſtation de ce que deſſus, elle adiouſte que depuis elle a obtenu de Dieu par l'innocation de ce bon Religieux, la grace de ſupporter certaine auſterité de ſa regle, que les Medecins auoient iugé tout à fait incompatible auec vne infirmité habituelle qu'elle a; ſans qu'elle ait ſouffert aucun des dangereux accidens, dont on la menaçoit ineuitablement, ſi elle ne ſe diſpenſoit de cette auſterité.

Ie paſſe ſous-ſilence, pluſieurs autres graces obtenuës, de Dieu par ce ſien ſeruiteur: Entr'autres, les guariſons de toutes ſortes de fiévres, & autres maladies; que pluſieurs, tant Religieux, que ſeculiers diſent auoir receu viſitant ſon tombeau. Ce que i'eſtime peu en comparaiſon des aſſiſtances ſpirituelles, qu'on reçoit continuellement en ce lieu de benediction. Car il est vrai, que ce tombeau semble exhaler vne tres-agreable odeur de suauité diuine, qui charme doucement les ames desireuses de Dieu. Là les vns reçoiuent des forces contre les tentations, dont i'ai des memoires bien certains: Les autres y renouuellent tous les iours leurs feruens desirs de tendre à la perfection interieure, & d'imiter ce vertueux Aueugle dans ses pratiques. Tous enfin y reçoiuent des consolations spirituelles, & souuent fort extraordinaires: dont voici deux exemples.

Vn Religieux estant dans vne peine extreme, pour vne affaire qui regardoit la gloire de Dieu, & le bien de son ame; va recommander cette affaire à sa diuine Majesté aux pieds de ce tombeau: à peine eut-il passé en ce lieu le temps de dire trois *Pater* & *Aue*, representant son desir à nostre Seigneur, qu'il se sentit frappé comme d'vn éclat de lumiere plus brillante que celle du Soleil, & à mesme temps il entendit vne voix, qui lui dit ces paroles; *Tais toi; ne te mets point en peine; laisse Dieu disposer de ton affaire & de toi aussi.* Le Religieux tout ébloui de cette lumiere, & versant abondance de larmes, se prosterne contre terre, disant à Dieu: *vostre volonté soit faite, ô mon Dieu, à vostre gloire, & au salut de mon ame. Helas! estant si grand pecheur, que ie suis, comment daignez-vous auoir vn soin si particulier de moi?* Puis il se retira tout comblé de deuotion, & d'vne admirable paix & tranquillité d'esprit, auec vne tres-parfaite confiance en la prouidence de Dieu, pour le succez de son affaire.

Vn autre Religieux commandé par son Superieur, de faire quelque chose, dont il se sentoit notablement incapable; va recommander son Obedience à Dieu au tombeau de Fr. Ian de S. Samson. Et tout en vn moment, voila que nostre Seigneur lui donne les forces

A a iij

& la capacité, au delà de ce qu'il esperoit ; en sorte qu'il fist son Obedience auec auantage & edification.

Chapitre Trente-deuxiesme.
Apparitions du Venerable Frere, depuis son decez.

OVTRE les tesmoignages de benediction, dont Dieu a voulu honorer la memoire de ce bon Religieux : nous auons encore ceux-ci, qu'il a apparu depuis son decez, à des personnes de grande vertu, & tres-dignes de foi. Il a apparu deux fois à vne Religieuse, dont la memoire est en odeur de benediction. Elle le vid la premiere fois eleué en l'air, reuestu d'vne Chappe tres-blanche, & benissant leurs Monasteres auec la main. La seconde fois, il lui apparut en vne occasion assez pressante, & la consola, lui disant qu'ils estoient liez ensemble, par des liens glorieux & honorables. Et puis disparut, la laissant hautement consolée.

Depuis, il apparut au R. P. Matthieu Pinault, considerable parmi nous, au poinct que i'ai dit ci-dessus : lequel en ce temps là, estoit dans le Chasteau d'Engoulesme, en qualité de Confesseur de Monseigneur le Marquis de Chasteau-neuf Garde des Sceaux de France. Ce Pere aiant conuersé quelques années auec nostre pieux Aueugle, mesme auant qu'il fust Religieux, estoit beaucoup sollicité par nos Peres de Rennes, & par autres personnes de qualité, de leur enuoier par écrit sa declaration sur ce qu'il pouuoit sçauoir de la vie, tant seculiere que Religieuse, de Fr. Ian de S. Samson, decedé depuis deux ans. Il refusa long-temps de le faire, pour des raisons fort considerables. Premierement, parce qu'estant alors renfermé fort estroitement dans le donjon du Chasteau & Citadelle d'Engoulesme, il n'auoit pas la liberté d'escrire, sans que ses lettres fussent veuës par celui qui estoit commis à la garde de Monseigneur de Chasteau-neuf. Et craignoit qu'on ne se fust mocqué de plusieurs simplicités, qu'il eust esté obligé d'y emploier, plus estimables qu'estimées parmi les seculiers. Secondement, il faisoit ce refus, parce que tout ce qu'il auoit veu d'exterieur en Frere Ian de S. Samson, n'estoit rien en comparaison de sa vie interieure, & cachée en Dieu. De plus, il auoit souuent oüi dire à ce Frere, qu'il desiroit que sa vie fust entierement inconnuë aux hommes, & connuë à Dieu seul, qu'il adoroit en esprit & en verité. De sorte que le Pere Matthieu s'estoit resolu de n'en rien escrire, afin de ne contreuenir pas aux intentions du deffunct. Neantmoins, il y fut encore plus sollicité par le P. Basile de S. Ian son Compagnon, mesme par Monseigneur de Chasteau-neuf, & par celui qui l'auoit en garde ; lequel promit d'enuoier en toute seureté la declaration qu'il en feroit. Sur ces diuerses instances & sollicitations, le Pere recommande l'affaire à Dieu ; & vn soir s'estant couché, commence à y penser fort serieusement. Les diuerses raisons, pour & contre, se presentent à son esprit, & lui ostent tout moien de dormir, quelque effort qu'il fist pour se defaire de ces pensées. Enfin, il prend vne derniere resolution de ne donner aucune declaration par escrit, s'arrestant sur cette raison principale, qu'il n'estoit aucunement à propos de contreuenir aux volontez de Fr. Ian, en publiant vne vie, qu'il auoit desiré estre inconnuë à tout autre qu'à Dieu. A ce mesme instant, voila qu'il apperçeut vne lumiere, qui remplit & illumina tout le dedans d'vn pauillon, dont son lict estoit

entouré. A la faueur de cette lumiere, le Pere vid distinctement & clairement Frere Ian de S. Samson, vestu de sa robbe, scapulaire & chapperon de couleur minime, ou noir naturel, le visage graue & accompagné d'vne apparente seuerité. Le P. Matthieu n'eut aucune fraieur, ny aucun doute que ce ne fust là vne vraie representation de Frere Ian. Car ce visage en auoit tous les traits, les yeux, les cheueux, la barbe, & la posture tout ainsi que lors qu'il estoit viuant, & profondement occupé au dedans de soi-mesme. Il regarda cét objet l'espace d'vn *Pater*, sans rien dire, afin de n'eueiller pas son compagnon, qui reposoit en vn autre lict. Il se contenta de dire mentalement ces paroles : Si c'est vous, mon Frere Ian, si vous desirez quelque chose de moi, & si vous estes ici enuoié de Dieu, ie vous coniure de sa part, de dire librement ce que vous desirez que ie fasse. Comme i'estois dans ce discours men-
" tal, dit le P. Matthieu dans sa declaration, i'auois les
" yeux fort attentifs à remarquer sa bouche, que ie voiois
" toûjours fermée. Au mesme instant, i'entendis de mes
" propres oreilles fort distinctement toutes les paroles
" suiuantes. La voix estoit comme formée en l'air entre
" lui & moi, sans que ie visse la bouche, ny les lévres
" s'ouurir : Car i'y estois fort attentif. Conformément
" donc à la principale raison qui m'empeschoit de don-
" ner ma declaration, il me dist : *Ne faittes aucune difficul-*
" *té de donner la relation qu'on vous demande. Il est vrai que*
" *i'auois toûjours desiré mener vne vie inconnuë aux hommes. Si*
" *Dieu veut pour sa gloire, que nos freres en connoissent ce qui se*
" *peut connoistre, sa volonté soit faite, ne vous y opposez pas.*
" Cela dit-il, il me vint vn desir de lui parler ; mais ie fus
" retenu de peur d'éueiller & d'espouuanter mon com-
" pagnon. Ie me contentai de dire mentalement : s'il
" plaist à Dieu me tirer d'ici, ie ne manquerai pas de donner

Fr. Ian de sainct Samson. 193

ner les declarations qu'on me demande. Sur cette resolution, la lumiere commença à se diminuer, & en vn
instant le tout disparut. Ie fus encore long-temps
apres, à penser à tout ce que i'auois veu & entendu en
cette apparition, & enfin i'appellai mon compagnon
qui dormoit. Ie lui dis qu'enfin, i'estois resolu de donner mes memoires sur la vocation de Fr. Ian de S. Samson, pour les raisons que ie lui raconterois si-tost qu'il
seroit iour. Ce que ie fis, & en suite quelques mois
apres, nous allasmes à Rennes au Chapitre Prouincial, & là ie donnay mes premieres relations.

I'ai mis tout au long, & à dessein, les circonstances de cette apparition, tirées du rapport qu'en a fait
par escrit le R. P. Matthieu Pinault, pressé par les sollicitations de plusieurs, tant par lettres reiterées, que
par paroles & instantes prieres. Ie l'ai fait, afin qu'on ne
doute pas de la verité de la chose, & que les personnes
intelligentes, examinant toutes ces circonstances, y
puissent découurir les vraies marques de l'esprit de
Dieu, & d'vne apparition surnaturelle. On y obseruera
que ce n'a point esté vn songe, mais vne réelle apparition faite à vn homme profondement occupé de
cette pensée; qu'il n'estoit point à propos de publier la
vie d'vn Religieux, qui a toûjours desiré mener vne vie
cachée aux yeux du monde. L'apparition s'est faite
à vn homme exempt d'illusion, & grand ennemi de ces
choses extraordinaires, si elles n'ont vn fondement assuré. L'esprit de mensonge ne peut estre autheur d'vne
chose, qui tende si directement à la gloire de Dieu, &
au profit des ames, comme fait celle-ci. Ceux qui ont
des visions & des apparitions par ce mauuais principe,
pechent d'ordinaire contre la prudence, ou contre
l'humilité, en les publiant autrement qu'il ne faut; &
& en ressentent des effets tous contraires à ceux que

Bb

produit l'esprit de Dieu, toûjours lumineux & pacifique. L'vn & l'autre defaut ne se void point en ce sujet; le Pere n'aiant publié cette apparition que par obligation de conscience, & auec des moderations tres-grandes. Ces raisons, outre les circonstances, que i'ai ci-deuant décrit, doiuent suffire ce me semble à tout homme, pour ne pas condamner vne chose si remarquable.

Chapitre Trente-troisieme.

Closture de tout cét abregé.

TEL donc a esté le Venerable Fr. Ian de S. Samson dans sa vie, dans sa mort, & dans ses œuures. Tel a esté ce Religieux, lequel à bon droit, ie puis nommer Aueugle illuminé. A la verité, c'estoit vn pauure Frere Laïc, Aueugle dés le berceau, priué des lumieres & des connoissances de la sagesse mondaine: mais illuminé d'vne lumiere plus haute, & enuoié par vn trait de singuliere misericorde dans l'obseruance des Carmes de la Prouince de Touraine, pour nous enseigner quelle est la vraie source & le veritable chemin de la lumiere diuine.

Car nous aduoüons tous à la gloire de Dieu, qui est merueilleux en ses Saints, que ce diuin Contemplatif a esté l'vn des meilleurs instrumens, dont Dieu se soit serui, auec nos premiers Peres, Superieurs & Reformateurs, pour establir parmi nous, ce qu'il y a de principal, qui est l'esprit interieur de conduite & de vie vraiement spirituelle. Tel est l'effet de ses prieres tres-efficaces, qui ont attiré & attireront encore mille benedictions du Ciel; & de sa sagesse diuine, qui reluist admirablement en la composition de ses liures.

Il ne sera pas difficile de le persuader mesme aux

plus incredules, s'ils veulent considerer le nombre prodigieux & la qualité de ses Escrits, dans lesquels il nous a laissé les plus beaux escoulemens de sagesse, les instructions les plus saintes, les conduites les plus lumineuses, les lumieres les plus subtiles, & les fonds les plus profonds de la science des Saints, & de la Theologie Mistique. Tant il est vrai, que l'homme spirituel sonde admirablement les abismes de la Diuinité. C'est là proprement, que i'appelle la consideration de ceux qui chercheront des miracles en sa vie. Car i'auancerai sans crainte, à l'imitation de ce que dist autrefois S. Bonauenture, au sujet du Docteur Angelique S. Thomas; qu'autant qu'il y a de lignes, ou de periodes dans les Escrits de ce lumineux Frere Laïc, ce sont autant de vrais miracles. Ce qui sera aisément aduoüé par tous ceux, qui ont le goust, qu'il faut, de l'esprit de & des œuures de la grace.

Au reste, les ames vraiement experimentées dans les voies de la diuine sagesse, verront assez clairement dans la lecture de ses Escrits, que tout ce que i'ai dit de lui, n'est que tres-peu de chose en comparaison de ce qu'il estoit deuant Dieu: & entreront sans doute en mon sentiment, qu'il eust mieux vallu laisser ses vertus & ses merites dans le silence & dans l'obscurité; que de les faire paroistre si bassement aux yeux des hommes. Mais quoi? C'est vn sacrifice, sinon de iustice, pour le moins d'obeïssance. Dieu en suppléera, s'il lui plaist, les defauts par sa misericorde, la sainte Eglise par sa correction, à laquelle ie me soûmets de tout mon cœur; les saintes ames par leur plus veritable lumiere; & moi-mesme par ces paroles, que i'emprunte de l'Ecclesiastique, pour seruir de closture à cét œuure. *Multa abscondita sunt maiora his; pauca enim vidimus operum eius. Omnia autem Dominus fecit, & piè agentibus dedit sapientiam.* Il y a plusieurs choses tres-sublimes à déduire sur cette vie ; parce que nous n'auons veu que tres-peu de ses plus excellentes œuures, & le reste nous demeure inconnu & caché dans le sein de Dieu, iusques au iour de l'Eternité. C'est à nous de glorifier Dieu, qui est autheur de ces merueilles, & qui n'en fait sauourer & gouster l'excellence, qu'aux esprits vraiement amoureux de la pieté & de la vertu.

EPITAPH. VEN. FR. IOAN. A S. SAMSONE.

Hoc sub marmore quiescit.
VEN. FR. IOANNES A S. SAMSONE, Carmel. Refor. Laïcus, Obseruantiæ Rhedonensis. Verè cœcus illuminatissimus, quo sapientiùs, aut fusiùs, hoc sæculo scripsit nemo de rebus misticis, & verâ Contemplatione.

VITAM DVXIT

Austeritate & laboribus asperam,
Cœlestium contemplatione suauem:
Dæmonum continuo conflictu horribilem,
Angelorum consortio iucundissimam.
Humilitate ad ima depressam.
Ardore Seraphico in Deum transformatam.
Quotidianâ synaxi refectus

Pabulum cœleste casto pectore fouebat, etiam ad sex horas incomsumptum: natiuo calore in Amorem verso.
Quippe delicias putat Christus purißimo sinu teneri.

QVID PLVRA?

In vitâ suâ fecit monstra, in morte mirabilia operatus est:
Quæ si linguæ mortalium sileant, Istius saxa sepulchri: perpetuò loquentur.

SISTE ITAQVE, VIATOR,

Et, si me amas, hic Deum adora In suis gloriosum.

Obijt in Carmelo Rhedonensi, vir verè mundo Crucifixus, in festo Exalt. S. Crucis. 14. Sept. 1636.

ALIVD EPITAPH.

DILECTVS DEO, ET HOMINIBVS
VEN. FR. IOANNES A S. SAMSONE.

Solus inter mortales, moriendo nouum nihil: Viuendo inter immortales, pauca expertus;

Deuixit saeculo, cui numquam vixit:
Deóque suo iunctus, à quo nũquam seiunctus,
Sepulchri tenebris bimâ caecitate assuetus,
Verum solem purissima mentis acie semper intuitus est:
Et spiritali in terrâ lumine, quomodo alius nemo, desuper illustratus;
Deum suum videre, amare, amplecti, iamque toto frui

PERSEVERAT.

Siste paulum, viator, & hoc unum aduorte;
Caecus videt, mortuus viuit,
Pauper Euangelisat:
Ignarus indoctus
Facienda scribit, scribenda facit,
Beatus si audis, credis;
Et sine inuidiâ.
Meliorum charismatum aemulator
Imitaris.

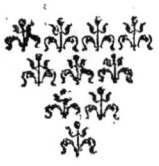

REGLES
ET
MAXIMES
SPIRITVELLES
DV
VEN. FR. IAN DE S. SAMSON,
RELIGIEVX LAIC DE L'ORDRE
des Carmes Reformez.

EXTRAITES DE PLVSIEVRS OEVVRES
Miftiques, qu'il a compofé.

Confiteor tibi, Pater, Domine Cœli & terræ; quia abfcondifti hæc à fapientibus & prudentibus, & reuelafti ea paruulis. Matth. 11.

Deuixit sæculo, cui numquam vixit:
Deóque suo iunctus, à quo nûquam seiunctus,
Sepulchri tenebris bimâ cæcitate assuetus,
Verum solem purissima mentis acie semper intuitus est:
Et spiritali in terrâ lumine, quomodo alius nemo, desuper illustratus;
Deum suum videre, amare, amplecti, iamque toto frui

PERSEVERAT.

Siste paulum, viator, & hoc vnum aduorte;
Cæcus videt, mortuus viuit,
Pauper Euangelisat:
Ignarus indoctus
Facienda scribit, scribenda facit,
Beatus si audis, credis;
Et sine inuidiâ.
Meliorum charismatum æmulator
Imitaris.

REGLES
ET
MAXIMES
SPIRITVELLES
DV
VEN. FR. IAN DE S. SAMSON,
RELIGIEVX LAIC DE L'ORDRE
des Carmes Reformez.

EXTRAITES DE PLVSIEVRS OEVVRES
Miſtiques, qu'il a compoſé.

Confiteor tibi, Pater, Domine Cœli & terræ; quia abſcondiſti hæc à ſapientibus & prudentibus, & reuelaſti ea paruulis. Matth. 11.

PREFACE.

LA Charité, qui communique sans interest & sans ialousie ce qu'elle a receu du Ciel, nous obligeoit de donner au public le reste des Oeuures de nostre Aueugle illuminé. Mais le nombre en est si grand, qu'il n'y a pas maintenant d'apparence que nostre desir puisse estre si tost executé. Nos Superieurs cependant m'ont commandé de tirer de cette immense quantité d'Ecrits, ces Maximes & ces lumieres Spirituelles: Afin que le public iouïsse pour le moins en racourci, de ces sacrées thresors de la sapience Diuine.

Ie n'ai toutefois aucunement touché à ses

Contemplations & Soliloques; ny à son *Cabinet Mistique*, qui contient les Regles de la conduite des Ames Religieuses, depuis le commmencement, iusques au plus haut poinct de la Comtemplation, & des communications diuines. Mon motif est, que ces Traittés contiennent autant de lumieres que de mots, pour ainsi dire : & font, comme ces animaux d'Ezechiel, vn corps tout plein d'yeux, ou pour parler auec sainct Machaire Alexandrin, vn corps qui est tout œil, & toute lumiere. C'est pourquoi nous les reseruons en leur entier, pour les faire paroistre au iour, dans le temps que la diuine Prouidence à determiné.

L'ordre que i'ay tenu dans la distribution des Titres, & des Maximes Spirituelles, n'est pas parfaitement exact. Aussi ay-ie creu que la chose paroistroit plus belle dans sa varieté, que dans tout l'ordre que i'y eusse peu apporter. C'est vne prairie, que la grace à émaillé d'vne agreable confusion de fleurs, dont l'odeur & la beauté ne desagreera pas à ceux qui ont gousté, combien le Seigneur est doux. L'ame sainte, qui comme vne abeille industrieuse, en tirera le miel & le suc du diuin Amour, me fera, s'il lui plaist, part en ses prieres, ie l'en coniure au nom de IESVS-CHRIST, qui est le principe & la fin de cét Ouurage.

TABLE DES TITRES.

1. DE L'humilité.
2. De la superbe.
3. De la connoissance de soi-mesme, & de son propre neant.
4. Du peché.
5. De la vanité du monde.
6. De la vocation en Religion.
7. De l'obeïssance.
8. De la pauureté.
9. De la chasteté.
10. De la modestie.
11. De la solitude.
12. Du silence.
13. Des recherches, & malicieux instincts de la nature.
14. De la mortification.
15. De l'amour de Dieu.
16. De la charité vers le prochain.
17. De l'oraison & vie interieure.
18. De la saincte Communion.
19. De la foi.
20. De la patience, constance, force, & generosité d'esprit.
21. De la resignation.
22. De la mort mistique de l'ame en Dieu.
23. De la vie Contemplatiue & sureminente.
24. De la sapience diuine.
25. De l'abstraction.
26. De la simplicité.
27. De la vraie liberté des enfans de Dieu.
28. De l'estude des sciences.
29. De la mort naturelle, & comme il se faut comporter dans les maladies.
30. De la vieillesse.
31. Regles de la conuersation.
32. De la dignité des Prestres.
33. Maximes & lumieres pour les Superieurs.
34. Lumieres & verités, sur les vexations & illusions diaboliques.
35. Des possessions diaboliques.
36. Regles pour vn Exorciste.

REGLES ET MAXIMES
SPIRITVELLES,
DV
V. F. IAN DE S. SAMSON,
RELIGIEVX LAIC, DE L'ORDRE DES Carmes Reformez.
EXTRAITES DE SES OEVVRES Mistiques.

TITRE PREMIER.
De l'Humilité.

I. J'ESTIME, que l'Humilité ne conuient point aux excellens Saints, dautant que c'eſt l'épouuantable vertu d'vn Dieu faict homme. C'eſt vn excez que ie fais en ma tres-profonde veuë ſur ce ſujet.

II. L'homme aiant perdu la grace par la ſuperbe; Dieu la lui a renduë, par l'humilité de ſon Fils.

III. Le Diable eſt l'autheur, & le principe de l'orgueil; & Dieu eſt le principe, & l'exemplaire de l'humilité.

IV. Si nous ſommes redeuables à Dieu de tout le bien, que nous auons; c'eſt parce que ce diuin Amour s'eſt ſouuerainement humilié. Ce qui fait, que nous pouuons maintenant retourner, mais auec vne difficile facilité, à la condition, de laquelle nous sommes décheus, par la superbe.

V. L'homme ne peut s'humilier surnaturellement, sans la science & la consideration des humiliations & des souffrances de Iesvs-Christ. Car le sang de ce diuin Medecin, aiant esté respandu, pour seruir de medicament & de remede au superbe frenetique; il faut qu'il en fasse vn continuel vsage, pour son entiere guerison.

VI. Quand nous considerons la grandeur & l'amour d'vn Dieu; & son humilité écrite de son propre sang: quand nous le voions humilié & aneanti pour nous sur vne Croix : il faudroit estre sans cœur & sans ame, & estre l'ingratitude mesme, pour ne respondre pas de toutes nos forces à cét immense amour.

VII. Puisque les souffrances & les humiliations du Fils de Dieu sont infinies de sa part, c'est plustost vn sujet à nous autres, de demeurer rauis eternellement en admiration; que de parler si bassement de ce fond, d'où coule vne mer infinie de prodigieuses veritez.

VIII. La vraie humilité est si rare, qu'elle ne se trouue qu'en ceux qui combattent, agonisent, & meurent incessamment à sa poursuitte, à l'imitation de Iesvs-Christ; sans chercher consolation dans les creatures.

IX. La vraie humilité est si rare, que personne n'en veut aborder les moiens; qui sont la mortification, & le mépris de soi-mesme. Et chacun voudroit bien auoir couru cette carriere insensiblement, sans auoir rien fraié du sien.

X. Les hommes vraiement humbles ne sont connus, que par leurs semblables : la mort, & les croix sont leur vnique plaisir; quoi qu'ils n'en tesmoignent rien. Mais

de l'Humilité.

helas ! de qui parlons-nous ? d'vn homme sans doute, aussi rare entre les hommes, que le Phœnix entre les oiseaux.

XI. La vraie vie deuant Dieu, n'est autre, que l'humilité profonde, dans les mocqueries, mépris, insultations, & confusions eternelles, qu'on fera de nous. Toute autre vie, pour rauissante qu'elle soit (fussiez-vous cent fois le iour raui intellectuellement, & hors des sens) ne tesmoigne à tout le monde, qu'vn trompeur trompé, s'il n'est tres-profondement humble & amoureux de la Croix.

XII. Ah ! que c'est vne chose excellente à l'homme, d'estre incessamment le iouët, & la proie des langues des hommes communs.

XIII. On ne peut monstrer ny comprendre dauantage dans le parfaitement humble, que ce qui est exprimé par le terme de *mort*.

XIV. La vraie & profonde humilité doit tenir le vrai mort, toûjours mort, & égal ; ensepulturé auec IESVS-CHRIST, qui est la vie de tous les viuans, en verité de mort & de vie.

XV. Les humiliations du parfaitement humble, sont ordinairement plus passiues qu'actiues ; à cause de son amour, qui est tres-patient à tout souffrir & soustenir.

XVI. C'est vn chemin bien plus pur & plus asseuré, d'estre exercé viuement des creatures, sans ordre ny discretion ; que de se mépriser & accuser soi-mesme deuant les hommes. La creature, qui est ainsi exercée par autrui, est incomparablement plus sainte, plus pure, & plus accomplie. Car en s'exerçant soi-mesme, elle est toute en soi, & n'agist que pour soi : mais en patissant, elle est perduë & aneantie en Dieu, n'enuisageant que l'abisme de la diuinité, & celui de son propre neant.

XVII. Quelqu'vn peut estre deuenu tellement humble, qu'il ne sçait plus ce que c'est qu'humilité, ny autre vertu, comme telle, en sa pratique. Bien plus, on peut ignorer l'amour à force de l'auoir surpassé en Dieu, d'vne maniere toute ineffable.

XVIII. Si vous ne pouuez voler, comme vn Aigle aux eternelles splendeurs des infinis secrets de Dieu; viuez d'humiliation & d'humilité, & vous abismez aussi bas en la verité de vostre rien, que vous auez voulu vous guinder en haut, pensant voler sans aisles.

XIX. Les preceptes d'humilité, qui n'exercent l'homme que par le dehors, ne conuiennent qu'à certains naturellement grossiers & stupides: & ne sont propres qu'à crucifier le sens, à force de lui faire violence.

XX. On ne peut faire aucun tort, ny iniure au vrai humble: attendu qu'on ne sçauroit tant prendre de plaisir à le deprimer, qu'il en prend à s'auilir.

XXI. Les Religieux, pour l'amour de nostre Saueur pauure & crucifié, doiuent se resoudre d'estre l'escabeau des pieds de tous les hommes.

XXII. Les vrais humbles souffrent tout exercice de Dieu, des hommes, & des Diables, par dessus toute consideration, toute discretion, & toute raison; se possedans en paix & en repos de cœur; & attendans en toute humilité le bon plaisir de Dieu, soit à la vie, soit à la mort. Ils ne touchent ny ne s'arrestent non plus aux choses de dehors, que si elles n'estoient point.

XXIII. Les vrais Religieux mourans, aualent tres-ioieusement le Calice de la mortification, humilité, & mépris de soi-mesme.

XXIV. On ne peut conceuoir iusques ou va & creuse l'humilité des vrais sages. Ce qu'ils monstrent en effet, en ce qu'interieurement & au fond d'eux-mesmes, ils reçoiuent toutes les occasions du dehors; non de la
part

part des creatures, mais de la main tres-liberale de Dieu.

XXV. S'il arriuoit, que nous fussions le jouët & la butte de quelqu'vn, mesme non Superieur; le meilleur est, de le laisser faire; quoi qu'il fust licite, & mesme expedient, d'aller au deuant en la volonté de Dieu. Faire autrement, c'est exciter sa propre vie aux pures & simples reflexions : au lieu qu'il faut demeurer inconnu aux hommes en tout sens & manieres.

XXVI. Il faut estre souuerainement humble, fort, & patient, pour viure inconnu entre les meilleurs hommes, & connu de Dieu seul.

XXVII. Là où il n'y a rien, l'humilité est en son centre : car le vrai rien ne peut paroistre aux hommes: mais au lieu du rien, la mort leur apparoist. De sorte, que les hommes voient les mourans & la mort, cependant que le rien leur demeure inconnu, voire mesme à son possesseur, tant il est profondement abismé en Dieu.

XXVIII. La tres-excellente habitude d'humilité, n'est le lustre & l'ornement, que des vraiement morts.

XXIX. Le vrai humble est entierement mort à la nature: & connoissant ses voies tres-occultes, il l'abhorre comme la mort mesme, non comme nature, mais à cause de sa malice & de sa finesse.

XXX. Celui qui est humble en parfaite habitude, ne pense nullement ny à humilité, ny à sainteté pour soi: mais il a vn sentiment tres-vil de soi-mesme; & se comporte comme tel en toutes ses pratiques. Il meurt & vit en Dieu, tres-content en tout éuenement; sans reflechir sur soi, ny sur les creatures. Il reçoit leurs mauuais traittemens auec tres-grand plaisir; & en desire toûjours dauantage, pour ressembler parfaitement à IESVS-CHRIST, son amoureux exemplaire.

D d

XXXI. L'ame genereuse doit inceſſamment pratiquer les humiliations, & les mortifications, tant interieures qu'exterieures: la ſainte & ioieuſe haine & mépris de ſoi-meſme: les ioieux combats de ſes opiniaſtres paſſions, & choſes ſemblables; iuſques à ce qu'elle ſoit ſans empeſchement de cœur, & maiſtreſſe de ſoi-meſme pour Dieu.

XXXII. Perſonne n'a la parfaite habitude d'humilité, ſi ſes meurs, ſes ſentimens, & ſes affections, ne ſont parfaitement purgées, ſon cœur net, & les puiſſances de ſon ame reparées, en ſorte qu'elle puiſſe voler en l'amour de Dieu, au delà de toutes les vertus.

XXXIII. Le vrai humble, qui ne deſire rien pour ſoi, & qui croit, que perſonne ne lui peut faire tort, ne pourra iamais eſtre trompé du Diable, ny de la nature: dautant que Dieu l'enuironne puiſſamment & fortement de toutes parts, comme choſe qui lui appartient, & qui lui eſt pleinement aſſuiettie en temps & en eternité.

XXXIV. Quand on s'humilie plus par raiſon, que par amour, telle humilité n'eſt que feintiſe, & apparence, qui n'endurera iamais l'exercice des hommes au dehors. Car ils excederont toûjours, plus ou moins, le iugement & la raiſon.

XXXV. Tandis que l'homme a beſoin d'eſtre perſuadé de s'humilier, & de mourir à ſoi, il eſt tout plein de ſa propre vie. Et quand la perſuaſion ne lui eſt plus neceſſaire, alors il eſt mort, & iouïſſant de la vraie vie de Dieu.

XXXVI. C'eſt bien pluſtoſt fait de s'humilier, de ſe mortifier, & de ſe mépriſer, que de connoiſtre ſeulement l'excellence de l'humilité. C'eſt pourquoi les excellens miſtiques n'en ont pas tant écrit par raiſon, que par ſentimens purs, profonds, perdus, & ſauoureux.

XXXVII. L'humilité, qui ne dure qu'autant que dure l'influence diuine, n'eſt que plaſtre, que maſque, & que menſonge.

XXXVIII. Le plaiſir d'vne ame ſouuerainement humble, eſt d'entrer au profond abiſme de Dieu ; où elle ſe perd irrecuperablement, en la veuë de ſon infinie grandeur & beauté.

XXXIX. Les degrez de l'humilité, par rapport au corps enſeueli, ſont: eſtre dans vn tres-bas lieu ; eſtre enterré comme mort; eſtre pourri & corrompu, c'eſt à dire, dans ſa propre eſtime : eſtre cendre ; eſtre vn pur rien.

XL. L'amour eſt humble, autant qu'il eſt amour : & l'amour qui n'eſt pas humble, eſt vn Demon.

XLI. L'amour eſt humble dans les commençans, plus humble dans les profitans; humble & vnique en ceux qui ſont vraiement parfaits.

XLII. C'eſt choſe mauuaiſe, ſelon l'appetit naturel, d'eſtre de baſſe condition. Mais à ſens contraire, c'eſt vne choſe auantageuſe, ſelon l'eſprit de Dieu, d'eſtre petit, & meſme aneanti.

XLIII. Celui qui a la parfaite habitude d'humilité eſt heureux ; parce qu'en cela meſme, il eſt diſpoſé à la vraie ſainteté.

XLIV. Il ne ſe trouue perſonne qui ſe veille cacher; mais tout le monde veut paroiſtre, non ce qu'il eſt, mais ce qu'il n'eſt pas.

XLV. L'humilité eſt le fond & le plan de toutes les vertus ; elle eſt leur mere, leur baſe, leur ſouſtien, leur vie, leur force, & leur nerf principal. Et le fond d'humilité eſt ſi fecond à leur égard, qu'il ne peut iamais s'épuiſer.

XLVI. Là où eſt la parfaite humilité, là ſont auſſi toutes les vertus ; & ſi l'humilité vouloit poſſeder tou-

Dd ij

te seule le sujet où elle est, elle le feroit voir dénüé de tout ornement, & couuert seulement de ses vieux haillons; ce qui ne doit pas estre.

XLVII. Toute cheute, ou trebuchement en la vertu est marque de superbe. Et si l'homme estoit vraiement humble, non seulement il ne tomberoit iamais: mais encore il ne rencontreroit iamais rien dans le chemin de la vertu, qui le pûst faire trebucher, à cause de la profonde attention, que les humbles ont sur eux.

XLVIII. Celui-là est bien-heureux, duquel la vie estant tres-haute & excellente en sagesse & en vertu, l'esprit est humble à proportion.

XLIX. Desirez, attendez, souffrez, & mourez inconnu pour iamais: cela est tout, & la vraie sainteté.

TITRE II.

De la Superbe.

I. Qvelqve remede, que nous puissions apporter pour nous affranchir de la Superbe, en la vertu est en l'esprit de Dieu; cela ne sera iamais.

II. L'homme n'est point asseuré en cette vie contre la Superbe. Car quoi qu'il tende à Dieu, à mesure qu'il s'auance en perfection; ses ennemis neantmoins se subtilisent infiniment en lui, pour empescher l'actiuité de son vol pur & actif en Dieu.

III. La principale racine de la Superbe, estant arrachée dans l'homme spirituel, il lui en demeure toûjours d'autres petites tres-subtiles, qui poussent au dehors tant de secretes recherches de soi-mesme, qu'on n'a pû encore les découurir toutes parfaitement.

IV. L'Espoux prend plaisir d'exercer ses espouses par des cheutes legeres, & de commune infirmité; afin de les exempter de Superbe.

V. Dieu a en extreme horreur les propres recherches de foi-mefme en fes dons : puis qu'il preferue quelques ames de ce mal, en permettant qu'elles foient fouuent gourmandées & vaincuës de la Superbe.

VI. Dieu accepte la bonne volonté de ceux qui voudroient, & ne peuuent s'affranchir de la Superbe : & les preferue de la vaine complaifance d'eux-mefme, par le moien de leur profonde, nuë, & renoncée humilité, qui eft cachée fous leur manifefte Superbe. Ainfi l'enfleure douloureufe preferue ces fonds là de l'enfleure delectable; qui les domineroit, s'ils fe voioient plus parfaits.

VII. Le meilleur pour l'homme en cette vie, eft d'ignorer s'il eft en grace & en charité : à caufe de fa profonde Superbe. Si bien que Dieu vfe de bonté & de mifericorde infinie enuers lui, quand il lui cache ainfi les threfors de fa grace & de fon amour.

VIII. La creature eft tres-méchante, qui fait ce tort à Dieu, que de vouloir eftre quelque chofe; voire mefme au refpect de qui que ce foit.

IX. Il vaudroit bien mieux eftre grand & manifefte pecheur, que de languir fciemment en fa Superbe; par faute de defcendre à des exercices bas & efloignez. Ce qui eft l'effet d'vne Superbe nompareille.

X. La peine qu'on fouffre fur quoi que ce foit, monftre manifeftement la Superbe. Car encore que le vrai humble fouffre tout ce qui fe peut penfer; cela neantmoins ne le touche non plus, que fi c'eftoit vn autre & non lui qui patift. D'autant qu'il eft mort; & qu'il n'y a rien que la Superbe, qui le puiffe rendre viuant, & le monftrer tel, tant à foi qu'à autrui.

XI. Nous ne fommes point bleffez, ny par les hommes, ny par les Diables; mais par nous-mefmes, c'eft à dire, par nostre propre superbe, & par les efforts de nos passions.

XII. *L'Ascendance* est vne subtile recherche, qu'il faut éuiter, dautant que cela détruit la sainte, humble, & simple sagesse : & rend l'homme onereux mesme à ses plus familiers.

XIII. Plus vne personne a droit de prendre l'ascendant sur autrui, tant plus a-elle sujet de craindre, & de s'humilier; selon le dire du Sage : *Quantò magnus es, humiliate in omnibus.*

XIV. Plus on est de basse condition, plus se faut-il garder de l'esprit d'ascendance sur autrui. Ceux mesme à qui le droit & la raison donnent l'ascendant sur quelqu'vn, ne le doiuent pas prendre en esprit de nature : mais s'en seruir comme d'vn droit, qui leur est donné de Dieu, pour gouuerner les autres, non par ascendance passionnée, mais par confidente authorité.

XV. O combien y a-il de Religieux enflez de superbe, qui sous vn habit de Religion, prennent l'ascendance en eux-mesmes sur toutes sortes de personnes inferieures. On peut dire, qu'ils mettent la perfection dans leur habit & dans leurs austeritès : mesprisans ceux qui ne viuent pas comme eux, & les iugeans indignes de leur compagnie. Croiez-moi, vne telle vie est l'aueuglement mesme, & le grand chemin pour deuenir Diable à iamais.

XVI. Le parfait mourant, qui est souuerainement attentif à soi, & à l'exercice continuel de ses profondes humiliations, ne se doit iamais indigner sur quoi que ce soit.

XVII. *L'indignation* n'est autre chose, que l'effet d'vne profonde presomption, & confiance en soi-mesme, & partant fille de la superbe.

XVIII. L'indignation & le zele sont l'effet d'vne sagesse presomptueuse. L'indignation s'excite au dedans, & le zele se fait paroistre au dehors sur les defauts d'autrui.

XIX. L'humilité & ses actes frequens doiuent s'opposer au desordre, que fait le zele dans les parfaits.

XX. Plus vn homme est lumineux, plus il abhorre le zele comme la mort ; & ne s'en sert que contre soimesme.

XXI. Celui qui n'est parfait, que selon la nature, ne peut souffrir ceux qui sont imparfaits. Il n'y a que la parfaite charité & la profonde humilité, qui puisse soustenir les grands defauts de nature en son frere.

XXII. Si iamais vn homme n'est assez humble deuant Dieu, comment ose-il se zeler contre quelqu'vn ?

XXIII. Le mort ne se doit iamais zeler, s'il ne lui conuient d'office ; quand le Ciel & la terre deuroient renuerser.

XXIV. C'est chose estrange, que l'homme parfait ne peut soustenir sa propre impuissance, & la couure par vne subtile superbe ; specialement, lors qu'il se void impuissant à faire quelque legere action, qui est facile aux autres.

XXV. Plus on a de propre excellence, plus on est sujet à la honte.

XXVI. Le Diable se contente d'entretenir certains en leur sensualité d'esprit, en leur superbe, & en leur presomption ; sans se soucier beaucoup de leur faire de plus grands maux à l'exterieur ; afin qu'ils s'aueuglent toûjours de plus en plus, & ne se reconnoissent nullement pecheurs au dedans. Car quoi qu'ils se disent tels, cela n'est que fast, vanité, & secrete complaisance. Leur amour propre leur fait croire, qu'ils sont estroittement vnis à Dieu, & les aueugle iusques au poinct de prendre leur mollesse & sensualité, pour vrai & pur esprit. Il leur vaudroit estre comme le commun des hommes, dans vn mediocre degré de grace & de charité. Car ils s'estimeroient au moins pecheurs, au lieu qu'ils se iugent plus saincts que tous les autres.

TITRE III.

De la connoissance de soi-mesme & de son propre neant.

I. La plus importante & necessaire science, que les hommes puissent acquerir en cette vie, c'est vne profonde connoissance de soi-mesme.

II. C'est vne chose déplorable, de voir que les hommes sçauent parler de toutes choses, & cependant sont ignorans d'eux-mesme: ils sont lumineux pour autrui, & aueugles pour soi: prudens, pour conseiller les autres, vains & fols dans leur propre conduite.

III. Les Philosophes anciens & les faux Catholiques n'ont iamais sçeu, & ne sçauront iamais, ce que c'est que se perdre en l'humilité, & mourir à soi.

IV. Celui-là est heureux, qui aiant sorti de soi-mesme, par toutes sortes de pechez, & rodé par tout le monde, comme de maison en maison, en se delectant dans les pratiques des pecheurs; Dieu vient enfin à lui découurir par son raion lumineux les sentiers & la voie de sa propre maison: pour y rentrer, & en reparer les ruines.

V. Celui qui a trouué le fond de sa propre maison, à sçauoir son veritable rien; la doit edifier en charité & vertu, dans les humiliations eternelles. A quoi plus il trauaillera, moins il se lassera: & paruiendra sans s'apperceuoir à la perfection.

VI. Pour paruenir à la connoissance de soi-mesme, il faut oster tout obstacle, qui produit l'ignorance, les tenebres, *de la connoissance de soi-mesme.*

nebres, & la glace du cœur: & puis sonder & peser ses meschancetez, comme effets de la folle opinion qu'on à conceu de soi-mesme. Qu'on oste en suite les fines & couuertes tromperies, la vaine gloire de son cœur par le menu, autant qu'on pourra; & puis en gros, par l'horreur qu'on en doit conceuoir. Alors & non plustost les miseres des pecheurs leur apparoistront.

VII. L'homme, qui ne s'occupe point à se connoistre, ne vaut rien: dautant qu'il ne fait autre chose en sa vie bestialement effuse, qu'ancantir sa nature; allant à toute bride à tous maux de coulpe mortelle.

VIII. Le cœur de ceux qui ne se connoissent pas eux-mesme, est vn vaisseau toûjours plein de fiel & d'amertume, comme gens charnels, turbulens, inquiets, & toûjours prests à mordre, & sindiquer toutes choses en autrui.

IX. C'est chose estrange, que nostre propre miroir soit si impur, qu'il ne puisse nous representer nous-mesme: & que neantmoins nous y enuisagions les imperfections d'autrui auec tant de curiosité.

X. Ceux qui ne se connoissent point eux-mesmes, s'amusent à sindiquer les autres; & ne cherchent iamais ny voie ny traces, pour entrer là où ils n'ont iamais esté; c'est à dire, dans la maison de leur cœur, & de leur esprit: leur aueuglement & dureté les en détournant & éloignant toûjours de plus en plus.

XI. Nous voions bien mieux la laideur de nos imperfections en autrui qu'en nous-mesmes.

XII. Quiconque se delecte & se confie en Dieu, aura toute puissance sur soi-mesme, & verra clairement son neant & son rien.

XIII. La Majesté de Dieu se plaist à nous voir aneantis en la connoissance & confession de son tout, & de nostre rien.

Ee

XIV. C'est vne necessité, que l'homme qui void & gouste Dieu, par le moien de ses influences lumineuses, voie & sente par le mesme moien la verité de son rien.

XV. Ceux qui sont viuement touchez & remplis de la sapience diuine, voient si parfaitement le rien de toutes choses, & specialement de soi-mesme, qu'ils n'admettent point d'humilité pour eux, comme telle: parce que l'humilité en elle-mesme n'est qu'vn acheminement au rien ; & le rien est le terme ou aboutissent les humiliations & l'humilité.

XVI. Si on veut sçauoir de certaine science, ceux qui sont plus agreables à Dieu en cette vie ; qu'on croie asseurement que ce sont ceux qui marchent entierement aneantis en sa presence.

XVII. L'oubli de toutes choses & de soi-mesme, ioint à la Contemplation, rend l'homme diuin.

XVIII. Dieu ne fait pas tout, ny tout d'vn coup en ses amis, ce qui appartient à la vie parfaite ; afin de leur laisser dequoi reconnoistre leur veritable rien ; & s'exercer aux vertus & au diuin amour : allant à sens contraire de soi-mesme : afin de pouuoir soustenir l'abondante sainteté de Dieu, sans preiudice ny de Dieu, ny d'eux-mesmes.

XIX. Les plus parfaits se doiuent toûjours regarder comme infiniment defectueux en cela mesme, qu'vne infinie pureté d'esprit leur manque.

TITRE IV.
Du Peché.

I. Le seul aspect, de pouuoir pecher, est tres-horrible au pauure viateur.

II. Si Dieu chastie si seuerement les Saints en cette vie, mesme par les bourreaux infernaux, il faut bien dire & conclure que les pecheurs sont perdus.

III. Toute ame bien touchée de Dieu au profond d'elle-mesme, sent & croit en verité, qu'elle est plus grande pecheresse, que tous les hommes ensemble.

IV. Il ne faut pas que les personnes entierement mortes à elles-mesmes, s'attendent aux remords de conscience, pour discerner leurs pechés: car ce remords n'est que là où se rencontrent les plus grands pechez veniels: & ce seroit trop largement viure. Specialement à nous, qui faisons profession de la plus haute perfection de l'esprit.

V. La bonne intention en toutes choses ne suffit pas, si nos procédures ne sont parfaites de tout poinct entre Dieu & nous; & entre nous & les creatures.

VI. La totale perfection d'vne ame vraiement illuminée consiste à voir son ordre & son desordre.

VII. Les pechez commis par affection à soi-mesme, & à son bien estre sont les plus grands entre les veniels qui se puissent commettre: & ne sont iamais pardonnez, tandis qu'on ne s'en corrige point, encore que l'on s'en confessast cent fois le iour.

VIII. Dieu ne sçauroit endurer le peché en ses éleus, sans le chastier & le détruire par effect de sa presente iustice.

IX. Plusieurs, à force d'adherer à leurs plaisirs, & de conuertir les pechés veniels en leurs propres gousts & delices, n'en connoissent en soi ny les voies, ny les traces, sinon, quand ils leur apparoissent pechez mortels. Alors ils ont recours aux liures, afin de les rendre seulement veniels, s'ils peuuent: & les commettre doresenauant sans scrupule. Telles gens sont monstres d'abomination deuant Dieu: amour ne les reformera iamais; mais seulement les fleaux, maladies, & tourmens atroces qu'ils souffriront, ou verront souffrir par le ministere des hommes, ou des Diables.

X. On ne doit pas toûjours regarder les pechez selon leur matiere; mais selon la grace & lumiere d'vn chacun.

XI. Les Religieux ne commettent gueres de pechez par ignorance.

XII. Le peché doit estre iugé conformément à la veuë, lumiere, sentiment, & creance d'vn chacun.

XIII. L'ame doucement agitée du S. Esprit, l'a pour tesmoin de toutes ses actions: & quand elle iuge auoir ou n'auoir pas peché, cela doit estre vrai: car Dieu est en elle & amour & lumiere. Et comme il la sanctifie, il l'illumine sur toutes choses.

XIV. Tous sont tenus en conscience, d'agir incessamment auec la plus grande perfection qui leur est possible.

XV. Depuis qu'on à pris à tasche de courir roidement, & de toutes ses forces à la perfection; tout le temps qu'on emploie sciemment & de propos deliberé à autre chose qu'à cela, est peché: eu égard à ce que Dieu demande de telles personnes. Et doit estre tenu pour tel de leurs Confesseurs.

XVI. Il est bien difficile d'imposer vne loi pour les pechez, à ceux qui par vn continuel, ardent & vigoureux amour tendent à Dieu. Parce que leur cœur estant deuant Dieu comme vne fournaise d'amour; leurs fautes y sont aussi-tost consommées qu'elles ont paru: ainsi qu'il est escrit: la Charité couure la multitude des pechez.

XVII. Le peu d'attention à Dieu fait à l'ame quelque legere blessure; mais la negligence le blesse griefuement.

XVIII. Tout ce que fait & dit vn Religieux sans preuision de raison, est pour le moins action, ou parole oiseuse.

XIX. En nos cheutes & desordres, nous deuons premierement reflechir en Dieu, qu'en nous-mesmes, sur peine de peché.

XX. A peine trouue-on personne, qui dans le temps de tentation, ait toûjours l'appetit également desireux de Dieu : & par consequent, qui y soit exempt de peché.

TITRE V.
De la vanité du monde.

I. LE monde, que nous disons estre plein de vanité, n'est autre chose que la congregation & assemblée des peruers & reprouuez, qui sont en continuel effort, pour ruiner & renuerser le culte de Dieu.

II. Le monde est toute malice, tout venin, toute corruption, toute cruauté, toutes tenebres, tout erreur & tout mensonge.

III. Entre toutes les parties de la meschanceté du monde ; la volupté, & la cruauté sont les principales.

IV. Le monde est estendu par tout ; & ie ne me tromperois pas, si ie disois que le monde est en plusieurs Religions, & en beaucoup de Religieux.

V. Dieu est ennemi du monde, & le monde est ennemi de Dieu. Et quiconque dit le monde, dit tout le mal possible.

VI. Ceux qui ne sont point du monde, menent vne vie pure, douce, tranquille, ioieuse, libre en esprit, plaisante & agreable à Dieu. Ils son patiens, mansuets, debonnaires. Leur amour n'est nullement interessé, ny reflechi sur eux. Ils ne font mal à personne ; ils ne se vengent point, ils font du bien à ceux qui les calomnient & persecutent. Ils mortifient incessamment leurs passions, ils donnent tout à Dieu, ne s'attribuans rien que le mépris.

VII. Ceux qui ne sont point du monde, n'entendent & ne voient rien, dont ils ne tirent le pur esprit. Ils laissent toutes choses estre ce qu'elles sont: & iugent bien de tout. Ils sont toûjours prests de receuoir de la main de Dieu, tout ce qu'il permettra leur arriuer par le moien des creatures: & leur charité est tres-ordonnée au dedans & au dehors.

VIII. Ceux qui ne sont point du monde, sont vraiement abstraits, esleuez, purs & contemplatifs. Les vns viuent en Religion, les autres au monde, les vns sont dans l'action, & les autres dans la pure Contemplation. Les vns viuent en solitude d'esprit, selon le plus haut estat de perfection: & les autres viuent solitaires de corps & d'esprit. Et dans l'vne & l'autre solitude, ils reçoiuent tous abondamment les diuines & secretes illuminations de Dieu infini.

IX. Laissons la vanité pour les vains, la folie pour les fols, les tenebres pour les aueugles, la corruption pour les corrompus, la sensualité pour les sensuels, & finalement la chair auec tous ses appetits, pour les charnels pecheurs eternellement mal-heureux.

X. Ceux qui veulent viure partie au monde, & partie à Dieu, Dieu n'en voulant point, le monde les prend comme siens, pour s'en seruir en tout ce qu'il pourra.

XI. Encore que les Iustes viuent dans les labeurs en persecutions, & en des angoisses tres-penibles, aussi bien que les mondains; neantmoins, il y a autant de difference entre les vns & les autres, qu'entre le Ciel & la terre.

XII. Car l'affliction, qui attache les iustes tous viuans

de la vanité du monde. 223

sur vne tres-precieuse Croix, par le ministere des mondains, les esleue & les exalte, estans morts sur cette Croix, aprés leur fidelle perseuerance, à vn tres-haut estat de gloire. Là où les autres se font souffrir dés cette vie, les rigueurs d'vn Enfer, qu'ils continuëront en l'autre.

XIII. C'est chose merueilleuse, de voir abonder l'excellente saincteté, au plus éminent lieu de la desolation & abomination du monde; & que dans la Cour, il y ait plusieurs personnes d'eminente condition, dont la vie exemplaire fait rougir de honte quantité d'autres, qui ont incomparablement moins d'occasions de se perdre. Mais ceux a qui Dieu est tout, le crée ne leur est rien en quelque lieu, estat & condition qu'ils soient; & ne sont non plus au monde, que ce qui n'y est point du tout: conuertissans les matieres de volupté, en moiens de la vie eternelle, & de la vraie saincteté.

XIV. Nostre Seigneur sçait bien sequestrer les siens du monde, comme les aiant choisi pour soi, par sa bonté & misericorde, si bien qu'en temps conuenable, il les touche viuement de son diuin Esprit, dont la suauité leur rend le monde & toutes ses suauités plus insipides que terre.

XV. Qu'est-ce qu'vn homme mondain, charnel & animal, sinon la proie du Diable?

XVI. La corruption du monde & des mondains ne procede d'ailleurs, que pour ce qu'ils ne considerent point la Majesté de Dieu en eux ny hors d'eux: c'est pourquoi Dieu les a liurez aux naturelles & brutales affections de leur cœur.

XVII. Les mondains s'vnissent pour la persecution & ruine des bons. Et se diuisent pour s'entre persecuter les vns les autres.

XVIII. Il est escrit, que le cœur dur, n'aura point de

succez : menace espouuentable pour les mondains endurcis dans leur pechés, puis qu'helas ! C'est assez leur dire qu'ils mourront dans l'estat, où ils sont presentement.

XIX. La terre des iustes n'est pas exempte d'espines, non plus que celle des mondains : mais elle n'en produit pas, parce qu'ils la cultiuent sans cesse, & que Dieu la remplit continuellement de ses benedictions diuines. Au contraire, celle des mondains est en friche & pleine d'espines & de pechez. Que s'ils la cultiuent, ce n'est que pour soi-mesme & pour le Diable, entretenans grassement & delicieusement tout leur homme bestial, pour la mort & pour le feu eternel.

XX. L'effet de la grace en nous est vn grand & continuel miracle, qui surpasse tous les miracles visibles.

XXI. Le monde est le continuel agent, & ministre du Diable, qui est son autheur & principe moral.

XXII. Les bons doiuent fuïr la conuersation du monde, comme le Diable, la mort & l'Enfer, & s'ils veulent profiter en l'amour & en la voie de Dieu, ils doiuent croire fermement, que le monde est infiniment pire qu'on ne l'experimente, & qu'on ne le peut representer.

XXIII. Le mal-heur des reprouuez est vn aiguillon si vif & si poignant aux ames sainctes, que cela est capable de les faire mourir de regret & de douleur : ce qui seroit infailliblement si Dieu ne les en preseruoit par son special amour & amoureuse bonté.

XXIV. Les iustes, qui sont en continuelle guerre dans le monde, & dont les blandices leur sont plus ameres que la mort, boiuent & mangent à pleine satieté, la tres-douce & delectable manne des infusions diuines, dont on ne peut rien exprimer à celui qui n'en a pas fait experience,

XXV.

XXV. La persecution du monde sert de fournaise ardente, pour la purgation & l'épreuue des bons, afin que le trop de paix & de repos ne leur cause conuersion à eux-mesme & aux creatures, en quoi ils perdroient, ou au moins soüilleroient leur bonté & leur iustice.

TITRE VI.

De la vocation en Religion.

I. La vocation surnaturelle consiste en vn desir raisonnable d'estre Religieux, qui époinçonne incessamment le cœur, & quoy qu'on ne puisse auoir repos qu'on ne soit asseuré, ou en possession de la chose desirée, n'importe, le mouuement est de la grace. Et la plus euidente marque de cela est ce desir, & la ferme stabilité à en rechercher l'execution : quoy que la vocation ne soit pas moins veritable, encore qu'on se relasche quelquefois dans la poursuite de ce desir.

II. Encore qu'on ne sçache proprement ce qu'on cherche, venant en Religion ; n'importe, c'est assez qu'on soit resolu de faire tout ce qui en dépend.

III. Si on se dément, estant entré en Religion, c'est marque d'ingratitude, & non pas de nullité de vocation.

IV. Les tentations, qui suruiennent apres les premieres inspirations, ne sont pas indice que la vocation ne soit bonne ; mais c'est que Dieu aiant fait son office de preuenir l'ame amoureusement & gratuitement, elle doit commencer à faire le sien, entrant genereusement en la pratique de la haine & perte de soi-mesme.

V. Chaque Religieux doit connoistre à quoi sa profession l'oblige ; car à qui plus est donné, plus est de-

Ff

mandé, c'est pourquoi le Religieux est tenu à dauantage que le seculier.

VI. On ne sçauroit assez déplorer de voir vn Religieux s'amuser aux contentemens des creatures, estant appellé pour iouïr souuerainement de Dieu en supreme liberté, & exercitation d'esprit continuelle vers la diuine Majesté.

VII. Ah! que si les Seculiers goustoient & sçauoient nostre bon-heur, qu'ils se tiendroient pour mal partagez. Et nous au contraire, plus heureux qu'eux!

VIII. Le benefice de la vocation en Religion, contient tous les autres eminemment, & d'vne haute & admirable maniere, mais nostre mal-heur est, que nous ne nous soucions pas d'estre tenus pour ingrats de sa diuine Majesté.

IX. Nous sommes appellez & choisis de Dieu, pour lui rendre toute nostre vie, en continuel combat contre nous, & contre nos appetits.

X. Le Religieux, qui est veritablement touché de Dieu sur l'excellence de sa vocation, est toûjours recueilli au dedans de soi, & tient à grandes delices d'aller continuellement à sens contraire de sa nature animale, iusques à la mort, d'vn cœur tres-courageux, & d'vn esprit tres-alaigre.

XI. La Religion est sans doute vn vrai Martire, & le total purgatoire du vrai Religieux, s'il vacque à Dieu en parfaite reformation de soi-mesme, & s'il mene vne vie perpetuellement abstraite.

XII. La Religion est le seminaire des parfaits, & ceux qui y sont imparfaits volontairement, n'y sont que de corps & non d'esprit.

XIII. La Religion, qui ne craint pas de receuoir de mauuais naturels, esclaues de leur passions, & qui ne se rangent qu'à force d'humiliations exterieures, se

XIV. Dieu a institué la Religion, non seulement pour nous sauuer, mais pour nous sanctifier, & nous rendre ioüissans de lui, par dessus tout le reste de ses communs Eleus.

XV. C'est grande pitié, que certains Religieux, qui deuroient estre des arbres de vie, ne sont que des fruits de mort, pour eux & pour les autres.

XVI. Nous sommes tirez en Religion, non pour nous y rechercher, & viure au plein de nostre nature: mais pour prendre tout nostre plaisir, repos & felicité à suiure Dieu genereusement à l'imitation des Saincts. Que si nous y manquons, nos ennemis domestiques se souleueront en nous contre nous, & peut-estre serons-nous leur proje.

XVII. I'estime, que nous serons plus profondement confus, & humiliez, pour n'auoir vacqué à la perfection de l'esprit, en l'estat de Religion; que pour tous les pechés de nostre vie passée dans le monde.

TITRE VII.

De l'Obeissance.

I. LE chemin de l'obeissance est si court & asseuré, que si on y perseuere iusques à la fin, on pourra dire qu'on est arriué, comme en dormant & sans trauail, au port de la felicité desirée.

II. Il est infiniment plus seur aux hommes, d'obeir que de commander.

III. Il n'est rien de plus facile à tromper, que l'homme sur le fait de ses voies propres, quand il est tout seul & à lui-mesme : & rien de plus asseuré que lui, lors qu'il est entierement soûmis à Dieu, & à ses Superieurs.

Au reste, c'est chose grandement déplorable, de voir qu'à peine se trouue-il personne, qui obeïsse vraiement de cœur & d'affection.

IV. Les Religieux doiuent se sacrifier hautement & genereusement à Dieu, par imitation continuelle de la tres-excellente & tres-sainte Obedience, qui a humanisé Dieu en nous & pour nous.

V. L'obeïssance de IESVS-CHRIST doit estre au Religieux, vn si vif & continuel motif d'obeïr en toute humilité, qu'il ne doit iamais laisser reflechir sa raison sur les commandemens de son Superieur.

VI. L'obedience de ceux qui sont épurez dans la fournaise d'humiliation & des tribulations, tant d'esprit que de corps, est d'infinie valeur deuant Dieu.

VII. Les vrais obeïssans n'ont rien si agreable, que d'obeïr à l'infini, promptement, simplement, alaigrement, courageusement & constamment, de toutes leur puissances, tant interieures qu'exterieures.

VIII. Les tres-simples & tres-humbles obeïssans ne pensent iamais qu'on les excede, ou puisse exceder. Ils sont dociles & faciles à persuader, & quoi qu'il leur arriue de mauuais, ils font voir, qu'ils attendent incessamment & de pied ferme, toutes telles & plus grandes afflictions.

IX. O Dieu infini! le temps d'obeïr parfaitement n'est plus, il s'est écoulé auec la vie des anciens Moines Anachoretes, & de nos premiers Peres. Il ne se trouue presque plus personne, qui desire proceder eternellement à cette excellente vertu, digne d'infini honneur & gloire.

X. Plus quelque chose est petite en matiere d'obligation & de vertu, plus il s'y faut attacher par election raisonnable.

XI. Il faut obeïr simplement, quand on nous commande de quitter nos austerités & autres actions vertueuses. Car nous deuons plus desirer d'estre Saincts & veritables en fond qu'en nos œuures, & nous contenter d'estre tels, qu'il plaist à Dieu, sans nous soucier de ce que nous ferons ou ne ferons pas.

XII. Quatre choses sont requises, pour rēdre vne œuure bōne de tout poinct : à sçauoir, l'œuure bonne de soi, ou au moins indifferente ; l'intention diuine ; le moien bien ordonné ; & souuent la parfaite attention d'esprit aux circonstances de l'œuure.

XIII. Quiconque quitte sa volonté, pour faire celle d'autrui ; les autres font toûjours la sienne, & iamais on ne lui commande rien, qu'il ne fasse aussi ioieusement, que si cela venoit de sa volonté mesme.

XIV. Quand il faudroit sauuer tout le monde au moindre preiudice & déchet de la perfection, de la Religion & obseruance reguliere, on ne le deuroit pas.

XV. L'humble regularité est la vie du Religieux, laquelle il doit preferer à tout emploi, s'il n'est d'exprés commandement, & doit soigneusement éuiter toute dispense.

XVI. Nous ne deuons pas dédaigner de nous humilier sous les hommes, puisque Iesvs-Christ l'a fait pour nous : & quiconque n'est pas touché de ce sentiment, doit crier hautement misericorde à Dieu : autrement il est perdu. Car il peut bien cacher ses actions aux Superieurs, mais non pas à Dieu.

XVII. Le vrai obeïssant est exempt de tout desordre & passion ; & son contraire est deuoré des bestes, c'est à dire, de ses appetits desordonnez, & mange la terre comme vn serpent.

XVIII. La desobeïssance est la fille de la superbe, comme l'obeïssance est l'effet d'humilité.

XIX. Quiconque aime Dieu, l'honore en ses Superieurs, & le desobeïssant les iuge, par vn ordre renuersé.

XX. La Religion est vn enfer au desobeïssant, à cause qu'on n'y fait iamais sa volonté.

XXI. Les bons & vrais Religieux sont doux & traitables, comme paisibles aigneaux, obeïssans à leurs Superieurs comme à Dieu, qui les gouuerne par eux.

TITRE VIII.

De la Pauureté.

I. N'Avoir rien, & ne vouloir rien, c'est trop abonder en biens & en richesses, c'est estre élelé sur tout ce qui est, d'où on ne void les creatures que de loin, enfin ne rien auoir & n'estre rien, c'est estre plein de Dieu.

II. Les ames amoureuses quittent tous leurs biens, pour suiure l'amour toutes nuës.

III. Ie me glorifierai & me delecterai dans ma pauureté, puisque c'est mon cher espoux, qui possede mes richesses en ses Saincts. Que les richesses, la gloire & la ioie soient pour eux, & pour moi toute misere, langueur, & pauureté.

IV. Quiconque refusera de suiure Iesvs-Christ pauure, ne le possedera iamais en l'abondance de ses richesses, ny de graces, ny de vertus en cette vie, ny de gloire en l'autre.

V. Auoir quitté ses biens temporels dans le monde, n'est que l'entrée à la vraie pauureté de nostre Seigneur, qui consiste à se priuer de bon cœur des choses mesme tres-necessaires à la vie, & à en souffrir le manquement en paix & repos d'esprit. Et quiconque se lasse dans cette pratique, n'est pas vraiement pauure.

VI. Personne n'est vraiement Religieux, que par le

continuel exercice de la pauureté d'esprit, qui consiste en vne continuelle derelicition de soi-mesme & des creatures, comme si elles n'estoient point, voulant estre sans estime, & mesme estre en reputation de fol & insensé parmi les siens, s'il y eschet, & estouffant tout raisonnement sur l'ordre ou desordre des actions des creatures.

VII. Chacun veut estre tenu en bonne estime & reputation, pendant que Dieu fait homme en nostre humanité, est tenu pour vn fol, pour vn yurongne & pour vn endiablé. O folle folie des Religieux insensez, qui pensent iouïr du Paradis de Dieu, sans le vouloir imiter en sa Croix, en ses penalitez, en sa pauureté d'esprit, & autres vertus.

TITRE IX.
De la Chasteté.

I. ON ne peut penser combien les Anges sont amoureux des personnes vraiement pures & chastes, & ils les prennent si expressement en leur protection, que les Diables ne leur peuuent nuire que tres-difficilement & de fort loin.

II. La vie des ames pures, est vn vrai martire. Car comme exercer la Chasteté, n'est pas auoir la Chasteté acquise, il faut en cét exercice, souffrir de tres-violens combats.

III. Si on escoute la tentation, la delectation suiura de bien prés : & si on se delecte, le contentement s'en ensuiura presque infailliblement.

IV. Le Religieux ne peut estre vraiement chaste en son corps, s'il n'est au prealable pur & net de cœur & d'esprit, en s'introuertissant continuellement en Dieu,

& se donnant incessamment garde de ses sens, & de toutes creatures.

V. Le vice bestial de concupiscence est le perpetuel bourreau des superbes.

VI. Ceux qui font gloire de la virginité & Chasteté, sans se soucier de cultiuer incessamment leur ame, sont comme certains animaux, qui sont naturellement chastes, & neantmoins demeurent toûjours animaux.

VII. Pour auoir la Chasteté, qui est vn don de Dieu, il faut se conuertir vraiement & continuellement à lui de tout son cœur, bannir de soi tous vains plaisirs, mesme les licites & non expediens, & la familiarité des creatures, & viure solitaire de corps & d'esprit autant qu'on pourra. Enfin, il ne faut estimer aucune chose precieuse, sinon la possession de la paix, qui surpassant tout sens & toute apprehension, gardera nos cœurs & nos intelligences en la diuine charité de IESVS-CHRIST.

TITRE X.

De la Modestie.

I. Il est impossible, que celui qui est simple & lumineux, ne soit modeste & bien composé à l'exterieur, dautant que c'est là l'effet de la vraie lumiere & sagesse diuine, qui occupant sauoureusement les puissances & le cœur, fait paroistre son sauoureux raion au dehors.

II. L'ame simple n'a rien de forcé ny violenté en elle, & c'est l'esprit de Dieu, qui fait quasi tout seul ses actions au dehors, pour sa propre gloire, & pour l'edification du prochain.

III. On ne sçauroit dire quelle force a la profonde modestie d'vne personne sur les autres, pour les empescher *de la Modestie.*

cher de sortir desordonnément, ou pour les faire rentrer en eux-mesme. Car

IV. La modestie a cela d'excellent, qu'estant veuë & sentie au miroir du vrai, simple & modeste, on void & sauoure auec elle en vn instant toutes les vertus de l'esprit.

V. Quoi que le corps soit difforme en quelqu'vne de ses parties, la modestie cache cette difformité, parce qu'elle rauit secretement les cœurs & les esprits de ceux qui la voient ; & les touche si profondement, qu'ils en sont comme hors d'eux-mesme, par vne certaine admiration.

VI. Encore que les vrais modestes se sentent affligez en esprit d'infernales douleurs & langueurs, que Dieu opere diuinement en eux, & mesme auec cela, tourmentez des creatures au dehors : ils demeurent neantmoins toûjours égaux, tranquilles, & immobiles au dedans d'eux-mesmes, sans faire paroistre au dehors, qu'vne ioie modeste, pour cacher leurs afflictions, à ceux qui ne les doiuent pas connoistre.

VII. La sapience diuine reluit sur le front & en toutes les actions de ces personnes, dans leur modestie, de sorte qu'ils paroissent entre les autres, comme des Anges incarnez.

VIII. C'est effet de modestie, d'entendre volontiers parler de Dieu, & n'en parler qu'auec certaine sobrieté, qui monstre que ce n'est pas pour enseigner autrui qu'on en parle : de ne reprouuer rien en autrui, laissant chaque chose estre ce qu'elle est en soi, sans en rien tirer à soi que le pur esprit : éuiter toute particularité & singularité ; honorer tout le monde, & agir toûjours en ce qui nous touche d'office, soit en priué, soit en public, auec vne profonde demission & humilité.

IX. La conuersation des immodestes, ne fait que

plaies & vlceres. Leur langues & leurs sens, sont des portes toûjours ouuertes à la mort ; & leur ordinaire est de iuger tous les autres selon ce qu'ils sont, ils sont insupportables à tout le monde, & font gemir de paures Superieurs sous le faix de leur conduite.

X. On doit tenir son corps en autant de reuerence que son ame, d'autant qu'il est le temple viuant de Dieu, qui y daigne bien entrer chaque iour personnellement.

TITRE XI.
De la Solitude.

I. Il n'y a point de vie si heureuse, que la vie vraiement solitaire, & esloignée du tracas des seculiers : à cause qu'en cette heureuse vie, Dieu se donne tout à la creature : & la creature se donne entierement à Dieu par estroite vnion & conionction de cœur & d'ame.

II. Les vrais Religieux doiuent viure en leurs maisons, totalement solitaires d'esprit & de corps, en perpetuel silence, oraison & recueillement de leurs puissances en Dieu, par verité, & fidele abstraction de tout ce qui est visible, materiel & sensible : afin de viure ainsi éleuez en Dieu, en pure & simple contemplation des choses surcelestes & diuines.

III. Ceux qui n'ont rien à demesler auec les hommes, leur solitude & repos doit estre tout leur bien sur la terre, afin d'y cultiuer leur fond ; ou l'habiter plaisamment, s'il est parfait.

IV. Il faut non seulement enfermer nos corps dans nos cellules & solitudes, mais encore, il y faut arrester nos cœurs & nos esprits : afin qu'entierement reclus & solitaires, nous puissions entrer en pleine possession de nous-mesmes, & delà nous éleuer en Dieu, moienant sa grace efficace.

V. La solitude est vn Enfer aux naturels turbulens amers, chagrins, inconstans, legers, inquiets, & de trop vif & subtil esprit: mais particulierement aux excessiuement mélancoliques.

VI. La solitude ne conuient qu'aux naturels bons, ioieux, affectueux, doux, arrestez, & entierement sains de corps & d'esprit.

VII. N'estre solitaire que de corps; c'est estre comme vne beste enfermée.

VIII. La vraie solitude est en l'esprit: son desert & sa region est en Dieu, Pere & Maistre de tous les Esprits.

IX. Le vrai solitaire doit en sa solitude, se surpasser soi-mesme & toutes choses crées, pour s'vnir & conioindre totalement à Dieu.

X. Plus l'homme est diuin, plus il surpasse toutes choses & soi-mesme, s'abismant au plus profond de sa residence, que lui seul & ses semblables connoissent. Croiez-moi; rien n'est tel que cette solitude roulée incessamment par tout, autant qu'il est expedient, selon l'ordre de Dieu.

XI. C'est inutilement qu'on embrasse les moiens ordonnez à la vie de l'esprit, si on n'est vraiement solitaire d'esprit & de corps, autant qu'il le faut.

XII. Heureux celui qui est choisi & appellé de Dieu à la diuine solitude: laquelle a esté cherie, comme vn Paradis terrestre, de tous les solitaires, qui sont deuenus saincts à force de s'écouler en Dieu.

XIII. Quand quelqu'vn se trouue appellé & vraiement tiré à la solitude, il l'y faut laisser en son repos; & ne le point tirer aux voies communes & larges des hommes; sous pretexte qu'il s'y conserue. Car tant fidele puisse-il estre: il trouuera, estant retourné à sa solitude, qu'il aura beaucoup perdu, attirant à soi plusieurs images, que la nature lui representera mal-gré lui.

XIV. Ce n'est pas contrarier à la solitude Religieuse, que s'occuper à quelques bonnes œuures manuelles, ou à composer & écrire choses sainctes, pourueu que tout cela n'empesche point la libre occupation de leur cœur en Dieu.

XV. Le vrai solitaire estant tiré au dehors par necessité, ne respire rien tant que sa chere retraitte : & quand il y retourne, il lui semble voler.

XVI. C'est dans la solitude, que se fait la guerre spirituelle, & que les armes spirituelles sont absolument necessaires au solitaire ; pour se preualoir contre soi-mesme, se surpasser & toutes choses crées, & s'vnir totalement à Dieu.

XVII. La guerre des bons seculiers est contre le peché, & celle des Religieux solitaires, est contre l'imperfection.

XVIII. C'est grande pitié d'ignorer le vrai bien, & de vouloir sauourer tout le monde à sa propre ruine. Les seculiers cherchent leur bien au preiudice des Religieux, sans leur faute. Et les Religieux plus mal aduisez qu'eux, cherchent à cor & à cri le bien des seculiers au preiudice du leur.

XIX. Il n'y a homme, tel qu'il soit, qui ne soit plus obligé à soi, & à son bien, qu'à tout le monde. Et ie ne voi point qu'aucun soit appellé à sauuer tout le monde, au preiudice de sa propre perfection.

TITRE XII.
Du Silence.

I. LE silence & la solitude, sont le frere & la sœur, qui se tiennent par la main, pour se maintenir l'vn l'autre.

II. La vertu du silence est fort difficile à acquerir, à celui qui est vuide de l'esprit de Dieu, & qui n'est nullement recolligé en soi.

III. C'est vne necessité raisonnable, qu'il faut passer souuent aux extremes, pour acquerir le milieu, c'est pourquoi, comme le beaucoup parler est l'extreme du vrai silence, aussi faut-il tenir vn extreme silence, pour acquerir la vertu de bien & sagement parler.

IV. Le silence interieur est plus excellent que l'autre. C'est lui qui comprime & arreste, par l'effort de la raison & de la volonté, le cours & les mouuemens de toutes les passions effrenées en la partie concupiscible & irascible. Et il le faut acquerir dans la pratique du silence exterieur.

V. Le silence interieur, qui arreste toutes les passions, n'appartient qu'au Religieux vraiment spirituel, où à celui qui desire l'estre de tout son cœur.

VI. Ceux qui ne viuent que moralement, dans vne vie mediocrement bonne, n'ont rien que le silence exterieur, qui les gesne plus qu'on ne sçauroit dire.

VII. Les personnes, qui ne vont à Dieu qu'en apparence, s'écoulent toutes en paroles, & ne peuuent finir leur discours; tant elles ont de plaisir à imprimer leurs conceptions en autrui, & leur donner la mesme estime qu'elles font de soi-mesme. Ce ne sont que multiplicitez, repliques, repetitions, exaggerations, & enfin toute leur vie n'est que passion.

VIII. Plus vne personne tend à Dieu, plus doit-elle estre graue, & moins parler en compagnie.

IX. L'homme spirituel doit se donner garde, de se produire mal à propos, afin qu'il ne soit point empesché en sa nuë & libre introuersion & contemplation de Dieu, en la fruition duquel il prend son repos dans l'abisme de son propre fond.

X. Ce n'est qu'aux apprentifs & non pas aux vrais enfans de l'esprit, qu'il faut loüer le silence, car ceux-cy en gastent les fruits auec tant de suauité, qu'ils n'ont affaire d'autre persuasion, pour en conceuoir l'estime qu'il faut auoir de cette vertu.

XI. La vertu du silence est l'vn des principaux moiens, pour remedier à nostre aueuglement, & à tous les defauts de nostre esprit.

TITRE XIII.

Des recherches, & malicieux instincts de la nature.

I. NOs pretextes sont nos rets : mais c'est estre bien defectueux de s'y laisser prendre.

II. Ie ne voudrois pas guarentir les ames, qui ont abondance de lumieres, d'amour & de delices interieures, de plusieurs recherches de nature tres-secretes, à cause des reflexions, qu'elles font insensiblement sur soi.

III. On se porte naturellement plus aux choses qui plaisent à soi-mesme, qu'à ce qui plaist à autrui. Cela est contraire à la perfection. Car il vaut beaucoup mieux plaire au public, qu'à soi-mesme.

IV. La nature est mensongere en ses voies, acceptant le faux pour le vrai. Et tel semble faire grandes choses deuant Dieu, qui n'en receura que le chastiment.

V. Il faut auoir vne crainte raisonnable de la nature en toutes les actions, qui lui sont conformes : & protester qu'on y veut glorifier Dieu seul.

VI. La nature est l'ennemi capital de l'amour perfectif : & le vrai amoureux de Dieu, craint la subtilité de ses lacets, comme la mort & l'Enfer.

VII. Ceux-là sont morts à la nature, qui n'ont autre desir, que d'estre eternellement dominez de Dieu, & de sa grace, pour sa seule gloire.

VIII. La nature cherche toûjours sa satisfaction dans les choses parfaites : delà vient qu'on ne veut rien auoir de defectueux pour son vsage.

IX. On connoistra certainement, si on est pris de l'amour naturel de quelque chose desirée, qui soit belle & bonne, en son estre ou en sa forme ; si on a regret & ressentiment du moindre manquement de cette perfection.

X. Plus le bien qu'on recherche est grand & vniuersel, plus subtilement & finement l'esprit est surpris de la nature, en l'estat des hommes moraux.

XI. Tout ce qui est anxieusement recherché est animé de quelque apparence, qui cache la verité à l'entendement.

XII. Quand l'affection naturelle est grandement viue en quelqu'vn, la droite & pure intention vers Dieu, ne lui sert que de couuerture : l'affection surpassant l'intention. Delà vient, que les spirituels monstrent moins de viuacité à entreprendre les actions difficiles de charité, ou autre vertu : parce qu'ils viuent en esprit, & sont mortifiez en la nature : se deffians de leurs forces & de leur pouuoir.

XIII. Aucun, pour saint qu'il soit, ne vit sans fins & sans interests particuliers ; les spirituels, spirituellement : & les grossiers, grossierement.

XIV. Plus les hommes sont grands, leurs interests sont aussi plus grands, voire fort souuent en sainteté pretextuée & imaginée par appetit de propre excellence.

XV. La nature s'excuse, s'accuse, se iustifie & se blasme, s'humilie & se deprime, & tout cela par delectation & complaisance de soi-mesme.

XVI. Le plaisir & le repos de la grace, c'est de se cacher aux hommes : au contraire, la nature desire se manifester à tous.

XVII. Plus les hommes sont parfaits, plus se doiuent-ils garder d'eux-mesme, à cause des tres-subtiles reflexions de nature, qui se delecte & se plaist dans le beau, le bon, le parfait, entre les choses, qui lui sont tres-licites.

XVIII. Tout ce qu'on fait de bien à autrui, sans actuelle direction de l'amour & volonté de Dieu, n'est que propre instinct de nature.

XIX. La Charité soustient tout, & la pure nature ne peut ny soustenir, ny dissimuler.

XX. Il n'y a eu gueres de Saincts sur la terre, qui aient entierement connu la malice de leur instinct naturel, à se chercher soi-mesme.

XXI. Tout le bien que nous desirons pour nous, conforme à nostre appetit, nous doit estre fort suspect, parce que nous nous recourbons si facilement à nous-mesme, que nous nous recherchons mesme dans les intentions, qui nous semblent divines.

XXII. Tout ce à quoi nous mettons la main pour nostre bien, est plustost de nostre instinct propre, que de la grace, mais il est tout au contraire de la mortification, si le desir n'en estoit fort inquiet & anxieux.

XXIII. Les subtiles proprietés interieures sont la peste de l'esprit, & ceux-là sont occupez inconnuëment & secretement iusques à la mort, qui sont lasches à respondre à Dieu, de tout leur effort & estenduë.

XXIV. Les personnes, qui profitent vraiement, doivent estre si fixement attachées à Dieu seul, que l'vn de ses dons leur estant osté, elles n'aillent pas s'attacher à vn autre, qui leur reste; ou tous leur estans ostez, elles ne s'attachent point à Dieu mesme pour s'y reposer, pource qu'alors Dieu mesme ne leur seroit qu'en qualité de bon, & non pas en qualité de deité nuë & simple.

XXV. Les divers esprits de nature, de la grace, &
du

des recherch. & malicieux instincts de la nat. 241
du Diable ne se reconnoissent que par les effets : & sur tout, quand il est question des abandonnemens de la grace, des creatures, & de soi-mesme.

XXVI. L'amour diuin produit ses effets tous diuins: le naturel les produit naturels, & naturellement.

XXVII. Le zele ne conuient qu'aux Saints, reconnus & approuuez tels, & non aux pecheurs, ny a ceux qui desirent s'auancer à la perfection, qui ne doiuent faire que pleurer leur pechés.

XXVIII. Nous iugeons ordinairement mieux des actions d'autrui, que des nostres, parce que la lumiere que nous auons pour autrui, est plus exempte de passion.

XXIX. La nature veut auoir le beau, le bon, l'excellent, le rare & le parfait toute seule, sans en faire part à personne : tout au contraire, la grace communique ce qu'elle à tous ceux qui en sont capables. On à neantmoins à se donner de garde des images, que produit ce desir de se communiquer.

XXX. L'imagination contrefait souuent les sentimens & inspirations du pur esprit.

XXXI. C'est chose déplorable, quand il faut que l'âge & le temps reforme la nature, & non pas la grace. Car l'âge & le temps ne peuuent reformer la nature qu'en elle-mesme.

XXXII. Il est bien difficile de connoistre au dessous de 40. ans, certains naturellement sensibles & sensuels, de quel esprit il sont touchez & dominez, si on n'est grandement lumineux.

XXXIII. La nature veut suiure les creatures, & la grace au contraire y veut mourir. La nature desire le beau, le bon, l'excellent, le parfait & l'éclat, la grace au contraire, abhorre tout cela, cherissant le mépris, & la vie inconnuë, & se nourrissant de confusion

H h

eternelle, si besoin est. Nature cherche son plaisir & son soulas par tout, & la grace n'en veut point, adherant nuëment à Dieu, qui est sa consolation & son tout. Enfin, tout ce que la nature veut pour soi, la grace l'a en horreur.

XXXIV. La nature veut auoir le beau, & le bon toute seule, mesme entre les choses saintes & spirituelles: mais la grace prefere les autres à soi, & aime mieux telles choses pour autrui, que pour soi-mesme; parce qu'elle croit vn chacun meilleur deuant Dieu que soi-mesme.

XXXV. Les instincts du Diable prouoquent toûjours à presomption, & s'ils poussent à l'humiliation, ce n'est que par hipocrisie, & pour estre estimé des hommes.

XXXVI. On void les habitudes de chacun, dans les soudains mouuemens, qui le surprennent.

XXXVII. Si nous doutons quel est l'instinct, qui nous meut, s'il est de grace ou de nature; il ne faut que nous en representer vn semblable sur mesme matiere, qui soit conforme à la nature, & si telle representation entre plaisamment à son abord, le premier instinct aura esté de nature, & partant à reietter.

XXXVIII. Personne n'est vraiement mistique, s'il n'est bien experimenté dans la science des voies de la nature.

XXXIX. Quoi qu'on puisse acquerir quelque connoissance par l'actiuité des sens, l'ame neantmoins, qui se conduit par là, ne goustera iamais le vrai bien, parce qu'elle n'aura iamais libre accez aux influences de la diuine sapience.

XL. Nous voions bien mieux la laideur de nos imperfections en autrui, qu'en nous-mesme.

XLI. Plus la nature est appastée de l'esprit de Dieu, qui lui est grandement sauoureux, plus aussi est-elle encline & actiue à le tirer à elle, & en faire sa proie. Elle conioinct toûjours son propre esprit à l'esprit de Dieu, en quoi elle le salit & le soüille à son grand dommage. Que si on ne l'obserue de bien prés, il en sera toûjours ainsi.

XLII. La nature peut bien contrefaire la vraie raison, & prudence en quelque chose, mais non iamais au tout, d'autant que son interest se trouuera en vne infinité de choses, dont elle ne se dépoüillera iamais.

XLIII. Le plus subtil piege, que nous tende la nature: c'est de nous faire prendre le licite pour l'expedient.

XLIV. Nature, mesme aux plus auancez, est tellement encline à se rechercher & se delecter de soi, que si on lui oste vne chose, elle a aussi-tost recours à vne autre, pour s'y reposer & delecter, si on lui oste vn objet sensible, elle aura recours à ceux de l'esprit: & si on lui oste ceux-cy, elle se seruira de Dieu mesme, pour s'y reposer par propre interest.

XLV. L'esprit de Dieu forçant amoureusement & librement son sujet, le fait reflechir incessamment en Dieu, & par consequent le fait operer en lui & pour lui. Au contraire, l'esprit naturel attendrissant & dilatant le cœur, par certaines lumieres & delices sensuelles, fait continuellement reflechir son sujet sur son propre interest.

XLVI. Les interieurs, qui sont purement naturels, sont plus subtilement meschans, passionnez & aheurtez, que ceux qui sont grossierement & animalement meschans, aux rencontres des grands trauaux & souffrances. Et tant les vns que les autres, sont grandement à craindre en Religion.

TITRE XIV.
De la mortification.

I. LE Religieux ne gouſtera iamais la manne delicieuſe, qui ne ſe connoiſt que de celui qui la reçoit, s'il n'eſt parfaitement vainqueur de ſoi-meſme, iuſques à la mort.

II. Celui qui n'a pas ſes paſſions parfaitement mortes, n'eſt pas ſuffiſamment diſpoſé à receuoir le don d'entendement ; ſans l'infuſion & habitude duquel il eſt impoſſible d'eſtre paſſé, ny changé en eſprit : c'eſt pourquoi ceux qui giſent dehors ſont ſans eſprit.

III. Nos Regles ne nous ſont données de Dieu & des hommes, que pour aller à ſens contraire de nous-meſme ; & deſtruire en nous l'homme animal & charnel.

IV. Comme l'auſterité du corps ſeule eſt toute propre, pour engendrer la ſuperbe : de meſme, quand elle eſt iointe à l'amour interieur, elle eſt propre & abſolument neceſſaire, pour guarir l'enflure & la vanité.

V. Les vrais enfans de l'eſprit prennent tenacement pour iamais le parti de Dieu contre eux-meſme, ſans remiſſion ny indulgence quelconque.

VI. Le Religieux Carme, peut eſtre ſainct ſans contemplation, pourueu que ſa vie & ſes œuures ſoient ſainctes. Ce qui ne peut neantmoins eſtre ſans oraiſon & mortification des paſſions & affections humaines.

VII. La recreation des ſens eſt vne mort aux perſonnes ſimples & abſtraites : & elles n'y ſortent iamais pour ſe recréer ; mais ſeulement par contrainte & neceſſité, pour le bien & edification du prochain.

VIII. Il y a des mouuemens & paſſions volontaires, qui ſont raiſonnables, & émeuës en lumiere de raiſon.

de la Mortification.

Comme aussi il y en a de toutes animales : par exemple, dans les hommes du commun.

Vne chose m'estonne grandement, de ce que certains Superieurs mettent la fin de la Religion dans la seule regularité exterieure, parfaite & exacte : sans se soucier si les Religieux sont, au dedans de soi, la proie de toutes leurs passions, vices, & appetits bestiaux.

X. Les Religieux, qui font plus d'estime de leurs fonctions exterieures qu'il ne faut, font gloire de leur commun mal-heur.

XI. Tout ce qu'on desire, sans parfaite indifference, & ce qu'on entreprend de sa propre volonté, & propre recherche est amour de soi-mesme.

XII. Si quelque fraieur vous saisissoit l'esprit, preuenez telle apprehension par la simple raison, & ne la laissez pas passer iusques aux sens : cela les dissipera presque toutes.

XIII. La mortification des sens & passions, l'obseruation du silence, de la Regle, &c. sont moiens pour acquerir la perfection : c'est pourquoi ils sont d'obligation aussi bien que leur fin.

XIV. Il faut tascher de tromper sa nature en toutes ses commodités, taschant neantmoins par discretion de lui trouuer son iuste milieu.

XV. Que les Religieux se donnent bien garde, de la fausse liberté des sens, & de la trop grande largeur de conscience : car ils doiuent sçauoir, qu'ils sont si obligez à la mortification totale de leur sens, & passions, qu'ils ny peuuent manquer sans peché, pour le scandale qu'ils donnent en Religion.

XVI. L'homme veritable en esprit retranche tres-subtilement de soi, les choses qui lui sont purement licites, & ne fait que ce qui est expedient en preuision totale entre Dieu & soi. Et c'est ce que nous appellons tendre à l'infini.

XVII. Tout homme, qui agit & demeure en pure nature, est plus semblable aux animaux qu'aux vrais hommes.

XVIII. Si nous sommes vraiement Religieux, nous deuons combattre contre les seules imperfections, & nostre guerre contre les pechez, doit estre plus occulte, plus forte, & plus sensible que celle des seculiers.

XIX. C'est chose grandement déplorable, de voir que les communs Religieux sont autant cruellement assaillis, combatus & vaincus de tentations, & ont autant de peine à y resister, que les pauures seculiers.

XX. Le vrai Religieux s'anime continuellement à combattre contre soi-mesme genereusement, fortement & sainctement, sans auoir égard à la recompense, mais seulement à l'amour & bon plaisir de Dieu.

XXI. Celui qui ne sent ny ne void ses propres ennemis dedans & dehors de soi, leur est entierement sujet & esclaue.

XXII. Vn Religieux bien mortifié, & interieurement occupé auec Dieu, frappe plus au cœur des seculiers, quand ils le voient en sa modestie, que tout le reste des parades exterieures.

XXIII. Il est en quelque façon plus dangereux de manquer à la mortification des petites fautes que des mediocres : car les petites fautes & imperfections voilent les yeux, & les grandes les deuoilent.

XXIV. Le meilleur moien de mortifier la nature dans ses proprietés, c'est de les lui oster, auant qu'elle les possede ; parce qu'on ne desire pas tant ce que l'on possede, que ce que l'on n'a pas.

TITRE XV.

De l'amour envers Dieu.

I. L'Amovr n'est point oisif, & ne s'arreste iamais, qu'il n'ait surpassé, à viue course d'affection & d'action, tout ce qui lui fait obstacle & empeschement.

II. Si l'amour n'outre-passe la raison, l'homme n'outre-passera iamais soi-mesme.

III. Ce n'est qu'vn jeu illusif, de nulle valeur & sans effet, de n'auoir que le sentiment d'vne tendresse & deuotion sensible, laquelle cessant, on se trouue tout destitué de sa bonne volonté precedente.

IV. Le desir des ames sainctes, est toûjours plus grand que leur pouuoir, à cause de l'infinie grandeur & beauté de leur objet.

V. Iesvs-Christ est mort sur la Croix, pour tirer tout l'homme à soi; & le perdre par plongement amoureux & continuel en l'abisme infini de son amour.

VI. Lors que quelqu'vn est deuenu esprit & diuin, à force d'agir, de patir, de mourir & d'aimer, soit en amour, soit par dessus l'amour, il ne se peut iuger en sa voie, que par son semblable.

VII. Celui qui ne vit qu'en l'amour de soi-mesme, est mort & pis que mort, puisque vne telle vie n'a que l'impetuosité de ses passions, & de ses sens pour moienner son repos.

VIII. Le pur, parfait, & essentiel amour consiste dans la Croix & souffrance volontaire, dans la pratique des vertus pendant l'action, dans la profonde humilité, mépris & abiection de soi-mesme, dans l'eternelle mort & pauureté d'esprit; & n'y a point d'autre sainteté en cette vie, qu'en l'eternelle suite de nostre Sauueur mourant pour nous sur la Croix.

IX. L'amour ne recule iamais, & ne dit iamais c'est assez, il rougit entendant le terme de difficulté, il aime au dessus du temps, & au dessus du sens, & son effet se connoist dans les souffrances amoureuses.

X. Le fond de l'ame n'est point penetré d'amour, qu'il n'ait surpassé entierement les vertus, & qu'elles ne soient en sorte ses seruantes, qu'il en puisse faire à son plaisir, en l'ordre de sa discretion.

XI. Le pur amour ne conuient qu'aux souuerainement parfaits, & personne ne sçauroit l'exercer incessamment en pureté & verité d'esprit, s'il n'est souuerainement vertueux.

XII. L'amour pur ne se connoist nullement par soi-mesme, mais seulement par les rares vertus, & nous-mesme ne sçauons pas si nostre amour est vrai ou faux que par ce moien.

XIII. Le vrai amour est comme l'or, qui ne se connoist pas à la couleur, mais à la touche.

XIV. L'amour pur se connoist dans l'infirmité, & dans la Croix eternelle. Cela est bien-tost dit à vn homme qui n'est pas amoureux, & qui repute à bon-heur de ne souffrir point, & de n'estre iamais contredit, ny exercé à rebours de soi-mesme, bien loin d'estre langoureux, & encore plus de mourir d'amour.

XV. Le vrai amoureux agit toûjours en Dieu, quand il est à soi, & patit de bon cœur, quand il n'y est pas ; il n'a point d'election ny de desir, que de se donner en proie au martire de l'amour : & c'est ici le plus haut poinct des pratiques de l'amour en cette vie.

XVI. L'ame qui ne cherche point soi-mesme, mais le seul pur amour, est dans le monde, plus grande que le monde, & pour ressembler à son cher Espoux, elle souffre

de l'amour enuers Dieu. 249

stre au dessus de la nature, au dessus du goust, & au dessus de la douceur, arrestée stablement en Dieu, où la sensualité ne peut atteindre.

XVII. Dieu assemble en nous les thresors de ses graces, afin de les y contempler, comme effets de son amour.

XVIII. C'est vne verité certaine & asseurée, que quant à l'interieur, nous n'auons point d'œuures de surcrogation, puisque nous nous deuons entierement à Dieu, tant à cause de lui-mesme, que pour ses infinis bienfaits.

XIX. Si l'amour ardent n'est en nous, l'esprit & la lumiere de Dieu n'y seront point aussi, & ce ne sera pas merueille de nous voir nous perdre en nostre propre esprit, n'aians pas voulu nous perdre heureusement en l'esprit de Dieu.

XX. Le lieu, l'habit, la profession & les vœux, les regles & les statuts ne sanctifient pas le Religieux, mais l'excellente Charité, l'amour, & la profonde humilité. Tout le reste ne sont qu'excellens moiens ordonnez à cela.

XXI. Il ne faut pas que nous pensions estre rendus ioüissans de nostre souuerain bien pour rien, autrement ce ne seroit qu'amour naturel, & reflechi sur nous-mesme.

XXII. Celui qui se monstre facilement vaincu aux difficultés & penibles exercices, c'est vn indice trescertain, qu'il n'a l'amour qu'aux paroles & en desir, & non au cœur & aux œuures.

XXIII. Nous deuons viure continuellement dans la veuë & sentiment de l'infini abisme de l'amour de IESVS-CHRIST, lui rendans amour pour amour, douleur pour douleur, penitence pour penitence, pauureté pour pauureté, vie pour vie, tout pour tout; quoi

I i

que de fa part tout foit infini, & de la noftre rien du tout.

XXIV. La vraie & forte charité ne cherche ny commandement, ny obligation expreffe pour bien faire.

XXV. Mal-heureux eft celui, qui pouuant aimer Dieu de toutes fes forces, & en amour perfectif, ne l'aime point, finon de l'amour commun à tous les Chreftiens.

XXVI. Le vrai & fort amour de Dieu, fait dans les hommes vn efprit fimple, vn appetit fimple & eftendu, vn total recueillement de toutes les puiffances, tant hautes que baffes: en forte qu'elles ne femblent eftre qu'vne mefme chofe, à l'égard du fouuerain bien.

XXVII. C'eft vn profond fecret, à fçauoir, qu'amour hautement exercé en foi-mefme, eft infiniment autre chofe, que viure feulement en l'ordre de la volonté de Dieu.

XXVIII. On connoift l'amour de Dieu & fes effets, quand l'ame, qui en eft touchée, eft profondement humble, & veut eftre veritablement mefprifée.

XXIX. Il n'y a rien de plus doux & agreable à l'homme capable d'amour, que de fe voir aimé de Dieu, qui eft d'vne nobleffe & excellence infinie, & d'vn amour infini.

XXX. Il faut que les Religieux, appellez à l'excellent amour de Dieu, ne ceffent iamais de s'écouler en lui, par vn amour vif & ardent, furpaffans eux-mefme, & toutes images fenfibles afin que fans empefchement, & en repos d'efprit: ils'ioüiffent de Dieu leur fouuerain bien, au contentement eternel de Dieu mefme.

XXXI. Le comble, & la mifere des miferes humaines, c'eft ignorer Dieu, ne le fentir, ne le defirer & ne le goufter point.

XXXII. C'eft chofe grandement déplorable, de fçauoir & croire combien Dieu eft aimable en foi; &

neantmoins, que nous soions si peu actifs à nous saintement exciter, pour l'aimer hautement & profondement.

XXXIII. Ah Dieu! quel aueuglement, & quelle misere? Est-il possible, que les hommes, qui semblent estre des aigles, à force de surpasser la nature des choses en elle-mesme, soient si éloignez de connoistre les voies d'aimer & connoistre Dieu en lui-mesme?

XXXIV. Celui qui est dans vn parfait amour de Dieu, ne lui demande iamais rien, que pour sa tres-haute gloire, & en parfaite conformité à sa volonté derniere.

XXXV. La foi n'est autant excellente, qu'autant qu'elle est actuellement animée de charité ardente vers Dieu.

XXXVI. Les effets de la Charité dans les vns, ne sont que sens, & dans les autres ils sont esprit, mais la vraie charité ne se mesure pas par l'operation du sens, mais par les vraies operations de l'esprit.

XXXVII. Nostre Seigneur merite tant d'estre aimé, que l'amour des Seraphins est petit à son respect.

XXXVIII. L'amour de la vraie charité ne se lasse iamais pour quelque accident que ce soit; l'amour sensible raisonne pour aimer, mais l'amour nud, simple, & abstrait du sens, fait & endure toûjours choses grandes, ou pour mieux dire, toutes choses.

XXXIX. Les moiens, que Dieu tient à nous communiquer ses dons, sont innombrables; afin de nous dompter par ses preuentions, & nous assujettir à lui.

XL. Raisonner pour aimer, c'est pecher contre l'amour pur.

XLI. Ce qui nous doit exciter à aimer infiniment, c'est que nous sommes les saillies de l'amour infiniment excessif de Dieu, qui nous mettant en euidence à nous-mesme, pour ioüir pleinement de lui, veut que nous

Ii ij

l'aimions d'vn continuel soin & estude.

XLII. Encore que la seule charité suffise pour la perfection du Chrestien, il faut neantmoins acquerir les vertus, autant qu'il est necessaire.

TITRE XVI.

De la Charité vers le Prochain.

I. LA Charité viue se monstre en cecy, quand on void quelqu'vn resigné, non seulement en toutes occasions de souffrir, mais encore, quand on le void amoureusement se porter à l'action, pour le bien & necessité de ses freres. Car ceux qui sont veritables à Dieu, volent, par maniere de dire, incessamment à cette pratique, en toutes occurrences, sans se laisser vaincre à la durée du temps. Ils ne s'exposent pas neantmoins à cela hors du temps, ny hors de propos : mais ils compatissent aux necessités & afflictions de leurs freres trescordialement.

II. Toute personne doit plus faire de cas de sa perfection selon Dieu, que de celle des autres, au dommage de la sienne.

III. Ceux qui sont sans force & sans fidelité, pour genereusement mourir en nudité d'esprit, aux influences sensibles de Dieu, s'imaginent quelquefois que Dieu se veut seruir d'eux, & leur inspire d'aller reformer les autres. Ce n'est que folie, vanité, propre recherche & complaisance de nature, qui lassée de nudité, cherche les moiens de viure, & non pas de mourir. Dieu ne veut point se seruir du vrai solitaire pour autre, que pour soi-mesme.

IV. Le deuoir du vrai parfait, est d'addoucir la Croix de son frere, & non de l'augmenter, compatissant aux

de la charité vers le prochain.

tant qu'il lui est possible, aux douleurs du pauure crucifié.

V. Il faut estre sainct, non seulement en soi-mesme, mais en ses œuures, pour l'exemple du prochain, qui ne voiant point nostre fond, n'en peut iuger, que par les œuures.

VI. Quand on void quelqu'vn en souffrance, il ne se faut pas contenter d'en auoir compassion à l'interieur, mais il le faut aussi tesmoigner à l'exterieur, & s'exciter à cela ; discretement neantmoins & sans affectation : & plus la personne affligée est imparfaite, plus cela se doit faire en son endroit.

VII. La charité des hommes communs est si petite, qu'elle est tres-facilement vaincuë au faire laborieux, specialement, s'il est vn peu long & fascheux, & s'il s'agit du secours du prochain. Ceux-là ne sont tenus que d'vn amour naturel, quoi qu'il leur semble le contraire, qui estant lassé & vaincu au trauail, quitte tout: dautant qu'il n'a cherché, & ne cherche que soi. Mais

VIII. Les hommes parfaits doiuent donner totalement leur vie & leur corps, pour le bien-estre naturel du prochain, qui vaut trop mieux deuant Dieu que le leur, & preuenir les indigences & necessitez de leurs freres. O que le nombre est petit de telles personnes, qui veulent negliger leur propre vie & leur propre ame, selon le bien-estre sensible, pour le bien-estre total & sensible du prochain !

IX. La vraie & forte charité ne cherche ny commandement ny obligation pour assister le prochain, mais seulement l'occasion de le faire.

TITRE XVII.

De l'Oraison, & de la Vie interieure.

I. Les Religieux doiuent estimer la pratique de l'oraison, comme le meilleur & plus important moien de leur perfection: non tant à cause des gousts sauoureux, qu'on y reçoit, qu'à cause de ce que Dieu est en lui-mesme.

II. Il ne faut nullement s'estonner, si on void si peu de Religieux vertueux, puis qu'ils ont le desir si contraire à la source de toute vertu & de tout bien, qui est la recollection & l'oraison.

III. Les Religieux doiuent infiniment regreter le temps, dans lequel ils ne peuuent faire oraison.

IV. Tel que chacun est en sa vie, & en ses appetits naturels, tel il sera en son oraison, tant mentale que vocale.

V. Les Religieux, qui seruent Dieu en force & verité d'esprit, doiuent estre bien adroits à se détourner de toutes les creatures, & d'eux-mesme, & se rendre attentifs à voir & sentir autant qu'ils pourront l'infinie Majesté de Dieu, afin de se respandre deuant elle de cœur & d'ame, comme vne eau tres-odorante en la douce & sauoureuse ferueur de leurs prieres.

VI. Afin d'auoir vne attention paisible & continuelle, pendant l'oraison, il est necessaire d'auoir vne grande pureté de cœur, d'intention, & d'affection, auec la paix de cœur & d'esprit.

VII. Il faut prier la Majesté de Dieu, du dedans, du dehors, & de tout soi-mesme, tant en priué qu'en public.

VIII. Cependant qu'on est en paisible & totale iouïs-

de l'oraison & de la vie interieure. 255

sance de son cœur & de son ame, il faut s'occuper alors, le plus affectueusement & intimement qu'on pourra, auec Dieu, par colloques amoureux, simples, interieurs, & spirituels.

IX. Encore bien que nous portions des corps de terre, si faut-il que nous viuions au dessus des choses sensibles, par vn continuel vol de cœur & d'esprit, n'aians que le corps en terre, & toûjours l'ame occupée de Dieu & en Dieu.

X. Nous deuons croire, que nous n'auons la vie de nature & de grace, que pour retourner actiuement & nous refondre viuement en Dieu.

XI. Quiconque n'aime pas la vie interieure, il est de necessité, qu'il soit le joüet & le blanc de toutes ses passions.

XII. Quiconque n'est spirituel qu'en apparence; en toutes ses intentions, affections & procedures ou pour la pluspart, n'est que dans le zele passionné, aueugle, & indiscret.

XIII. Le commun des hommes aime & cherit la sainteté dans les autres, mais quant à eux & pour eux, ils la fuïent & la destruisent, tant qu'ils peuuent.

XIV. Ceux qui ne reçoiuent point les lumieres diuines dans l'esprit, & pour l'esprit, ne sçauroient plus receuoir lumiere, ny esprit que par le dehors: & par consequent, ces lumieres ne seront point permanentes, puis qu'elles ne sont pas penetrantes.

XV. Vn Religieux vuide d'interieurs desirs, & sentiment de Dieu, sera incessamment en reflexion sur soi-mesme; & par consequent, à iamais mécontent, & mal-heureux en son inquietude.

XVI. Les Religieux, qui sont paresseux & tiedes à la diuine introuersion & occupation interieure: n'experimenteront iamais la douceur, & suauité diuine; de sorte, qu'ils feront contrains de roder au dehors, cherchans appui & consolation dans les sens.

XVII. Les Religieux, qui sont entierement possedés & dominez du savoureux & simple esprit de Dieu: n'ont rien de forcé & violenté en eux; mais il semble quasi que l'esprit de Dieu fait tout seul, toutes leurs actions au dehors pour sa propre gloire, pour la profonde edification du prochain.

XVIII. Celui-là est bien loin d'estre parfait, qui ne sçait pas trouver Dieu en toutes choses.

XIX. Par ce que la bonne vie condamne la mauuaise, de là vient que les hommes sensuels cherchent à condamner les sorties des spirituels, tant qu'ils peuuent, couurans ainsi de ce manteau specieux, l'amertume & l'horreur, qu'ils ont d'vne telle vie.

XX. Les vrais interieurs ne s'affectionnent de rien que de Dieu seul, n'ont rien de propre dans le sensible & visible, en eux, ny hors d'eux-mesme. Ils demeurent tranquilles & ordonnez en Dieu, qu'ils possedent par dessus tous ses dons, d'vne maniere ineffable.

XXI. C'est chose asseurée, que comme l'ame est la principale partie de l'homme: elle fait aussi la principale partie de la sainteté.

XXII. Il est infiniment important, que l'homme spirituel viue toûjours égal, sans se démentir d'vn seul poinct de sa deüe grauité.

XXIII. Le Religieux doit plus viure de la presence de Dieu, que son corps ne vit de son ame.

XXIV. Les Religieux se sont obligez, entrans en Religion, de ruiner la vie animale & sensuelle, pour viure de la vie de l'esprit.

XXV. Helas! auiourd'hui quelle Religion y a-il dans certains Monasteres? Ce sont des corps, & des chefs animez de l'esprit de police, ou l'accessoire rauit les Regieux, *de l'oraison & de la vie interieure.*

ligieux, & le principal languist.

XXVI. C'est chose digne d'eternelle admiration, de voir que les hommes ne veulent rien auoir de mauuais, que leurs propres ames.

XXVII. Ce qui afflige pour ainsi dire, infiniment nostre Dieu, c'est de voir qu'il ne peut trouuer de sujets, disposez à receuoir ses larges & amoureuses cōmunications.

XXVIII. L'aueuglement, la dureté & l'insensibilité dans les choses spirituelles, sont la consommation de tous les maux.

XXIX. Les hommes spirituels ne sont presque connus que de Dieu, & fort imparfaitement de leurs semblables, s'ils ne sont de plus excellent vol qu'eux.

XXX. Plus on est semblable à Dieu par amour, plus on lui est ami; & plus on lui est ami, plus facilement obtient-on de lui toutes choses, pour soi & pour les autres.

XXXI. Si Dieu accordoit aux hommes communs facilement ce qu'ils lui demandent, il auilliroit ses dons, ils lui seroient ingrats, & en abuseroient à leur perte.

XXXII. Ceux qui gisent & reposent dehors, en la vie actiue: ne la surpasseront iamais, & n'arriueront point aux manifestations, splendeurs & delices de la vie interieure.

XXXIII. Quoi que nostre vie, soit d'vne tres-simple foi, en sa tres-simple nudité: il est loisible de s'addresser quelquefois amoureusement à Dieu, par raisonnement vocal; non pour s'introuertir, mais comme estant chose tres-licite & conuenable, & que l'amour parfaitement consommé, requiert assez souuent, comme acte de bien-seance.

XXXIV. Quiconque est extremement dominé de quelque passion, ne se quittera iamais en cela mesme:

K k

partant il sera toûjours inepte, non seulement à l'excellente & haute contemplation, mais encore à la toute commune oraison.

XXXV. Nostre attention à Dieu pendant le seruice, & l'Office diuin, doit estre de toute l'ame, par vn simple & vnique desir & eleuation d'esprit ; & non du seul entendement ; s'occupant à ruminer, ou chercher diuers sens, sur ce qu'on prononce : car ceci n'appartient proprement qu'à l'estude, & non à la priere. Les simples & idiots sont en ce poinct plus auantagez que les doctes, s'occupans en Dieu par amour, dans leur ignorance & simplicité : tandis que les autres s'emploient plus à speculer les choses de Dieu, qu'à l'aimer.

XXXVI. Il faut estre bien composé, tant dedans que dehors, en recitant son Office, soit en priué soit en public, ne faisant ny gestes, ny mouuemens du corps contraires à la grauité, reuerence & attention, que nous deuons à Dieu; nous, dis-je, qui sommes ses plus chers & intimes enfans.

XXXVII. Il n'y a point de Religieux, qui ne deust sçauoir en soi-mesme par experience, ce que peut Dieu en l'esprit par ses diuines irradiations.

XXXVIII. C'est bien la raison, que ceux qui ont pris plaisir à tirer à soi les especes delectables des choses exterieures, en soient trauaillez au temps, de l'oraison, par vn iuste chastiment de Dieu : telles representations estans leurs bourreaux, qui leur ferment l'entrée à la douce communication de Dieu en eux-mesmes.

XXXIX. Celui qui s'occupe dans la circonference des creatures, s'éloigne de son centre, qui est Dieu : c'est pourquoi il faut estre essentiel, estroit & concis, en son occupation d'esprit.

XL. Quiconque à bien commencé, à beaucoup fait, mais celui qui commence toûjours dans le progrez, ar-

de l'oraison & de la vie interieure. 259

riue promptement à sa fin.

XLI. Plusieurs personnes addonnées à l'oraison, ne sauourent iamais Dieu, parce que hors de l'oraison, elles ne s'appliquent pas à lui.

XLII. Nous sommes capables de l'amitié de Dieu, aux infinis frais de Dieu mesme. Et il est grandement marri, de ce qu'il ne peut faire aux hommes tout le bien qu'il voudroit, par la communication abondante de son diuin Esprit, & de voir son infinie largesse bornée de si prés, de la part des hommes.

XLIII. Helas ! que c'est grande misere aux hommes, de n'estre point pleins de Dieu, & incessamment dominez de son Esprit diuin.

XLIV. Ceux qui ont eu entrée à la vie spirituelle & mistique, & qui apres l'auoir volontairement quittée, viennent à la mespriser & la calomnier, sont agendaires des Diables, qui ont fort bonne accointance auec ces personnes, & vont excitant toûjours leur malice, par leurs frequentes & fortes tentations, s'attendans bien de les auoir au poinct de la mort.

XLV. La vraie, nuë, profonde, & simple introuersion, ne se peut exercer & accomplir en sa perfection veritable, qu'aux dépens des vrais & non simulez amoureux : & n'appartient point à ceux, en qui la nature, ou amour naturel excede l'amour vrai, essentiel, & simple.

XLVI. Les inspirations extraordinaires, ne se donnent qu'aux personnes extraordinaires, tant en leurs fins, qu'en leurs effets.

XLVII. La discretion & la vraie prudence, sont les marques du vrai profit d'vne ame, dans la vie interieure.

XLVIII. Les personnes spirituelles sont données de Dieu le Pere à nostre Sauueur, comme sa propre ferme & son propre bien, pour le cultiuer & faire valoir en abondance ; à l'entiere satisfaction & plaisir de Dieu son Pere, & du sien propre.

XLIX. Le fond de nostre ame, est le lieu de nostre ineffable felicité, ce que Dieu nous manifeste là de soi est si merueilleux, que rien n'en tombe sous le sens, pour estre exprimé : c'est là que nous sommes perdus en Dieu, ou nous demeurons stables & immobiles, en la mesme plenitude des Saincts. Là nos racines sont infiniment profondes, & nostre iouïssance ineffablement sauoureuse, par dessus le goust eternel d'amour en soi-mesme, en eminence de repos.

L. C'est vne espece de tirannie, de mespriser la vraie vie de l'esprit, en ceux qui y sont tirez & appellez : sous pretexte qu'on n'en sçait rien, ou qu'on n'y entend rien.

LI. Ceux qui sont vraiement humbles en fond, & qui cherchent purement de plaire à Dieu, s'ils manquent de conduite humaine, le tres-saint Esprit, qui enseigne tout, par son onction viuifique, ne leur manque point à cét amoureux office.

TITRE XVIII.

De la saincte Communion.

I. EN receuant le tres-saint Sacrement, nous deuons donner nostre ame & nostre corps personnellement, à celuy que nous receuons : afin de reciproquer son amour, ce qui est à la creature, adiouster le Paradis au Paradis. Et cela est si desiré du vrai amoureux, qu'il le receuroit s'il lui estoit permis, mille fois le iour : & son affliction est de voir, qu'il est obligé à viure d'vne autre nourriture que celle-cy.

II. Si en suite de la Communion, nous manquions à

l'amour reciproque, nous ferions semblables en malice, à ceux dont nous déplorons la misere.

III. Qu'est-ce à vne Espouse fidele que communier, sinon celebrer à tres-grand plaisir les nopces de l'Aigneau?

IV. Ceux qui se rendent proprietaires de la Communion du Corps de Iesvs-Christ, lui font peut-estre plus de tort, que ceux qui par totale ingratitude & infidelité le laissent seul & sans entretien, apres l'auoir receu, comme font beaucoup de mauuais Prestres.

TITRE XIX.

De la Foi.

I. COMME le corps sans ame est mort, de mesme, la foi est morte sans amour.

II. La Foi languist, & n'a que demie vie, dans la pluspart des hommes: & Dieu est si petit en eux, qu'il y est comme aneánti.

III. Les communs hommes ont si peu de foi, qu'ils n'en ont que quelques traces & vestiges. De sorte que de leur dire, qu'il faut auoir vne haute estime de Dieu par amour, c'est parler à des sourds, & vouloir animer des pierres; ou parler de la Sapience à des bestes brutes.

IV. La foy acquise par estude n'est qu'vn grand colosse animé de fort peu de vie. A peine peut-on dire s'il est mort ou vif: & c'est plustost science que foi.

V. La science ne sert fort souuent qu'à ruiner, & non pas à aiguiser la foi: autrement on verroit les doctes estre amoureux de Dieu, charitables, recueillis, & ordonnez en eux-mesmes.

VI. Le plus pur & le plus essentiel poinct de nostre amour central, consiste à adherer à Dieu, par vne tres-simple, tres-nuë, & tres-amoureuse foi.

VII. Plus la foi est sauoureuse, & acquise par amour, apres sa premiere infusion, plus elle illumine l'amour: comme aussi l'amour consolide la Foi.

VIII. Ceux qui ont cette foi sauoureuse, iouïssent dés icy bas, en quelque degré, de la felicité participée.

IX. Quiconque a la foi & le vrai amour, est au dessus de toutes choses, contemplant Dieu d'vn regard tres-eminent, éleué au dessus de soi-mesme.

X. La foi ne nous est infuse au baptesme, sinon afin que nous l'acquerions & rendions sauoureuse par apres, par vn continuel & pieux amour.

XI. Ce qui delecte plus l'ame en cette vie, de tout ce que Dieu puisse iamais donner à personne: c'est la foi sauoureuse, amoureuse, & lumineuse, car celui qui l'a receuë de Dieu, comme precieux gage de son mutuel & reciproque amour, entend & voit par son moien, tout ce que Dieu a reuelé de soi & de ses infinies perfections & richesses, & l'ame se sent incomparablement surpasser toute doctrine du monde.

XII. Dans les parfaits, la foi est presque mesme chose que l'amour: quoi qu'ils sçachent bien y mettre la distinction qu'il faut.

XIII. Les parfaits Contemplatifs, ne connoistront pas mieux dans la gloire des Bien-heureux, les sujets de la foi, qu'ils les connoissent icy bas: attendu que leur simple objet, & la iouïssance d'icelui, leur sont vn par dessus la foi, & par dessus toute science; à cause de l'amour, par dessus l'amour, en amour, totalement possedés, où pour mieux dire, totalement possedans en surpassion, & imperception perduë, & en perception imperceptible.

XIV. La pluspart des hommes, ferment & lient les mains à Dieu, qui voiant leur petit amour, & leur petite foi en son endroit, ne leur peut communiquer ses dons qu'escharsement & petitement.

XV. On ne sçait qui d'entre nous est reprouué ou predestiné. Ce que ie sçai tres-bien, c'est que nous meritons pour nos infidelitez, d'estre delaissés de Dieu, en nostre vie, & au poinct de la mort. Neantmoins, il nous faut fermement arrester à la bonté de Dieu en ce poinct si desastreux, auec quatre ancres, sçauoir est la Foi, l'Esperance, la Charité, & la misericorde de Dieu.

XVI. La foi illuminée par la doctrine exterieure, fait sauourer, mesme aux hommes communs, choses grandes de Dieu: mais ils ne passent pas outre cette science & lumiere, demeurans dans les exercices d'vne vie toute commune. D'autres sentent bien de Dieu & de la foi, viuans neantmoins dans le peché mortel; ils parlent bien de Dieu aux autres, auec demonstration de sentiment, pour couurir leur turpitude. Mais le roiaume de Dieu n'est pas dans la parole, ains dans la vertu.

TITRE XX.

De la Patience, Constance, Force, & Generosité d'esprit.

I. LA vertu de patience, comme patience, n'est pas la force toute entiere, mais c'est son effet, en quelque degré: parce que la Patience suppose vne plus ou moins viue reflexion, & la force entiere n'en a point.

II. C'est le propre deuoir, & l'effet de la force diuine: d'éleuer la nature au pur esprit, la changer en lui, & de conioindre incessamment le tout à Dieu, d'vn amour tres-estroit.

III. La force diuine produit toûjours infailliblement son effet où elle est, s'il ne tient à son sujet.

IV. La force augmente la sapience dans l'homme : & la sapience ordonne la force. Car la force, qui est sans ordre ny discretion, est temerité, fureur, & precipitation.

V. La vraie force entretient & fomente l'humilité, & est necessaire à acquerir & conserver tous les biens de l'esprit.

VI. Nos ennemis spirituels, sont le sujet perpetuel de l'exercice de nostre force, lequel exercice à cet effet, consiste en forte action dans la prosperité, & en forte souffrance dans l'adversité.

VII. La force des parfaits est simple & nuë, & reside au fin fond de l'ame, où toutes leurs puissances sont reduites au delà de toute operation sensible. Et d'où l'homme sensitif ne reçoit plus aucune force, ny secours sensible, pour operer fortement comme auparauant. Ce qu'estant ainsi, l'homme est fort d'esprit, & neantmoins, il peut estre tres-infirme de corps : rien ne lui plaist tant que sa Croix; & neantmoins, à peine peut-il rien endurer d'aigu, & douloureux en son corps, sans se douloir & gemir doucement, quoi qu'il ne voudroit pas, pour mille mondes, qu'il en fust autrement.

VIII. Les foibles doivent humblement demander à Dieu la delivrance de leurs maux, pour le mieux servir : en attendant la force de pouvoir mourir nuëment, sur la Croix, & sans amour sensible.

IX. Les parfaits se peuvent delivrer des maux, qui les divertissent, de la iouïssance de leur divin objet : mais quand ils ne pourront s'en delivrer, c'est là qu'ils doivent languir & mourir sur la Croix, crucifiez au dehors, & reposans au dedans en Dieu.

X. La force passive au tres-saint Esprit, a divers degrés, Dieu la donnant à mesure de la verité d'vn chacun.

cun. Elle est aux vns, pour les communes souffrances; aux autres, elle est plus grande, & aux autres tresgrande.

XI. Chacun pourra iuger sur soi-mesme de sa force passiue, par sa patience, ou impatience d'esprit, à vaincre ou estre vaincu des ennuis de nature, qui seront de plus ou moins grande durée: ce que l'ame pourra tres-bien remarquer, par la tranquillité de son fond; car si elle ne se trouue paisible & tranquille en ces efforts, elle est vaincuë & reflechie en elle-méme, & en sa nature.

XII. Le plus haut & noble estat de la force diuine, est de faire que l'ame ne s'impatiente iamais, en la durée de ses morts.

XIII. Il y a des personnes si foibles de corps, qu'à peine peuuent-elles rien souffrir; ce que i'estime proceder de deux causes, à sçauoir, leur grande nudité d'esprit, & puis, qu'elles ne sont point accoustumées à souffrir. Il faut que ceux-là soient d'autant plus forts en esprit, dans la violence des Croix, qu'ils sont plus foibles en leur corps.

XIV. L'impatience & amertume de cœur, vient d'vn fond immortifié, vuide d'amour sensible, qui n'a que soi-mesme pour fin en ses œuures, quoy qu'il lui semble le contraire: de là viennent les repugnances à souffrir, & les plaintes dans la souffrance.

XV. La vraie vertu & charité, se mesure par la force & constance qu'on a, pour combattre genereusement les soustractions des necessitez, tant de l'esprit que du corps. Car la Charité est forte comme la mort, & les eaux des tribulations ne la doiuent iamais esteindre.

XVI. Ne vous inquietez iamais, pour quelque accident que ce soit: car l'inquietude est la porte, par où le Diable entre en l'ame: de sorte que les vertus, & Dieu mesme desiré auec inquietude d'esprit, ne sont que re-

Ll

cherche & satisfaction de soi-mesme.

XVII. Il faut que nous soions tellement composez au dehors, qu'aucun accident n'aie la force, ny le pouuoir d'intimider nostre raison.

XVIII. Les Esprits instables & inconstans, sont comme la Lune, toûjours changeans, & nullement propres pour les hautes entreprises de l'esprit : parce qu'ils sont sans cœur & sans generosité.

XIX. Vne ame genereuse, aime mieux mourir de mille morts, que de iamais abbaisser son courage, vers la diuersité des choses accidentelles, & casuelles, pour se ressentir de leur vicissitude & changement.

XX. Il faut confesser, que c'est chose tres-difficile, d'estre au continuel exercice des hommes malins, beaucoup plus des Diables : parce qu'on les void depoüillez de toute humanité. Mais l'ame fidelle regarde toûjours Dieu là dedans, qui opere en elle, par vne force secrette, qui la tient ioieuse, au fond de soi-mesme, dans ses penibles exercices, sans refléchir sur la creature.

XXI. La science des guerriers d'amour, est que Dieu ne change point : c'est pourquoi il faut qu'amour & vertu en eux, tendent indeficiemment vers Dieu, & ce d'autant plus ioieusement, & alaigrement, que les peines & afflictions, qu'ils ont à souffrir, sont horribles.

XXII. Patience, est vne vertu attectiue de l'esprit, que la force diuine produit en lui pour agir : & bien plus pour souffrir de grandes aduersitez.

XXIII. La patience, qui se laisse vaincre par la durée, monstre que le fond, d'où elle procede, est encore imparfait.

TITRE XXI.

De l'amoureuse Resignation, & Renonciation de nous mesme, dans la Croix.

I. LE feu de l'amoureuse resignation supprime tout sentiment, tant au dedans qu'au dehors, iusques aux moüelles de l'ame, & au plus intime de son fond; laquelle reduite à ce poinct de desolation & d'impuissance, brusle son holocauste par dessus toute cōnoissance, sans qu'elle sçache si elle est digne d'amour, ou de haïne, ny si elle connoist Dieu; quoi qu'elle lui adhere, par vn tres-nud & tres-simple amour, & par vne secrete force passiue: elle ne pense nullement à chercher les moiens de sa deliurance, tout son plaisir, estant de mourir eternellement en cette Croix, si Dieu le vouloit ainsi, & les creatures sont plus capables de rengreger son mal, que de la consoler. Ces ames icy, sont des plus pures, qui viuent sur la terre. Mais helas! à peine sçauons-nous de qui nous parlons.

II. Encore que quelqu'vn n'atteigne iamais au plus haut estage de l'amour, si est-ce que s'il se renonce, & perd entierement soi-mesme, sur son propre interest, tel amour renoncé est souuent plus agreable à Dieu, qu'vn amour tout liquefié, & hautement éleué. Et c'est en cela, que la volonté de l'homme, qui est tout son tresor, sacrifie amoureusement à Dieu, tout son empire par dessus toute influence & sentiment.

III. Quand nous sommes paruenus à nostre cadre, qui est Dieu, transfus & perdus en luy par l'entiere transformation de nostre volonté en la sienne, nous iouïssons dés icy bas, de la plenitude des Saints, mesme au plus fort de nos batailles & de nos croix, ce qui est merueilleux, que Dieu prend vn singulier plaisir, à nous polir de plus en plus, par toutes sortes d'exercices.

IV. Ceux-là sont tres-saints, entre les SS. qui sont insatiables de souffrances & d'angoisses, dans leur abondance, & dans leur durée.

V. On peut dire, qu'entre les Saints, il y a des geans pour souffrir quant au corps, & d'autres qui sont la foiblesse mesme : à quoi Dieu a tres-expressement égard. Mais on nepeut nier, que ce ne soit vn excellent don de Dieu, quand par la profonde force du tres-saint Esprit, les souffrances & croix interieures, sont accompagnées de celles du corps: & que cette sorte de sainteté ne soit grandement rare & precieuse aux yeux de Dieu.

VI. Si on desire sçauoir ceux qui sont tirez entierement au dedans, par vne entiere estenduë, & simplification lumineuse d'eux-mesmes en Dieu; ie dis que ce sont ceux qui sont en aduersité, ou en desolation d'esprit, voire à qui toutes choses necessaires manquent : car ils sont tellement plongez & abismez en l'essence diuine, qu'ils sont infiniment au dessus de toutes verités infuses & perceuës.

VII. On se doit bien garder de faire sortir ces personnes aux paroles de longue haleine, quand ils sont dans les croix, & mortelles angoisses, des soustractions diuines: car alors, ils sont indigens, & pour eux & pour autrui : de sorte qu'autant de paroles, qu'on les contraint de mettre en auant, leur sont autant de poinctures mortelles.

VIII. Si on est totalement suspendu en ses puissances, sans pouuoir d'agir: il faut endurer les peines de ces langoureux efforts d'esprit, en eternelle resignation, & auec ioie & plaisir; car c'est en cela, que consiste la plus épurée & excellente sainteté dans les ames fortes & genereuses, qui soustiennent ainsi Dieu, par dessus toute affluence & lumiere.

IX. Renonciation, est vn entier abandonnement, qu'on fait de tout soy à Dieu, sans aucune restriction, ny d'œuures, ny de temps; pour preuue de quoi, la creature ne veut, n'agit, & ne patist que pour le seul bon plaisir de Dieu, purement & simplement.

X. Ce qui rend la renonciation parfaite si inconnuë, c'est qu'on croit que la sainteté consiste dans les hautes éleuations de l'entendement, & non à porter sa croix auec Iesvs-Christ, souffrant auec lui, & mourant dans les Croix d'esprit & du corps. Erreur, tenebres, & misere tres-grande : car le don & le goust de Dieu, n'est qu'vn moien, pour acquerir la sainteté, & non la sainteté mesme.

XI. La vie renoncée est par dessus tous les miracles, que les Saints ont operé, parce qu'estant si surnaturelle & si rare, la creature y donne beaucoup du sien, & quelquefois tout, ce semble ; à cause de sa grande nudité, destitution, foiblesse, effusion totale de ses puissances, ignorance de Dieu & de soi-mesme. Ce qui fait qu'elle ne sçait, si elle est morte ou viue, si elle gaigne ou si elle perd, si elle consent ou si elle resiste. C'est là que l'ame agonisante, rendant la vie à Dieu, meurt & expire de douleur, & d'angoisse amoureuse, entre les bras de Dieu, soûmise, resignée, & renoncée en tout ce qui lui plaira.

XII. La perte veritable n'est dure que pour quelque temps, aux ieunes & apprentifs. Car elle est facile au milieu, & tres-douce à la fin.

XIII. L'ame parfaitement renoncée, ne se plaist à rien tant qu'à delecter Dieu, à ses eternels frais & dépens, aimant mieux la sainteté de Dieu, en tous ses amis, qu'en elle, & pour soi-mesme ; & ainsi il se fait qu'elle est comblée & illustrée de la sainteté de tous, en la verité de son amour pur: viuant en Dieu, par dessus toute science, consideration, & discretion, pleinement & toûjours également contête en tout éuenemét.

XIV. La perte double & totale, c'est à dire, selon le corps & selon l'esprit, ne conuient qu'aux excellens Saints; mais celle qui semble n'estre que simple, selon l'esprit, ne conuient qu'à son sujet, tant en renonciation, qu'en resignation. Que si quelqu'vn est libre pour faire choix, qu'il sçache que la totale est la meilleure.

XV. Le nombre des Religieux est rare, qui s'abandonnent totalement en eux-mesmes, pour suiure Dieu en simplicité & nudité d'esprit, par les chemins deserts & espineux de la Croix; sans varier ny reflechir sur soi-mesme.

XVI. Il faut que le Religieux pratique genereusement & continuellement la renonciation & resignation à la tres-sainte volonté de Dieu: dans les diuers abandonnemens & pauuretés d'esprit, s'il veut iamais arriuer au secret cabinet du pur & simple amour.

XVII. Il y a peu de personnes, qui veillent passer à la perte du repos sensible: c'est vne tres-forte barriere, que l'on ne veut point franchir.

XVIII. Les parfaits sont tenus, de s'abandonner totalement, & sans reserue, en temps & en eternité: sans, par maniere de dire, iamais reflechir sur soi, mais en Dieu seul.

XIX. O que c'est vn riche thresor, de se pouuoir posseder en paix & tranquillité de soi-mesme, pendant que les puissances animales sont detenuës, occupées, & ce semble, attentiues aux viues & continuelles souffrances.

XX. Dans le temps des Croix, abandonnemens & desolations, il faut se tenir ioieux, au plus profond de l'amoureuse resignation, &c.

de l'esprit, & s'y en fuïr par vne simple & ioieuse abstraction, pour y contempler Dieu, qui seul y reside, en repos & fruition, passiuement, hors de nous-mesme, en lui-mesme.

XXI. O folie des Religieux insensez, qui pensent iouïr du Paradis, sans vouloir imiter nostre Seigneur ✝ IESVS-CHRIST, dans sa Croix, & en sa pauureté d'esprit!

XXII. Quiconque est desireux de patir, sans soulagement & de Dieu, & des creatures: celui-là est bien loin de refuser les accusations iniustes, qu'on fait contre lui, voire mesme en sa plus grande desolation interieure.

XXIII. Les parfaits & solides en charité, ne desirent iamais qu'on les plaigne en leurs maux: & mesme, s'ils pouuoient demeurer inconnus en leurs maladies, ce seroit leur desir & contentement supreme, & c'est bien la plus cruelle mort, qu'on leur puisse donner, que d'agir ainsi auec eux.

XXIV. Il faut que l'homme parfait fasse tres-grand cas des croix exterieures. Que si elles sont si fortes, qu'il soit tout là dedans, de pensée & sentiment, il doit lors preferer telles croix & abaissemens à son repos d'esprit, faisant le moins de mouuemens, & de plaintes qu'il pourra. Car quoi qu'il soit tres-difficile, dans ces crucifiemens, de demeurer coy par dehors: neantmoins, il faut en cela edifier le prochain, qui ne nous iuge que par ce qu'il void.

XXV. Il y a peu d'hommes, qui ne se iettent dans les extremités, pour éuiter quelque mauuais rencontre; & celui-là est tres-eminemment sage, qui ne le fait pas.

XXVI. Le Religieux, qui vit à Dieu & en Dieu, est plus content au milieu de ses aduersités & afflictions, soit d'esprit, soit de corps, qu'on ne peut penser; dautant que la Croix, & affliction continuelle, est toute sa vie & ses delices.

XXVII. Dieu prend si grand plaisir au supreme lustre & sainteté de ses Saincts, que pour en exercer certains, il fait assez souuent, que tout son Eglise souffre tres-grande perte & dommage. Tesmoin saint Loüis dans la terre Sainte.

XXVIII. Dieu fait vn indicible bien à ses creatures, quand il se resoult de les chastier rigoureusement dés cette vie; & c'est selon cette raison, & fond d'esprit, qu'il nous fait voir tous les éuenemens de Dieu en nous: nous contentans de lui demander force & vertu, pour le soustenir; car sa iustice icy bas, ainsi exercée, est le plus haut effet de sa misericorde.

XXIX. La resignation tres-subtile de l'esprit, est le supreme lustre, & la vie des vraiement libres, de la liberté diuine: endurans tout d'vn desir nud, & courageux, qui les attache immobilement à Dieu.

XXX. La resignation du sens, a diuers degrés & estats, selon le degré de force passiue, auquel on la pratique. Mais la prenant en son plus sublime degré, elle est vne mort presente à l'ame, & vn crucifiement de tout soy, dont il luy est impossible de se deliurer ou mesme de desirer sa deliurance.

XXXI. La tribulation est le sort le plus desiré des Iustes, c'est leur riche possession & heritage en cette vie, elle leur sert à conseruer & augmenter la grace de Dieu en eux, la tenant saine & pure, & tout ainsi que le feu épure les metaux: de mesme la tribulation épure l'ame des Iustes.

XXXII. La tribulation est le plus grand thresor, dont Dieu puisse honorer ses amis en cette vie. Ainsi les mauuais hommes sont necessaires pour le bien des bons: voire mesme les Diables, quoy que desireux

de l'amoureuse resignation, &c.

fireux de nostre ruine, nous font le plus grand bien, en nous affligeant, qu'on ne peut penser.

XXXIII. La tribulation seule, mesme dans les communs hommes, les peut de soi-mesme rendre Saincts, voire grands Saincts, quoi qu'ils n'aient iamais esté à Dieu, par vie d'esprit, ny par la Contemplation: car à le bien prendre, la tribulation est la cime de toute la vie actiue, & il y a plusieurs grands Saincts au Ciel, qui n'ont iamais esté grands Contemplatifs, qui sont tels, pour n'auoir fait tout leur vie, qu'endurer sainctement, auec quelque deuote éleuation d'esprit & de cœur à Dieu.

XXXIV. C'est estre bien partagé, que de boire mesme boisson que le Roy, c'est estre fol ou ingrat, de mespriser cét honneur : voiez donc quel honneur Dieu vous fait, de vous faire boire au Calice de son Fils, & qu'elle ingratitude ce sera, si vous cherchez ailleurs vostre contentement.

XXXV. La vie humaine, pour estre agreable à Dieu, ne peut estre sans tribulation, non plus que le corps sans ame, l'ame sans la grace de Dieu, & la terre sans le Soleil.

XXXVI. La tribulation amoureuse est la medecine des esprits malades, & le pressoir des bons, d'où s'exprime le vin delicieux, duquel N. S. mesme daigne bien boire à plaisir.

XXXVII. Quand Dieu crucifie l'ame, au plus profond d'elle-mesme : la creature ne la peut consoler, & elle ne lui sert au contraire, que de l'affliger par ses consolations plus intimes.

XXXVIII. La Croix est viuement plantée en Religion, comme son supreme lustre & ornement, particulierement és cœurs de chaque Religieux. Et Dieu prend vn si grand plaisir de la planter plus auant, en

M m

certains, qu'il la leur laiſſe iuſques à la mort.

XXXIX. Ceux qui ne peuuent ſe perſuader, que la tribulation ſoit vn ſi grand bien, ſont tres-déplorables, attendu qu'ils ne ſentent que la creature, la chair, & la corruption: mais nous autres, qui deuons eſtre d'vne toute autre trempe; nous faiſons d'autant plus de cas de la tribulation, que moins nous en faiſons de cette vie, & de ſes plaiſirs.

XL. Quiconque ne ſouffre point, voire à l'extreme, eſt bien éloigné de ſe pouuoir connoiſtre: & tandis qu'il en ſera ainſi, il aura tres-iuſte & profond ſujet, de ſe défier de ſoi, & de s'humilier profondément en ſon rien, deuant la Majeſté de Dieu.

XLI. Ce n'eſt pas par le corps, ny par ſes ſouffrances, qu'on doit iuger de la ſainteté des hommes, mais il faut voir s'ils ſont ioieux, alaigres & immobiles au dedans, voire cependant que le corps ſe plaint, & gemit pitoiablement.

XLII. La tribulation eſt le propre bien de Dieu dans les hommes, & le bien reciproque des hommes, en celui de Dieu: de ſorte que ioüir d'vn tel bien, doit eſtre tout le Paradis des ſaincts hommes en terre.

XLIII. La pure & profonde ſouffrance, ſurpaſſe autant toute action, que l'amplitude du Ciel empirée ſurpaſſe vne petite noix.

XLIV. Le deſir que Dieu a d'illuſtrer & exalter ſes Saincts eſt ſi grand, que les cauſes de leurs tribulations ſont aſſez ſouuent ſurnaturelles, & de lui ſeul.

XLV. Les plus parfaits doiuent agir, patir, & mourir par le dedans, lors qu'ils ſont dans la tribulation, comme s'ils ſe ſentoient actuellement pleins & rauis de Dieu, ſelon leur total.

XLVI. Le Religieux viuement animé du veritable eſprit de Religion, eſt ſi ſouple, à aller inceſſamment à *de l'amoureuſe reſignation, &c.* 275

Dieu en verité d'eſprit, d'affection & d'action, qu'on ne void en lui que crucifiement, que mort, qu'œuures & paroles de mort, contenante neantmoins en ſoi, eſprit & vie. Il trouue ſon contentement & ſes delices dans l'affliction, & ne ſe ſoucie aucunement de ſoi, ny d'autre choſe, pourueu qu'il gaigne IESVS-CHRIST.

XLVII. Celui-là eſt vain & menſonger, qui ne ſouffre point : car l'homme eſt né pour trauailler, & par conſequent, pour endurer : cela ſe doit croire à bien plus forte raiſon, des Eleus & amis de Dieu.

XLVIII. La vie des imparfaits, donne à bon eſcient matiere d'exercice, de ſouffrance, & de mort aux vrais Religieux : mais cela meſme eſt le plaiſir de ceux-ci; ſçachans par ſauoureuſe experience, que cela eſt leur Purgatoire & amoureux martire.

XLIX. Les bons Religieux ſont reſolus d'eſtre l'eſcabeau des pieds de tout le monde, & de conſommer, en qualité de fols volontaires, chair & ſang, tout le temps de leur vie, en parfait holocauſte à ſa diuine Majeſté; qui pour les affiner, comme l'or dans la fournaiſe, permet qu'ils rencontrent des Croix de toutes parts, meſme des Superieurs, par diſpenſation diuine.

L. La Religion ne reçoit ſon luſtre dans ſes enfans, que par les fleaux, les marteaux, & le feu volontairement ſoufferts.

LI. La Religion eſt vne totale perte de ſoi-meſme, & des choſes crées, par vne entiere transfuſion & reſolution de tout ſoi en Dieu. Pour ne viure & mourir qu'en lui, iuſques à la parfaite conſommation de la chair & du ſang au feu de ſon amour.

LII. Celui qui recoule inceſſamment en Dieu par amour, les contrarietés de cette vie, ſont ſon plaiſir & ſa ioie, & il les ſupporte d'vn eſprit fort & genereux par le moien de la double force amoureuſe du tres-

Mm ij

saint Esprit. Il est aigle diuin, contemplant les choses celestes, & la diuinité mesme : & tout ensemble, il est homme humain, negotiant auec les hommes, sans desister d'estre celeste : il n'abhorre rien que soi-mesme, & ce qui lui appartient, & cherche incessamment le bien d'autrui, à la tres-haute gloire de Dieu.

LIII. L'ame n'est pas pour le corps, sinon secondairement, ny le corps pour soi-mesme, mais l'ame est pour Dieu, & puis pour le corps qu'elle informe, afin de le faire fraterniser auec elle, par vne douce & libre violence, le domptant & assujettissant ; en sorte que tout l'homme se puisse amoureusement & tres-volontairement escouler en Dieu son origine & sa fin derniere.

LIV. Les vrais Iustes n'arrestent point en vn estat, mais s'aduancent tousiours de plus en plus dans l'exercice des vertus, afin d'assuietir de mieux en mieux leur chair à l'esprit, & qu'ils soient faits le temple viuant du sainct Esprit, en leur corps & en leur ame, que Dieu prenne plaisir d'habiter iusques à l'entiere consommation de son amour, & de sa diuine similitude en eux.

TITRE XXII.

De la Mort mystique de l'Ame en Dieu.

I. AVANT que l'ame defaille tout à fait à son operation, en l'abisme de Dieu son amoureux objet, il lui a fallu souffrir les profondes & mortelles rigueurs de feruente humilité en vn temps, & plus que feruente en vn autre ; en nudité, morts, renonciations, pertes, resignations, indifferences, & autres semblables voies, qu'il a fallu genereusemét passer, sans aucun appui ny consolation : de sorte qu'on ne sçauroit expri-

De la Mort mystique de l'Ame en Dieu. 277

mer combien elle a souffert en chacun de ces degrez.

II. S'il se trouuoit quelqu'vn si fidele à son deuoir, qu'il eust entierement passé la region des mourans, ou que les profondes & cōtinuelles morts lui eussent radicalement supprimé la vie, au feu amoureux de la cuisante & consommante tribulation, tant d'esprit que de corps : ce seroit vne ame si excellente & si rare en ce siecle, qu'à peine en connoist-on vne seule. Car helas ! auiourd'hui toutes occasions nous font sortir à la vie de nostre nature, que nous ne voulons point supprimer, mais toûjours nous voulons sentir, agir, & viure pour estre veus & estimez des hommes.

III. Ce que les mourans ont à faire, c'est de viure, comme s'il n'y auoit que Dieu & eux. Ce faisant, ils se trouueront plustost morts qu'ils ne pensent. O que la creature est heureuse, quand elle est totalement passée & transfuse en Dieu, & que rien d'elle ne se trouue plus en elle!

IV. Quiconque se soûmet totalement à Dieu, comme son instrument inutile, Dieu fait ses plus hautes & plus inconnëus merueilles en lui.

V. C'est vne excellente mort, de se voir priué du bien qu'on ne peut faire, mais beaucoup plus excellente, quand on ne peut souffrir ce qu'on desireroit bien souffrir.

VI. L'ordre de Dieu est de nous aneantir en nousmesme, & plus il void les effets de cét aneantissement, plus il se plaist en nous. Or cét aneantissement est d'autant plus vrai, que nous le ressentons moins en nous, à cause de nos horribles tenebres, & des mauuais effets que nous sentons au dedans de nous-mesme.

VII. Les morts sont autres dans les parfaits, & autres dans les imparfaits ; car elles répondent toûjours au degré de l'esprit.

VIII. L'excellente sainteté dans les hommes, est inconnuë, dautant qu'il n'y a moment en la vie, par maniere de dire, auquel il ne faille expirer en Dieu, au moins, autant que la fidelité est veritable ; de sorte qu'à mesure qu'ils sont éleuez & subtils, les morts sont subtiles aiguës & profondes, qui produisent, dans l'effort de leur douleur, de terribles effets au dehors. Telles furent les morts & les douleurs de Iob : & les tristes & douloureuses plaintes, qu'elles produisirent, font assez voir qu'elles ont esté les plus cruelles & plus horribles, qui se puissent penser : car en son abandonnement vniuersel, il ne sçauoit ou asseoir son pied, c'est à dire, son appetit, pour pouuoir trouuer quelque repos en soi, ny aux creatures, tant il estoit estroitement, & de toutes parts affligé en l'ame, & au corps de tres-fortes douleurs & angoisses.

IX. Le mesme arriue tous les iours aux plus intimes amis de Dieu, certains desquels sont tourmentez en l'esprit & au corps : d'autres sont delaissez sans sentiment, consolation & connoissance en l'esprit ; de sorte que dans leurs infernales langueurs, ils sortent quelquefois par paroles à des excez étranges, ce qui estant ignoré des hômes, ils les iugent forcenez. Mais les hommes diuins, qui ont eux-mesme passé par ce triste & affreux desert, en iugent bien autrement ; sçachans que ces excez expriment la vehemence des tourmens d'amour, qui supprime en eux radicalement la vie, d'vne maniere inconceuable, & que ces expressions sont autant éloignées d'eux, qu'ils sont pendant tout ce temps-là perdus inconnuëment en Dieu.

X. Il arriue souuent, que plus on deuient esprit, moins on est puissant contre soi-mesme ; & la partie inferieure se reuolte en sorte contre la Superieure, qu'on croit estre perdu ; l'ame ne pouuant s'imaginer que ce soit

Dieu, qui tiét ce terrible moien, pour acheuer de l'épurer de ses plus occultes proprietés. Que si on n'est fidele à soustenir ce mortel estat, par vne forte & constante souffrance, en se persuadant qu'on ne fut iamais mieux, on décherra sans doute de l'excellence de son estat, à son tres-grand dommage. Et si l'ame retourne prendre ses exercices exterieurs, pour affliger son corps, qui lui semble causer cette guerre, elle se trompera beaucoup, & par cela mesme, elle se sentira violentée de plus grands efforts que iamais. Ce degré est ordinairement le dernier de l'appetit actif, & on commence deslors à passer dans la region passiue & mistique.

XI. Pour arriuer à la totale transfusion de la creature en Dieu, il faut que la creature soit perduë à son viure, à son sentir, à son sçauoir, à son pouuoir, & à son mourir : viuant sans viure, mourant sans mourir, patissant sans patir, se resignant sans se resigner. Que si tout cela lui est inferieur en son acte electif, l'ame est alors impassible, inattingible & immobile : dautant que les creatures ne peuuent, par leurs inuentions, atteindre Dieu d'vne infinie distance.

XII. Ceux qui ne veulent point passer la region du sens, & qui desirent toûjours voir sur quoi se reposer & asseoir leur pied, n'entreront iamais aux secrets de la science mistique, quoiqu'ils en aient la science, & mesme le goust, par lecture. Mais les fideles amoureux, qui sçauent l'amour, plus pour l'auoir exercé & pratiqué par eternelle mort, que pour l'auoir connu, senti, & appris, sont si parfaitement & entierement assujettis à Dieu, en tous euenemens de mort, qu'ils ne sçauent s'ils viuent à eux ou à Dieu ; qui est vne verité d'vne infinie enceinte.

XIII. Les ames consommées en amour, ne desirent point paroistre, ny sortir en euidence à elles-mesme, si elles n'y sont fortuitement mises & tirées sans elles & sans leur sceu.

XIV. Les pratiques du veritable amour demandent des esprits vifs & vigoureux à aimer, & qui ne se lassent iamais d'agir, & de patir, & de mourir en ce penible, mais agreable trauail d'amour; car les diuers succez, tantost de iouïssance, tantost de priuation, tantost de douleur & de passion, & tantost de penibles, languides & mortelles morts, sont en si grand nombre, qu'il est impossible d'en pouuoir exprimer ce qui en est. Ce que ie dirai seulement est que

XV. A mesure qu'on monte ces hauts degrez d'amour, les destitutions, priuations & langueurs, sont plus penibles, & paroissent intolerables. Et plus l'ame a esté noyée & submergée des inondations, lumieres, & delices diuines, plus elle a perceu & connu par experience l'infinie amabilité & excellence de Dieu, cela redouble de plus en plus la griefueté de ses mortelles croix, & de la misere & pauureté, où elle se void reduite; par l'absence de ce beatifique objet; car le moindre interualle de temps de la desunion sensible de ces sujets, également rauis de l'amour l'vn de l'autre, est vne mort cruelle à l'ame, qui ne respire qu'en la iouïssance vnitiue de son objet plus qu'aimable.

XVI. Mourir & expirer en Dieu, c'est ne s'attacher à rien de particulier, ny à aucune lumiere propre & particuliere, si subtile qu'elle soit, car quelque lumiere que nous receuions, auec attache, elle inquiete subtilement son sujet & le reflechit sur soi & sur les autres; de sorte que dés-là, cette lumiere est purement de la nature, ou du Diable, & tant plus le sujet du bien, quelle nous presente est grand, plus il la faut tenir pour telle.

XVII. Il n'y a que le parfaitement abstrait, en verité de mort, qui connoisse tous les esprits, & les diuerses voies d'vn chacun.

XVIII.

De la mort mystique de l'Ame en Dieu. 281

XVIII. Ie ne pense pas qu'il se trouue personne, qui veuille estre de tous poincts inconnuë aux hommes, par mort & renonciation d'esprit.

XIX. L'ame qui est bien fondée dans les regles & maximes de la voie du pur amour, ne doit pas, au temps de ses grandes desolations & langueurs interieures, chercher consolation au dehors parmi les creatures, comme se plaindre à quelqu'vn, où faire quelque lecture spirituelle, car ce seroit se deliurer secretement du gibet amoureux.

XX. Pour arriuer au sureminent repos, la bonne ame doit s'efforcer de mourir genereusement, pour l'vnique contentement de son Espoux.

XXI. Celui qui ne sçait pas se perdre, & donner tout le sien, en vraie mort d'esprit, au delà de tout exemple & imitation, ne surpassera iamais le sens, la crainte, la honte, & la raison; puis qu'il n'est point paruenu au pur amour: car ce qui ne vit que d'exemple, est toûjours extremement foible en matiere de vertu.

XXII. Il est totalement impossible, qu'on commence à sentir & viure mistiquement en simple intelligence de la sapience diuine & infuse, que par l'entiere mort & supression de tout l'appetit sensitif & raisonnable.

XXIII. C'est l'ordre des vraiement Saincts, qu'ils doiuent laisser toutes choses estre ce qu'elles sont en elles mesme, & ne s'embroüiller point là dedans, si cela ne leur touche d'office & de condition. Que si cela est du fait de ceux qui sont entierement morts, combien à plus forte raison le doit-il estre du rien, & encore infiniment plus de celui qui, quoi qu'il viue, n'est iamais sorti pour la vie.

XXIV. L'ame genereuse, qui ne se plaist qu'à mourir en son objet, est non seulement victorieuse de ses

N n

ennemis, mais elle les conuertist mesme en soi, & en son tres-pur amour, pour les assujettir auec soi-mesme entierement à Dieu.

XXV. Si quelqu'vn entre les hommes ne sçauoit qu'amour mourant, ce seroit vn Phœnix; ce n'est pas neantmoins qu'il n'y en ait, mais on ne les connoist pas. Les autres s'affranchissent toûjours de la Croix, & quelques spirituels mesme se couurent en cela de la volonté de Dieu. Chose déplorable! car n'estre veritable que iusques à certains termes, c'est ne rien faire. Il faut toûjours tout donner à Dieu, & lui rendre toûjours la vie dans l'agonie, sans espoir d'aucune allegeance & consolation. Que si les Saincts n'eussent ainsi eternellement agonisé, Dieu ne seroit pas si glorieux en eux, ny eux en lui.

XXVI. Mourir & expirer en Dieu, c'est se rendre immobile & inalterable, toûjours égal à soi-mesme sur toutes sortes d'objets, voire les plus difficiles, la grace faisant mourir la nature à tout cela, pour genereusement posseder son sujet en son objet, en la simple paix & tranquillité d'esprit, qui excede tout sens.

XXVII. Les ames vraiement simples, ne sçauent que mourir continuellement, pour viure de la vie de Dieu, en qui elles sont exemptes des atteintes des creatures: car on ne peut iamais prendre tant de plaisir à les toucher & affliger, qu'elles en prennent à endurer & mourir.

XXVIII. Il y a peu de spirituels, qu'on n'en connoist point: car on ne sçait qui veut mourir eternellement, & n'y a personne qui ne se deliure par soi-mesme de la Croix, cherchant sa consolation aux sens & en la creature; de sorte que nous ne sommes spirituels, que iusques à certains limites.

XXIX. Celui qui n'est point mort à son propre esprit,

par le tres-fort esprit de Dieu, qui le doit tout seul dominer iusques à la mort, n'est point digne d'estre appellé Religieux, de quelque Religion que ce soit.

XXX. Il ne faut pas tant auoir égard à ce que Dieu fait en nous, qu'à ce qu'il desire de nous, afin qu'en toutes choses, nous nous conformions parfaitement à sa diuine volonté, en eminence d'action, & en sureminence de mort.

XXXI. Les delices du diuin Espoux, sont de voir ses chastes espouses sacrifiées à sa diuine Majesté, en l'indifference mesme de la supreme pauureté d'esprit, croix & desolation en temps & en eternité.

XXXII. Nous deuons toûjours procurer, & desirer de viure & mourir en Dieu, en son amour, & pour son seul contentement infini.

XXXIII. C'est merueille, de rencontrer vn Religieux veritable à Dieu & à soi, dautant que personne ne veut par tout & toûjours mourir.

XXXIV. Il n'y a que le vrai mourant, ou le vrai mort, qui puisse soustenir le vrai repos, qui est l'effet du regard diuin, en vraie & sainte oisiueté, à laquelle seule conuient d'eternellement mourir en son objet.

XXXV. Celui-là seul, qui est fidele à mourir, peut soustenir l'effort tres-douloureux, & presque insupportable de la simple oisiueté.

XXXVI. A mesure que l'ame se consomme par les morts mystiques, qui semblent deuoir supprimer toute la vie de la nature, le repos lui deuient plus facile, parce qu'elle est plus forte à le soustenir.

XXXVII. La felicité des plus sublimes Contemplatifs, quant à eux, ne consiste qu'en leur mort, perte, & consommation totale, en tout sens & maniere possible à vne creature, à quoi leur est requise vne grande force d'esprit, pour demeurer inalterables dans la durée.

XXXVIII. C'est au mort de demeurer en sa sepulture, iouïssant là sagement & pleinement de sa vie diuine, en son tres-simple & tres-eminent repos.

XXXIX. Plus on est sage, plus on fait sa conscience sur ses moindres desordres, s'obseruant soi-mesme fidelement. On sent tres-bien, qu'on ne peut iamais assez se reduire à l'estroit, selon l'exigence des pratiques du vrai mort, qui demeurera iusques au iour du iugement dans sa sepulture, pendant qu'on marchera sur lui, & cela à dessein, & auec plaisir, ne trouuant ailleurs aucun lieu qui lui soit propre, & estant là eternellement ignoré des creatures, qui quoi qu'elles le cherchassent par tout, ne le trouueront iamais.

XL. La diuersité d'estats, entre les personnes spirituelles, consiste en ce que tous ne sont pas également mourans.

XLI. La deduction des matieres spirituelles, en simple fond, est grandement delicieuse au vrai simple: mais s'il est entierement mort & perdu, il fera trop plus de cas de sa mort, en son propre desert, que de telles delices prises au dehors.

XLII. La vraie & perduë sainteté est pur esprit, en pur & eminent amour, hautement & eternellement renoncé. Ces Saincts estans inconnus comme ils sont, n'ont qu'à aller leur chemin, par leur desert solitaire & scabreux, en esprit: mourans tres-nuëment à tous les dons de Dieu, & s'auançans au delà, non seulement dans leur propre fond, mais aussi en l'vnité suressentielle de Dieu, en ineffable moien, hors de tout moien.

XLIII. Du martire d'amour, qu'en dirons-nous? Sinon que ses martirs amoureux ont trauersé toute leur vie, à tout le moins en esprit, tous les deserts affreux & épouuantables d'incomparables morts.

XLIV. C'est dans les mourans par continuelle mort,

De la mort mystique de l'Ame en Dieu. 285
que Dieu a son Paradis, son bien, son honneur, & ses delices en la terre.

XLV. Quand l'ame se trouueroit rauie cent fois le iour, si elle n'est fidelle au retour, dans les combats & difficultés, qui sont de durée, où il faut souffrir & mourir en amour nud, elle n'est qu'en elle-mesme: car la perfection de l'Espouse consiste à suiure son Espoux tout nud, toute nuë, par les chemins deserts & arides des Croix, en temps & en eternité.

XLVI. Il ne se faut non plus soucier des influences de l'amour sensible que de rien, fust-on tout regorgeant d'amour, & penetré mesme iusques au corps; car les bonnes & solides influences de l'Espoux, qui dilatent simplement l'esprit au dedans, ne redondent nullement au corps, ny mesme grossierement aux puissances inferieures, mais elles sont pures & dignes de l'Espoux, qui les donne.

XLVII. Mourir toûjours, est l'action & la vie du fidelle amoureux de Dieu. Il ne reflechit point autrement qu'il ne faut sur soi-mesme: mais quelques sentimens qu'il ait, il va toûjours également son chemin, comme si rien ne se passoit en lui.

XLVIII. Il y a deux sortes de sainteté, l'vne est actiue, & l'autre est nuë, tres-pure & tres-separée du sens, inconnuë mesme assez souuent à celui qui l'a. Car elle consiste plus à mourir simplement & nuëment, mesme à toute action & souffrance corporelle, qu'à operer & agir sensiblement, ou mesme spirituellement. Ainsi ne faut-il rien attendre de visible, de pareille vie, & il n'y a qu'eux & leur semblables, qui les puissent connoistre, veu qu'ils ont surpassé toute voye & pratique humaine, tant en action qu'en passion & souffrance.

XLIX. Les éleuations & degrés de la vie spirituelle,

Nn iij

ne sont differens entre-eux, qu'autant que les personnes sont inégales dans la pratique de mourir, se perdre & se fondre en Dieu.

L. Il y a grande difference entre l'agir, patir, & mourir. Car l'agir ioieux & alaigre, est pour les commençans aucunement auancez. Le patir en action, est le desir & l'effet des vraiement profitans, & grandement auancez par leur course actiue, en la lice d'Amour. Mais le mourir eternel en passion, & souffrance mortelle, supprimant le fond radical de l'ame pour iamais, est pour les parfaits seulement, dont le nombre est si petit, qu'à peine s'en trouue-il vn entre entre mille.

LI. Ceux qui ne se veulent donner à Dieu que par mesure, & iusques à certains termes, n'experimenteront iamais les inondations diuines en eux.

LII. Ne rien ressentir, c'est estre ioieusement mort: mais ie ne sçai s'il s'en peut trouuer, qui soient tels, parce que nostre vie n'est pas radicalement supprimée ny supprimable.

TITRE XXIII.

De la Contemplatiue, ou vie sureminente.

I. THEOLOGIE mystique, prise en son essence, n'est autre chose que Dieu ineffablement perceu, lequel ne peut qu'ineffablement sortir, n'aiant autre entrée ny sortie de soi que soi-mesme, en ceux qui en simplicité d'essence, sont vn en lui, sans distinction ny difference, en plenitude de consommation. Icy on void la lumiere illuminante, sortie de la lumiere, n'estre pas la lumiere, mais lumiere de lumiere, monstrant la lumiere non à ses possesseurs, mais à ses indigens. C'est en cela, que la profonde & supreme misticité, en sa pure simplicité, n'admet rien hors du tres-simple. Et pour ce, elle ne doit estre iugée selon ses paroles, mais en sa simplicité, tant sortie que non sortie, & en son infinie estenduë lumineuse, en laquelle elle voit tout, sans estre veuë, & iuge tout, sans estre iugée.

II. Pour entrer en cette si haute & supreme vie de l'esprit, il faut auoir surpassé presque innombrables degrez, qui consistent tous en vne parfaite purgation, illumination & vnion, ces choses estans comme les fondemens de tous les sous-entendus degrés.

III. Le premier degré est vne vocation interne, ressentie d'en-haut, animant & aiguillonnant l'ame à ne faire aucune estime de toutes les choses crées, & sur tout de soi-mesme, desirant pour iamais estre la fable & le iouet de tout le monde.

Le deuxiesme degré est vne perpetuelle horreur, de la moindre imperfection. Delà procede

Le troisiesme, qui est l'indifference, par laquelle on vit & on meurt en temps & en eternité, entierement soûmis à Dieu, à ses Superieurs, & à toute humaine creature, quelque vile qu'elle soit, sans aucune reserue d'appetit naturel, si subtil qu'il soit, se laissant mouuoir & tirer par tout, ou on voudra.

Le quatriesme degré, procedant de cette indifference, est l'exercitation actiue & necessaire de toutes les vertus, qui doiuent estre l'ornement de l'ame, sans se persuader neantmoins de les auoir acquises.

En cinquiéme lieu, la plus proche disposition à l'vnion diuine, c'est lors que quelqu'vn pratiquât ce que dessus, se sentira si profondement tiré au dedans de soi-mesme, qu'il sera comme priué de ses sens, & mort à leur vsage, se sentant aussi éloigné de leurs objets, que s'il en estoit à cent lieües loin.

Le dernier degré, est l'entier abandon de soi-mesme, à ses Superieurs, pour leur declarer toutes ses affections, mouuemens, sentimens, pensées, & desirs. Cecy est absolument necessaire.

IV. Si ceux qu'on conduit en la voie sureminente de l'esprit, se negligent sciemment au fait de l'obseruance Reguliere, voire aux choses les plus petites, c'est signe qu'ils sont en pure nature, & non en Dieu. Car il est impossible, que l'ame actiue & attachée par son fixe & immobile regard en Dieu, & qui est par ce moien renduë toute diuine, & comme entierement conuertie en la nature infinie de son objet, puisse rien negliger sciemment.

V. L'Abbregé des degrez de la vie sureminente, est qu'apres la suppression de l'actif en l'amour surpassé, succede l'entrée de purgation, qui consiste en la mort du sensible reflux.

Le deuxiesme degré, consiste en la mort & suppression du raisonnable reflux.

Le troisiesme, consiste en la mort & destitution d'esprit, par la souffrance de l'angoisseuse action diuine, qui au commencement de son ieu actif, fait mourir & expirer l'ame en elle-mesme sans lumiere.

IIII. Apres quelque succez, Dieu exerce son mesme ieu actif & angoisseux en l'ame, auec immense lumiere & saillie de soi-mesme à soi, pour communiquer ses profonds secrets en profondeur de distinction.

V. Apres cela succede l'illumination pure, profonde, nuë, dedans l'vnique simple, exempte de souffrances des diuines actions, qui ne sent & ne connoist que les extases de tout soi hors de soi, en l'abisme de son objet, où elle n'a ny pouuoir, ny enuie de sortir à l'expression de ce qu'elle a, & ce qu'elle est. Et d'autant plus qu'on s'occupe au dehors, tant plus l'ame s'enfonce ce en l'abifme qui la rauit, dilate, transforme toute en lui, fans diftinction, ny difference, en fruition perpetuelle de tout lui, en fa mefme vnité.

6. Apres cét eftat, fuccede la confommation, qui en la mefme vnité & fruition, n'eft ny lumineufe, ny profonde, ny fimple, ny aufli ecftatique en la maniere du precedent: mais elle eft, & poffede tout cela infiniment au delà, en la mefme vnité, en qui elle eft cela mefme qui eft, tant en fimple perception, qu'en imperception.

VI. L'abbregé des degrez de la vie vnitiue eft, qu'il y a trois eftats, pour l'accompliffement & perfection de cette voie. Le premier purgatif: le fecond illuminatif, & le troifiefme confommant. Et ne faut pas entendre ces eftats, comme dans les voies precedentes, mais tout autrement, conformément à l'eminence de celle-cy.

Le premier donc eft lumineux & langoureux, aiant diuers degrés pour fa perfection.

Le deuxiefme eft lumineux & ecftatique, aiant aufli diuers degrés d'illumination, par lefquels l'ame eft profondement illuminée & ecftafiée hors de foi, & de tout le créé, en abondance de faueur & de delices.

Le troifiefme, qui eft l'eftat fupreme & dernier de la confommation, fe commence, lors que par fucceffion de temps & de degrez d'illuminations abiffales, qui rauiffent le fujet en fon objet pleinement perceu, comme de profondeur en profondeur, d'abifmes en abifmes, dont les delices & faueurs font inexprimables; lors dis-je, que telles perceptions font refufes, & totalement fonduës en vnité, par deffus fecondité.

VII. Cét eftat n'arriue à fa perfection, & entier accompliffement, que par les diuers effets de Dieu, qui agite l'ame en fon action continuelle, & qui font diuers degrez de sureminente consurrection, où l'esprit estant arriué, & totalement consommé en son objet beatifique, il ioüit de lui & de son supreme repos, par dessus toute la perception possible.

VIII. Auant que d'arriuer aux degrez de la consommation, il faut que l'ame passe infinis détroits, tantost de douleurs internes & indicibles, tantost de pauuretés & miseres : à cause des retraites, que l'Espoux fait du sens, & non iamais de l'esprit : tantost d'abstractions d'elle-mesme & des choses crées, & tantost d'indicibles lumieres ecstatiques, qui l'ecstasient profondemét. Et puis ces ecstases cessant & se perdant, & l'ame reuenant à sa liberté d'agir ; se commence alors l'estat & degré de la consommation : d'où procedent encore d'autres estats, par l'entiere destitution du flux sensible & actif de Dieu, qui ecstasie & rauit l'ame, par ses profonds & diuers attouchemens, par ses profonds, tres-estroits & du tout incomprehensibles embrassemens, par ses tres-simples allées & venuës tres-vistes, tres-legeres, tres-vnies, tres-simples, tres-delicieuses, tres-lumineuses, tres-estenduës ; mais tout cecy est inconceuable à qui ne l'a experimenté.

IX. L'homme penetré du feu diuin, est par ce moien rendu si deïformé, que les Anges mesme en sont dans l'estonnement, voians que cela s'est pû faire, par la libre application de ses puissances preuenuës de la grace, à aimer infatigablement Dieu, & correspondre à son amour.

X. Depuis que l'ame a succombé à son pouuoir, & effort amoureux, à force d'estre touchée de Dieu, c'est alors que sa Majesté redouble ses profonds attouchemens en elle, & la penetre plus que iamais, des attraits vifs & enflammans de son feu amoureux, qui deuore & consomme tout ce qu'il trouue capable de sou-

de la vie Contemplatiue.

tient son action, sans mourir & defaillir à sa vie naturelle.

XI. Elle entre alors dans vn estat d'vnion, de veuë, de plaisir, de transformation, de repos, & de fruition tout autre que le precedent, & alors elle meurt & expire pour iamais, au desir de sa comprehension. Car on comprend Dieu infiniment mieux, en mourant d'amour, qu'en languissant d'amour.

XII. Les nuës contemplations de ceux qui ne veulent pas continuellement mourir à soi, ne sont que pure vanité, complaisance, & presomption d'esprit.

XIII. Se pourroit-il bien trouuer quelqu'vn de ceux mesme, qui sont tous perdus en l'abisme eternel de Dieu, qui n'aians rien d'actif à faire, vouluft viure en pure & eternelle contemplation?

XIV. L'ame attachée à quelques propres exercices, n'est pas propre pour passer entierement en Dieu: d'autant qu'elle ne se quitte pas assez, pour le suiure purement & nuëment où il la veut tirer en esprit, ce qui l'empesche de passer entierement hors d'elle-mesme.

XV. Les delices du Contemplatif sont en ce qu'il sçait & void, que son simple fond obiectif & fruitif, qui est Dieu, ne doit & ne peut iamais estre compris, ny atteint par l'ame consommée en amour, & en cela consiste toute sa iouïssance, ou pour mieux dire, toute sa supreme felicité.

XVI. Les parfaits Contemplatifs, connoissent & entendent, clairement & sans admiration, tout ce qui sort des doctes: d'autant qu'ils sont superieurs, en eminence de toute science, intelligence & connoissance speculée.

XVII. Les vraiement Contemplatifs, sont hors d'eux-mesme nuëment, simplement, & totalement fondus en Dieu, qu'ils contemplent incessamment.

Oo ij

XVIII. Certains sont assez lumineux & spirituels, qui neantmoins estans tout vifs au dedans d'eux-mesme, en la force de leur actiue imagination, sont plus abstraits en eux-mesme, aux matieres de leur imagination raisonnable, qu'en l'esprit: chose grandement considerable; d'autant qu'ils ne pourront iamais estre simples en leur fond, quoi qu'ils le vouluffent, qu'ils ne soient totalement morts à leur interieure actiuité naturelle.

XIX. A mesure qu'on reçoit les splendeurs diuines, & les diuins & profonds attouchemens, qui contiennent diuers secrets & connoissances, l'ame se trouue plus desireuse, plus enflammée, plus facilement actiue, & plus interieure que iamais.

XX. Dans la voie ordinaire de la meditation, l'entendement rauit apres soi la volonté, mais dans la voie mystique & contemplatiue, l'affection rauit l'entendement apres soi, sans vouloir aucunement partager auec lui son thresor.

XXI. La voie mystique aneantist incontinent les sens & les puissances de l'homme; de sorte qu'il deuient aussi-tost simple & vnique, au feu du diuin amour, qui le consomme en soi.

XXII. Comme le sommeil precede le repos, aussi l'ecstase precede le souuerain repos de la contemplation; mais il y a vn si grand desert à passer, qu'il y en a fort peu, qui y paruiennent.

XXIII. Quiconque voudra sortir du repos de contemplation, mal à propos & sans sujet, demeurera infailliblement pris de l'amour de lui-mesme. Si le desir inquiet de Dieu & du martire ne vaut rien, que sera-ce de toutes autres images? Si donc vous admettez quelque chose en vous, ce doiuent estre les desirs de vraie mortification, humilité, mépris, renonciation

de la vie Contemplatiue. 293

& confusion de vous-mesme, supposé qu'ils soient ordonnez, amoureux, doux & tranquilles.

XXIV. Il y a plusieurs degrez en l'estat du fruitif repos, dont le dernier est d'estre possedé sans peine, au moins au respect des morts precedentes : & neantmoins il a sa propre mort, mais qui est facile à soustenir, tant pour ce que l'ame est toute consommée au feu d'amour mystique, qu'à cause de ce qu'elle reçoit vne force tres-competante pour cela.

XXV. Ceux qui sont detenus dans les lacets & pieges inconnus de leur imagination, ne passeront iamais, & comme morts, à la region de Dieu infini, qui est la source viuante de tout ce qui est mort sans resource.

XXVI. L'homme parfait, soit qu'il se sente tiré de Dieu, soit qu'il soit delaissé, ne veut point du secours des creatures, qui ne lui seruent que de mal-heureuse mort & d'infernal martire.

XXVII. Comme les parfaitement simples, ne sçauent point de moien, aussi la sortie entre les hommes, ne leur conuient nullement : car ils ont outre-passé toutes les creatures, & sont passez totalement en Dieu, par vôie d'amour & de transformation mystique. Il les faut laisser viure, comme ce qui n'est nullement propre pour la terre, encore que leur corps y viue, au tres-grand regret de l'esprit.

XXVIII. Celui qui ne veut pas souffrir des hommes là où il le faut, manque manifestement à son amour ; & s'il est creu de souueraine perfection, on a iuste sujet de le taxer de mensonge, fausseté, & infidelité, & de le croire plein d'amour propre, de fausses lumieres, d'erreur, & de tenebres.

XXIX. Depuis qu'on a esté touché puissamment

Oo iij

des attouchemens diuins, on laisse l'exterieur estre ce qu'il est, & il est impossible d'en faire autre estat : estant assez qu'on ne le méprise pas, & qu'on l'estime autant qu'on est obligé.

XXX. Dieu estant en soi-mesme vn feu deuorant, il deuore & reduit tout en soi, en son vnité infinie.

XXXI. La supreme & perduë contemplation, est la plus viue imitation de Dieu entre les hommes, qui ne sont pas dignes de l'auoir entre-eux.

XXXII. L'ame ne doit iamais monter du dernier lieu, que son ardent amour ne l'en sollicite importunément.

XXXIII. Là où Dieu vit à soi & pour soi, la creature n'est plus, mais elle est tellement aneantie en Dieu, qu'elle ne desire, & ne peut desirer de parler, ou entendre chose du monde, appartenante à la souueraine Contemplation : car cependant qu'on desire quelque chose, on n'est pas essentiellement perdu, ou au moins, on n'est pas entierement en sa sur-essence, où il n'y a point de vertu, sinon exemplairement ; point d'amour, sinon essentiellement ; point d'essence, sinon sur-essentiellement, sans distinction ny difference perceptible.

XXXIV. L'esprit de Dieu, estant ce qu'il est, la pureté mesme, serenité, repos & lumiere, requiert aussi en l'ame vne pureté, paix, attention & repos.

XXXV. L'on ne connoistra iamais, si les grandes attractions, & fortes occupations interieures, sont de la nature, ou de la grace ; si ce n'est par le parfait repos, ou par la subtile inquietude.

XXXVI. Il faut que ce soit plustost Dieu par maniere de dire, qui fasse nos actions que nous-mesme, estans son vif instrument en tout lieu.

XXXVII. Les parfaits ne doiuent rien admettre en eux, qui ne soit de volontaire action, & qui ne parte d'vn volontaire desir & mouuement, si ce n'est au temps *de la vie Contemplatiue.*

des manifestes & puissantes attractions de Dieu.

XXXVIII. Ceux qui sont totalement absorbez en l'amour infini de Dieu, ne doiuét faire beaucoup d'estime des pensées, qui les émeuuent doucement & sainctement: mais ils doiuent aller leur chemin, par leur accoustumée, simple & vnique action amoureuse en Dieu, au delà du temps, de l'eternité, & d'eux-mesme.

XXXIX. L'ame contemplatiue, & qui est consommée en amour, doit estre extremement reuerée: car elle n'a rien d'impur, & est viuante en Dieu, de Dieu mesme, plus claire que mille Soleils. Elle est l'Espouse du Fils, la fille du Pere, son esprit & son amour est au sainct Esprit. On void Dieu en la voiant, dans vn corps parfaitement sujet à l'esprit; de sorte qu'on ne se peut saouler de la voir & de l'admirer.

XL. Il y a des ames, dont la voie est grandement difficile & cachée, ce sont personnes de grands exercices, pratiquez sous images & figures, auec des rauissemens, visions & reuelations; cela est grandement douteux & perilleux, à cause de sa grande conformité à la nature gourmande.

XLI. Il n'est pas necessaire, ny mesme vtile, d'estre docte mystique, en pure doctrine theorique, qui explique les admirables effets de Dieu en l'ame, en chaque degré d'eleuation; & il vaut incomparablement mieux en auoir la pure pratique & experience. Car la Theorie est veuë & sentie comme au dehors: mais la tres-haute pratique reduit toutes choses en vn, par son tres-simple flux amoureux, qui dans sa tres-vnique simplicité, perd tout les dehors, en supreme vnité d'esprit.

XLII. La vie parfaite est premierement actiue, que contemplatiue, & puis contemplatiue & actiue.

XLIII. Le don precieux de la vie contemplatiue,

n'est que pour ceux qui sont vils à leurs propres yeux: & qui cultiuent, sans cesse & fortement, la grace, par les pratiques d'amour.

TITRE XXIV.
De la Sapience Diuine.

I. LA Sapience en elle-mesme, est vne mer sans fond ny riue, qui dans sa simplicité, voit toutes choses vniquement & diuersement. Qui sera-ce qui lui donnera des bornes & des limites?

II. Nostre sapience n'est pas comme celle des anciens Philosophes, mais elle est diuine; nous y vacquons, non comme à vne estude de science speculatiue, mais par la tres-estroite vnion de nos ames & de nos cœurs à Dieu: duquel nous receuons excellemment & abondamment l'amour & la Sapience, comme vne seule chose. C'est elle, qui nous fait agir par tout, auec vne prudence digne d'elle, qui assaisonne diuinement tout ce qui sort de nous. Et nous ne sortons iamais d'elle, non plus que de Dieu, par la moindre extrouersion. Tel est l'effet continuel du tres-saint Esprit en nous, qui consomme par son ineffable amour, tout ce qui s'y trouue de defectueux.

III. La sagesse n'est point forcée dans ses pratiques, ny affectée, mais toûjours serieuse. C'est elle, qui sçait les plus subtiles effusions de nature, & la difference, qui est entre ses diuers mouuemens, & ceux de la grace, elle s'accommode lumineusement & prudemment à tous, sans rien perdre du sien.

IV. La Sapience Diuine est le foüet des fols.

V. Ceux qui ne s'exercent que selon la voie des écoles, à peine ont-ils iamais les manifestations, caresses
&

& delices de la vie actiue, profitante, dont iouïssent les simples & idiots, parce que ceux-cy ne raisonnans point, sont plus propres à receuoir les attouchemens diuins en eux-mesme ; mais les autres au contraire, raisonnent & disputent toûjours : & demeureront toûjours là dedans. Que si on m'obiecte sur cecy l'excellence des saincts Docteurs : ie dis qu'ils ont estudié comme doctes, mais sainctement ; c'est pourquoi Dieu leur a plus infus de doctrine, qu'ils n'en ont acquis ; ils estudioient pour Dieu & en Dieu, & vacquoient vn temps notable à la Contemplation simple des choses diuines, comme saincts, & en simplicité toute perduë: & comme du tout ignorans de toutes choses, pour auoir plus facile accez à Dieu.

VI. On gouste la Sapience dans les paroles & dans les œuures du Sage : car comme il a ses passions, sentimens & mouuemens en sa pleine disposition, il paroist dans ses saillies, comme vne eau tres-calme & reposée, en laquelle manifestement on void reluire la sagesse.

VII. Le propre des sages est de faire beaucoup, & dire peu.

VIII. La sagesse fluée & coulée en bon fond, aiguise la sagesse du sujet qui la reçoit, & rien n'est plus plaisant que ce riche, lumineux, & delicieux rencontre, de fond en fond, d'égal à égal, d'eminence en eminence.

IX. On ne sçauroit receuoir la Sapience diuine, sans premierement surpasser la crainte, le sens, & la raison.

X. Le meilleur & le plus excellent degré de sagesse, par maniere de dire, c'est l'experience des choses, specialement au fait de la science des Esprits.

XI. Ce n'est pas vne petite science aux sages, de sçauoir rapporter toutes choses à Dieu ; & les peser en la balâce de ses profonds iugemens: selon le dire du Sage, que les iugemens de Dieu sont poids & balance, & toutes les pierres du siecle sont ses œuures.

XII. Les spirituels ne doiuent produire aucune parole, ny verité importante, qu'ils ne sçachent & croient deuoir estre pesée par voie d'esprit.

XIII. L'intelligence des verités mystiques, est si abstruse & si cachée aux hommes de pure nature, si doctes qu'ils soient, qu'ils n'y entendront iamais rien, parce que c'est la science des Saincts, qui ne découure ses lumieres qu'à ses amoureux sujets.

XIV. Chaque chose a le goust de ce qu'elle est, les hommes sages ont le goust de la Sagesse Diuine, & la chair ne sauoure que la chair.

XV. L'homme animal écoutera & lira tout cecy, & ne le comprendra iamais, ains il l'estimera folie; car comme les mystiques sondent tout, mesme les choses profondes de Dieu: les hommes animaux au contraire, sont d'autant plus éloignez de cette intelligence, que leur vie est bestialement effuse dans la chair & le sang.

XVI. Encore que la science mystique dispose l'homme à deuenir esprit, neantmoins personne n'est iamais deuenu, ny ne deuiendra iamais esprit, pour apprendre purement, ou pour auoir appris.

XVII. Encore que la subtile eloquence humaine semble douce, aux non experimentez dans les voies de l'esprit; ceux neantmoins qui sont si peu que ce soit penetrez de sapience, remarquent dés l'abord combien elle est extremement differente de la vraie sagesse.

XVIII. Là où il y a grande science speculatiuement acquise, c'est vn miracle, quand la Sapience Diuine y predomine. Neantmoins, c'est chose merueilleuse, quand la science & sapience vont de pair.

de la Sapience Divine.

XIX. Le propre effet de la Sapience, n'est point tant de persuader & convaincre, que d'affecter & aiguillonner le cœur, si bien que la science n'est que sa servante, & ne lui est point necessaire.

XX. Les personnes doctes, qui deviennent mystiques, sont grandement à priser en Religion : mais elles sont rares comme le Phœnix.

XXI. Là où manque la prudence, là il n'y a aucune vertu veritable.

XXII. La prudence agit en vn seul acte de comprehension, sur le passé, le present, & l'aduenir.

XXIII. Le sage, qui s'emporte aux hiperboles & exagerations se trahit soi mesme, & se monstre tres-foible d'esprit, & sans attention à soi.

XXIV. Les sorties des sages, qui sont plustost agis qu'agissans, sont tres-ordonnées en nombre, poids, & mesure ; & le dehors leur est cruelle mort.

XXV. Il importe beaucoup, de plus faire que connoistre, quoi qu'on ne puisse faire sans connoissance : mais se donnant tout entierement en proie à Dieu, on ne manquera pas de connoissance suffisante de sa part, ny mesme des attouchemens radieux de son lumineux & delicieux amour ; par lequel on receura la sapience mystique, diuinement infuse à grands flots.

XXVI. Il y a vne sainte & excellente ignorance, qui rend son sujet simple & inconnu à soi-mesme, pour le discernement non necessaire de ses mouuemens : attendu que son occupation actuelle est en Dieu, & ne lui permet aucune reflexion pour cela, moins encore pour toute autre chose.

XXVII. C'est toute autre chose, d'estre saint en vrai fond de sainteté, que d'agir par tout saintement, sans estre saint en soi-mesme.

XXVIII. La prudence de ceux qui sont sages à leurs

propres yeux, est toûjours accompagnée de passion ou de raison passionnée. Mais la prudence des simples fait toûjours euidemment paroistre la diuine sapience, & est simple, lumineuse & exempte de passions raisonnables.

XXIX. Les vrais sages sont autant éloignez de reflechir, que s'ils n'auoient iamais vescu dans la chair, ils auancent toûjours chemin, éclairans comme vrais flambeaux en leur vie.

XXX. La Sapience est vne connoissance intellectuelle des choses eternelles, qui se doit plustost nommer contemplation que speculation. C'est ce qui a fait dire au Psalmiste, en la personne des simples, que d'autant qu'il estoit sans lettres, il entreroit à la recherche de toutes les puissantes œuures de Dieu, qui sont les œuures de son infinie bonté, sapience, & puissance.

XXXI. La science donne la connoissance de la nature, & la Sapience verse en nous celle de Dieu & de sa Bonté. Celle-là veut connoistre, & ne le fait qu'auec peine & sueur, & l'autre veut ignorer cela mesme, aiant neantmoins tres-abondante science de toutes choses. Enfin, les vns viuent perdus en Dieu, & les autres sont tous occupez au dehors dans tout l'vniuers, & en la recherche des Cieux, où ils semblent auoir mis leur nid.

XXXII. Raison illuminée en la Sapience, est vne haute éleuation, & tres-simple constitution d'esprit dans les splendeurs eternelles, d'où elle regarde eminemment & simplement par tres-penetrante veuë d'esprit, & d'vn simple regard tout ce qui lui est inferieur, & qui appartient à sa propre voie & constitution.

XXXIII. L'homme n'est point vraiement homme, s'il n'est reformé par le don de sapience surnaturelle, & alors il est vraiement superieur de tout les hommes, de pure nature, & a toutes les qualitez de l'esprit diuin, qui embellist toutes ses puissances.

XXXIV. Discretion est l'effet de preuision de raison illuminée, qui apprehende par sa veuë simple & penetrante, toutes les circonstances d'vne action. Cette vertu ne s'apprend point, & ne procede point du dehors, mais seulement du dedans, & est vn effet continuel du degré qu'on a de lumiere.

XXXV. Nos iours maintenant sont malins & sans simplicité, & les hommes viuent à present de prudence charnelle & politique, & les discours & sentimens d'esprit sont leur foüet; de sorte qu'il faut estre bien prudent & aduisé pour sortir à eux.

XXXVI. L'excellente & Diuine Sagesse rend son sujet simple, vniforme, spirituel, totalement recueilli, & neantmoins grandement & largement dilaté en esprit & lumiere, par dessus toutes especes sensibles.

XXXVII. La Sagesse Diuine touche, & tire profondement à soi les cœurs humbles & dociles, qui lui sont entierement soûmis, & les remplit d'abondance de sentimens sauoureux.

XXXVIII. Celui qui n'a que la persuasion exterieure, pour se porter au bien, sans la forte & efficace Sagesse Diuine, est aussi-tost diuerti de son desir, d'autant qu'il ne sçauroit soustenir la nuë presence & action de Dieu, au plus intime de son cœur & de ses puissances.

XXXIX. La plusspart du monde ne vit que d'opinion, & ne iuge que selon qu'il est frappé des sens & d'imagination, celui-là est vraiement sage, qui iuge des choses comme elles sont en verité.

XL. Toute la difficulté des hommes en cette vie, toute leur science & leur lumiere consiste à pouuoir discerner, le faux d'auec le vrai, purement; mais le subtilement apparent du veritablement vrai.

XLI. Les vrais & solides effets de la Diuine Sagesse, sont entendre, penetrer, & surpasser toutes choses crées & soi-mesme.

XLII. La Sagesse Diuine est simple, a vne persuasion viue, suaue, efficace, qui affecte sauoureusement le cœur ; compendieuse, simple & vnique, ramassant toutes les puissances du cœur en son vnité.

XLIII. Les tempestes n'approchent point du Ciel tres-serain d'vne ame vraiement sage, que d'vne infinie distance. Car encore qu'elle soit tres-nuë & delaissée par fois, neantmoins les tempestes demeurent & grondent au dehors.

XLIV. L'esprit de la Diuine Sagesse, remplit souëfuement, domine fortement, échauffe viuement, & illumine excellemment ceux qui se soûmettent à ses conduites.

XLV. La vraie sagesse n'est point forcée ny affectée en ses pratiques, mais toûjours & par tout serieuse : elle connoist parfaitement ce qui est de nature & de grace, & ne prend iamais l'vn pour l'autre. Si elle met quelque ioieux propos en auant, pour lascher tant soit peu l'esprit, elle le fait tres à propos, de bonne grace & pour peu de temps.

XLVI. L'objet de la Diuine Sagesse est Dieu infini en soi-mesme, qui la verse abondamment en tous ceux qui la reuerent, en profondeur d'amour & d'humilité.

XLVII. L'eloquente & diserte industrie humaine, ne peut outrepasser le sens, & est dans le continuel attendrissement de soi-mesme : elle euacuë entierement son sujet, le faisant s'écouler au dehors comme vn vaisseau percé en mille endroits, si bien que l'homme & toute son eloquence se terminent à rien, & s'aneantissent l'vn auec l'autre. Mais

XLVIII. Il n'en est pas ainsi du flux mystique, qui est

l'effet des infusions de Dieu, & l'auant-goust de la beatitude eternelle, par le moien desquelles la creature penetre tout, passe tout, oublie tout, en la ioüissance qu'elle a de Dieu.

XLIX. Pour mon regard, ie croi que les predications faites par des paroles si vaines, effuses & recherchées, tissuës de genealogies, vaines fables, & descriptions prises des effets de la nature, ne sont nullement la parole de Dieu, mais seulement celle des hommes affectée, fardée, & subtilement dorée de faux or. Tels Predicateurs ont perdu les Chrestiens, les repaissans de vent & de vanité; les vns & les autres aians le cœur vuide de Dieu. Ce sont des maistres, qui paissent le vent d'vn vent plus subtil & veneneux, détournans insensiblement les simples de leur foi & deuotion, & leur donnans des fueilles au lieu de pommes, des pierres au lieu de pain, & pour nourriture vne terre insipide frottée de miel enuenimé. Ce sont des veneurs d'honneur, de vaine gloire, chatoüillement & applaudissement, & ce sont les plus beaux pretextes du monde.

L. Les personnes, qui sont profondement, simplement & vniquement perduës en Dieu, ne se iugent pas infaillibles en leur veuë, lumiere, & sentimens; desorte que tout ce qui sort d'eux, soit infaillible verité: parce qu'ils peuuent ignorer des circonstances tres-subtiles. D'où vient qu'ils sont fort lents & tardifs à iuger & determiner des choses importantes.

LI. La vraie Prudence & Charité ne sçait ce que c'est que se zeler indiscretement, pour le bien commun, à la ruine du particulier.

LII. Celui-là a tres-bien rencontré, qui a dit, que la discretion diuine est l'ame motrice, & informatrice de toutes nos sorties & procedures. Mais elle est si rare dans les esprits, qu'on peut drie, que ceux qui en sont doüez sont des Phœnix sur la terre, sous la charge & gouuernement desquels, plus les inferieurs sont bons & saincts, plus ils sont heureux. Mais il est tres-difficile que ceux qui ne sont que du commun, viuent toûjours contens auec eux.

LIII. Lors que nous sommes purement en nous-mesme, la doctrine spirituelle n'est pas de grande estenduë, ny de grand effet: mais si nous sommes en Dieu, nostre doctrine y est aussi, qui produit toûjours admirablement son effet au dedans & au dehors, & plus specialement au dedans, pour nous rauir, nous brusler & nous fondre au feu du diuin amour.

LIV. Les vrais sages sont lents & tardifs en leurs desseins, craintifs en leurs entreprises, pleins d'ordre, de prudence & de conseil en tout ce qu'ils font, & dans les choses precipitées où ils voyent auoir mal rencontré, ils en sçauent bien desister à la gloire de Dieu, sans s'attacher à leur honneur: sçachans combien il est important, de plustost humblement plier que rompre. Ce sont eux qui experimentent le dire du Sage: que les pensées des mortels sont timides, & nos prouidences incertaines.

LV. Le sage doit approfondir & priser chaque chose, autant qu'elle le merite. Car si manquer à la sagesse humaine, voire au moindre de ses effets, c'est manquer d'estre homme, que sera-ce donc à vn Religieux, de manquer par sa faute à la sagesse Diuine? Ceux donc qui reuerent la Diuine sagesse, n'estiment rien de petit, à quoy ils ne pouruoyent, ou cherchent vn present remede.

LVI. Le propre de l'esprit lumineux, selon la diuine Sapience, est de voir les esprits, par veuë & penetration d'esprit, selon la simple & actiue viuacité de son œil simple. Celuy donc qui du premier coup, par maniere de dire, ne penetre pas les sujets d'esprit, qui se rencontrent, n'est ny simple ny esprit en cela.

LVII. Quoi que les doctes aient quelques bluettes d'esprit dans les matieres spirituelles, cela ne se fait pas neantmoins par fond de simple & eminente sapience, qui abhorre les formes & images comme la mort.

LVIII. L'ame sainte en abondance de sapience, aime toutes choses, selon le degré de bonté & sainteté qu'elles ont, & non selon leur apparence. Et celui-là vit saintement & iustement, qui est vrai & entier estimateur des choses en elles-mesme.

LIX. Le mélange, voire d'vn peu de science, empeschera eternellement la profonde, pure, & simple Sagesse Diuine.

LX. Les purement moraux ont a dégoust le simple flux de la Sapience Diuine; parce qu'ils ne resident pas au dedans d'eux-mesme, par simplicité, perte, & mort entiere d'eux-mesme.

LXI. Les doctes ne peuuent atteindre par leur raisonnement à l'entiere connoissance de Dieu; de sorte que la foi borne leur ignorance, & non pas leur curiosité. Dans les sujets eternels, ils sont temporels, parce qu'ils ne peuuent surpasser ny foi, ny le temps, par l'effort de leur industrie actiue: cela est reserué à la simple & sauoureuse Sapience, qui par ses operations éleue ses enfans à l'Eternité; où leur connoissance & leur foi est eternelle, & où leur foi est presque mesme chose que l'amour.

LXII. Dans la science mystique, la pratique precede la Theorie; tout au contraire des arts & sciences naturelles.

LXIII. Les œuures & paroles des spirituels se doiuent examiner par esprit de sapience & de simplicité.

LXIV. La Diuine Sapience, abondamment infuse

dans l'homme, est toute connoissance & tout amour.

TITRE XXV.
De l'Abstraction.

I. TOvs nos atterremens procedent de ce que nous ne pratiquons pas l'abstraction parfaite hautement, essentiellement & en son seul centre. Et quand nous sentons cela en nous, il faut bien voir ce qui nous empesche au dedans de nous-mesme.

II. Il ne faut pas accommoder son cœur à toutes les paroles qui se disent, pour y répondre, ny s'y ioindre: mais il en faut laisser passer plusieurs par abstraction, comme si nous n'entendions rien.

III. Le Sage à tres-bien dit, que celui qui sçait moderer ses paroles est tres-docte, & d'vn tres-precieux esprit: En effet, il faut que toutes nos actions soient pesées à la balance de la discretion & sagesse diuine, & que nous fassions abstraction des actions & paroles vaines, folles, plaisantes, legeres, dissoluës, & faussement libres, voians cela sans le voir, & comme chose qui ne nous appartient point.

IV. Il est tres-peu de personnes, qui soient deuëment, & comme il faut, abstraites de tout ce qui n'est point vraiement pur & net, & qui ne ioignent souuent quelque chose de profane auec le spirituel.

V. A peine se trouue-il personne, qui pratique deuëment l'abstraction, à cause du licite & de la prudence.

VI. Quiconque n'est pas veritablement abstrait, en totale perte de soi-mesme; n'est nullement capable des lumieres & verités de l'esprit.

VII. Comme les vrais simples viuent en abstraction de toutes choses, tant dedans que dehors, aussi font-ils capables de iuger pleinement des diuers inſtincts, mouuemens & ſentimens de l'eſprit.

VIII. Celui qui n'eſt point abſtrait du viſible & ſenſible, demeurera toûjours attaché à ſoi-meſme, & ne ioüira iamais de la vraie liberté de cœur & d'eſprit: dautant que les frequens deſordres de la part des creatures, s'oppoſeront inceſſamment à ſes deſſeins, ou pluſtoſt à Dieu en ſoi-meſme.

IX. Celui qui ne s'empeſche de rien au dehors, ſinon prudemment, & en choſes qui le touchent d'office, il eſt parfait. Ces eſprits-là ſont rares en vn corps. Ils font gloire de beaucoup écouter & peu parler, de vacquer à ſoi-meſme en profonde attention, & en abſtraction du dehors, dont ils n'ont que le ſens frappé.

X. Quand le Ciel & la terre tourneroient, par maniere de dire, le bon Religieux fait toûjours également ce qu'il doit & peut faire, marchant également ſon train; ſans regarder, ny reflechir au dehors, à ce qu'on fait, ou qu'on ne fait pas.

XI. Il y a pluſieurs genres d'abſtraction. Les vns ſont abſtraits en nature, & en la force beſtiale de leur imagination. Ceux qui ſont moraux, ſont abſtraits au plus haut de la raiſon. Les vraiement ſpirituels le ſont ſurnaturellement, au plus haut de l'eſprit: & les autres le ſont encore plus nuëment & ſimplement, eſtans tous eſſentiels.

TITRE XXVI.

De la Simplicité.

I. LA ſimplicité eſt la mort de tout l'appetit naturel, reflechi deſſus ſoi, tant ſelon le ſens, que ſelon la raiſon. Ce qui fait, que le vrai ſimple regarde les choses, non selon leur apparence, mais selon qu'elles sont en verité. De sorte qu'il est sans aucun artifice, ny affectation, pour tout croire, soustenir & endurer: d'autant qu'il est totalement perdu en Dieu.

II. La simplicité est vne inclination amoureuse en l'ame éleuée hautement en Dieu, qui la tire efficacement en son fond, & là reduit toutes ses puissances en vnité d'esprit, pour y viure abstraite, perduë, & fonduë, nuëment & essentiellement, d'vne simple & mourante vigueur, sans appetit sensible de raisonner, ny reflechir sur quelque desordre, ou ordre que ce soit. De sorte qu'elle est toûjours perduë, en l'eternité simple de Dieu, si elle est telle, que ie la suppose.

III. Il y a trois constitutions, ou estats de la simplicité. Le premier est, d'estre mort à force de s'écouler en Dieu, par l'action & éleuation de Dieu mesme en ses puissances. Le deuxiesme est, de ne vouloir point reflechir sur les objets plus simples de l'esprit, pour y raisonner de propos deliberé, si la chose ne nous touche d'office. Le troisiesme, qui répond du tout à l'esprit, fait non seulement ce que dessus, mais encore il tient son sujet mort, par dessus toute apprehension & connoissance, stable & arresté à tout endurer, d'vne tres-haute & tres-forte maniere: ne sortant iamais delà pour quoi que ce soit.

IV. Le premier estat de la simplicité diuine, c'est tout ce qui concerne purement l'action. Le deuxiéme est, de l'action & souffrance, tout ensemble. Le trosiéme est, la pure & mortelle souffrance, selon la plus intime & vitale racine, & fond de l'ame, qui meurt & expire en de tres-profondes & indicibles douleurs, sans en desirer sortir, selon le pur fond de son cœur.

V. Ceux qui dans la conuersation publique, ne font aucun compte d'eux-mesme, se laissans toucher en leur fond & en leur honneur, sans resistance & auec ioie, reflechissans en Dieu, & non sur eux-mesme, sont vraiement simples, & ennemis d'eux-mesme.

VI. La nature lumineuse est, en cela differente de la vraie simplicité, que la nature seule bien attrempée & bien habituée, agira toûjours volontiers & sans difficulté: mais son pouuoir & vouloir manquera toûjours au patir & souffrir, signamment s'il est question, que l'animal se trouue touché au vif en son fond, ce que ne fera pas la vraie simplicité.

VII. La simplicité diuine tient l'œil de la pensée, & de l'intelligence si continuellement ouuert, que son sujet ne sort iamais qu'en lumineuse & radieuse charité en bon ordre, prudence & discretion, edifiant tout le monde.

VIII. Le propre de la profonde & vnique simplicité, est de tenir veritablement & parfaitement son sujet mort à toutes choses, & d'empescher qu'il ne se meuue sur les accidens du dehors, & qui ne le touchent point.

IX. Le vrai simple ne rit iamais qu'auec grauité & modestie, sans preiudice de sa perpetuelle abstraction.

X. Il est impossible que les natures aucunement reformées, & qui neantmoins sont demeurées trop actiues, puissent iamais arriuer au poinct de la parfaite simplicité; d'autant qu'ils rodent toûjours au dehors, par les images & figures, qui viuent par trop en eux. Que s'ils sont abstraits des sens en quelque façon, c'est imaginairement, démélans toûjours quelque chose au dedans, dont les especes les agitent furieusement à guise d'vne mer émeuë par ses flots.

XI. Le propre du vrai simple, est de tout voir, par anticipation & penetration de sa simple lumiere, agissant par tout, auec vne liberté sainte & diuine: & auec preuision de raison illuminée. Il ne gausse iamais, sous pretexte de recreation honneste, estant toûjours également serieux & veritable. Il ne se fait iamais voir docte sur aucun sujet (peu de circonstances exceptées) mais il parle de ce qu'il sçait, mesme par science acquise, simplement, lumineusement, & essentiellement, en totale abstraction de toute science, à la maniere des simples & profonds mystiques. Et cette pratique lui est d'vne extreme importance.

XII. Le vrai simple croit toutes choses simplement, sans sortir hors de son vnité, si la raison illuminée ne lui dicte autrement.

XIII. La nature contrefait quelquefois la vraie simplicité : car il est vrai que l'amour naturel est reflechi seulement sur soi-mesme, contrefait tout, & se change en telle forme qu'il veut, mais il ne peut ce qu'il ne veut pas, à sçauoir, renoncer à soi & à son interest; signamment, si on lui touche le fond & l'honneur, il ne l'endurera iamais, ou tres-peu de temps.

XIV. Les marques d'vne personne non simple, sont; contrefaire quelqu'vn en ses gestes, le reprendre en ses actions purement naturelles, & qui touchent aucunement l'honneur ; comme, redire apres lui ses paroles mal prononcées. Se rire & gausser indifferemment sur tous sujets ; par exemple, sur ce que quelqu'vn aura mis en auant ignoramment & à la bonne foi. Se rire, ou gausser de l'impuissance d'autrui, & tout cela volontairement ; car on peut sortir au ris & autres desordres contre sa volonté : mais apres cela, suffit de demander excuse à la compagnie, & c'est en ce cas vne espece de petit martire.

XV. Le simple consommé ne sort iamais, contre le vrai ordre de raison profondement illuminée ; car la vraie simplicité ne peut souffrir, si peu que ce soit, ce qui lui est contraire, comme sont les tenebres & fausses lumieres.

de l'Abstraction.

XVI. La simplicité, qui n'est que naturelle, est souuent accompagnée de bassesse d'esprit, de honte, & d'aheurtement.

XVII. Rien n'arriue iamais aux vrais simples, qui les estonne, d'autant qu'ils sont superieurs à tous en lumiere, & ne sont connus que de leur égaux.

XVIII. Les morts d'vn chacun, selon son degré, sont la marque & la preuue de sa simplicité.

XIX. La simplicité d'amour sensible sort, quand il y a necessité, pour se répandre aux creatures; & ceux qui l'ont, sont veus comme fleuues regorgeans d'amour, de doctrine simple, & de lumieres d'vne saueur & delices ineffables. Mais la simplicité de l'amour de pure charité, ne se répand iamais d'elle-mesme, mourant & expirant toûjours en l'vnité de son objet.

XX. L'esprit simple, Monachal & Claustral, est auiourd'hui changé en vn esprit tout politique. Et auiourd'hui en nous tous, ô douleur! nostre principale fin, & nostre formel est la police, qui nous emporte & nous entraisne apres elle.

XXI. Les Politiques sont entierement feints, & ont mille détours & biaisemés, pour venir à leurs fins; leur vie est dans l'honneur & dans les complimens, ils cherchent à s'auancer dans l'affection des Grands, & preferent toûjours leur interests & commodités à celle d'autrui.

XXII. La simplicité est vne lumiere infuse de Dieu en l'ame, qui croissant peu à peu, la rend simple, & dont l'ame estant alléchée, elle quitte volontiers tous les plaisirs & sentimens bestiaux de la vie presente; qui ne sont en comparaison de cette sauoureuse lumiere, que mensonge & fausseté.

XXIII. Il est impossible, que par les frequens attouchemens de Dieu, l'ame ne deuienne simple, si elle est fidelle.

XXIV. La simplicité abhorre, comme la mort, l'extrouersion, les images & les figures, & toute recreation des sens. Que si l'ame sainte accepte quelquefois quelque sainte recreation, ce n'est que par dehors & à regret: parce que tout son plaisir est au dedans, où est son Roi, auec lequel elle prend son repos & tout son contentement.

XXV. La finesse, duplicité, simulation, artifice, & l'esprit de police & de respects humains, sont l'enfer des ames simples.

XXVI. Les ames simples en l'estat de pauureté & priuation des dons sensibles de Dieu, prennent resolution de plustost perir, dans leurs penibles morts, que de laisser varier leur simple desir, & inclination iouïssante hors de Dieu, pour reflechir sur soi, & sortir à la consolation des sens.

XXVII. La simplicité actiue, par laquelle on est veritablement simple, en sa delicieuse saueur, n'est que l'entrée à la parfaite simplicité, qui ne se possede parfaitement, qu'en vn estat nud & passif de veritable mort & soustraction des influences diuines.

XXVIII. Tous les efforts des ames simples ne sont, qu'à cause qu'elles ont resolu, de mourir plustost de mille morts, que de s'encliner au parti de leurs sens, ny par elles, ny par aucune creature.

XXIX. Celui-là n'est pas encore simple, qui pendant l'action, se sent diuisé & multiplié par attraction d'especes.

TITRE XXVII.

De la vraie liberté des Enfans de Dieu.

I. Les hommes profondement spirituels, font & disent ce qu'ils veulent, & comme ils le veulent

de la vraie liberté des enfans de Dieu.

en leur amour, leur lumiere, leur estat tres-deïforme, en l'eminence de l'esprit de Dieu, auquel ils resident sur-eminemment, & sont souuerainement libres en leurs operations, sans se soucier, plus que de raison, des iugemens des hommes: parce qu'ils ne viuent ny pour les hommes, ny pour eux-mesme, mais en Dieu & de Dieu.

II. Là où est eminemment l'esprit de Dieu, là est aussi la bonne & souueraine liberté.

III. La vraie liberté est vne qualité tres-spirituelle, qui s'accroist à mesure de l'excellente charité: au moien de laquelle on demeure pleinement possesseur de Dieu, en pleine satieté & repletion de desir.

IV. La vraie liberté est le thresor des enfans de Dieu, lesquels à mesure qu'ils se perdent profondement en Dieu, leur liberté deuient diuine; parce qu'elle ne peut receuoir violence, non pas mesme de la part de la chair, quoi qu'elle y demeure.

V. La liberté, auec laquelle les Martirs ont souffert, paroist en ce que leur amour a esté plus fort que tous les tourmens.

VI. La vraie liberté d'esprit, n'est autre chose qu'vne discrete & estenduë sortie, sur ce qu'on peut dire, ou faire sans recherche. Et cela en l'ordre & preuision tres-simple & tres-presente de raison illuminée, qui d'vne simple œillade anticipe tout ce qui est de son pouuoir, & de son deuoir, sur ses sorties actiues.

VII. Quiconque a encore quelque crainte de sortir, ou qui n'agist pas auec vne sainte liberté dans ses sorties, est en cela mesme encore plus ou moins imparfait, & ataché à sa nature; car n'estre pas totalement libre où il le faut estre, c'est estre grandement detenu de soi-mesme, & viuant à soi.

VIII. Plus on est parfait, plus est-il loisible de faire & dire plusieurs choses. Mais il ne faut iamais agir ny parler hors de l'expedient.

IX. Si les parfaits ont à se garder de quelque chose, c'est d'estre desordonnément libres : car outre que les Diables prennent cela pour la mesme superbe; ils pourroient s'aueugler eux-mesme en leurs propres sorties.

X. La saincte liberté n'est bonne dans la conuersation, qu'entre les vrais spirituels : qui ne se mal-edifient de rien, & qui prennent tout en bonne part.

XI. Quiconque veut agir en liberté saincte, doit estre toûjours superieur & maistre de soi-mesme, autrement en moins de rien, il deuiendra passionné & aueugle.

XII. La liberté d'esprit & celle du sens, sont fort semblables; mais il y a difference, en ce que celle-cy fait que l'homme se répand tout au dehors par passion, & imprime tout son fond à ceux qui le voient; mais la sainte liberté se fait en la paix & tranquillité de tout le fond, par vne entiere éleuation en Dieu; de sorte qu'on sort à ses actes de bonne grace, sans que personne puisse ny doiue en estre émeu.

XIII. La diuine liberté est le fruit de ceux qui meurent tous viuans, laquelle les estend par dessus toute comprehension, en l'amplitude de Dieu mesme, dont ils ioüissent souuerainement, autant qu'on le peut en ce corps mortel.

XIV. La liberté diuine tient son sujet toûjours également, hautement, profondement, & immobilement éleué & vny à Dieu, en tres-haute similitude de lui-mesme, mourant incessamment à tout le créé, & viuant par ce moien tranquillement & pacifiquement éleué au dessus de l'ordre & desordre des creatures. Mais cecy est inconnu aux hommes, qui ne sont pas totalement consommez.

XV. Les souuerainement libres, concilient les extremes aux vrais moiens, par leur sagesse & discretion.

de la vraie liberté des enfans de Dieu.

XVI. La bonne & discrete austerité est si necessaire aux souuerainement libres, que sans elle c'est n'aimer qu'à demy. Et c'est icy l'experience de plusieurs années.

XVII. La souueraine liberté de l'homme est en Dieu, ce qui a fort grande gradation, auant sa consommation : mais quand tout l'homme est consommé en estat passif & fruitif, sa liberté alors est diuine, en quelque façon ; & semblable à celle des Bien-heureux.

XVIII. L'vsage du franc-arbitre dans les hommes, depuis le peché d'Adam, n'est que demie liberté pour le bien, quoi qu'elle soit entiere pour le mal.

XIX. Il n'est rien de plus difficile à connoistre, que la vraie humilité des parfaits : parce que la vraie liberté n'en fait rien paroistre en leurs actions ; outre-passant tout propre interest, toute crainte & tout respect humain, pour n'enuisager rien que la gloire de Dieu.

XX. Autre chose est la liberté du cœur & d'esprit en Dieu & pour Dieu, & autre chose la liberté du mesme esprit, pour fluer esprit & vie au dehors. L'vne est pour soi en Dieu mesme. L'autre sort de soi, en intention & œil simple en la tres-simple veuë de Dieu mesme.

XXI. La liberté sortie est tres-charitable, & n'offense personne ; au contraire, elle edifie tout le monde, & ne sortiroit iamais autrement : mais la liberté de la chair de corruption & de peché, détruit & ruine tout.

XXII. La timidité est vn grand desordre dans les vrais sages, d'autant que craignans trop l'interest & le dommage des creatures, ils se causent vn grand dommage à eux-mesme, omettans souuent le bien qu'ils pourroient entreprendre, s'ils estoient assez forts & perdus, pour s'enuoler en Dieu, par dessus tout respect & consideration humaine, & degenerans, par trop de prudence, dans la prudence de la chair.

Rr ij

XXIII. Il n'eſt rien de plus veritablement libre, que les vrais enfans de Dieu, qui viuent ſaintement ſous ſes loix, & ſont les plus heureux de la terre, meſme dans les aduerſitez; parce qu'ils y ſont inébranſlables.

TITRE XXVIII.

De l'eſtude des Sciences.

I. La pluſpart des hommes de ce temps ſont miſerables, qui n'eſtudient que pour ſaouler la curioſité inſatiable de la nature, qui les conſomme comme à petit feu dans ſa beſtiale auidité de ſçauoir. De ſorte que l'inſigne beauté du monde, qui deuoit ſeruir grandement à l'vtilité de ces gens-là, leur eſt vn mortel poiſon : parce qu'ils n'eſtudient pas, pour meriter la vie eternelle.

II. L'eſtude, qui n'eſt pas faite pour la ſeule gloire de Dieu, eſt vn court chemin, pour deſcendre en Enfer, non pas à cauſe de l'eſtude preciſément ; mais à cauſe de l'enflure & de la ſuperbe, qu'elle engendre. C'eſt pourquoi le Sage ſollicite les hommes de faire promptement tout le bien qu'ils pourront, pour acquerir l'Eternité, d'autant qu'il n'y a point d'art, ny de ſcience en Enfer, qui leur ſoit profitable pour ce bon-heur.

III. Ie ne me puis aſſez eſtonner de certains Preſtres, tant Religieux que ſeculiers, à qui toute eſtude eſt bonne, pour legere & profane qu'elle ſoit, diſans qu'il faut tout voir & tout ſçauoir, pour reſoudre les ſeculiers ſi cela eſt bon ou mauuais. C'eſt vne creance fort lourde & groſſiere, & pure recherche de nature, qui expoſe l'odorat ſpirituel, à l'air le plus corrompu, qui ſe puiſſe dire. C'eſt rabaiſſer ſon eſtat dans la corruption, & non pas le releuer, comme on deuroit, au deſſus des Anges.

IV. C'est le mal assez ordinaire des hommes de subtil esprit & de condition releuée, qu'ils desirent plus connoistre que faire; & leur intellect est si auide de connoissance, qu'il faut estre de tres-grande estude, éloquence & trauail, pour les pouuoir satisfaire. Cela vient de ce qu'ils n'ont qu'eux-mesme pour fin, & leur propre contentement & delectation pour objet. O mille fois déplorable corruption & cecité de la misere humaine en l'effet vniuersel de ce poinct! qui fait, qu'estans vuides de la science des Saincts, qui est la Sapience diuinement infuse : ils n'ont autre recours qu'aux eaux corrompuës & puantes, pour assouuir leur soif insatiable de sçauoir; & delà vient, que les vrais enfans de la Diuine Sapience, n'ont gueres, ou point du tout, d'accez auprès d'eux, s'ils ne sont de bonne nature & tous autres que le commun.

V. Ce ne seroit pas mal dit, qui diroit que la science de la pluspart des hommes est science de peché; non qu'elle soit mauuaise en soi-mesme, estant acquise par vne estude legitime, mais parce que les trois parts des hommes se reposent en elle, & non en Dieu leur objet final.

VI. Entre connoistre & faire, il y a tres-grande distance. Les hommes de propre excellence & de propre amour, sont grandement actifs pour le premier, & tres-lasches pour l'autre. Mais les vrais Iustes & Saincts ne veulent connoistre, que pour aimer.

VII. Il est bien difficile que ceux qui profitent manifestement, ou qui commencent encore dans la vie spirituelle, puissent acquerir les sciences, & en pratiquer les exercices, sans preiudicier beaucoup à la Sapience Diuine.

VIII. Ceux qui veulent estudier en l'esprit de Dieu, doiuent s'attacher fortement à ce principe, que se posseder soy-mesme, & s'vnir souuent, entierement, & simplement à Dieu, est la fin bien-heureuse de la Religion, & que les sciences naturelles doiuent estre acquises en ce desir.

IX. Il n'est pas necessaire, pendant l'estude, de sentir toûjours la presence de Dieu; & n'auoir aucune delectation dans l'estude: mais suffit qu'on ne soit pas totalement effus dans le plaisir, qui s'y rencontre, & d'y agir comme font les personnes bien nées & spirituelles, au boire & au manger, où ils ont de la delectation, sans s'y arrester; mais faisans cette action purement pour la necessité.

X. Quoy que l'ame se sente beaucoup distraicte & multipliée, par les occupations du dehors, elle doit neantmoins, en la force & ardeur de son desir, ne faire aucune distinction du dedans au dehors, quand celuicy est de commandement, ou de necessité.

XI. Celui qui veut estudier saintement, ne doit iamais, en quelque occasion que ce soit, perdre le sentiment de son desir & inclination en Dieu, non qu'il faille toûjours se sentir attentif à Dieu, mais reuoquer de temps en temps son attention à lui, & prendre garde de ne sortir pas à l'estude de tout son appetit & affection naturelle.

XII. La nature depuis le peché, ne cherche sa beatitude qu'en soi-mesme, & non en Dieu: retournant à soi, comme elle peut, par la pointe de son intelligence; en s'appliquant aux sciences naturelles.

TITRE XXIX.

De la mort naturelle, & comme il se faut comporter dans la maladie.

I. QVICONQVE attend à donner sa vie à Dieu au poinct de la mort, il est fort à craindre que Dieu ne refuse son offre: d'autant que le motif n'en est pas pur.

II. C'est vne belle Philosophie, que de bien viure, pour bien mourir.

III. Ce n'est qu'aux bons, à qui il faut parler au poinct de la mort, de se resigner à la diuine Iustice; car les autres n'en sont nullement capables.

IV. Les doctes plus iudicieux & moins superbes, voient bié à la mort, que leur estude ne leur a rien fourni dequoi se preualoir suffisamment contre les Diables: c'est là que la science les laisse, & qu'ils la doiuent laisser, pour accommoder leur cœur à la simplicité des discours, & sentimens de celui qui les assiste.

V. La bonne simplicité est grandement auantageuse pour la bonne vie, & pour l'heureuse mort.

VI. L'ame vraiement amoureuse meurt à tout moment, de ce qu'elle ne meurt pas à cette triste vie, qui lui pese tellement, qu'elle l'accableroit de tristesse, sans le secours de Dieu; en qui toutes les vicissitudes de cette vie, ne seruent que pour l'épurer dauantage.

VII. Le martire d'amour, n'a point de douleur, ny de tourment plus amer, que la vie presente, & l'absence du bien-aimé. Car l'ame rauie de la beauté de Dieu qu'elle apperçoit de loin, meurt d'enuie de le voir pleinement & à découuert; & par consequent de mourir. Mais cecy est ignoré de ceux qui n'ont point gousté Dieu.

VIII. Encore que le vrai amoureux vraiement humble, ait sujet de craindre la iustice de Dieu ; neantmoins, il ne se change point, pour aucun temps : car il est pour lui du poinct de la mort, comme de sa vie la plus confidente & asseurée ; & le contraire effet arguë les hommes de la plus grande infidelité qu'on puisse dire. Helas ! nostre vie n'est-elle pas assez miserablement passée en innombrables recherches inconnuës, sans se rechercher sciemment & manifestement au poinct de la mort, manque de foi amoureuse & confidente, & de fidelité à Dieu : reflechissant sur soi-mesme, ainsi que les plus communs hommes. C'est laisser l'amour de Dieu, pour se couurir du bouclier de sa propre iustice, & croire qu'on fera barriere à la iustice de Dieu, en ce poinct de desfiance, pour n'estre point condamné sur ses infidelitez passées. Pour moi, ie suis bien empesché à conceuoir, & n'oserois le resoudre, si tels hommes demeurent apres cela en quelque degré de charité ou non.

IX. Il faut demander pardon, auant que de mourir, le plus humblement qu'on pourra, mais simplement, sans exageration, ny autre recherche de soi-mesme.

X. Quiconque est vraiement humble, se donnera bien garde de vouloir exhorter, ny admonester personne au poinct de la mort. Et qui que ce soit ne le doit faire, s'il n'est sainct en miracles, si ce n'est en particulier, à l'endroit de quelqu'vn de particuliere confiance.

XI. Quoi que les doctes aient leurs voies conformes à la bonne raison ; neantmoins leur maniere d'apprehender Dieu, n'est quasi que sens animal, qui les obscurcist comme vn gros mur, opposé entre Dieu & eux. C'est pourquoi au temps de leur extremité, on est bien empesché que leur dire, afin de ne les exceder pas en leurs voies, qu'ils n'oseroient quitter, crainte d'estre perdus,

perdus: il faut donc s'accommoder à leur capacité, le mieux qu'on pourra.

XI. Si le Religieux souffre son Purgatoire en Religion par amour, à quoi craindre sa longue detention au Purgatoire apres la mort? & s'il est amoureux de Dieu, comment n'exaltera-il sa iustice en soi-mesme en tous euenemens, aussi bien que sa misericorde?

XII. On peut gemir doucement & humblement deuant Dieu, dans les fortes douleurs & maladies. Car qui pourra soustenir l'effort de la puissante main de Dieu sur soi, sans gemir, voire sans crier fortement, si la douleur est viue & aiguë?

XIII. Les saintes Espouses du diuin amour, prient souuent que la vie ne leur soit point prolongée, par vn desir infini & affamé, qu'elles ont de ioüir de lui, pour son contentement, & non pour la satieté infinie & delicieuse d'elles-mesme.

XIV. Les sepulchres des Rois sont faits, pour prescher aux Grands la necessité de la mort, & pour leur en oster l'effroi.

XV. Nous ne sommes tous venus en Religion, que pour bien mourir.

XVI. Se défier de Dieu & de son amour, au poinct de la mort, ce seroit lui faire la plus grande iniure qu'on puisse penser, veu son infinie misericorde.

XVII. La plus part des malades sont grandement trompez, qui sous pretexte de leurs infirmitez, croient que c'est la volonté de Dieu, qu'ils se iettent entierement à la recreation des sens & de la nature.

XVIII. La ioie des malades doit estre au plus profond de l'esprit, où Dieu seul reside, & où ils doiuent estre tres-ioieux & contens dans leur non-pouuoir.

XIX. Il y a trois manieres de se recréer, estant malade, conformément aux trois vies de l'esprit: sçauoir

VIII. Encore que le vrai amoureux vraiement humble, ait sujet de craindre la iustice de Dieu ; neantmoins, il ne se change point, pour aucun temps : car il est pour lui du poinct de la mort, comme de sa vie la plus confidente & asseurée ; & le contraire effet arguë les hommes de la plus grande infidelité qu'on puisse dire. Helas ! nostre vie n'est-elle pas assez miserablement passée en innombrables recherches inconnuës, sans se rechercher sciemment & manifestement au poinct de la mort, manque de foi amoureuse & confidente, & de fidelité à Dieu : reflechissant sur soi-mesme, ainsi que les plus communs hommes. C'est laisser l'amour de Dieu, pour se couurir du bouclier de sa propre iustice, & croire qu'on fera barriere à la iustice de Dieu, en ce poinct de deffiance, pour n'estre point condamné sur ses infidelitez passées. Pour moi, ie suis bien empesché à conceuoir, & n'oserois le resoudre, si tels hommes demeurent apres cela en quelque degré de charité ou non.

IX. Il faut demander pardon, auant que de mourir, le plus humblement qu'on pourra, mais simplement, sans exageration, ny autre recherche de soi-mesme.

X. Quiconque est vraiement humble, se donnera bien garde de vouloir exhorter, ny admonester personne au poinct de la mort. Et qui que ce soit ne le doit faire, s'il n'est saint en miracles, si ce n'est en particulier, à l'endroit de quelqu'vn de particuliere confiance.

XI. Quoi que les doctes aient leurs voies conformes à la bonne raison ; neantmoins leur maniere d'apprehender Dieu, n'est quasi que sens animal, qui les obscurcist comme vn gros mur, opposé entre Dieu & eux. C'est pourquoi au temps de leur extremité, on est bien empesché que leur dire, afin de ne les exceder pas en leurs voies, qu'ils n'oseroient quitter, crainte d'estre perdus,

perdus : il faut donc s'accommoder à leur capacité, le mieux qu'on pourra.

XI. Si le Religieux souffre son Purgatoire en Religion par amour, à quoi craindre sa longue detention au Purgatoire apres la mort ? & s'il est amoureux de Dieu, comment n'exaltera-il sa iustice en soi-mesme en tous euenemens, aussi bien que sa misericorde?

XII. On peut gemir doucement & humblement deuant Dieu, dans les fortes douleurs & maladies. Car qui pourra soustenir l'effort de la puissante main de Dieu sur soi, sans gemir, voire sans crier fortement, si la douleur est viue & aiguë?

XIII. Les saintes Espouses du diuin amour, prient souuent que la vie ne leur soit point prolongée, par vn desir infini & affamé, qu'elles ont de iouïr de lui, pour son contentement, & non pour la satieté infinie & delicieuse d'elles-mesme.

XIV. Les sepulchres des Rois sont faits, pour prescher aux Grands la necessité de la mort, & pour leur en oster l'effroi.

XV. Nous ne sommes tous venus en Religion, que pour bien mourir.

XVI. Se défier de Dieu & de son amour, au poinct de la mort, ce seroit lui faire la plus grande iniure qu'on puisse penser, veu son infinie misericorde.

XVII. La plus part des malades sont grandement trompez, qui sous pretexte de leurs infirmitez, croient que c'est la volonté de Dieu, qu'ils se iettent entierement à la recreation des sens & de la nature.

XVIII. La ioie des malades doit estre au plus profond de l'esprit, où Dieu seul reside, & où ils doiuent estre tres-ioieux & contens dans leur non-pouuoir.

XIX. Il y a trois manieres de se recréer, estant malade, conformément aux trois vies de l'esprit : sçauoir actiue & spirituelle, profitante, & parfaite. Les premiers, se recréent en leur desolations, selon la nature, par vne fin surnaturelle qui est Dieu. Les autres se recréent en leurs desolations surnaturellement, quant aux matieres de leurs recreations, en Dieu mesme. Et les parfaits se recréent surnaturellement, d'vne maniere incomparable, en nature mesme quant au sujet, qui en cela mesme, qu'ils sont ce qu'ils sont, est fait & rendu surnaturel.

XX. Quand nous voudrons nous recréer dans nos maladies, il faut nous abstraire des maux & afflictions, & attacher nostre memoire & volonté simplement en nostre simple objet, pour ne nous delecter que de lui, & en lui.

XXI. Les grandes maladies parlent assez d'elles-mesme, c'est pourquoi il ne faut pas se porter à les ennuieusement consoler.

XXII. Les hommes estans de si basse estoffe, comme ils sont, ne sçauroient estre attentifs à autre chose qu'à leurs maux, quand ils sont malades; & à en chercher la deliurance par le sommeil, ou en autre maniere: & quiconque auroit vne affection & desir contraire en ces extremités de mal, seroit grandement à admirer comme plein, possedé & dominé de l'esprit de Dieu.

XXIII. Si les personnes simples & deuotes dans le monde, se soûmettent tellement à la volonté de Dieu dans leurs afflictions, qu'elles ne s'ennuient point dans leurs langueurs, que doit-il estre de nous, qui sommes éleuez en vn estat tout autre? ne deuons-nous pas, dans nos maux, aimer & regarder amoureusement Dieu, par humbles gemissemens & soûpirs interieurs, non pour en estre deliurez, mais pour soustenir Dieu en toute humilité & patience?

XXIV. Que faisons-nous, pendant que nous viuons

de la mort naturelle, & des maladies, &c. 323

en santé, sinon nous roüiller & soüiller, comme le fer qui n'est point mis en œuure?

XXV. Ce qu'vn malade ne peut faire, par actuelle & vigoureuse conuersation auec Dieu, son mal le fait pour lui, s'il souffre ioieusement au dedans, non selon le sens, mais selon le tres-pur esprit, & volonté raisonnable.

XXVI. Les miseres, ausquelles le peché nous à asseruis, sont l'vsure que nous payons, pour le plaisir que nous y auons pris : mais la misere des miseres est d'ignorer cette verité, & ne s'estimer pas miserable, parmi tant de miseres.

XXVII. Chastiment & amour paternel, c'est mesme chose deuant Dieu.

XXVIII. Nous sommes hommes de miseres sur la terre, non pour y croupir, & y demeurer miserables; mais pour nous éleuer par dessus nous-mesme, par vne force heroïque & diuine, voire au temps de nos plus griefues afflictions & douleurs en Dieu, que nous portons au fond de nous-mesme.

XXIX. Les miseres du corps nous sont données, pour guerir celles de l'ame, & celles de l'ame, pour nous guerir en nostre total.

XXX. Ie ne voudrois iamais philosopher sur autre sujet, que sur les miseres humaines. Car cela est tout plein de secrets.

XXXI. Estre exercé de Dieu par maladies & afflictions, vaut incomparablement mieux, pour l'expiation de nos pechez, que tous les exercices ensemble, entrepris de nous-mesme, à cause de l'empire absolu de Dieu sur sa creature, & du rien de la creature, de son indignité, & de ses pechez. La maladie donc, contient en soi eminemment toutes sortes d'exercices, pour qui que ce soit.

XXXII. En matiere de tribulation tant plus tant mieux: car par ce moien on demeure perdu & englouti en Dieu, en plus ample largeur, longueur, hauteur, & profondeur, & on est deuant lui plein de lustre & radieux, comme vn éclatant Soleil, entre les moindres Soleils; c'est dire, entre les hommes de moindre perfection.

XXXIII. Il se trouue & trouuera toûjours des Religieux, qui chacun en son temps, seruiront de modeles & de miroirs aux autres, de patience & d'amour dans les tribulations, angoisses & maladies, en l'esprit & au corps. Entre lesquels mesme certains se trouuent en cét exercice laborieux & penible, pour tout le reste de leur vie. Ce qui est en verité si excellent & si riche, qu'on ne le sçauroit assez estimer.

XXXIV. Les tres-parfaits Religieux sont comme affamez & sitibonds de tribulation & souffrance.

XXXV. Dieu voit tout; les excellens hommes en voient bien quelque chose: mais, croiez-moi, la tribulation éprouue tout, en qui que ce soit.

XXXVI. Le propre des grandes ames, est de laisser les choses de derriere elles, & s'étendre purement & entierement aux choses de deuant. Que si on demande ce que c'est qui est deuant elles, on doit croire que ce n'est pas purement la gloire (que nous esperons de la misericorde de Dieu) mais c'est nostre Sauueur souffrant, crucifié, & mourant, & la viue & continuelle representation d'icelui, & de sa vie diuine & humaine, au total de nous.

XXXVII. Il ne faut pas que le malade tenté de la foi, étriue contre les Diables, cherchant des raisons pour s'y confirmer, & tant plus il sera docte, plus doit-il estre humble & confident en cét endroit.

XXXVIII. Il faut qu'il se laisse exciter de Dieu, à la

de la mort naturelle, & des maladies, &c. 325

mort, par tous ses freres, & qui que ce soit; se laissant aborder & consoler à eux. Que s'il y a importunité, il doit auoir recours au Superieur.

XXXIX. Il ne doit se laisser affaisser au mal, à la maniere des hommes communs, qui ne s'animent de Dieu dans leurs maux, non plus que des bestes.

XL. Il doit estre totalement simple de cœur, & denué au dedans de toutes proprietés d'appetit naturel, se laissant simplement conduire à Dieu & à ses Superieurs, ou autres de leur part. Car par ce chemin, il ira tres-seurement à Dieu, sans que les Diables se puissent preualoir contre lui.

XLI. Le temps de la mort est vn temps de totale renonciation de soi-mesme; & c'est lors, si iamais, qu'on doit craindre les propres recherches plus que l'Enfer, & estre sans vouloir ny, non-vouloir.

XLII. A la mort, il ne faut autre resistance à toute tentation que le mépris d'icelle, & la vraie Foi, Esperance & Charité, mais la foi par elle-mesme, sans en faire des actes sur aucuns Misteres, s'attachant nuëment & simplement à Dieu.

XLIII. L'ancre d'vn malade, tenté au poinct de la mort doit estre la foi, confiance en Dieu, l'Esperance, & la deffiance de soi-mesme.

XLIV. Il ne doit aucunement parler ny à soi-mesme, ny au Diable, mais seulement à Dieu, lui representant son present peril & sa necessité.

XLV. S'il ne peut faire autre chose que souffrir & soustenir, qu'il sçache que c'est la meilleure chose qu'on puisse faire, tant en viuant qu'en mourant, que de combattre soi-mesme, & les Diables sans rien faire que regarder Dieu, simplement & fixement, en gemissant doucement, & en le soûtenant en pure & affectueuse resignation.

XLVI. Qu'il se garde des representations & objets hauts & curieux, & de delectable speculation, que le Diable où la nature lui pourra susciter à ce poinct. Et qu'il sçache, que la lumiere de Dieu est simple, estenduë; tirant à soi l'ame, sans effort de nature, sans peine, sans industrie ny speculation, qu'on doit toûjours craindre estre plus de nature, que de la grace.

XLVII. Quand il sera libre, qu'il s'occupe auec Dieu, par colloques affectueux. Et quand il sera reduit aux profondes angoisses & desolations interieures: qu'il se serue du bouclier impenetrable de la Foi, Esperance & Charité.

XLVIII. Qu'il ait moins de crainte de la iustice de Dieu, que de confiance en sa bonté. Car la misericorde de Dieu semble estre en lui & de lui ; & la iustice en nous autres, à cause de nos pechez.   De plus

XLIX. Il y a bien plus de consolation & de plaisir, à se resigner à la diuine Iustice, qu'à s'abandonner à la misericorde. Car celle-cy semble estre en l'homme reflechi, & attaché à son propre bien, aussi est-ce la pratique des communs Chrestiens, de s'abandonner en ce triste détroit à la misericorde de Dieu. Mais la resignation à la diuine Iustice semble n'auoir rien de l'homme : mais estre entierement de Dieu en l'homme, qui ne reflechit que sur la grandeur & gloire infinie de Dieu, pour lui satisfaire à quelque prix que ce soit.

L. Au poinct de la mort, on n'aura pour toute deffense contre les Diables, que ses œuures bonnes ou mauuaises. Que si les plus saincts tremblent à cette heure-là, se voians & iugeans tres-grands pecheurs, que doit-il estre de nous autres, qui ne sommes que pourriture & corruption?

LI. Il y a des personnes qui croient trop se raualler, de penser à la mort ; mais non, cela peut bien con-

de la mort naturelle, & des maladies, &c. 327

uenir & s'accorder auec les plus hauts exercices de la vie spirituelle. Car celui à qui la vie de ce monde est tres-amere, la mort lui est tres-desirée & tres-douce en cette occasion. Le singulier ami de Dieu le sçauoit bien, qui demandoit auec tant d'ardeur, de voir la dissolution de son corps, pour estre & regner auec IESVS CHRIST.

LII. Ceux qui aiment Dieu, ne craignent point la mort, ny les peines, comme font ceux qui ne l'aiment point. Mais encore que cela soit, les bons ne sont pas neantmoins asseurez d'estre agreables à Dieu: & mesme il pourroit bien estre, que plus ils aimeroient Dieu, moins ils seroient asseurez en eux-mesme; d'autant que le vrai & humble amour doit bannir la presomption de son sujet: & parce qu'ils sçauent, que les iugemens de Dieu sont tous autres que ceux des hommes; ioinct que leur crainte ne reflechit pas tant sur eux-mesme que sur Dieu, qu'ils craignent n'auoir pas satisfait, selon leur pouuoir & obligation.

LIII. Les vrais seruiteurs de Dieu sçauent tres-bien, que Dieu iugera les iustices des hommes tout autrement & auec plus de rigueur qu'ils ne pensent: mais cela mesme ne leur est rien, veu le desir qu'ils ont de Dieu & de sa satisfaction: car ils sont resignez à toute eternité à son bon plaisir, qu'il fasse iustice d'eux, selon sa volonté.

LIV. La mort de soi n'est horrible qu'à cause des iugemens de Dieu.

TITRE XXX.

De la Vieillesse

I. LA vieillesse ne nous sanctifie pas, mais c'est à nous de sanctifier la vieillesse, par nostre vraie fidelité.

II. La vieilleſſe ne fait point chercher aux parfaits de diuertiſſement parmi les hommes, & ils ne conuerſent que par neceſſité, n'emploians que le moins de temps qu'ils peuuent à cela ; croians que c'eſt pluſtoſt à eux de ſe taire, que de parler, & eſtimans tout le monde plus ſages qu'eux.

III. Les parfaits, qui ont vieilli dans les pratiques de la vertu, portent veritablement les incommodités de la vieilleſſe en leur corps, mais leurs ames n'en ſont aucunement aggrauées ; au contraire, elles ſont plus ſubtiles en leurs operations, en leurs concepts & en leur prudence : plus certaines dans leurs ſentimens ; plus fortes & conſtantes dans la ſouffrance & dans la mort. Et leur maturité, grauité, & compoſition eſt toûjours, & par tout digne d'eux, accompagnée de ioie dans la conuerſation, quoi que d'ailleurs, ils fuſſent fort ſolitaires, éloignez des hommes.

IV. Si la vieilleſſe trouue quelqu'vn imparfait, iamais il ne ſera autre, & quiconque eſt toûjours adoleſcent en ſa voie, au temps de ſa vieilleſſe, il ne quittera point ſon adoleſcence ; c'eſt à dire, ſes deſordres & imperfections naturelles. De ſorte que la vieilleſſe lui ſera vn enfer dés cette vie.

V. La vraie vieilleſſe dans les hommes, n'eſt autre choſe qu'vn ſage & vieil entendement.

VI. Si la vieilleſſe n'eſt point à charge à celui qui en eſt le ſujet, à peine le ſera-elle aux autres.

VII. Il faut vieillir en perfection de meurs & de ſageſſe, auant que de vieillir ; puiſque la vieilleſſe, qui n'eſt chargée que d'années, eſt ordinairement folle & miſerable.

TITRE

TITRE XXXI.
Regles de la Conuersation.

I. ON peut dans l'entretien, toucher quelquefois des matieres simples, sublimes & abstraites: mais il ne faut pas estre long à en parler, afin de n'attrister pas ceux qui n'y entendent rien, & pour l'ordinaire, il ne faut parler que de choses bonnes, qui puissent estre agreables à tous.

II. Il faut estre extremement simple en paroles, & n'vser d'equiuoques, sans grande necessité. Et lors il faut ordonner cela profondement en Dieu, comme estant sa volonté: autrement, il n'y a si spirituel, qui ne deuienne double, & totalement politique.

III. Il faut prendre garde, en traittant des choses diuines en conuersation, de ne communiquer ses excez (qui sont pour l'ordinaire, les secrets plus importans de l'esprit) à ceux qui viuent selon la pure nature, soient-ils doctes ou ignorans: car ils se iettent toûjours dans les extremités, & ne prennent iamais le vrai milieu, ny en soi ny en autrui; ce qui feroit vn extreme tort aux spirituels.

IV. Quand quelqu'vn se sentira porté à produire quelque excez d'esprit entre ses inégaux, qu'il sçache qu'il se recherche en cela.

V. C'est le propre des parfaits seulement, de se changer en toutes formes, pour le bien & vtilité du prochain: excepté en la puerilité des enfans, & se tenir neantmoins dans le iuste milieu d'vne simple & moderée retenuë: se confians en Dieu, qui leur sera fauorable en ces façons d'agir, où ils se portent, pour la charité du prochain.

II. La vieillesse ne fait point chercher aux parfaits de diuertissement parmi les hommes, & ils ne conuersent que par necessité, n'emploians que le moins de temps qu'ils peuuent à cela ; croians que c'est plustost à eux de se taire, que de parler, & estimans tout le monde plus sages qu'eux.

III. Les parfaits, qui ont vieilli dans les pratiques de la vertu, portent veritablement les incommodités de la vieillesse en leur corps, mais leurs ames n'en sont aucunement aggrauées ; au contraire, elles sont plus subtiles en leurs operations, en leurs concepts & en leur prudence : plus certaines dans leurs sentimens ; plus fortes & constantes dans la souffrance & dans la mort. Et leur maturité, grauité, & composition est toûjours, & par tout digne d'eux, accompagnée de ioie dans la conuersation, quoi que d'ailleurs, ils fussent fort solitaires, éloignez des hommes.

IV. Si la vieillesse trouue quelqu'vn imparfait, iamais il ne sera autre, & quiconque est toûjours adolescent en sa voie, au temps de sa vieillesse, il ne quittera point son adolescence ; c'est à dire, ses desordres & imperfections naturelles. De sorte que la vieillesse lui sera vn enfer dés cette vie.

V. La vraie vieillesse dans les hommes, n'est autre chose qu'vn sage & vieil entendement.

VI. Si la vieillesse n'est point à charge à celui qui en est le sujet, à peine le sera-elle aux autres.

VII. Il faut vieillir en perfection de meurs & de sagesse, auant que de vieillir ; puisque la vieillesse, qui n'est chargée que d'années, est ordinairement folle & miserable.

TITRE

TITRE XXXI.

Regles de la Conuersation.

I. ON peut dans l'entretien, toucher quelque fois des matieres simples, sublimes & abstraites: mais il ne faut pas estre long à en parler, afin de n'attrister pas ceux qui n'y entendent rien, & pour l'ordinaire, il ne faut parler que de choses bonnes, qui puissent estre agreables à tous.

II. Il faut estre extremement simple en paroles, & n'vser d'equiuoques, sans grande necessité. Et lors il faut ordonner cela profondement en Dieu, comme estant sa volonté: autrement, il n'y a si spirituel, qui ne deuienne double, & totalement politique.

III. Il faut prendre garde, en traittant des choses diuines en conuersation, de ne communiquer ses excez (qui sont pour l'ordinaire, les secrets plus importans de l'esprit) à ceux qui viuent selon la pure nature, soient-ils doctes ou ignorans: car ils se iettent toûjours dans les extremités, & ne prennent iamais le vrai milieu, ny en soi ny en autrui; ce qui feroit vn extreme tort aux spirituels.

IV. Quand quelqu'vn se sentira porté à produire quelque excez d'esprit entre ses inégaux, qu'il sçache qu'il se recherche en cela.

V. C'est le propre des parfaits seulement, de se changer en toutes formes, pour le bien & vtilité du prochain: excepté en la puerilité des enfans, & se tenir neantmoins dans le iuste milieu d'vne simple & moderée retenuë: se confians en Dieu, qui leur sera fauorable en ces façons d'agir, où ils se portent, pour la charité du prochain.

VI. Si-tost qu'on void quelqu'vn contrefaire vn autre, on a iuste suiet de le iuger autre que parfait, simple, charitable & spirituel; & c'est matiere de confession.

VII. Quand il conuient saluer quelqu'vn, il le faut faire promptement, auec retenuë, & crainte raisonnable, d'exceder en cette action: éuitant l'excez de gestes, caresses, paroles & applaudissemens, qui pourroient causer de propres recherches, & grossiers ressentimens au dedans & au dehors.

VIII. Il faut en nos plus grandes angoisses, monstrer vne face serene, tranquille, & riante, & qui puisse faire voir à nos freres, que nous sommes comme incapables de tristesse & d'affliction.

IX. S'il arriue que par infirmité, nous tombions en faute, en la presence de nos freres, il ne faut aucunement nous troubler; mais reconnoistre nostre faute, nous tenans ioieux de visage, & en égalité d'esprit. Que si vous voiez quelqu'vn tomber en faute par infirmité, monstrez-lui vne face riante, lui faisant plus de signes d'amitié que vous pourrez, quoi que vostre nature y repugne.

X. Si on vous aduertit de vos fautes, ne vous excusez point, mais vous tenant ioieux & graue, sans dire mot, de peur des recherches, soûmettez vostre iugement à vostre frere; & prenez cela comme venant d'vn ami desireux de vostre perfection.

XI. Quand vous estes beaucoup émeu sur les defauts d'autrui, n'aduertissez pas pour lors le Superieur, mais attendez que la passion soit assoupie; & lors vous verrez clairement ce qui en aura esté.

XII. Dans les choses que vous aurez fait innocemment & simplement, si le Superieur pretend que vous ayez failli, il le faut croire auec humilité.

XIII. Il ne faut iamais sortir à aucune chose, sans la

connoissance & science certaine de raison illuminée, pour discerner si nostre sortie edifiera le prochain; & pour voir asseurement s'il y a de nostre faute en nostre sortie, il ne faut que s'en rapporter à quelqu'vn, qui soit de mesme esprit que nous.

XIV. Quand vous aurez fait quelque action, qui par vn long temps vous aura émeu le sens raisonnable, l'action estant finie, donnez vous garde de parler incontinent à personne: iusques à ce que l'effort, qui vous auoit animé le sens, estant dissipé, vous aiez recouuré vostre premiere, simple & suressentielle lumiere.

XV. Les Religieux doiuent fort simplement converser auec les seculiers, en temps ordonné, & comme à la haste, sans finesse, sans fard, ny dissimulation. Si on les gausse, ils le doiuent endurer auec vne patience heroïque, & sans ressentiment, si on les loüe, ils ne se doiuent appaster de ces loüanges, crainte des recherches qui s'ensuiuent delà, comme de s'excuser, iustifier, mesestimer &c. sous beau pretexte & apparence. Si les seculiers sont dissolus en paroles, que le Religieux se garde d'approuuer ces dissolutions tacitement par le ris, & les quitte aussi-tost. Si les seculiers, pour nous sonder, se iettent à parler des Ordres Religieux, blasmans les vns, & loüans le nostre: tout cela ne touchera point le vrai Religieux, demeurant toûjours égal à soi-mesme, & immobile pour posseder Dieu en l'vnité de son esprit.

XVI. Quand quelqu'vn dit des paroles folastres, & de bouffonnerie; il ne faut iamais rire là dessus, de peur d'authoriser la folie, au preiudice de l'honneur de Dieu, & de l'exemple que nous deuons au prochain. Que si quelqu'vn nous disoit là dessus, que nous sommes singuliers, & sans prudence ny charité, il ne faut pas donner dans ce piege: c'est assez de sortir auec eux à quelques jeux & actions moderées, n'agissant que du dehors, & toûjours respectueusement : cela les rappellera à eux, & fera qu'ils nous laisseront en paix. Que si au contraire, nous sortons totalement auec eux, ils nous auront à mépris, & nous blâmeront par apres, quand ce ne seroit que pour couurir leur dissolution.

XVII. Comme les complexions & inclinations des hommes sont diuerses ; il faut agir diuersement auec eux, considerant leurs gestes, mouuemens, & actions, & les laissant long temps parler, afin de traitter auec eux selon tout cela. Que s'ils sont si dissimulez, qu'on ne les puisse découurir, il faudra toûjours agir tres-serieusement auec eux. Ce qui s'entend des personnes estrangeres, & non domestiques.

XVIII. Si quelqu'vn dans la conuersation, vient à nous toucher par indiscretion ou autrement, il faut se tenir graue, modeste, ioieux, & sans ressentiment au dedans, sans dire ny bien ny mal, ou rire là dessus. Cela rappellera les autres à leur deuoir.

XIX. Quand apres auoir agi le mieux que nous pouuions deuant des personnes de consideration, ils iugent nostre action defectueuse, il faut à quelque prix que ce soit, laisser la chose comme elle est, sans autrement s'expliquer ny interpreter là dessus (s'ils ne s'en sentoient offensez) autrement ce seroit les faire voir ignorans & indiscrets.

XX. C'est superbe, que de preuenir les propositions & discours des autres : sur tout, il ne le faut iamais faire sur les discours de plus grand que soi.

XXI. Il faut bien prendre garde de parler ignoramment des choses en conuersation, cela repugne à la raison & ciuilité. Il ne faut point aussi parler par sentences, ny par enigmes, mais clairement, lumineusement, & conformément à la capacité de tous, si faire se peut, la bonne discretion toûjours sauue.

XXII. Dire les veritésau prochain en riant, c'est vne subtilité de nature, pour couurir sa passion & son venim, & cecy est fort souuent peché ; & mesme mortel. Encore donc qu'en certains cas, il ne soit deffendu de rire moderément sur les actions d'autrui; neantmoins il vaut mieux au Spirituel, estre infiniment éloigné de ce piege, afin de ne s'habituer à cela , & s'aueugler : mais estre toûjours superieur, & maistre de soi-mesme.

XXIII. Certains Religieux, qui contrefont les simples, ne sont en effet que purement politiques: ce qu'on void manifestement dans les occasions, qui touchent leur honneur, où ils deuroient agir, & s'exposer au pis qui pust arriuer de telles actions. Car ils sçauent fort bien esquiuer ces coups, & les subtilement ietter sur les épaules des simples, qui voient & sentent fort bien cela; car il est bien sensible de porter la croix, dont vn autre s'est iniustement déchargé.

XXIV. L'indignation est l'effet d'vne vie mal mortifiée & toute pleine de proprietés occultes: & sa subtilité est telle, qu'à peine y a-il spirituel, pour mort qu'il puisse estre, qui en soit totalement exempt.

XXV. Les spirituels mal mortifiez, sont tous pleins de propre complaisance en leurs discours. Au contraire, les vrais sages, parlent en temps & lieu, craintiuement, promptement, auec certaine pudeur, sans auidité, sans recherche. C'est des autres, que parle le Sage, quand il dit, que le cœur du fol ne pourra rien retenir de la sagesse, parce qu'il est vn vaisseau totalement rompu.

XXVI. Il ne faut sortir à la manifestation des verités spirituelles, entre les doctes, que rarement ; car c'est s'exposer à estre contrarié, & contraint de les conuaincre par raison: ce qui est aiguiser leur art & procedure naturelle, & se ruiner soi-mesme.

XXVII. C'est effet de prudence diuine, de craindre les hommes dans leurs voies.

XXVIII. Il faut que le mort viuant à Dieu, se deffie de tout & de tous, ne mettant sa confiance qu'en tres-peu de ses semblables : mais comme on ne sçait en qui se fier, il ne se faut fier en personne ; ie dis mesme selon toute l'estenduë de bonne liberté, telle qu'elle est d'ami à ami.

XXIX. C'est chose étrange, de voir vn vrai spirituel, ne pouuoir supporter ce qui n'est pas bien conceu, selon la lumiere & verité d'esprit, faute de laisser là les choses estre ce qu'elles sont ; & prendre garde à ne se répandre dans les objets sensibles.

XXX. Il ne faut iamais donner empeschement à la liberté d'autrui, specialement quand elle est produite auec prudence, donnant le loisir à chacun de s'exprimer.

XXXI. Quoi que les loix de la bonne societé, demandent qu'on ne soit pas long temps sans parler en compagnie, neantmoins les spirituels ne doiuent pas agir auiourd'hui selon cette regle, parce qu'ils ne sçauroient si peu parler dans la conuersation, qu'ils ne trouuent de toutes parts des pieges tendus pour leur ruine ; d'où pensans s'échapper par excuses, ils ne font que s'y enlacer plus fortement. Le mort qui fait cela, est totalement ignorant, sans lumiere, & sans experience en sa tenebreuse simplicité.

XXXII. Les vrais illuminez ne desirent nullement la pratique & conuersation, non pas mesme de leurs semblables, hors le temps requis à cela.

XXXIII. Tant moins le viateur accompli surmondainement, est obligé de negotier auec les hommes, tant plus & tant mieux il s'enfonce en Dieu.

XXXIV. La familiarité a ce pouuoir fur les hommes, que de changer leur fageffe, & la relafcher de fa iufte tenduë.

XXXV. Nous deurions eftre fi feueres & rigides à nous communiquer aux hommes, qui font tous effus au dehors, qu'il femblaft que nous fuffions dépoüillez de toute humanité.

XXXVI. Ne parlez iamais, en conuerfation, du bien & mieux eftre du corps, & ne vous plaignez iamais de rien.

XXXVII. Les naturels, qui font fort attraians, doiuent eftre plus graues & retenus que les autres, pour ne fe laiffer appafter à perfonne, & ne tomber dans leurs defordres.

XXXVIII. En conuerfation, ne parlez iamais par fingularité de la vie de l'efprit à vos égaux, ou inferieurs; comme pour monftrer que vous en fçauez plus que les autres.

XXXIX. Delectez-vous également en la compagnie de tous, ne nous arreftant pas neantmoins long-temps, fi faire fe peut, auec ceux qui vous diftrairont de Dieu.

XL. Nous deuons garder vne extreme modeftie à l'exterieur, & vne entiere compofition tres-ordonnée en noftre corps & en tous fes fens, en noftre ame & en fes puiffances; afin que reluifans à guife d'vn tres-lumineux flambeau allumé au trauers d'vn corps tranfparent, nous edifions & éclairions les autres, & nous-mefme à la tres-haute gloire & loüange de Dieu: paroiffans fans aucune affection ny recherche propre, comme hommes pluftoft vraiement diuins, que terreftres & corporels.

XLI. Dans la conuerfation, nous deuons compofer en telle forte noftre exterieur, qu'on puiffe connoiftre par là nostre recueillement, & stabilité au dedans.

XLII. Aucun ne doit dire ny bien ny mal de soi, s'il n'est connu de sainteté consommée; d'autant que dire le bien, c'est se loüer manifestement: & dire mal, est preuenir les autres, craignant qu'eux-mesme ne le disent, & ne nous en fassent honte.

XLIII. Les vrais spirituels doiuent auoir la prudence du serpent, pour inseparable compagne de leur simplicité colombine, afin de conuerser prudemment & simplement, en demeurant attachez à Dieu.

XLIV. Le deuoir des personnes interieures & spirituelles, est de laisser les choses estre ce qu'elles sont, sans s'en depeindre aucunement.

XLV. La modestie des parfaits, est vn maistre & vn correcteur muet, qui par son efficace & graue maintien, sollicite les autres à se retirer, & introuertir au dedans, où est la source de leur bien.

XLVI. Les parfaits ne peuuent & ne doiuent autrement se recréer, qu'en prenant des matieres de réjouïssance sur les merueilles sortantes de Dieu, de son amour, & des autres Misteres de nostre foi.

XLVII. Si nostre conuersation est au Ciel & en Dieu, si tant est que nous soions ressuscitez de mort à vie auec IESVS-CHRIST; qu'auons-nous à faire & à demesler auec les creatures mortelles de la terre?

XLVIII. Quand les esprits sont égaux, ils s'illuminent les vns les autres dans la conuersation: & d'égal à égal, les concepts ne sont point appellez sorties, mais manifestation de lumiere & de verité, qui affecte celui qui la reçoit, par vne impression viue, penetrante, large, sauoureuse & delicieuse.

XLIX. C'est des parfaitement spirituels, que le saint Esprit parle lors qu'il dit: Dites au iuste, que tout ce qu'il fait, qu'il dit, ou qu'il pense de propos deliberé,

c'est

c'eſt bien procedé, d'autant que Dieu eſt hautement glorifié en tout cela ; c'eſt pourquoi il mangera le fruit de ſes inuentions.

TITRE XXXII.
De la dignité des Preſtres.

I. SOVVENT ceux qui ont la diſpenſation des treſors diuins pour eux, & pour les autres, ſont les plus pauures & les plus indigens de tous. Et ceux-là ſeront à iamais en iuſte deriſion aux Anges, aux Sainſts & aux Diables.

II. La terre eſt remplie de deſolation, parce que les Preſtres ne viuent point d'vne vie diuine, & ſurmondaine, ainſi qu'ils deuroient, & n'ont point vn vrai deſir de Dieu. Les hommes les tiennent comme ſaincts, & comme de petites diuinitéz : mais ils ſont bien trompez en beaucoup d'eux, qui ſont tous vuides de Dieu, & de ſa grace, & qui eſtant medecins des autres, demeurent pleins de langueurs ſpirituelles, en eux-meſme.

III. L'eſtat de Preſtriſe, meſme dans la Religion, eſt éleué & atterré, pauure & riche, ſaint & corrompu, lumineux & tenebreux, non qu'il ait ces defauts en ſoi-meſme, mais à cauſe de l'abus qu'on en fait.

IV. Les Preſtres doiuent, non ſeulement repaiſtre le peuple par doctrine, & par parole de Dieu ; mais ils y doiuent adiouſter le bon exemple, puis qu'il eſt dit, que l'homme ne vit pas auec du pain ſeul.

V. Que ſert-il d'eſtre ſi eminemment éleué, que le ſont les Preſtres, au reſpect du peuple, ſi la vie n'eſt conforme à l'eminence de cét eſtat ? & comment le peuple honorera-il les Preſtres, s'il les void profanes, vains, curieux, legers, pleins de passions, & de mauuais exemples, en leur vie & en leur conuersation?

VI. Certains Predicateurs, accommodent la parole de Dieu, auec tant d'affetterie, & de paroles profanes, pour leur propre satisfaction, que le pain qu'ils distribuent aux fideles, est plus meslangé de terre, qu'il n'a d'esprit celeste, & delecte plustost le sens, que d'exciter le cœur à componction salutaire.

VII. Quand les Prestres sont plus méchans que le peuple, sans doute, tout est perdu; puis qu'il n'y a plus personne, qui puisse empescher Dieu, d'élancer les foudres de sa iuste colere. Car à qui touche-il, de s'opposer à la diuine iustice, sinon aux Prestres?

VIII. Toute personne éleuée à la dignité sacerdotale, doit auoir ces deux choses, sçauoir est, illuminer, & embraser. Que si quelqu'vn n'a pas beaucoup de doctrine, pour illuminer; sa bonne vie pleine de modestie, grauité, seriosité & bonnes mœurs en sa conuersation, suffira pour l'vn & pour l'autre. Car fort souuent, le vif & profond embrasement est l'effet de l'ardente & lumineuse sapience, qui illumine & embrase tout à la fois, ceux qui en sont touchez.

IX. Les Prestres, comme doublement consacrez à Dieu, doiuent mener vne vie toute Angelique, & tres-semblable à celle de Dieu fait homme.

X. O Prestres! connoissez auec sentiment sauoureux vostre dignité, & l'admirez incessamment, comme surceleste & diuine. Ne lui contrariez point en vos vies & en vos mœurs : mais faites en sorte, que par vne conuersation angelique, le peuple soit excité à vous suiure & faire excellemment son salut. Qui est-ce qui doit sçauoir par experience sauoureuse, combien Dieu est doux & suaue à ceux qui le goustent, sinon vous, qui estes les yeux & les docteurs du peuple, & distributeurs du pain celeste, dont l'amour les rend de plus en plus fameliques? Quelle honte, si ce pain a moins d'effet en vous, qu'en ceux qui vous sont inferieurs? Sans doute, cela me rauit & me suspend en perpetuelle admiration, sur l'infinie liberalité de Dieu, & sur l'ingratitude infinie des hommes, qui lui estans comptables de tant de thresors: ils n'en sçauent neantmoins rien, ils n'y pensent pas, & ne s'en soucient aucunement.

TITRE XXXIII.

Maximes, & lumieres pour les Superieurs.

I. CEvx qui sont éleuez à la dignité de Superieur, doiuent soigneusement s'abisiner dans leur neant, se iugeans & sentans de pire condition deuant Dieu, que le moindre de leurs inferieurs, puisque c'est chose bien plus seure, & plus excellente à vn homme fragile d'obeir que de commander.

II. Les Superieurs auroient besoin d'estre des Anges humanisez, pour demeurer arrestez dans l'entiere, & toûjours actuelle possession d'eux-mesme: sur tout, dans les reprehensions & corrections de leurs inferieurs.

III. Les Superieurs doiuent grandement, & soigneusement se tenir sur leurs gardes: afin qu'en leurs communications & pratiques, il ne sorte rien d'eux, qui ressente l'homme, par foiblesse ou precipitation, par affection desordonnée, passion, legere, ou fausse liberté.

IV. La condition des Superieurs est plus déplorable, qu'on ne sçauroit penser, lors qu'ils ne font pas leur deuoir de toutes leurs forces, & de tout leur soin & estude.

V. Les Superieurs doiuent estre pleins d'erudition, &

doctrine celeste, de sagesse, de force, de conseil, de prudence, de douceur, de mansuetude, de lumiere, d'intelligence, de compassion & charité, d'humilité, de douceur & graue affabilité : non timides, non pusillanimes, pour souffrir ou corriger le mal en temps & lieu ; auec plus de charité que de iustice, & sans crainte de perdre leur reputation : enuisageant incessamment la volonté de Dieu, qui les a establis superieurs, non sur des Anges, mais sur des hommes.

VI. Les Superieurs sont le sel, la lumiere, le miroir, la force, la sagesse, la charité, l'humilité, la simplicité, la rectitude, la balance & le poids, la pureté, la sainteté, la diligence, la patience, la benignité, la compassion, le iuste milieu, la verité stable & arrestée, la sagesse, la discretion, la precaution, la vie, la santé, le remede, l'exemple, le bien, la perfection, la felicité en cette vie de leurs inferieurs.

VII. Les personnes d'humeur mélancholique & chagrine, & les esprits trop froids, trop lents, & trop pesans, ne sont pas propres pour gouuerner ; mais bien les esprits de beau & bon naturel, bien murs, sages, & discrets, forts, genereux & courageux, pour entreprendre ; efficaces pour executer ; plus saincts & parfaits, que doctes, si faire se peut.

VIII. Tout bon Superieur, doit auoir ces qualitez & perfections. 1. Il doit estre souuerainement spirituel & lumineux, & auoir vne delicate discretion de tous les esprits, tant pour soi que pour autrui ; en sorte qu'il découure les esprits par l'exterieur d'vn chacun.

2. Il doit estre désireux d'acheminer à l'esprit, & à la perfection tous ceux qui en sont capables.

3. Estre doux, mansuet, sans indignation & passion indiscrete : confident enuers les inferieurs, leur donnant libre accez & confiance de lui découurir leur in-

térieur, iusques à leurs plus secrets mouuemens, sans mécreance ny exasperation.

4. Il doit faire obseruer les regles & statuts, auec vne douce rigueur, se rendant doux aux dociles, & mediocrement rude aux reuesches, apres vne longue patience.

5. Il doit accomplir ce dire de S. Paul: vous qui estes spirituels, instruisez en esprit de douceur, ceux qui sont sous vostre charge: considerans vos propres infirmités, afin que vous ne soiez tentez de tromperies, de superbe, de faux zele, & autres recherches de la nature, qui ne veut point compatir aux infirmités d'autrui.

6. Il ne doit estre froid à la consolation des malades, ou affligez, ny leur refuser leurs necessités & demandes: manquant à tels exercices de charité, qui pourroient le faire aimer de ses inferieurs pour la gloire de Dieu.

7. Il se doit comporter en vrai Pere, & non en Maistre & Seigneur, ménageant comme il faut, l'authorité auec l'amour paternel enuers ses enfans, veu qu'aucun n'est esclaue ny seruiteur en Religion, sinon de Dieu infini.

8. Il doit demander, & suiure volontiers le bon conseil, voire des moindres, & ne se laisser captiuer par les flatteurs & rapporteurs, en les croiant de leger.

9. Il doit se faire tout à tous, sans acception de personne, aduertir charitablement vn chacun de ses fautes, en public, ou en particulier; & ne permettre pas que les petits soient opprimez des Grands par calomnies, ou par trop de rigueur.

10. Il ne doit prendre l'apparent pour le vrai, ny souffrir qu'on adore les seculiers, sous bon pretexte.

11. Il ne doit mettre ses inferieurs en action qu'en priant & non en commandant, & doit se mettre en

doctrine celeste, de sagesse, de force, de conseil, de prudence, de douceur, de mansuetude, de lumiere, d'intelligence, de compassion & charité, d'humilité, de douceur & graue affabilité : non timides, non pusillanimes, pour souffrir ou corriger le mal en temps & lieu ; auec plus de charité que de iustice, & sans crainte de perdre leur reputation : enuisageant incessamment la volonté de Dieu, qui les a establis superieurs, non sur des Anges, mais sur des hommes.

VI. Les Superieurs sont le sel, la lumiere, le miroir, la force, la sagesse, la charité, l'humilité, la simplicité, la rectitude, la balance & le poids, la pureté, la sainteté, la diligence, la patience, la benignité, la compassion, le iuste milieu, la verité stable & arrestée, la sagesse, la discretion, la precaution, la vie, la santé, le remede, l'exemple, le bien, la perfection, la felicité en cette vie de leurs inferieurs.

VII. Les personnes d'humeur mélancholique & chagrine, & les esprits trop froids, trop lents, & trop pesans, ne sont pas propres pour gouuerner ; mais bien les esprits de beau & bon naturel, bien murs, sages, & discrets, forts, genereux & courageux, pour entreprendre ; efficaces pour executer ; plus saincts & parfaits, que doctes, si faire se peut.

VIII. Tout bon Superieur, doit auoir ces qualitez & perfections. 1. Il doit estre souuerainement spirituel & lumineux, & auoir vne delicate discretion de tous les esprits, tant pour soi que pour autrui ; en sorte qu'il découure les esprits par l'exterieur d'vn chacun.

2. Il doit estre desireux d'acheminer à l'esprit, & à la perfection tous ceux qui en sont capables.

3. Estre doux, mansuet, sans indignation & passion indiscrete : confident enuers les inferieurs, leur donnant libre accez & confiance de lui découurir leur in-

serieur, iusques à leurs plus secrets mouuemens, sans mécreance ny exasperation.

4. Il doit faire obseruer les regles & statuts, auec vne douce rigueur, se rendant doux aux dociles, & mediocrement rude aux reuesches, apres vne longue patience.

5. Il doit accomplir ce dire de S. Paul: vous qui estes spirituels, instruisez en esprit de douceur, ceux qui sont sous vostre charge: considerans vos propres infirmités, afin que vous ne soiez tentez de tromperies, de superbe, de faux zele, & autres recherches de la nature, qui ne veut point compatir aux infirmités d'autrui.

6. Il ne doit estre froid à la consolation des malades, ou affligez, ny leur refuser leurs necessités & demandes: manquant à tels exercices de charité, qui pourroient le faire aimer de ses inferieurs pour la gloire de Dieu.

7. Il se doit comporter en vrai Pere, & non en Maistre & Seigneur, ménageant comme il faut, l'authorité auec l'amour paternel enuers ses enfans, veu qu'aucun n'est esclaue ny seruiteur en Religion, sinon de Dieu infini.

8. Il doit demander, & suiure volontiers le bon conseil, voire des moindres, & ne se laisser captiuer par les flatteurs & rapporteurs, en les croiant de leger.

9. Il doit se faire tout à tous, sans acception de personne, aduertir charitablement vn chacun de ses fautes, en public, ou en particulier; & ne permettre pas que les petits soient opprimez des Grands par calomnies, ou par trop de rigueur.

10. Il ne doit prendre l'apparent pour le vrai, ny souffrir qu'on adore les seculiers, sous bon pretexte.

11. Il ne doit mettre ses inferieurs en action qu'en priant & non en commandant, & doit se mettre en

leur place, tant à l'agir qu'au patir.

12. Il ne doit gesner, ny exceder les forces d'aucun, soit à l'interieur, soit à l'exterieur sous quelque apparence que ce soit.

13. Son gouuernement ne doit estre politique plus que de raison; mais il doit estre selon l'ordre de la volonté de Dieu : qui est, que comme le Superieur doit estre sainct, aussi doit-il procurer que ses inferieurs soient saincts en toutes leurs actions.

14. Il ne doit pas estre de ceux, qui pour consoler & guerir les inquietez, n'ont point d'autre remede que la Croix : qui est vn grand defaut, veu que c'est souuent accroistre le mal, au lieu de le guerir, & fabriquer des croix, au lieu de les adoucir ou renuerser.

IX. Les Superieurs, doiuent plustost craindre d'estre trop retenus, que faciles à donner à leurs inferieurs, ce qu'ils leur demandent; veu qu'il n'y a rien qui tende plus à la ruine de la Religion, que de leur dénier leurs iustes necessitez : & mesme quand l'inferieur se rechercheroit manifestement dans sa demande, le Superieur doit dissimuler sa recherche, gardant neantmoins toûjours en ce que dessus, les loix d'vne lumineuse prudence.

X. Les Superieurs doiuent auoir grand soin, que leurs inferieurs aient tout ce qui leur est necessaire, tant selon l'esprit que selon le corps, afin qu'ils puissent conuerser en la presence de Dieu, en repos & stabilité de cœur. Car si-tost qu'vn Religieux souffre notablement au corps ou en esprit, on doit croire qu'il est tout plongé par necessité là-dedans; sans paix ny repos, & par consequent, incapable d'entrer en soi-mesme, & de se conuertir entierement à Dieu.

XI. Que si le Superieur iuge à propos, de refuser quelque chose à son inferieur : ce sera bien fait, de lui en donner la raison, afin qu'il voie que son Superieur ne manque pas de charité à son endroit.

XII. Ceux qui ignorent totalement la vie de l'esprit, doiuent refuser la charge de Superieur, puis qu'elle leur est plustost à perte qu'à gain, & à ruine qu'à salut.

XIII. C'est chose grandement déplorable dans la Religion, que l'on commette ses enfans & tendres nourrissons, à des nourrices qui n'ont point de mammelles; c'est à dire, à des Superieurs defectueux. C'est estre aueugle, ignorant & cruel, de suffoquer ainsi les enfans dans leur berceau.

XIV. Il est necessaire, que tout Superieur soit, non seulement de vie mortifiée & exemplaire : mais encore de grande oraison, retraitte, recollection & solitude. Et ne doit rien tant aimer en ses inferieurs, que la vie vraiement interieure & solitaire : laissant les solitaires & spirituels en leur repos, sans leur donner empeschement : puisque ce sont eux qui pratiquent nostre regle, en son lustre & en son premier & supreme esprit ; en quoi le Superieur monstrera euidemment sa charité & vraie saincteté.

XV. Au nom de Dieu, puisque la Religion & les Superieurs nourrissent bien par aumône quelques pauures à leur porte, de ce qui leur est superflu, qu'ils nourrissent au moins en cette consideration les humbles Religieux & pauures seruiteurs de Dieu en paix & repos d'esprit, qui desirent le seruir de tout leur cœur, sous le couuert & protection de leurs Superieurs. Croyans, que Dieu leur donnera par leurs prieres abondance de ses benedictions.

XVI. Il n'y a rien qui rende les Superieurs si odieux & vituperables aux bons Religieux, que de se voir éloignez par eux de la perfection ; neantmoins ils ne se plaindront iamais là dessus.

XVII. La ioye du bon Superieur doit estre, de sçauoir que ses inferieurs viuent en paix interieure.

XVIII. Les Superieurs doiuent croire asseurément, que les Religieux vraiement spirituels sont le plus grand appuy de la Religion, & comme les canaux, par lesquels Dieu découle au reste du corps ses faueurs & benedictions.

XIX. Les Superieurs doiuent remonstrer souuent dans leurs exhortations, en quoi consiste l'esprit de nostre profession : comme il ne consiste pas à beaucoup paroistre à l'exterieur : mais en l'humilité, & en l'occupation interieure auec Dieu ; ny à se mortifier exterieurement, pour la bien-seance, lustre, & police exterieure de la maison, (ce qui ne pourroit gueres durer) mais à profondement s'aneantir deuant Dieu.

XX. Les Superieurs ne doiuent iamais mettre les ieunes Religieux, sous la charge de Directeurs, totalement ignorans des voies de Dieu, & vuides de son sauoureux esprit : car ils n'imprimeront iamais dans les ieunes, autre vie, ny autre esprit que le leur.

XXI. C'est chose grandement déplorable, de ce que les Superieurs manquent tellement de charité & de compassion, qu'ils ne veulent point sentir dans leurs inferieurs, ce qu'ils ne sentent point en eux-mesme, s'ils ne l'ont réellement en infirmité comme eux.

XXII. Les Superieurs doiuent auoir grande compassion des cheutes de leurs inferieurs ; faisant distinction entre la malice & infirmité, & ne corrigeans iamais pendant la passion, soit en eux, soit en celui qu'ils corrigent, autrement le Superieur s'aueugleroit lui-mesme, & le corrigé demeureroit plustost blessé qu'humilié & changé. Au contraire

XXIII. Il n'y a naturel si dur & farouche, qui ne se dompte par l'amour paternel, de son Superieur.

XXVI.

XXIV. Les Superieurs, qui dans leurs corrections, grondent à guise de tonnerres, sur toute occasion indifferemment, sont plus propres à tout hebeter, & tout ruiner, qu'à profiter à la Religion.

XXV. Le Superieur, qui a excedé quelqu'vn en ses reprehensions, doit lui en demander pardon, mesme en public, si la faute a esté publique. Cela rompra les cœurs les plus durs, & acquerra au Superieur la reputation d'estre humble, charitable, & iuste.

XXVI. La prudence des Superieurs doit soigneusement auoir égard à la timidité des petits; qui n'osent les aborder, à cause de leur bassesse, & peu de talent pour seruir excellemment la Religion és fonctions honorables: & regarder moins à ceux qui font beaucoup, qu'à ceux qui ne pouuans gueres, ont vne infinie volonté de tout pouuoir faire.

XXVII. Lors que les Superieurs, n'osans contrister leurs inferieurs, manquent de promouuoir le bien de la Religion, pour la maintenir en bonne vigueur, & discipline reguliere; qu'ils s'asseurent, que telle prudence n'est point de Dieu, mais de la chair.

XXVIII. Il ne faut pas que les Superieurs s'estonnent, de voir faire des fautes, pourueu qu'on les reconnoisse auec desir de s'en corriger: entre autres, ils doiuent attendre auec grande patience l'amendement des Nouices, pourueu qu'ils ne soient point dissimulez, mensongers, ou malicieux. Car en ce cas, si Dieu ne les changeoit miraculeusement; ils ne pourront iamais perseuerer dignement en Religion.

XXIX. Afin que la liberté d'esprit, & douceur des Superieurs enuers leurs inferieurs ne se tourne en sensualité, ils doiuent se tenir graues, roides & serieux, les mortifiant viuement & dextrement.

XXX. Il ne faut pas que sous pretexte de mortification, les Superieurs demandent de leurs inferieurs, choses impossibles, ou si difficiles, qu'elles les gesnent & leur ostent le repos d'esprit.

XXXI. Il ne faut nullement, sous pretexte de zele, & de grande perfection, que le Superieur commande chose generale, & qui contraigne trop les esprits, & leur oste la liberté.

XXXII. Le bon Superieur, doit tenir ses Religieux toûjours ioieux & alaigres, la ioie estant le vrai signe d'vne ame, qui est bien auec Dieu.

XXXIII. Il ne doit pas tant auoir égard à ce qu'ils font, comme à l'esprit auquel ils le font.

XXXIV. Quand on lui raconte les fautes d'autrui, il ne doit donner aucun signe de ioie, ny d'applaudissement, de peur qu'on ne prenne de là sujet d'exageration.

XXXV. Si on veut que la Religion se perfectionne, il faut que tous les Superieurs deposent leur propres interests, pour la gloire de Dieu, & le bien commun de la Religion.

XXXVI. Le trop d'authorité dans les Superieurs, diminuë l'amour, & le trop peu cause le mépris : il faut donc qu'ils tiennent le vrai milieu.

XXXVII. Les Superieurs, qui commandent par ascendant & authorité, plustost comme Maistres & Seigneurs absolus, que par esprit de douceur & de charité, comme Peres ; n'imitent nullement le gouuernement le plus excellent que Dieu tient sur les ames, qui est de les gouuerner comme ses tres-chers enfans, par vne amoureuse Prouidence.

XXXVIII. Le Superieur ne doit iamais exceder ny en douceur, ny en rigueur ; que s'il excede quelques fois que ce soit, plustost en douceur qu'en rigueur.

XXXIX. Il ne doit iamais exiger souuerainement, &

rigoureusement son droit en toute son estenduë, de qui que ce soit, veu que c'est sinon cruauté, au moins vne grande indiscretion & imprudence.

XL. Il ne doit pas croire auoir plus d'intelligence & de lumiere, que tous ses inferieurs ensemble; ny par consequent, rejetter leurs bons aduis & conseils: autrement, il est impropre pour la conduite.

XLI. Le Superieur doit estre si commun à tous, qu'il puisse estre veu, sans estre familier à personne.

XLII. Si la grande douceur requise dans les Superieurs, n'est accompagnée d'vne discrete seuerité, c'est plustost lascheté & remission, que vraie & vertueuse douceur.

XLIII. Il faut que celui qui corrige ou mortifie, vse d'vne tres-grande discretion, prudence, & preuoiance, & de raison illuminée, pour le faire en temps & lieu.

XLIV. Quand on corrige vn pecheur, il faut oublier en quelque maniere le peché; & n'enuisager que l'excellence de cette ame, & combien elle a cousté à nostre Seigneur.

XLV. Les Superieurs ne doiuent mortifier les parfaits Religieux, qu'en particulier : veu qu'estans parmi le commun pour seruir d'exemple; ce seroit plustost ruiner qu'edifier.

XLVI. Le Superieur, ne doit iamais commander ambiguëment, ny douteusement.

XLVII. Les Superieurs doiuent auoir soin d'estre veus de leurs inferieurs incessamment occupez à choses grandes; non dans le tracas, & parmi les seculiers, mais au dedans, és œuures de la vie reguliere.

XLVIII. Les bons Superieurs mettent les premiers la main aux œuures plus difficiles, & voudroient, s'il leur estoit possible, porter tout le faix, pour laisser leurs inferieurs dans le repos, pour leur plus grande perfection.

Xx ij

XLIX. Il faut que dans les assemblées, chaque inferieur ait le pouuoir d'opposer son opinion à celle du Superieur, afin que la verité soit mieux éclaircie.

L. C'est grande misere, de voir que les hommes, qui ont la dispensation des tresors diuins, pour eux & pour autrui, sont les plus pauures & plus indigens entre les hommes.

LI. Les inferieurs, qui doiuent toûjours pratiquer la pauureté Religieuse, ne doiuent iamais rien desirer, ny demander à leurs Superieurs, qui ne leur soit purement necessaire.

LII. Remonstrer raisonnablement, les torts & les dommages qu'on doit encourir, pour n'auoir pas ses necessités à poinct nommé: afin de bien faire ses Obediences en temps & lieu, n'est pas chose iniuste, mais tres-raisonnable.

LIII. Les inferieurs, qui remonstrent les fautes de leurs freres aux Superieurs, le doiuent faire auec humilité & charité, non pas auec iugement, poids, & exageration; autrement ils passeroient de leur estat d'inferieur, à celui de Superieur, qui doit tenir la balance de la iustice en main, pour balancer & peser la chose dont il est question.

LIV. Le zele & la correction sont les meurtriers de la perfection de l'esprit dans les inferieurs.

LV. Les inferieurs peuuent reprimer les desordres d'autrui en silence, non d'approbation; mais en silence d'horreur.

LVI. Il n'y a rien qui donne plus de remors à vn inferieur mediocrement bon, que de se voir ne pas accomplir la volonté de son Superieur: mais celui qui ne vaut rien du tout, étouffe au plustost ce remors par des pretextes & raisons palliées.

LVII. Que les inferieurs sçachent, qu'il n'y a autre

moien d'estre bien auec Dieu, qu'estre bien auec leurs Superieurs.

LVIII. Les inferieurs ne doiuent iamais se tenir offensez par leurs Superieurs, qu'autant qu'ils preiudicieront euidemment à leur perfection, & qu'ils le iugeront ainsi en vraie verité & conscience.

LIX. Le Superieur, qui sous pretexte de son pouuoir, veut gausser & drapper ses inferieurs sur tout sujet, comme sur leur melancholie, & autres imperfections, est tousiours en estat tres-proche du peché mortel.

LX. Donnez-vous garde d'estre trop iuste & trop sage aux choses de petite importance, recherchant plus que de raison, en vous ou en autrui, matiere de coulpe & d'accusation, où il n'y en a point. Car faisant ainsi, vous seriez trop multiplié, & vostre vol actif d'esprit seroit empesché.

LXI. Les Superieurs ne doiuent rendre raison de leurs propositions, qu'à ceux qui sont les plus recommandables entre leurs inferieurs: autrement, ils monstreroient ne se fier en personne.

LXII. Les Superieurs ne doiuent estre contrariez en leurs discours, mais seulement peut-on leur obiecter & répondre auec prudence & dexterité.

LXIII. Il ne faut iamais prier vn Superieur de ce qui est de son droit & de son pouuoir, sous pretexte de lui rendre honneur.

LXIV. Il n'appartient qu'aux Superieurs d'exagerer, encore ne le doiuent-ils pas toûjours faire.

LXV. Dans le gouuernement d'autrui, on prend facilement les extremes.

LXVI. Les Superieurs ne reçoiuent rien de leur emploi pour leur perfection: au contraire, ils sont en tres-grand hazard d'en auoir moins que les autres. Que s'ils prennent l'ascendant sur leurs inferieurs, autrement qu'en profonde humilité & charité, ils sont perdus, & s'aueugleront toûjours de plus en plus.

LXVII. Il faut que le Superieur soit extremément patient à dissimuler les mouuemens, passions & saillies de nature émeuë en leurs inferieurs. Que si les tentations estoient contre eux, ils doiuent agir auec eux en infinie douceur & familiarité, leur faisant entendre que cela n'est rien, ne les admettant neantmoins en particulier dans la chambre que prudemment.

LXVIII. Le Superieur ne doit pas donner vn esprit de crainte & de rigueur à ses disciples, mais de pure & simple liberté.

LXIX. Dans l'exercice de mortification, il ne doit iamais blesser la bonne & vraie raison de ses inferieurs, d'autant qu'ils ne peuuent se simplifier là dessus.

LXX. Il ne faut donner la conduite des ieunes, à personnes nouuellement retournées des estudes, ausquelles on sçait qu'ils ont perdu l'esprit de simplicité, de sapience, & de simple & lumineuse direction: parce qu'estans tous en eux-mesme, ils font perdre le simple & vrai esprit de Dieu à leurs disciples, les voulans conduire conformément à leur propre esprit, qui ne sort d'eux qu'en desordre, passion & violence.

LXXI. S'il faut quelquefois que le Superieur vse de police par necessité, à cause des personnes sensuelles, fines, & purement naturelles, ou toutes alterées à qui il a affaire: il faut que ce moien là soit diuin, en la fin diuine & volonté de Dieu mesme, qu'il soit rare, & accompagné d'horreur, de se voir forcé de proceder ainsi.

LXXII. Ceux qui sont d'vne trop grande douceur, & trop pesans à l'action, ne sont pas propres pour gouuerner, sinon apres vne longue experience. Car ils laissent aller toutes choses leur train, negligent les aduertiffemens qu'on leur donne, fur les déreglemens de la Religion, & laiffent opprimer les humbles & petits, fans y apporter remede.

LXXIII. Le Superieur, quoi que ieune, ne doit pas fouffrir qu'aucun, pour vieil & entendu qu'il foit, lui faffe des reprehenfions en public, fous pretexte de l'aduertir des defauts, qui fe paffent en la maifon; mais il doit fur le champ, monftrer à ces fuperbes qu'il les void, fans paffion neantmoins, & toûjours en bon ordre.

LXXIV. Nous apprenons tous les iours par experience, que c'eft vne bonne pratique, de fe paffer & priuer du fecours, actions & offices de ceux qui pour leur arrogance & prefomption, croient qu'on ne fe fçauroit paffer d'eux.

LXXV. Les Superieurs doiuent eftre doctes, lumineux, vertueux de tout poinct, charitables, & n'importe qu'ils foient vn peu infirmes, afin qu'ils voient en eux-mefme les neceffitez d'autrui.

LXXVI. Ils doiuent eftre doux & traittables en particulier, & ne fe rendre pas inacceffibles. Autrement ils fe feroient craindre, & non pas aimer : mais aux actions publiques, il faut qu'ils faffent paroiftre leur authorité, auec vne grauité mediocre.

LXXII. La fanté d'vn Religieux eft preferable à tout argent & richeffes : car c'eft Dieu qui donne l'argent, & qui le donne pour furuenir aux neceffitez de tous.

LXXVIII. Les Superieurs fages & difcrets, font tres-attentifs à la bon fanté & difpofition de leurs inferieurs, felon le corps & felon l'efprit, n'épargnans rien pour leur nourriture, felon le iufte milieu, vifitans tous les iours les malades, & aians foin que les conualefcens ne foient pas fi toft remis au train commun, afin que leur nature ait le temps de se remettre.

LXXIX. Il faut souuent blasmer le vice, sans nommer la personne, afin de ne blesser pas, au lieu de guerir la plaie.

LXXX. Les Superieurs qui ne peuuent se demettre à l'opinion d'autrui, en choses importantes, font la ruine de la Religion, par leur presomption & temerité.

LXXXI. Les Superieurs, qui ne veulent iamais estre contredits, par les diuerses raisons des vns & des autres, n'agissent pas en hommes, mais en animaux: & cela n'est pas agir diuinement & en simplicité d'esprit, qui n'est iamais sans humble lumiere, humble prudence, & humble abnegation de soi-mesme.

LXXXII. Les Superieurs ne doiuent pas introduire frequemment les seculiers dans les actes de Religion, sous pretexte de deuotion; cela sent trop l'ostentation, & est vne secrete mendicité. Que si les Religieux procedoient simplement, & non en politiques, & attachez au respects humains, ils seroient sans doute adorez.

LXXXIII. Les Superieurs ne doiuent iamais lier, ny engager aucun en des charges, qui excedent manifestement sa capacité; & l'inferieur ne seroit pas tenu pour lors d'y obeir, en choses qui touchent sa conscience, veu que ce seroit exposer manifestement à plusieurs perils de peché: & en vn mot, nous n'auons pas les Superieurs pour cela, mais seulement pour nous auancer à la perfection.

LXXXIV. Il ne faut pas que les Superieurs soient si hardis & presomptueux en eux-mesme, que d'exposer leurs Religieux au moindre danger, & inconuenient qui leur puisse arriuer: par exemple, aux trauaux qui n'appartiennnet qu'aux gens de bras: ce seroit faire contre la charité, & Dieu ne les leur a pas donné pour cela.

LXXXV. Quand on oste à vn Religieux, quelque chose

chose notable de sa force, par surcroist de trauail, nature est contrainte par apres de reprendre ses forces au double, par l'espace d'vn grand temps.

TITRE XXXIV.

Lumieres & verités, touchant les vexations & illusions des Diables.

I. LE Diable, pour tromper les ames, leur verse quelquefois des lumieres accompagnées de delices si grandes, qu'elles semblent estre diuines: mais cela ne touche que la superficie des sens; & par ces fausses lumieres, l'ame n'est iamais entierement abstraitte du sens, ny éleuée par dessus soi.

II. Les effets de nos lumieres sont veus ordinairement dignes de l'esprit, qui les a versées: & si elles viennent du Demon, leurs effets ne sont que superbe, mépris d'autrui, & autres pechez.

III. Ceux que l'esprit maling voit se delecter de ses fausses lumieres, il prend plaisir de les deceuoir ainsi de plus en plus, par toutes sortes d'illusions.

IV. Il n'y a que l'esprit de Dieu seul, qui quisse s'écouler au fond de l'esprit. Au contraire, le Diable entre furtiuement aux puissances sensitiues, sans pouuoir passer outre, pour y contrefaire l'esprit de Dieu, & cause là dedans mille desordres.

V. Les Diables estans découuerts quittent prise, & ne tentent, ny ne deçoiuent plus en la mesme maniere. C'est pourquoi il importe grandemét à ceux qui sont tentez & deceus, de se découurir promptement & fidelement à leurs Peres spirituels.

VI. Dieu ne se sert iamais des Diables, pour nous reueler les choses, qu'il faut que nous sçachions : car sa

Majesté a tous les bons Anges tres-attentifs au ministere des choses, qui sont necessaires à nostre salut.

VII. Tout mouuement turbulent, ou inquiet est de nature ou du Diable.

VIII. Les instincts de nature sont instables & inconstans; ceux du Diable sont superbes & instables, si on leur resiste; & ceux de Dieu sont tres-stables, permanens, paisibles, & qui rendent l'ame certaine de leur verité.

IX. Les Diables tentateurs & illuseurs, se surmontent mieux par le mépris, qu'en toute autre maniere.

X. Les fausses lumieres procedent toûjours de la delectation & amour desordonné, qu'on prend aux dons de Dieu.

XI. Tout ainsi que ceux qui font profession d'exceller au fait des armes, ne mettent pas aussi tost en euidence tous leur secrets, sans grande necessité. De mesme, les Diables ne monstrent pas de plein abord, leurs principales ruses à ceux qu'ils attaquent; mais peu à peu ils s'en seruent contre eux, à proportion de la force & de la resistance, qu'ils apperçoiuent en eux.

XII. A proportion, que chacun est fort en la vertu, & à resister aux suggestions des Demons; aussi est-il attaqué par des Diables plus forts, plus releuez, & plus subtils en leur nature. Et tout autant que l'homme a de passions & inclinations diuerses, autant y a-il de diuers Diables, pour les agiter selon leur propre office.

XIII. Quiconque se relasche manifestement en ses exercices spirituels ou corporels, admet en cela mesme les Diables aupres de soi, & est fauorable à leurs desirs; comme au contraire, il contriste grandement les bons Anges.

XIV. Les Diables ne peuuent faire autre chose, que roder au loin, au tour de ceux qui ont surpassé l'action,

& paſſion en Dieu, & eſperent ſeulement de ioüer de leur reſte contre eux, au poinct de la mort: mais ils excitent les imparfaits, à les mal iuger, & ſe ſcandaliſer mal à propos de leurs actions; & ne ceſſent de tourner & virer, iuſques à ce qu'ils aient ſuſcité & émeu Ciel & terre contre eux; afin de voir ſi ces parfaits ne ſeront point émeus, par inégalité & impatience d'eſprit, à ſortir à quelque mouuement paſſionné.

XV. Quand vn Diable eſt vaincu par la forte reſiſtance d'vne ame fidele, il ne va pas s'en vanter à ſes compagnons: car non ſeulement il ſeroit gauſſé, mais encore il ſeroit rudement foüetté d'eux tous.

XVI. On trompe rarement vn Diable deux fois par vn meſme moien, à cauſe de ſa ſuperbe, qui fait qu'il enrageroit pluſtoſt, comme on dit, que de retourner vne autrefois à vn moien, qui luy a mal reüſſi.

XVII. Les Diables, qui ſont entierement vaincus par la force, & les vertus heroïques des parfaits, n'oſans retourner en enfer, de peur des gauſſeries, & des coups qu'ils y ſouffriroient, & afin de n'eſtre pas contraints d'y aduoüer leur foibleſſe, & de n'eſtre pas retenus là priſonniers, comme puſillanimes, aiment mieux demeurer eſclaues de ceux qui les ont vaincus, qui ont meſhuy vn tel empire ſur eux, qu'ils leur peuuent commander de faire tout le bien qu'ils ne voudroient pas, meſme contre les autres Diables, ainſi qu'on a veu en quelques anciens Anachoretes.

XVIII. Si les viſites, que l'ame reçoit, ſont de Dieu, elle trouue de prime-face la crainte, & au milieu & à la fin la ſageſſe, auec la faim & le deſir des vertus. Au contraire, quand elles ſont du Diable, l'ame trouue de prime-abord l'allegreſſe, & puis enfin demeure en confuſion & en tenebres. Aux vnes & aux autres viſites, il ſe faut auilir & humilier profondement: car Dieu ſe plaist extremement de visiter les humbles, & le Diable ne les peut supporter ; c'est pourquoi il disparoist aussi-tost.

XIX. Ceux qui s'appliquent plus viuement à l'exercice de l'amour, prouoquent en cela mesme les Diables à l'encontre d'eux.

XX. Le propre des Diables est de dissimuler leurs tourmens iusques à l'extremité.

TITRE XXXV.

Des possessions Diaboliques.

I. CE n'est point chose infame, d'estre possedé ou tourmenté des Diables, car cela est tres-merueilleusement ordonné en la prescience eternelle de Dieu, pour sa tres-grande gloire, & pour le bien de ses creatures. Le monde s'estonne de voir ce spectacle: mais nous, qui penetrons en quelque façon dans les ressorts de Dieu, nous ne pouuons que nous ne le benissions infiniment, voians vne creature plus forte à souffrir, & plus actiue à desirer les tourmens, que les diables lui font endurer, que les mesme diables n'ont d'auidité à les leur appliquer.

II. Dieu permet les possessions diaboliques, & retire mesme son concours sensible des personnes possedées, afin de les épurer dauantage, iusques au moindres imperfections, & afin que leur interieur soit si pur, & libre de tout amour propre, que Dieu le puisse occuper comme son Paradis.

III. Dieu n'épargne rien de ce qu'il void estre vtile & necessaire, pour épurer parfaitement les cœurs de ses creatures, qui sont ses vases sacrez & precieux. O que c'est estre nay pour choses grandes, que d'estre ain-

des possessions diaboliques.

si choisi entre mille, pour supporter ioieusement & amoureusement vn si penible, mais si doux exercice: c'est representer IESVS-CHRIST en ses tourmens, douleurs & agonies. *Voiez la regle 79. de son Cabinet Mystique, vne belle doctrine, sur la difference des possedez & des obsedez.*

IV. Dieu differe souuent de donner victoire à l'Eglise sur les demons, afin de tenir chacun de ses enfans en humilité, & qu'ils ne se glorifient point en sa diuine presence.

V. Il ne faut point chercher des confirmations de nostre foi, par la bouche de ceux qui sont possedez.

TITRE XXXVI.

Regles pour vn Exorciste.

1. L'EXORCISTE doit viure à l'étroit, tant qu'il pourra selon l'esprit, car la voie estroite est la voie des Saincts. C'est pourquoi

2. Qu'il se mortifie courageusement en toutes choses selon l'esprit, & auec discretion selon le corps : car c'est autant par la vraie saincteté & pureté, tant d'esprit que de corps, que par l'authorité & force de l'Eglise, qu'on afflige fortement les diables.

3. Qu'il ne se déplaise, ny ne se lasse pas dans le trauail, qui se rencontre dans cét emploi ; car ce lui est vn bon-heur de patir pour le salut des ames, dans vne occupation, où il y a fort peu d'amour propre.

4. Qu'il fasse embrasser l'exercice de la mortification à la personne possedée, car c'est ce qui lui est sur tout necessaire : n'aiant pas tant d'égard à faire souffrir le corps, comme à la mortifier selon l'esprit.

plaist extrememẽt de visiter les humbles, & le Diable ne les peut supporter; c'est pourquoi il disparoist aussi-tost.

XIX. Ceux qui s'appliquent plus viuement à l'exercice de l'amour, prouoquent en cela mesme les Diables à l'encontre d'eux.

XX. Le propre des Diables est de dissimuler leurs tourmens iusques à l'extremité.

TITRE XXXV.

Des possessions Diaboliques.

I. CE n'est point chose infame, d'estre possedé ou tourmenté des Diables, car cela est tres-merueilleusement ordonné en la prescience eternelle de Dieu, pour sa tres-grande gloire, & pour le bien de ses creatures. Le monde s'estonne de voir ce spectacle: mais nous, qui penetrons en quelque façon dans les ressorts de Dieu, nous ne pouuons que nous ne le benissions infiniment, voians vne creature plus forte à souffrir, & plus actiue à desirer les tourmens, que les diables lui font endurer, que les mesme diables n'ont d'auidité à les leur appliquer.

II. Dieu permet les possessions diaboliques, & retire mesme son concours sensible des personnes possedées, afin de les épurer dauantage, iusques au moindres imperfections, & afin que leur interieur soit si pur, & libre de tout amour propre, que Dieu le puisse occuper comme son Paradis.

III. Dieu n'épargne rien de ce qu'il void estre vtile & necessaire, pour épurer parfaitement les cœurs de ses creatures, qui sont ses vases sacrez & precieux. O que c'est estre nay pour choses grandes, que d'estre ain-

des possessions diaboliques.

si choisi entre mille, pour supporter ioieusement & amoureusement vn si penible, mais si doux exercice! c'est representer IESVS-CHRIST en ses tourmens, douleurs & agonies. *Voiez la regle 79. de son Cabinet Mistique, vne belle doctrine, sur la difference des possedez & des obsedez.*

IV. Dieu differe souuent de donner victoire à l'Eglise sur les demons, afin de tenir chacun de ses enfans en humilité, & qu'ils ne se glorifient point en sa diuine presence.

V. Il ne faut point chercher des confirmations de nostre foi, par la bouche de ceux qui sont possedez.

TITRE XXXVI.

Regles pour vn Exorciste.

1. L'EXORCISTE doit viure à l'étroit, tant qu'il pourra selon l'esprit, car la voie estroite est la voie des Saincts. C'est pourquoi

2. Qu'il se mortifie courageusement en toutes choses selon l'esprit, & auec discretion selon le corps: car c'est autant par la vraie sainteté & pureté, tant d'esprit que de corps, que par l'authorité & force de l'Eglise, qu'on afflige fortement les diables.

3. Qu'il ne se déplaise, ny ne se lasse pas dans le trauail, qui se rencontre dans cét emploi; car ce lui est vn bon-heur de patir pour le salut des ames, dans vne occupation, où il y a fort peu d'amour propre.

4. Qu'il fasse embrasser l'exercice de la mortification à la personne possedée, car c'est ce qui lui est sur tout necessaire: n'aiant pas tant d'égard à faire souffrir le corps, comme à la mortifier selon l'esprit.

5. Qu'il se tienne prest de l'ame du possedé, & de son corps : aiant égard à tous ses mouuemens, & à lui faire souuent de petites & briefues exhortations à l'amour de Dieu ; à s'entretenir auec lui par colloques affectueux, & à garder sa sainte presence : à inuoquer les Saincts, à embrasser la penitence & la mortification de ses passions, & se resigner de souffrir amoureusement. Enfin, lui remonstrant que la possession ne diminuë en rien l'amour de l'ame enuers Dieu; ains qu'au contraire, cela sert pour le fortifier dauantage.

6. Qu'il soit graue & serieux dans les exorcismes; autrement il fortifieroit le diable dans son fort, où il ne tasche qu'à diuertir les Exorcistes par diuerses ruses & stratagêmes ; car cet esprit de superbe ne monstre sa rage infernale, que le plus tard qu'il peut.

7. Qu'il éuite toute curiosité, & toute familiarité auec les Diables : se rendant imperieux, & non complaisant à eux, sur peine de tout perdre.

8. Qu'il ne se laisse point loüer, applaudir, ny flatter par la subtile & caute malice des Diables.

9. Qu'il ne permette point au diable de railler, ny mesme de parler, sinon sur le sujet dont il s'agit.

10. Qu'il l'exaspere toûjours, ne lui pardonnant aucune fourbe, ny a bien plus forte raison, aucun blaspheme, dont il ne lui fasse faire satisfaction publique & exemplaire.

11. Outre les prieres vocales & manifestes, il doit souuent attaquer le diable en esprit, & mentalement: lui dardant toutes maledictions possibles, & s'adressant à Dieu pareillement, plustost en esprit que vocalement.

12. Qu'il ne se laisse frapper au demon, ny offenser par lui en sa reputation. Que s'il l'attaquoit, il le doit terrasser, & lui mettre le pied sur la gorge, sans peser ny blesser la possedée, prononçant ces paroles: *Super as-*

des possessions diaboliques.

pidem & basiliscum ambulabis, &c.

13. Que pour vexer & humilier dauantage le demon, il le discipline de disciplines benistes, ou d'vn foüet à chiens beni tout exprés, ou bien à coups de baston, legerement sur les vestemens des possedez.

14. Qu'il ait toûjours sur soi de la vraie Croix, ou autres vraies Reliques, afin d'empescher que les Diables ne se saisissent de ses sens interieurs.

15. Il faut combattre les Diables, par continuelle mortification de vie. C'est ainsi qu'on les attaque sans dessein. Car de les aggresser autrement, il y a du danger, & n'appartient qu'à peu, qui en ont la force & l'asseurance en Dieu.

PARTIE DES OEVVRES DV TRES-EXCELLENT CONTEMPLATIF, LE VENERAB. FR. IAN DE S. SAMSON,

AVEVGLE DE'S LE BERCEAV,
& Religieux Laïc, de l'Ordre des Carmes Reformez.

Confiteor tibi, Pater, Domine cœli & terræ; quia abscondisti hæc à sapientibus & prudentibus, & reuelasti ea paruulis. Matth. 11.

PREFACE.

C'EST vn oracle sorti de la bouche mesme de IESVS-CHRIST, qu'il n'est rien de si caché, qui ne doiue enfin paroistre & se voir exposé à la connoissance des hommes. Verité, laquelle estant prononcée sans exception, se iustifie consequemment, & à bien plus forte raison, au suiet des choses sainctes; dont la communication peut exciter les cœurs au parfait amour de Dieu. En effet, la sagesse Eternelle verse ordinairement ses plus rares benedictions sur certaines ames, à dessein non seulement de les sanctifier au dessus du commun: mais encore afin que ces thresors de sa bonté paroissans au public, seruent comme d'vn germe sacré, & d'vn precieux appast, pour attirer plusieurs autres à son amour.

Elle s'est ainsi comportée, à l'égard d'vn S. Antoine, d'vn S. Hilarion, d'vn S. François, des Saintes Gertrude, Catherine, Therese, Magdeleine de Pazzi, & autres personnes eminentes en sainteté: les vertus desquelles n'ont pas plustost franchi le sueil de leur solitude, & éclatté aux yeux du monde, qu'vne infinité de bonnes ames charmées, & attirées par l'odeur de ces aimables parfums, ont suiui leur pas & leur vestiges, auec vne ardeur nompareille. Ce qui n'eust iamais esté, si ces prodiges d'amour & de vertu, fussent demeurez enseuelis dans le silence & dans l'obscurité.

C'est pour ce mesme dessein, que Dieu verse ordinairement

les richesses de ses graces, auec plus d'abondance & de profusion sur les Chefs, ou sur les Reformateurs des familles Religieuses ; afin que ceux qui les suiuront, puissent en ressentir les precieux effets ; & que les enfans ne degenerent pas de l'esprit, & de la vertu de leurs Peres. Telle a esté l'industrieuse liberalité, dont la diuine Prouidence a daigné preuenir le Venerable Frere Ian de S. Samson, Religieux Aueugle, mais tres lumineux Contemplatif : & quoi que Frere Laïc, l'vn des bons fondemens & supports de la Reforme & Obseruance des Carmes en la Prouince de Touraine. Ce qui nous a fait conceuoir le dessein de donner au iour quelques-vns de ses diuins Ouurages, qui iusques à present ont esté renfermez dans la solitude, comme ils y ont esté produits & dictez par cét homme agi de l'esprit de Dieu. En effet, ce sont des Ouures de lumiere, & non pas de tenebres ; & on ne peut mépriser sans quelque sorte d'offense ces restes de la table delicieuse ; où Dieu repaissoit abondamment cette Ame Contemplatiue du torrent de ses chastes plaisirs.

Apres donc auoir craionné cy-dessus l'abregé de sa vie, nous donnons icy au public trois Traittez de cét Aueugle Theodidacte ; attendant l'occasion & les moiens d'en donner dauantage.

Le premier est, vne conduite, & vne instruction spirituelle, laquelle il composa par le commandement, & à la sollicitation de feu M. Messire Antoine de Reuol, lors Euesque & Comte de Dol en Bretagne. Prelat tres-illustre en doctrine, & en pieté, lequel connoissant les rares & admirables thresors de la grace, que Dieu auoit mis dans l'ame de cét humble Religieux, ne dédaigna pas de se soûmettre à sa conduite spirituelle : lui qui par son caractere & sa haute dignité, estoit Pere & Docteur de l'Eglise.

Le second Traitté contient premierement, la doctrine ou Theorie, puis la pratique de l'Aspiration amoureuse, du cœur humain vers Dieu.

Le troisiesme est comme vn abregé, & vn racourci de l'E-stat de la plus haute contemplation: & de l'amour le plus par-fait & consommé, auquel on puisse aspirer en cette vie. Ce Traitté est tout plein d'excez & de saillies ecstatiques, d'vn esprit outré d'amour, & penetré de lumieres diuines. Et cét homme agi de Dieu, y décrit naïfuement ce qu'il est, & ce qu'il a experimenté entre Dieu & lui; autant que des choses si rares se peuuent exprimer par des paroles humaines.

A quoi adioustant les Maximes Spirituelles, qui suiuent im-mediatement l'abregé de sa vie; i'espere que le tout donnera beaucoup de satisfaction, à ceux qui ont gousté la suauité de Dieu, & qui ont experimenté les sacrez effets de son amour.

Mais ceux qui ne sçauent pas ce que le S. Esprit fait dans les grandes ames, demanderont peut-estre; comment vn hom-me, tel que nous l'auons dépein cy-deuant, si parfaitement humble, & si desireux de viure inconnu, s'est peu resoudre à écrire si hautement de soi-mesme, & de ses propres voies: & de donner des instructions & des enseignemens, mesme aux personnes superieures, tant au dedans qu'au dehors de son Ordre? A cela ie répons en peu de mots, que tout ce qu'à dicté cét Aueugle, n'a esté que par mouuement de l'esprit de Dieu, par obeyssance à ses Superieurs, par les mouuemens de la pure Cha-rité, vers ceux qui aians recours à lui, l'ont forcé de le faire: & pour sa propre necessité.

Quand à ce dernier motif, lui-mesme se fait vne semblable, & peut-estre vne plus forte obiection dans la 29. de ses Con-templations: là où il semble se vouloir reprendre de ce qu'il écrit, & veut exprimer des choses ineffables, qui sont au delà de toute conception & intelligence humaine; parlant à Dieu en ces termes: Mais mon amour & ma vie, que sert-il de sortir & se déduire; puisque nous ne conceuons rien, comme possedans tout en nostre pleine ioüissance? Pourquoi sortons nous aux manifestations de vostre tres-simple & infinie Majesté, qui nous rauit continuellement, par son acte & son regard, au fin fond d'elle-mesme ; puisque nostre iouïssance est ineffable en tres-simple perception ; en la maniere que vous me l'auez fait conceuoir & écrire ailleurs ? *Voila desia comme il dit y auoir esté meu de Dieu. Et pour répondre à cette obiection, voici comme il continuë ce diuin entretien.*

Nous sortons, *dit-il*, & croions sortir, ô mon cher amour : mais c'est en demeurant. Et nous le faisons non à autre fin, que pour monstrer quelquefois à nous mesme nostre estat & constitution, pour en pouuoir parler entre nos semblables, & pour fluer fecondement aux simples manifestations de vous & de vos effets, entre personnes de plus bas degré. D'autant qu'il nous semble tout ignorer de vous, & nous ne sçauons pas ce que vraiement nous pouuons, pour écouler nôtre amour aux autres fecondement, & diuinement. Ioint qu'assez souuent, on requiert de nous des deductions & des sorties sur toutes choses, par maniere de dire.

Il repete encore dans vne autre Contemplation. Puisque, ô mon amour, vous nous auez tellement affranchi de toutes choses, & que nous sommes entierement perdus au tout de vostre suressence, à force de plongemens amoureux ; c'est la raison que nous y demeurions arrestez, pour vous voir & contempler toûjours également en toute plenitude de fruition obiectiue ; autant & en la maniere que nous le pouuons en cette vie. Or quoi que les hautes & profondes speculations, soient grandement inferieurs à ceci ; il n'est pas neantmoins hors de propos, de les voir & digerer par écrit, en temps conuenable. Non pour sentir, ny pour voir, ny pour chercher ; mais pour nous voir & nous connoistre dauantage, & ne nous pas ignorer, ny aueugler en nous-mesme. Car comme nous ne sentons pas ce que nous vous deuons, par ce que nous ne voions & ne sentons que simplement: nous ne laisserions pas de nous émanciper dans le large, & dans la liberté du sens, si nous n'enuisagions quelquefois cecy, & autres choses semblables, conformes aux plus intimes effets de vostre amour.

Le secret de tout cecy est, que ce tres-digne Religieux estoit tellement abstrait, tellement simple, tellement mort à soi-mesme, & si perdu & absorbé en Dieu, au dessus de tout ses dons, lumieres, & communications diuines ; que tous cela estoit aussi-tost reflué & renuoié en Dieu, que receu de lui par cette ame tres-pure. Ainsi rien ne lui demeurant que sa nuë & simple contemplation, il pouuoit dans les rencontres auoir besoin de ces lumieres & sentimens diuins, pour sa propre direction & conduite. De sorte que Dieu, son diuin amour, pour lequel il s'appauurissoit ainsi volontairement de ces richesses spirituelles, lui donnoit mouuement de temps en temps, de faire écrire ses lumieres & sentimens, afin qu'il ne fust point dépeint au dedans, par le soin de les conseruer & rappeller dans sa necessité. Pratiquant en cela ce beau mot du saint Euangile ; Maria autem conseruabat omnia verba hæc, conferens in corde suo.

En effet, la pluspart des autheurs mistiques, n'ont écrit que pour ce suiet. Et si celui-cy a quelque chose de particulier, outre la sublimité des matieres, & l'exuberance & la penetration de ses sentimens & de ses discours ; ce sont ces rauissantes saillies d'esprit, desquelles il interrompt souuent son discours : & ces façons de parler quelquefois de soi-mesme, qui toutefois ne peuuent estre estimées contraires à sa profonde humilité, ny à son desir tres-violent de viure inconnu aux hommes ; que par des esprits vuides de la science des Saints, & des experiences de la vie Contemplatiue.

Car ne sçait-on pas que l'esprit de Dieu, lors qu'il agite & meut anagogiquement vne ame ; il lui oste par consequent toute reflexion, & lui fait souuent dire des choses, dont par apres elle est extremement estonnée ? Qui est-ce qui accusera S. Paul, pour auoir publié ses reuelations, & son éleuation ecstatique iusques au troisiesme Ciel? Ou qui blasmera sainte Brigite, sainte Gertrude, saincte Angele, saincte Therese, & quantité d'autres personnes sainctes, qui en ont bien faict dauantage, & dont les écrits sont approuuez de l'Eglise? Certes, ce seroit vouloir oster au S. Esprit vn droit, qui lui appartient sur les ames, dont il est l'vnique moteur & possesseur. Et il n'agissoit pas autrement dans l'esprit des Prophetes.

Adioustez à cela, que si l'Obedience ne le lui commandoit pour le bien de nostre Reforme, ou la Charité pour quelque ame desireuse de Dieu; il n'écriuoit que pour soi-mesme, & pour sa propre necessité, qui estoit en lui vne pratique mesme d'humilité. Ce que i'ay écrit, dit-il en son Manuel, de plus perdu que les autres Mistiques; ce n'a esté que pour ma propre necessité, & peut-estre pour quelqu'vn, qui pourra se rencontrer de mesme voie.

Mais comme i'ay dit, le plus grand ressort de tout ceci a esté la saincte Obedience. La Religion, dit-il, dans le Preface de ses Commentaires sur nostre Regle, m'aiant commandé d'écrire ce que ie iugerois à propos, pour le bien de la conduite de l'Obseruance; i'ay crû que ie ne pouuois proceder à chose plus vtile, qu'à découurir au iour l'esprit de nostre Regle. Et au Preface qu'il a fait sur le Liure de sa Conduite, il dit au suiet de la difficulté de son dessein; Toutefois sans m'appuier & me confier en ce que ie suis, & que ie puis, qui n'est rien, ie me confierai pour cela, comme pour toutes choses, en la bonté & volonté de Dieu; qui l'aiant determinément voulu, & ordonné que ie passasse par là, & le tout pour sa gloire, accomplira pour cét effet son saint vouloir en moi.

Il est certain, & cela se void par les suites & par les effets; que ce lumineux Aueugle auoit esté choisi, & nous auoit esté donné de Dieu, pour estre comme vn Maistre & Directeur de la vie spirituelle en nostre Reforme. Et graces immortelles,
soient

soient renduës à sa diuine Maiesté, & à nos premiers Superieurs, d'auoir inspiré & commandé fort expressement à cét humble Fr. Laïc, de faire écrire ses lumieres, & de nous les communiquer. C'est vn effet de misericorde sur nous toute speciale, que nous puissions boire de l'eau de nos sources ; estre éclairez & échauffez du feu, que le S. Esprit a daigné allumer parmi nous ; que nos plus pures lumieres soient sorties du sein des tenebres, & nos delices spirituelles de la nuit & de l'aueuglement de cét homme de Dieu. C'est vn estroitte obligation à tous ceux que Dieu appelle à professer le mesme institut, de courir par les mesme voies & par les mesme sentiers, à la perfection interieure. C'est enfin vn grand suiet d'esperance, que nostre Reforme venant de Dieu, sera conseruée par sa bonté, puis qu'il lui a donné esprit & lumiere, pour son maintien & pour son ornement.

Pour cét effet, il failloit reduire à l'vnité le double esprit de nos deux Peres & Patriarches saint Elie, & saint Elisée. Il failloit au seruice diuin, aux austeritez & macerations du corps, aux pratiques de la vie reguliere, à l'estude des sciences, ioindre la retraite, le silence, la vie interieure, l'esprit d'oraison & de Contemplation. Le premier fait le corps ; le second forme l'esprit de nostre petite Obseruance: & l'vn & l'autre se voient ordonnez & arrengez dans les directoires pour la conduite de nostre Reforme. Mais sans mentir, l'esprit interieur, qui fait nostre premier & principal, se doit quasi tout entier aux grandes lumieres, que Dieu nous a daigné verser par le moien de ce benit Aueugle. Ce qu'il a donné beaucoup à connoistre, en ce qu'écriuant de ces matieres là, il rabaissoit fort exactement son esprit, à toucher quantité de choses, qui ne pouuoient estre que fort onereuses à vn esprit abstrait & éleué comme le sien. De sorte qu'vn Superieur, qui depuis a esté Prouincial, écriuant sous lui, & lui disant qu'il s'abaissoit à dicter des choses trop grossieres ; il lui répondit fort absolument, qu'il ne failloit rien omettre en matiere de conduite : &

qu'vn iour la Prouince auroit besoin de ces choses, quelques grossieres qu'elles fussent. Ce qu'il disoit d'vn esprit parfaitement asseuré de la volonté de Dieu. Mais son humilité nous a caché les circonstances de ces instincts, que Dieu lui donnoit, aussi bien qu'vne infinité d'autres choses tres-merueilleuses, qu'il a secretement operées en ce sien seruiteur.

Il est donc constant, que ce rare homme n'a écrit que pour obeyr à Dieu, & à ses Superieurs ; ou pour sa propre necessité, ou pour celle de ses Freres. C'est pourquoi il n'a nullement contreuenu au desir qu'il auoit de mener vne vie inconnuë. Car il ne doit point y auoir de desir dans les Saints, qui soit contraire aux volontez & aux desseins de Dieu. Or les desseins de Dieu sur ce lumineux Aueugle, estoient de se seruir de lui dans l'Obseruance des Carmes de Rennes, puis en toute la Prouince de Touraine ; peut-estre en tout l'Ordre ; peut-estre en toute la France, & mesme en l'Eglise vniuerselle. S'en seruir, dis-ie, pour illuminer tous ceux qui voudroient embrasser la vraie mortification & le mépris d'eux-mesme ; auec le sincere & pur amour de Dieu, pour entrer dans la science Mistique, & dans le sanctuaire plus retiré de la vie Contemplatiue.

Or en cecy, la sagesse diuine s'est serui d'vne merueilleuse industrie enuers nostre cher Frere Ian de S. Samson, comme enuers plusieurs autres grandes ames ; afin que ses vertus & ses excellences ne demeurassent pas entierement inconnuës à la posterité. Car pendant qu'il dictoit ses écrits, le saint Esprit venoit souuent à le posseder d'vne façon si merueilleuse ; que son esprit ecstatiquement emporté hors de soi-mesme, par vne affluence indicible d'amour, & de lumieres diuines, dictoit alors des choses admirables de soi-mesme ; dont il estoit par apres si fort étonné, qu'elles eust librement supprimées, si Dieu le lui eust permis. C'est vn miracle de la sage Prouidence de Dieu, de faire qu'vn S. Paul, vn S. Augustin, vne sainte Brigite, vne sainte Therese & autres, publient ainsi ce qui se passe en eux d'extraordinaire, sans lesion de leur tres-profonde humilité. Miracle, qui n'appartient qu'à celui qui a bien sçeu faire enfanter vne Vierge, sans lui oster sa pureté virginale, & lui mettre en la bouche les magnifiques grandeurs, que la vertu du Treshaut venoit d'operer en son sein ; enfin ioindre plusieurs semblables extremitez dans les misteres de nostre salut, auec telle douceur & suauité, que les ames saintes y découurent tous les iours.

Apres tout, ce nous seroit vne perte infinie, & vn regret eternel ; si nous estions priuez de ces celestes lumieres, & de toutes ces precieuses richesses. Puis qu'outre l'instruction de tous ceux qui tendent à la vraie vie de l'esprit, & qui aspirent aux choses plus essentielles de nostre Institut & vocation Carmelitaine ; il n'y a personne tant soit peu illuminée & experimentée dans les voies de la grace, qui ne prenne suiet de tout cecy, d'admirer la profonde perte de cette ame en Dieu ; qui la mouuoit anagogiquement, par la plenitude de son S. Esprit, là où il lui plaisoit ; non seulement sans resistance, mais mesme sans reflexion. Et qui ne tire delà suiet de glorifier Dieu, qui est autheur de tant de prodiges dans ses Eleus.

Pour ce qui est de son stile, & de ses façons de parler, il est aisé de iuger 1. Qu'vn homme aueugle dès le berceau, & vn Frere Laïc, qui n'a iamais fait profession d'autre doctrine que de celle du Ciel : n'a peu apporter dans ses écrits toute la politesse & la netteté du discours, que quelques-vns y pourront souhaitter. Outre que c'est le stile du S. Esprit, qui est ordinairement tres-éloigné des artifices de l'éloquence humaine.

2. Que ces façons de parler, qui sont toutes particulieres à cèt homme de Dieu, monstrent manifestement que sa science mistique, & ses experiences dans la vie Contemplatiue, ne sont point puisées dans les liures, ny dans l'échole des hommes : ains seulement dans celle de Dieu, & de son Fils vnique IESVS-CHRIST.

3. Ie donne pour aduis au Lecteur, qu'il ne prenne point pour hiperbole, ny pour exageration plusieurs termes, qui sont communs à ce docte Aueugle ; auec plusieurs autres Mistiques,

comme seroient ceux-cy. Amour consommé, transfusion en Dieu, iusques au dernier poinct d'identité. *Il adioûte ordinairement, possible à la creature ; & l'entend toûiours ainsi : & plusieurs autres semblables termes, par lesquels il tasche d'exprimer de hautes experiences, qui sont en verité inexprimables & ineffables. Car les doctes, non preoccupez de passion, trouueront dans S. Paul, S. Denis, & autres PP. de l'Eglise, les mesme façons de parler, ainsi qu'il me seroit facile de iustifier en ce lieu, s'il estoit question de chicaner, non pas d'édifier. Ioinct que personne n'ignore, que chaque science & discipline a ses mots propres, & ses termes tous particuliers. Qui voudroit reduire la Logique au langage de la Rhetorique, se rendroit ridicule. La Mathematique, la Medecine, l'Architecture, la Philosophie, & la Theologie scholastique ne se font entendre qu'à ceux qui sont du mestier. Ce qui se trouue incomparablement plus vrai au fait de la Mistique.*

Au reste, nostre Autheur a dit plusieurs fois, qu'outre qu'il soûmettoit tous ses écrits à la censure de l'Eglise ; il a particulierement souhaitté, qu'ils tombassent plustost entre les mains des Doctes amateurs de la pieté, que d'autres qui manquans de doctrine s'imagineroient peut-estre que ces termes extraordinaires (qui sont ordinairement des saillies & excez d'esprit) seroient contraires à la doctrine commune ; ou pour le moins les entendroient autrement qu'il ne faut.

Pour obuier à cét inconuenient, il parle ainsi dans ce passage que i'ay tiré de ses Ecrits. I'ay, dit-il, vsurpé quelques mots, conformément à l'éminence de ce discours, qui est des ames faites eternelles, à force de fluer en Dieu par amour. Ces mots sont ; GLOIRE CONSOMME'E, PLEINE FELICITE' DES BIEN-HEVREVX, &c. Lesquelles paroles, ie n'ay iamais entendu dire absolument à ce sujet là. Mais ie m'en suis voulu seruir, comme de similitudes propres, pour exprimer les admirables effets du feu tout consommant en la creature ; auec des manifestations & notions admirables, la douceur & souëfueté desquelles est pendant tout ce temps-là, vn plein Paradis à telles ames. Il faut dire & entendre au lieu de ces termes ; GOVST CONSOMMÉ, ET CONSOMMATION DE L'AME EN TOVS LES ESTATS MISTIQVES QVI PRECEDENT LE REPOS: COMME LE REPOS PRECEDE LA GLOIRE, QVE NOVS ATTENDONS EN FOY, ESPERANCE, ET CHARITÉ. Le mesme faut-il entendre par ces termes : FONDV, TRANSFVS, ET TOVT PERDV A SES ACTES EN TOVTE LA DEITÉ. On le sent, on le perçoit & on le gouste ainsi. Qu'on m'entende, & qu'on me prenne icy, & par tout où quelque chose de pareil se trouuera, non selon que sonnent les paroles : mais selon moi & mon sens. Et qu-ainsi faisant, on se donne garde de trebûcher en superbe & en aueuglement. Ce qui seroit sans doute, si on vouloit mesurer les excez de l'esprit, & ses tres-hautes intelligences, à l'aulne & à la mesure des choses communes, & naturelles.

Ie pourrois adiouster vn 4. aduis touchant les disgressions & le defaut de methode artificielle, qu'on pourra remarquer dans les Oeuures de ce Contemplatif. Mais personne tant soit peu versée dans l'estude des Ecritures Saintes, & des Ecriuains mistiques, n'ignore, que c'est là le stile de cette science des Saints. Reste donc seulement de fermer cette Preface, par vn Catalogue ou dénombrement des Liures & Traittez, que ce lumineux Aueugle nous a laissé. Par le grand nombre desquels le iudicieux Lecteur pourra voir combien ce docte ignorant a esté rempli des dons d'intelligence & de sapience diuine. Ie les reduis sommairement à trois Classes. La 1. marquera en general, les instructions d'vne vie plus commune & ordinaire. Quoique nostre mistique y ait tousiours entremeslé beaucoup de choses sublimes, & appartenantes aux plus hauts degrez de la perfection spirituelle. La 2. enfermera ce qui touche particuliere-

A aa iij

ment la conduite de noſtre Reforme, & l'eſprit de noſtre ſainte Religion. La 3. les Exercices perſonels de cét homme de Dieu, dans ſes voies ſureminentes.

Catalogue des Oeuures miſtiques, & Traitez ſpirituels du V. Frere Ian de S. Samſon.

1. Le miroir & les flammes de l'Amour diuin, à l'inſtance de M. Meſſire Antoine de Reuol, Eueſque & Comte de Dol.

2. Exercice iouralier, pour vn V. Preſtre ſeculier, Recteur de la Paroiſſe de Roz, en l'Eueſché de Dol.

3. Traitté miſtique de la haute dignité des Preſtres.

4. Traitté du monde & de ſes mœurs, deduit en forme de Paraphraſe, ſur pluſieurs ſentences des Peres de l'Egliſe.

5. De l'infinie excellence de Dieu, & de l'eſtime infinie, que les hommes en doiuent faire.

PREMIERE CLASSE.

6. Traitté de la tribulation, dont la ſeconde partie eſt enrichie de pluſieurs belles ſentences des Peres de l'Egliſe, en forme de Paraphraſe.

7. Traitté du bien infini de la tribulation, ſur le ſuiet des poſſeſſions Diaboliques, auec vne belle lettre aux Religieuſes de Loudun, ſur le meſme ſujet.

8. Traitté de la vieilleſſe, & de ſes diuers effets dans les hommes; & combien ils la doiuent craindre.

9. Traitté de la force ſpirituelle, dont la deuxieſme partie eſt enrichie de pluſieurs ſentences des PP.

10. Les cauſes de la ruine ſpirituelle des hommes, & comme on peut connoiſtre ſon auancement à la perfection.

11. Aduis tres-lumineux, pour connoiſtre les diuers amours, & diſcerner le diuin d'auec le naturel.

12. Trente Meditations, pour les exercices des dix iours.

13. Grande quantité de lettres, & miſſiues ſpirituelles.

14. Les remedes des ſcrupules.

15. Directoires de ceux qui aſſiſtent les malades.

16. Deux Exercices de preparation à la mort.
17. Ce que c'est que Religion, & estre Religieux.
18. Compendieuse conduite, pour adresser vne ame iudicieuse à Dieu.
19. Exercice spirituel, monstrant l'esprit de nostre Religion, en faueur des enfans du Mont-Carmel.
20. Traité mistique de la vraie humilité, diuisé en dix articles ou Chapitres.
21. Traité de l'excellence de la pauureté Religeuse.
22. Traité de l'estude des sciences.
23. Directoire pour vn bon Confesseur.
24. Traité de la frequente Communion.
25. Commentaires sur la Regle des Carmes, & plusieurs autres Traitez en suite, concernans la conduite des Superieurs.
26. Le directoire des Superieurs de Religion.
27. Conduite spirituelle des Nouices & Profez de la Prouince des Carmes de Touraine.
28. Regles de la conuersation Religieuse.
29. Le Cabinet Mistique des directeurs plus illuminez.
30. Le miroir des consciences Religieuses.
31. Pratique spirituelle, conduisant l'ame iusques à la parfaite vnion auec Dieu.
32. De la difference de la voie mistique, d'auec la commune.
33. Exercice, seruant d'adresse pour les ames, qui commencent à passer de la vie actiue à la Contemplatiue.
34. Trente & neuf Contemplations, sur les Misteres de la Foi, & sur la Passion de nostre Seigneur IESVS-CHRIST.
35. Pratique essentielle de l'amour en soi-mesme, dont la Theorie est diuine.

36. Reflexions Mistiques sur diuerses sentences des PP.

37. Miroir de l'Ame, pour viure vnie auec Dieu.

38. Exercice conduisant l'Ame transfuse en Dieu, iusques à la parfaite consommation d'amour.

39. Epitome des Estats de la vie sureminente.

TROI-SIESME CLASSE.

40. Des choses necessaires, pour arriuer à la vie sureminente.

41. Du gibet penible d'amour consommant.

42. Le retour & arrestée fruition de l'ame en Dieu.

43. Du Regard diuin.

44. Des faux oisifs, & du sureminent repos.

45. De la vraie liberté des plus perdus en esprit.

46. Des recherches & plus subtiles proprietez de nature.

47. Le plus haut Estat de la sapience diuine.

48. De la vraie vie en vnité sans difference.

49. Traitté de la consommation du sujet en son objet.

50. Supplément du mesme Traitté.

51. Regles exterieures pour les personnes Mistiques.

52. Premier Soliloque contenant vne exercitation lumineuse & affectiue de l'ame desia touchée de Dieu, qui aspire à son parfait & souuerain amour.

53. Second Soliloque de l'âme, qui est deuenuë amour à force d'aimer, aspirant amoureusement & vniquement à Dieu dans l'estat de Croix, & dans l'agonie.

54. Troisiesme Soliloque. Conuersation familiere de l'Espouse auec IESVS-CHRIST son cher Espoux.

55. Auant-propos au quatriéme Soliloque, ou Traitté de l'amour pur, & de son excellence.

56. Quatriesme Soliloque de l'ame blessée & languissante d'amour en l'amour mesme.

57. Cinquiesme

57. Cinquiéme Soliloque. Epithalame de l'Espoux diuin & Incarné, & de l'Epouse renduë diuine, &c.
58. Deux volumes entiers de Poësies Mistiques.

TABLE
DES TITRES DE CETTE
SECONDE PARTIE, CONTENANT
partie des Oeuures du V. Frere Ian de S. Samson.

I. *TRAITTÉ. Le Miroir & les flammes de l'Amour diuin, propres pour rendre l'ame amoureuse de Dieu, en Dieu mesme.*
PREFACE.
CHAP. I. *De la connoissance de soi-mesme en Dieu, & de son amour.* Sect. 1. *Quelles sont la source, & les effets de la vraie connoissance de soi-mesme.*

Sect. 2. *La necessité de la vie purgatiue, pour connoistre Dieu & soi-mesme: & la difference des enfans de Dieu & des mercenaires.*

Sect. 3. *Que cette vraie humilité & connoissance de soi-mesme, ne s'acquiert point par les sciences naturelles.*

CHAP. II. *De la presence de Dieu.* Sect. 1. *Comme il faut conuerser auec Dieu, & se reposer en lui seul.*

Sect. 2. *Que le moien plus excellent de cette presence de Dieu, est d'aller à lui par son Fils* IESVS-CHRIST.

Sect. 3. *Que Dieu s'absente quelquefois de l'ame selon ses operations sensibles: & comme il faut imiter* IESVS-CHRIST *en cét estat.*

Sect. 4. *Les auantages d'vne ame, qui est deuenuë amour*

Bbb

à force de couler en Dieu. Et combien elle differe de celles qui ne font estat que de l'action.

Chap. III. Que l'amour doit sortir aux pratiques des vertus, comme à ses propres effets. Sect. 1. Que les vertus se peuuent pratiquer en leurs propres motifs, iusques à ce qu'on les aie surpassées à force de fluer en Dieu par amour.

Sect. 2. Que les cheutes d'infirmité, & les indiscretions ne sont pas toûiours inutiles à l'ame amoureuse de Dieu.

Sect. 3. Que la veuë & representation continuelle de nostre Sauueur, est le meilleur moien, pour acquerir l'amour pur, & toutes sortes de vertus.

Sect. 4. Que l'affection d'amour est fort conforme à l'amour propre, & par consequent suspecte, si elle n'est accompagnée des vertus, & de la mortification.

Sect. 5. Conclusion & aduis sur la Section precedente.

Chap. IV. Des choses exterieures, qu'on doit faire vniquement en amour. Sect. 1. Comme il se faut comporter dans l'action & conuersation exterieure.

Sect. 2. Comme on peut se tenir attentif à Dieu dans l'action exterieure.

Sect. 3. Comme on peut sans preiudicier à son amour, traiter affaires d'importance, estudier, se recréer, &c.

Sect. 4. Quelques regles & aduis, pour conseruer l'amour de Dieu dans les actions exterieures.

Sect. 5. Aduis touchant les illusions Diaboliques, & Conclusion de tout ce Chapitre.

Chap. V. De la voie mistique. Sect. 1. Que la sapience Diuine est le fondement de cette voie: & quelle opposition il y a entre les Scholastiques & Mistiques.

Sect. 2. De la Contemplation tres-sublime des simples, & quelle est leur occupation hors de l'attrait diuin.

Sect. 3. Perte admirable de l'ame en Dieu, qu'elle aime nuëment par dessus l'amour.

Sect. 4. Continuation du suiet precedent, où se monstre la

force de l'amour pur.

Chap. VI. *De l'Aspiration.* Sect. 1. *La definition de l'Aspiration, auec ses premieres pratiques.*

Sect. 2. *Quelles personnes sont propres à cét Exercice d'aspiration; & ses admirables effets.*

Sect. 3. *Ce qu'il faut éuiter en cét Exercice d'Aspiration; & comme il faut y entrer.*

Sect. 4. *Exercice d'aspiration, propre pour vne ame, qui commence à s'adonner interieurement à Dieu.*

II. Traitté. *De l'Amour aspiratif, ou de l'Aspiration amoureuse de l'Ame vers Dieu.*

Chap. I. *Que l'Exercice de l'Amour aspiratif, presuppose la haine & mépris de soi-mesme.*

Chap. II. *Comment se doit pratiquer l'Exercice d'Aspiration.*

Chap. III. *De la douceur spirituelle, qu'apporte cét amour aspiratif; & de la fidelité, que l'ame doit auoir à souffrir les desolations interieures.*

Chap. IV. *Que les images créés, & les reflexions nuisent beaucoup à cét Exercice: & de la liberté & pureté interieure qu'il cause dans l'ame.*

Chap. V. *De l'Aspiration essentielle, & inclination ioüissante de l'ame parfaitement introuertie, &c.*

Chap. VI. *Ce que l'ame doit faire, quand elle se sent éleuée au dessus de son industrie & propre operation.*

Chap. VII. *Soliloque amoureux de l'ame conuertie à Dieu, sur le suiet de la Passion de Iesvs-Christ.*

Chap. VIII. *Ici l'ame languissante d'amour, desire sa dissolution, se resignant neantmoins au bon plaisir de Dieu.*

Chap. IX. *Où l'ame toute penetrée d'amour croit n'aimer point; & cherche à se sacrifier dans la Croix.*

Chap. X. *Amour passif, mourant, & renoncé.*

Chap. XI. *Protestations amoureuses de l'Ame, qui est proche de sa separation.*

CHAP. XII. *Aspirations de l'ame agonisante à* IESVS *son bien-aimé.*

CHAP. XIII. *Autres Aspirations pour les malades & Agonisans.*

III. TRAITTÉ, *De l'Estat de la souueraine consommation d'amour, &c.*

CHAP. I. *En quoi consiste cét estat.*

CHAP. II. *Quelle fidelité & correspondance d'amour l'ame doit à Dieu en cét estat: & des morts insupportables qu'elle y rencontre.*

CHAP. III. *Comme l'ame en cét estat, passant en Dieu d'vne maniere inconnuë, deuient lui-mesme, & en ioüit ineffablement.*

CHAP. IV. *Dégorgement & inondation d'amour, ou l'ame est surcomblee de delices diuines.*

CHAP. V. *En quoi consiste le poinct de l'entiere consommation de l'ame en Dieu, l'excellence de cét estat; & comment l'ame y deuient diuine.*

CHAP. VI. *Que le feu d'amour agit toûiours sur l'ame, tandis qu'il y a quelque chose en elle à consommer.*

CHAP. VII. *Que ce sublime estat ne tombe point sous le sens, & ne se peut exprimer.*

CHAP. VIII. *Difference notable, entre l'estat d'inondation d'amour, & celui de la consommation suressentielle de l'ame en Dieu.*

CHAP. IX. *Que tout ce qui se dit de cét estat n'est rien à l'égal de ce qui en est: & pourquoi les Mistiques n'en parlent que par excez.*

CHAP. X. *Que la maniere d'exprimer, ou décrire cét estat est d'autant plus noble, qu'elle approche plus de la pratique.*

CHAP. XI. *Que l'ame en ce sublime estat, doit toûiours demeurer aneantie, & ne plus reuiure à soi.*

CHAP. XII. *Que les reflexions sur soi-mesme & sur son*

estat, en certaines occasions, ne sont pas deffenduës à l'ame Contemplatiue.

Chap. XIII. *Lumieres, pour découurir les plus subtiles attaches de la nature.*

Chap. XIV. *De la constance & souueraine resignation de l'ame consommée en Dieu.*

Chap. XV. *Que l'ame consommée en Dieu iouïst d'vn vrai Paradis, nonobstant toutes les miseres de la vie presente.*

Chap. XVI. *Qu'il faut suiure fidelement le raion diuin, si on desire paruenir à l'vnité suressentielle, & consommation en Dieu.*

Chap. XVII. *Enseignemens & lumieres importantes, pour se maintenir en cette vnité suressentielle.*

Chap. XVIII. *De l'exercice, que les parfaits reçoiuent des diables : & combien soigneusement ils doiuent s'obseruer eux-mesme.*

Chap. XIX. *De l'obscurité diuine, & comme il s'y faut comporter.*

Chap. XX. *Que le silence du desert interieur, vaut incomparablement mieux que toute sortie, & manifestation de ce sublime estat d'amour suressentiel.*

Chap. XXI. *Conclusion de tout ce Traitté, ou l'Autheur rend raison, pourquoi il a plus particularisé les merueilles de ce sublime estat, que tous les Autheurs Mistiques.*

LE MIROIR ET LES FLAMMES DE L'AMOVR DIVIN,
DISPOSANT L'AME A AYMER DIEV EN LVY-MESME.

Composé par le Vener. Fr. Ian de S. Samson, Religieux Carme de l'Obseruance de Rennes.

A L'INSTANCE DE FEV MONSEIGNEVR M. Antoine de Reuol, Euesque & Comte de Dol en Bretagne.

AVANT-PROPOS.

PVIS qu'il y a temps d'estre veu & de ne l'estre pas, ie me fais voir à découuert tel que ie suis, & le plus simplement qu'il est possible en cét exercice; lequel vous iugerez ainsi que ie crois, vraiement digne de porter les qualitez de son titre. Que s'il est rude & mal-poli, ie me persuade que ce n'est pas à quoi vous aurez égard; veu que celui qui ne regarde qu'au seul ornement des paroles, est bien loin d'estre disposé de si loin que ce soit à l'entrée de l'esprit de Dieu. Car s'arrestant à la fueille, qui couure vn fruit tres-beau à la veuë, & tres-delicieux au goust, il n'aura rien, pensant auoir quelque chose : attendu qu'il ne fait pas estat de l'excellente substance des choses en elles-mesme, mais seulement de l'écorce qui les cache. Si bien qu'éuitant ce defaut, vous aurez égard, s'il vous plaist, à l'esprit, à la substance, aux flammes, & à la doctrine qui est cachée sous mes paroles. Vous suppliant affectueusement de croire, que i'ay tiré & digeré tout cecy le plus simplement qu'il m'a esté possible; afin que vous y trouuassiés la vie & l'esprit d'amour, en l'amour mesme; & que par mesme moien, il vous excitast, vous enflammast & vous nourrist, moiennant les écoulemens amoureux du mesme amour, qui succederont viuement en vous apres toutes ces pratiques. Or c'est à vous de vous resoudre genereusement à cét amoureux exploit, afin que faisant toûiours vostre mieux, selon le merite de Dieu en soi-mesme, & selon le dessein de cét exercice, Dieu le fasse sortir son plein & entier effet, puis qu'il s'agit & s'agira toûiours infiniment plus en cela de son honneur & de sa gloire, que de vostre propre bien.

Il me semble, que i'ai suffisamment deduit en cét exercice, toutes vos plus importantes pratiques, pour

bien

bien agir & conuerser, tant au dehors, qu'au dedans, entre Dieu & vous. Car pour ce qui est des euenemens particuliers, on n'en peut donner aucune regle certaine; c'est assés de vous auoir donné les precautions vniuerselles, pour bien rencontrer en toutes occurrences, & n'y rien perdre du vostre. Que si vous sentez quelquefois auoir trop tiré les choses exterieures à vous, vous pourrez auoir recours à la lecture de cét Exercice: pour dissiper ces importunes images, & recueillir vostre cœur & vostre esprit en paix & en liberté, afin de retourner tout de nouueau à son action. I'estime qu'il vous seruira de bonne & suffisante guide, pourueu que vous vous perdiez en Dieu comme il faut; mourant tout viuant, renonçant toûiours à vous-mesme, & vous permettant au plaisir de Dieu en toutes choses, grandes & petites, selon ces instructions. Que s'il excede vostre presente disposition, ie l'ay ainsi fait à dessein de vous tenir viuement en haleine à la course viue, roide & continuelle vers vostre souuerain bien: quoi qu'il soit vrai qu'en cecy, celui qui ne peut pas courir bien fort, il suffit qu'il double le pas. Enfin toute chose bien veuë & considérée, ie croy que rien ne vous manquera, sur quoi, ny pourquoi que ce soit en cét Exercice: & ie n'en ay pas autre estime, que lors que vous m'en parlastes. Neantmoins, il m'est bien loisible de le vous representer naïuement tel qu'il est, selon les veuës & les sentimens, que i'en ay eu en le dictant; conformément à la veuë & à l'ordre des effets, qu'il peut produire estant gardé fidelement.

De sorte que si vous vous en seruez, vous vous sentirez bien-tost entierement changé & reformé d'vn bon estat, en vn autre mille fois meilleur, s'il faut ainsi dire; ce que ie dis, neantmoins sans exageration.

Pour donc bien & deüement proceder en cecy, il faut que vous aiez vn desir infini, d'estre vraiement spirituel, & vraiement amoureux de l'amour. Veu que celuy-là sans doute est mal-heureux, qui le pouuant aimer de toutes ses forces & d'vn amour perfectif, ne l'aime que d'vn amour commun à tous les Chrestiens. Desquels on peut dire, qu'ils ne l'aiment point selon toute l'étenduë de ses commandemens, mais seulement d'infiniment loin, se contentans de l'endurer, & le soustenir en certaines occasions seulement. Mais ie croi que ce n'est pas ce qu'il faut vous dire sur cecy, attendu que c'est ce que vous déplorez infiniment selon toute l'estenduë & les raisons du mesme amour. Bien plus à propos, ie vous diray ce mot de S. Bernard, en ses propres termes, de peur de le mal tourner : Non est vestrum circa communia languere præcepta, neque solùm attendere, quid præcipiat Deus, sed quid velit. Aliorum est enim Deo seruire, vestrum adhærere : aliorum est Deum credere, scire, amare, reuereri ; vestrum est sapere, intelligere, cognoscere, frui. *Et celui-cy qui fait encore plus expressément à nostre but, qui est du mesme Saint;* Magna res est amor, si ad suum recurrat principium : si suæ origini redditur : si refusus suo fonti, semper ex eo sumat vnde iugiter fluat. *La viuacité de ce saint Pere à nous monstrer & exprimer la vie de sa vie, m'a aiguillonné de vous en animer en cét endroit; afin de vous picquer par ce double aiguillon, à la roideur de vostre course iusques au bout de la carriere. O que vous serez vn iour ioieux, d'auoir ardemment aymé l'amour mesme: & de l'aimer de pareille actiuité & ardeur à cette heure si importante à nous tous. Viuez donc d'amour & en amour.*

CHAPITRE I.

De la connoissance de soi-mesme, de Dieu, & de son amour.

Section I.

Quelles sont la source, & les effets de la vraie connoissance de soy-mesme.

LEs hommes bien sensez connoissent assés manifestement, que nous sommes miserables depuis le peché. Mais ceux qui sont vraiement sages en l'ordre de la science & sapience diuine, qui leur est abondamment & sensiblement infuse, en l'abondance & l'effort de son simple flux, par l'amour & la volonté de Dieu, moiennant leur amoureuse diligence : ceux-là, dis-ie, sçauent tout autrement, c'est à sçauoir par vne experience sauoureuse, que par le peché l'homme est deuenu la misere mesme. Si bien qu'aians les yeux ouuerts par cette diuine & sauoureuse science d'amour diuin, ils demeurent tous estonnez & tous confus en eux-mesme : de se voir & de se sentir dé-ia tirez & changez en

C cc ij

quelque maniere, d'vn estat de corruption à celui de l'esprit. Lequel, moiennant ce qu'ils ont receu de la liberalité & misericorde de Dieu, les rend propres à se connoistre eux-mesme, & à monter par là à sa connoissance & à son amour.

En suite de cét étonnement & admiration, ils se sentent & se voient obligez de se répandre mille & mille fois deuant Dieu, selon le total de leur vie. Puisque par sa bonté & misericorde, ils se sentent & se voient si souëfuement preuenus; pratiquans doresenauant pour iamais, en l'ardeur de leur amoureux desir, ce conseil du Psal. *Voiez & goustez, combien le Seigneur est doux.* Ce sont ces personnes icy, qui aians les yeux ouuerts, & le cœur touché d'vn lumineux & simple amour, goustent par experience sa tres-simple & delicieuse douceur. En laquelle leur cœur & leurs forces sensitiues estans tirées & recueillies, ils voient delà le miserable rien de toutes les choses crées. Ce qui les fait grandement déplorer la perte qu'ils ont fait de tout le temps de leur vie, si miserablement & si pauurement passé dans vn estat de corruption, selon qu'elle a esté plus ou moins grande en eux.

Ceux-là donc ne sçauent que penser & que faire, en l'ardeur de leur desir, afin de pouuoir satisfaire à Dieu; qui daigne bien les preuenir amoureusement, pour aneantir & détruire en eux leur premiere vie charnelle & animale: ce qu'il fait tant par son amour actif & ardent, que par leur diligence amoureuse à lui répondre selon leur total. Pour à quoi paruenir, ils s'emploient iour & nuit à l'exercice d'amour; en tel ordre & amour que Dieu le veut, & le desire instamment de leur fidelité.

Or pour proceder contre eux-mesme auec bon ordre, & afin de rencontrer heureusement selon la conduite du dessein eternel de Dieu sur eux ; ils sont resolus de mortifier tous leurs mauuais appetits, passions, mouuemens & inclinations, tant au dedans qu'au dehors d'eux-mesme, sans se pardonner iamais ; attendu qu'ils voient, sentent & experimentent l'importance qu'il y a de continuer cét exercice de mortification, si necessaire à eux, & à tout homme, qui desire en toute humilité se ioindre & s'vnir étroitement à Dieu, autant qu'il est possible à vne pauure & foible creature. Si bien que pour cét effet, ils persecutent de tout leur effort leurs ennemis, que i'ay dit estre les appetits, & la conuoitise de la nature corrompuë.

Que s'il arriue qu'ils tombent en la meslée (ce qui ne peut qu'il n'arriue tres-souuent, pour infinies raisons de leur part) ils se releuent, & retournent au combat plus fortement & plus rigoureusement que iamais : sçachans assés combien la force & la malice de leurs ennemis est grande, & ce qu'elle peut à l'encontre d'eux ; à la mercy desquels s'ils estoient laissez seuls, ce seroit fait d'eux. Mais aians Dieu & son secours si fauorable, & si actif en eux (quoi que souuent ils ne l'apperçoiuent point, sinon par vne foi speciale, qu'ils ont en son infinie bonté, qui ne leur peut manquer au besoin) cela les affermit, & les arreste à se confier de plus en plus en sa diuine Majesté ; se deffians d'eux-mesme à proportion, sur l'experience qu'ils ont de leur veritable rien.

Ainsi, pleins de confiance en Dieu, & de deffiance en eux-mesme en toutes occasions ; ils abhorrent les recherches, & la satisfaction d'eux-mesme, comme la mort. Si bien que pour n'estre iamais oisifs en ce saint exercice d'amour, ils sont en continuel acte de profonde humilité de cœur, de mansuetude, & de toutes autres vertus : demeurans toûjours paisibles, autant qu'il

Cc iij

est en eux, au recueillement amoureux & vnique de leur cœur & de leur esprit ; au silence duquel Dieu seul desire de parler en secret, & y estre humblement & reueremment écouté.

Comme donc ils n'omettent rien à faire & a endurer dans tous les efforts qu'ils souffrent de la nature, ils se trouuent forts & genereux à l'encontre d'eux, pour se surmonter & se surpasser en l'amour ardent de Dieu, en Dieu mesme, dont ils sont déja preuenus. De sorte que leur principale occupation & leur soin continuel, est l'oraison amoureuse, accompagnée de toutes les vertus, qu'ils pratiquent toûjours auec vne égale auidité, nonobstant les grands troubles & detourbiers, qui s'efforcent de les contrarier dans cét exercice : qui est l'vnique moien de leur amoureuse vie, pour le bien & la gloire de Dieu en eux, & leur infini & tres-cher amour.

Dans les fortes repletions de l'esprit de Dieu, & dans les attractions qu'il fait de leur esprit en lui ; ils se sentent contraints amoureusement & librement, de lui continuer au plus intime de leur fond, ces douces & amoureuses paroles; Ah! mon cher amour, qu'il fait bon vous aimer ! qu'il fait bon adherer à vous nuëment & simplement, hors de soi & de toute chose crée. Ah! ma chere vie, qu'il est vrai, mais tres-vrai que vos mammelles sont meilleures que le vin ! j'entens le vin de toutes les delices, mesme honnestes & non deffenduës, que les creatures prennent hors de vous & sans vous. Que ie me connoisse, mon cher amour, & que ie vous connoisse. Ce sont ces paroles amoureuses & autres semblables, que leur rauissant amour leur fournit en leur abondante ebrieté.

Il est vrai que cét excez si excessif, cét amour si tiré, si large, si lumineux, si simple & si abondant; n'est pas l'œuure d'vn iour : mais il suppose la ioüissance du bien mesme, obtenu pleinement par les labeurs de plusieurs années. Neantmoins le mesme amour est si bon, qu'il ne peut laisser la creature, qu'il a lui-mesme mis en peine, en langueur, & en continuel soin & desir de sa presence. Il ne peut s'empescher de caresser sensiblement & fruitiuement sa nouuelle Amante, au temps de sa necessité, infirmité & foiblesse; l'attachant à ses delicieuses mammelles, en l'effet & en l'effort de son amour intime, plus amoureusement, que ne fit iamais la plus naturelle & tendre nourrisse à l'endroit de son nourrisson.

SECTION II.

La necessité de la vie purgatiue, pour connoistre Dieu & soi-mesme; & la difference des enfans de Dieu, & des mercenaires.

TOVTE cette deduction precedente contient en soy tant de veritez reduites, & tant de moiens à deduire; lesquels cét exercice suppose, comme choses déja entierement surpassées, que cela est merueilleux. Car nous ne parlons point icy des vices & pechez, des passions & affections desordonnées, qu'on doit necessairement mortifier; des vaines & superfluës pensées, & images de quelque creature que ce soit; de la curiosité tant de l'entendement, que de la volonté; ny des amours naturels enuers soi & autres creatures. Nous ne parlons non plus de l'horreur des pechez veniels, lesquels on doit mortifier tres-diligemment; dont les vns sont d'affection, & ne sont iamais pardonnez de Dieu tandis qu'on y perseuere, quoi qu'on les confessast cent fois le iour; & les autres de pure infirmité, qui sont tres-facilement pardonnez; l'exercitation amoureuse de l'ame les anullant ainsi que de petites pailles, iettées dans vne fournaise ardente. Sur quoi ie dirai en passant que le peché mortel tuë Dieu en l'ame, s'il faut ainsi parler ; & que le peché veniel le blesse. Le premier est tout manifeste, s'il est bien conceu ; & pour le second, il le faut laisser en mon sens, qui est d'excez, & en excez tres-raisonnable.

Nous ne parlons point non plus icy de la necessité de la force diuine, qui est requise pour endosser amoureusement toutes sortes de tribulations, tout ainsi qu'vn harnois de guerre ; & pour souffrir eternellement si besoin est, sans aucun soulas, qui puisse venir sensiblement de Dieu, de la nature, ny de quelque creature que ce soit fauorable à la nature, & contraire à l'amour diuin, que les ames, dont il est icy question, poursuiuent tres-instamment, ardemment, indeficiemment, sans cesse, & à perte d'haleine. Enfin nous omettons icy tout ce qui empesche l'ame amoureuse de s'vnir & conioindre étroitement à Dieu, qu'elle aime infiniment, comme son souuerain bien infiniment aimable : parce que nous supposons tout cela comme surpassé par la fidelité de l'ame, qui est paruenuë à cette sauoureuse & diuine connoissance de Dieu, & de soi-mesme. Ce qui n'empeschera pas neantmoins, que nous n'en puissions dire quelque chose çà & là dans cét exercice, selon les rencontres. Quoi qu'en tout ce qu'il contient, il ne traitte proprement que de l'amour.

Or pour deduire la difference, qui est entre le vrai & le faux amour ; nous dirons que le veritable amour parfait, & perfectionnant les hommes ses amoureux sujets & épouses, a quatre ou cinq âges ou degrez. Le premier, est l'enfance tout de laict. Le second, depuis le seurement de la mammelle. Le troisiesme l'adolescence. Le quatriesme la maturité. Le dernier, la virilité parfaite. Durant le cours desquels âges, l'amour de

Dieu

de l'Amour Divin.

Dieu en ses amantes, & des amantes en Dieu, à son bien & son mal, sa ioie, sa tristesse, ses tenebres, ses lumieres, ses prosperitez, ses aduersitez, ses pauuretez, ses richesses, ses langueurs, ses ioüissances, ses vnions, ses effusions, sa paix, sa guerre, sa perte, son gain, son tout, son rien, ses embrassemens & leurs soustractions, sa connoissance & son ignorance, sa force & sa foiblesse, ses ornemens, sa nudité, & toutes autres choses semblables. En tous lesquels euenemens, si les Espouses de Dieu lui sont fideles, elles ne receuront aucun dommage. Attendu qu'aux vrais amans, toutes choses tournent & cooperent à bien : à tous ceux dis-je, qui (selon le propos de Dieu) sont appellez saincts.

Mais c'est en ces euenemens si diuers, & souuent si funestes, que se reconnoissent & s'éprouuent veritablement les ames fideles à leur Espoux, & celles qui ne le seruent que mercenairement, & seulement pour ses dons. Car les dons defaillans à celles-cy, elles manquent incontinent d'amour & de cœur pour leur Espoux. D'où se void alors qu'elles ne l'aimoient pas en lui, ny pour luy-mesme ; mais seulement en elles & pour elles. Ces creatures sont extremement déplorables, en tant qu'elles desirent persister au culte de leurs propres idoles, qui sont les tres-excellens dons de Dieu en elles ; lesquels elles ont tiré à elles, & les ont conuertis en leurs propres gousts. Si bien que ce n'est qu'amour propre, que sensualité d'esprit, & que toute misere de ces déplorables creatures. Les fideles tout au contraire, ne seruent & n'aiment pas Dieu pour aucun particulier interest : mais demeurent également amoureuses de lui, dans toutes les vicissitudes susdittes ; comme ie l'explique ailleurs plus au long.

Par tout cecy vous verrez assez ce que peut la lumiere diuine, fortement & abondamment coulante en vne ame, pour sa reformation, pour son ornement, & entier accomplissement : qui la rend de plus en plus fidele iusques à la mort. Dont les raisons ne sont autres que l'amour reciproque & mutuel de l'Amant vers l'Amante, & de l'Amante vers l'Amant. Ce n'est pas que l'Amante ne puisse estre infidele, si elle vouloit : mais en ce cas elle se feroit voir à Dieu, aux Anges & aux Saints, la plus ingrate & desloiale creature, qui fut iamais née pour aimer.

Or la force diuine, qui est icy necessaire, doit estre grande ou petite, selon la force ou la foiblesse d'vn chacun. Mais elle doit estre grande aux spirituels, qui en quelque estat qu'ils se puissent trouuer, ne veulent iamais plus sçauoir ce que c'est que reflechir sur eux-mesme, ny sur les choses crées. Et qui se surpassans toûjours tres-fortement eux-mesme, se placent & s'établissent, non tellement quellement en leur fond essentiel, mais en Dieu mesme : dans lequel ils se plongent & se perdent de plus en plus, & y demeurent immobilement arrestez : où ils sont faits & deuenus lui-mesme, au tout de lui-mesme.

C'est d'icy que sort tout le lustre & tout le bien de ces Espouses, dans la conuersation qu'elles ont auec les hommes, qui sont capables de les connoistre & discerner, telles qu'elles sont en leur excellence. Que si quelques petits manquemens paroissent quelquefois, cela en soi est contraire à leur fond : & ces foiblesses mesme font le sujet de leur douleur, de leur renonciation, & de leur mort ; s'humilians par là plus profondement, qu'on ne sçauroit penser.

Section III.

Que cette vraie humilité, & connoissance de soi-mesme, ne s'acquiert point par les sciences naturelles.

POVR faire le discernement, duquel nous parlons icy, il faut sçauoir qu'il y a deux sortes d'humilité. L'vne, par laquelle on s'humilie à force de pure raison, qu'on appelle humilité claire. L'autre, par laquelle on s'humilie, par vn fort & pur amour, ou mesme en amour nud, & en raison par dessus la raison. La premiere naist & procede des grandes & fortes raisons qu'on a de s'humilier. L'autre ne veut point de raisons pour cela : mais les annullant toutes, elle ne se sert d'autre motif que du pur amour, qui en tout sujet & rencontre l'abbaisse, en l'éleuant en Dieu son amoureux & bien-heureux objet. Cette doctrine est de tres-grande importance, & de tres-grand poids.

Or toute la science des écholes ne peut rien donner de cecy par elle-mesme, à qui que ce soit. Car elle n'est propre qu'à faire speculer la nature par l'ordre & & le moien de la pure doctrine, pleine de viuacité & de raisons naturelles ; deduisant par l'effort des sens, & par voie naturelle, tout ce qu'elle veut persuader. Ce qui n'est propre qu'à ordonner, & constituer l'homme moral ; qui par ce moien peut estre éleué au seul sommet de la nature, où est le plus haut degré de la vie morale. De sorte que la seule science & vie naturelle, ne sçauroit moienner vn seul degré de l'esprit. Au contraire, ses speculations & exercices sont autant contraires à l'esprit, qu'elles sont puisées & acquises par vn estude & effort naturel ; & par vne doctrine & connoissance purement raisonnable & fondée seulement sur la nature, qui par ces industries-là ne sçauroit iamais se surpasser soi-mesme ; puisque tous ces raisonnemens ne font propres qu'à l'enlacer & embarasser toute de soi-mesme, au dedans de soi.

Ceux donc qui viuent ainsi, sont autant éloignez d'estre spirituels, & de la vraie simplicité, qu'ils sont pleins de raisonnemens naturels, & resserrez dans l'enceinte de la seule nature, & par consequent vuides de la sagesse & lumiere diuine ; qui fait amour sensible, éleuation & ioie, en tres-simple recueillement d'esprit. Au moien dequoi les enfans de cette sapience diuine, deuiennent esprit, en verité & simplicité de fond.

I'ay bien voulu vous insinuer cecy, pour vous faire voir l'importance de ces deux si differentes vies & doctrines ; quoy que l'experience, que vous en auez en vous-mesme, vous en ait donné iusques icy des preuues suffisantes. Or c'est chose étrange, qu'il se trouue des hommes si grossiers, qu'ils ignoreront ces veritez toute leur vie. Dont la raison est, que ces gens-là ne veulent iamais contenter qu'eux-mesme ; en la vaine & sensuelle satisfaction & delectation de leur amour propre, qui les aueugle & les trompe.

CHAPITRE II.
De la presence de Dieu.
SECTION I.
Comme il faut conuerser auec Dieu, & se reposer en lui seul.

DEvx choses sont requises à l'ame, qui desire incessamment se conuertir à Dieu. La premiere est, la tres-basse & vile estime de soi-mesme : & l'autre, la tres-haute & infinie estime de Dieu. Par celle-là l'ame se void & se tient pour ce qu'elle est, c'est à dire le rien mesme. Et par celle-cy elle void Dieu estre infiniment infini en soi & pour soi-mesme, & admirable en toutes ses creatures qui composent tout cét vniuers, lequel neantmoins au respect de Dieu, n'est non plus que rien. De sorte qu'il faut que l'ame desireuse de Dieu, viue dans cette pure fidele & continuelle pratique, comme s'il n'y auoit que Dieu & elle au monde.

La veuë & le sentiment actuel de cette presence diuine, la doit toûjours tenir actuellement attachée de tout son cœur, & de toutes ses puissances à Dieu, pour le posseder en la perpetuelle & simple tranquillité de son cœur, & le voir & sentir toûjours au dedans d'elle-mesme, en la force & ardeur de son desir affamé. Et afin de bien & deüement pratiquer cecy, il faut conuerser auec lui en esprit au dedans de soi, par colloques doux & familiers.

Representez-vous quelle est la conuersation familiere & priuée de deux amis intimes; quels sont leur gestes, leurs actions, leurs comportemens, leurs paroles & deuis, leurs reciproques & mutuelles affections tres-cordiales : & traittez ainsi au dedans de vous-mesme, auec sa diuine Majesté humblement, doucement, familierement, & librement, (toûjours neantmoins auec grand respect) en sorte que par la parfaite vnion de vous deux, vous deueniez par succession de temps & de bon ordre, son Royaume & tout son plaisir, & que vostre ame Espouse d'vn tel Roy, soit veritablement vne Reyne à perpetuité & sans fin.

Or pour conuerser ainsi auec Dieu, vous pourrez vous seruir des motifs de sa grandeur prise en elle-mesme, ou bien de son amour & bonté infinie, par laquelle il est sorti admirablement à nous (vils & miserables que nous sommes,) pour nostre propre bien, se donnant à nous, & nous tirant & vnissant à lui, parce qu'il est & ce qu'il fait en nous: laquelle amoureuse conuersation nous autres chetifs & miserables, aians acquis par succession d'amour, de temps & de degrez: nous pouuons dire qu'en cela, & selon cela nous nous reposons en nostre bien souuerain, nostre centre, & final objet ; dont la veuë, la science & le sentiment doit auoir tant de force pour iamais sur nous, que doresenauant nous ne sçachions ce que c'est que reflechir ailleurs, en terre, aux creatures, ny sur nous-mesme: mais que nous nous roidissions de plus en plus pour conuerser humblement, reueremment, & amoureusement en la presence de Dieu, regardé en soi & pour soi, & en ce qu'il fait en nous ; comme n'aians l'estre, la vie, & le mouuement que pour cette pratique.

Au reste, nostre perfection ne consiste pas en la science & speculation de tout cecy, mais en la vraie pratique de l'amour, & dans l'exercice des vertus qui se presentent a nous à tout rencontre, pour estre pratiquées en ardent & indeficient amour. Et supposé que l'on aye toute la connoissance de cecy, nous nous en rapportons à la vraie & fidele pratique, laquelle ne consiste point en l'action plaisante à la nature, qui est l'ordinaire des imparfaits ; mais en la pauureté, destitution, mort, renonciation perpetuelle sur les objets sensibles, raisonnables, & mesme sur ceux de l'esprit, qui en sa simple nudité, touche & regarde Dieu en soimesme, plus ou moins, selon la diuersité des estats.

En ces distinctions d'abandonnemens & renonciations, sont comprises toutes les pauuretez de l'esprit, & par consequent les diuers sujets des morts interieures, que l'ame doit ressentir, & pratiquer continuellement, courageusement, constamment, & auec vn desir masle & genereux : si elle veut iamais arriuer au secret cabinet du pur & simple amour de Dieu. Où estant *de l'Amour Diuin.* 399

paruenuë, elle l'entendra prononcer ces familieres & douces paroles : *Iusques icy ie t'ay appellé mon seruiteur, mais maintenant & pour toûiours, ie te diray mon intime & mon amy : car le seruiteur ne sçait ce que traite son Maistre au secret de son cœur ; mais l'ami, tel que tu es, & seras desormais, sçait & sçaura à iamais, ce que i'ordonne & decrete en mon plus intime secret.* Ce qui ne se fera & ne se possedera de toy, ny en toy, qu'au plus profond de moy-mesme, pour nostre mutuel & intime plaisir.

C'est donc à vous d'aduiser ce que vous voulez élire, faire, & entreprendre ; & en quoy vous voulez vous delecter & reposer. Que si c'est de Dieu & en Dieu vostre souuerain bien, vous y estes sans doute obligé par vne infinité de titres, & de deuoirs. Voiez donc de receuoir les moiens, qui vous sont ordonnez de sa part pour cela, & les pratiquez roidement & courageusement, y prenant plaisir : comme il faut par necessité, & vous surmontant vous-mesme en toutes vos repugnances ; sur la creance & la foi que vous auez, que l'ame espouse d'vn tel espoux que le vostre, ne doit iamais plus s'arrester & croupir en terre, ny aux sens, puisque son Roy, son Maistre, & son Espoux, estant tout diuin & tout esprit, ne lui permet pas mesme de se reposer en aucun de ses dons, tant saints & excellens soient-ils, mais en lui seul, & pour lui seul.

Section II.

Que le moien plus exccellent de cette presence de Dieu, est d'aller à luy par son Fils Iesvs-Christ.

LA plus haute perfection de l'ame, estant de s'éleuer incessamment en Dieu de toute l'action de ses puissances, il faut aussi sans doute que sa pratique, & sa conuersation interne soit toute propre & conforme à cela : c'est pourquoi, comme i'ai déja dit, que la bonté & amour d'vne telle Majesté enuers nous, nous doit seruir de perpetuel aiguillon & motif, afin que iamais plus nous ne croupissions en terre : il faut que selon cette verité pratique, nous nous fassions vn chemin ordonné, fraié, & battu de tous ; lequel estant suiui auec fidelité, nous puisse acheminer au but & au port assuré de nos saintes pretensions.

Or ce chemin doit estre pour nous & en nous le plus haut, plus ample, & plus vniuersel effet du mesme amour & bonté de Dieu ; sçauoir son Fils fait Homme, demeurant Dieu en nostre humanité : & sa passion soufferte en actes de vertus heroïques iusques à la mort. Cela nous doit si viuement aiguillonner, & si ardemment enflammer d'amour à l'endroit de Iesvs-Christ, qu'en cette veuë & sentiment, nous ne deuons plus sçauoir ce que c'est qu'adherer aux creatures & à nous-mesme, pour y prendre quelque plaisir & contentement ; depuis qu'vn Dieu s'est fait homme, passible & mortel pour nous, qui dans la force de son amour souffre infiniment, & enfin meurt & expire pour nous sur l'arbre de la Croix, ie dis, pour nostre remede & pour nostre exemple. Ce qui se faisant à la veuë & au sceu de tous les Anges, ils admirent infiniment ce spectacle. Sur quoi vous deuez croire tout simplement, que s'ils n'eussent esté de telle nature & condition qu'ils sont, ils eussent esté aneantis en la force de leur douleur.

Et vous, à qui ce fait touche de tout poinct, que ferez-vous & que direz-vous de tout ceci, qui vous doit estre toûjours present au desir & en la pensée, & en l'amour pratique ? Comment aurez-vous plus de cœur, que pour aimer ardemment ; des yeux, que pour pleurer amerement & en abondance ; & le reste des sens exterieurs & interieurs, sinon pour simplifier le tout au dedans,

dedans, non pas en apparence, mais en verité ? Ce qui se fera par le moien de la forte & efficace grace de Dieu, qui découle & s'infond abondamment en vous, conformément à voſtre capacité : pour y produire ce diuin effet par foi-meſme, & par voſtre induſtrie actiue, & voſtre amour actif & continuel.

Car il faut confiderer fur cecy, que Dieu & fa grace fluante en nous, ont infiniment autre pouuoir en l'ame, qui a vn defir viuifique, & operant inftamment en elle, pour la rendre fouuerainement amoureufe de Dieu, que n'ont pas tous les efforts de la nature. Si tant eſt neantmoins, qu'elle fe veille poffeder en tranquillité & patience de cœur & d'efprit, dans fa continuelle exercitation, auffi bien au temps de l'aduerfité & aridité, qu'en abondance & en profperité.

Section III.

Que Dieu s'abfente quelquefois de l'Ame, felon fes operations fenfibles ; & comme il faut imiter Iesvs-Christ *en cét eſtat.*

NOvs appellons profperité, toutes les influences des douceurs fenfibles de l'efprit de Dieu ; qui s'accõmodant aux nouueaux Conuertis, comme vne amoureufe nourrice à fon nourriffon, les tient attachés aux douces & delicieufes mammelles de fes diuines confolations, & leur fait dire en cette ioüiſſance & experience : Vos mammelles, ô mon Efpoux, font infiniment meilleures que le vin, & que tous les onguens plus precieux. Tout au contraire, nous appellons aduerfité, lorsque l'Efpoux femble vouloir feurer l'ame : de forte qu'elle fe plaint & fe lamente à la maniere d'vn petit enfant ; ne pouuant fouffrir la violence & l'effort de ces fouſtractions qu'elle reffent, non pas tout d'vn coup du commencement, mais peu à peu, & puis apres du tout, & tout entierement.

Or il faut que l'ame soit resoluë de mourir genereusement en la force de ces penibles efforts, en la presence de son bien-aimé, qui la conforte, & l'empesche de tomber en desespoir & impatience d'esprit : car il faut que l'ame qui en est là, croie asseurement que iamais elle ne fut mieux ny en meilleur estat ; & que si les choses ne lui succedoient ainsi diuersement, son estat seroit grandement suspect ; mais les choses se passant ainsi angoisseusement en elle, par la soustraction du concours sensible de Dieu, elle n'a que craindre, & est en asseurance : en sorte que ny les diables, ny tout l'enfer, ne lui peuuent nuire pour lors.

Ie voudrois que les ames, qui font profession de la vie spirituelle, creussent cecy en leurs destitutions, pauuretez & abandons. Elles ne le chercheroient pas superbement comme elles font, voulant forcer Dieu de se monstrer à elles, & l'accusant par mille reproches qu'elles mettent en auant, sur ce, disent-elles, qu'elles ont donné occasion à Dieu de les traitter ainsi rigoureusement. Quand cela seroit vrai, à quel propos le dire aux hommes, puis qu'il est question d'en estre puni sur le champ, par l'effet de la iustice de Dieu, qui assés souuent est contraint de se soustraire à l'ame, en punition de ses manifestes ou secretes superbes?

Au reste, il n'est pas toûjours vrai, que les soustractions diuines soient occasionnées par quelque faute precedente : mais l'ordinaire de Dieu, est de se soustraire peu à peu, & puis tout d'vn coup à l'ame, qui proteste de l'aimer ; pour lui faire voir d'vne part sa misere infinie, & son veritable rien, auquel si elle estoit laissée, elle ne pourroit pas produire vn seul acte, ny former vne bonne pensée : & d'autrepart pour lui faire voir sa fidelité à desirer la presence de son bien-aimé, laquelle il lui semble auoir perduë; ou pour lui monstrer son infidelité, quand elle a quitté la lice & le combat pratiqué en cette occasion, pour se chercher viuement elle-mesme par la recreation de ses sens, ou par la recherche, desir ou ioüissance des consolations des creatures.

Pour ce qui est des ames, qui se sont fidellement comportées dans le combat rigoureux de l'absence de leur bien-aimé, son retour patiemment attendu, & amoureusement desiré, les satisfait plus qu'on ne peut exprimer. Ioint qu'encore qu'il ne retournast pas si-tost, elles ne s'en inquietent nullement : ce qui fait qu'elles sont toûjours également tranquilles & ioieuses au dedans d'elles-mesme, sans aucun remors de conscience. Tout au contraire, les ames infideles s'enfoncent & se precipitent de plus en plus dans les horreurs, chagrins, & inquietudes ; d'où vient quelles n'ont ioie, bien & paix, ny auec elles ny auec autrui, quoi qu'on leur puisse dire de meilleur & de plus énergique pour leur consolation.

Or comme il se fait que Dieu, quelque temps apres, aiant pitié de ces ames, retourne se monstrer à elles en temps conuenable, ne voulant pas les laisser pour toûjours : ce retour & cette possession leur cause plus de douleur & de tristesse que de ioie, à cause de leur volontaire infidelité, qui leur cause de grands remors de conscience, pour n'auoir soustenu ces assauts d'vne heroïque & genereuse constance.

Toutefois l'ame, qui se void auoir fait ce tort à vne si grande & infinie Majesté, qui l'aime si tendrement qu'il semble qu'elle n'a soin que d'elle seule, elle lui demande tres-humblement pardon; ce qu'elle void & fait d'autant mieux, que plus profondement, viuement

& efficacement, elle est touchée du diuin raion, & que Dieu se monstre à elle plus amplement & plantureusement.

D'icy vous voiez facilement, que la sainteté ne consiste pas à sentir ou ne point sentir Dieu fluant en l'ame, ou la touchant de ses inondations & irradiations diuines ; mais en vn vrai & essentiel amour pratique, qui fait tout operer en Dieu, sans lumiere ny deuotion sensible, au temps des plus fascheuses & penibles aridités. Car Dieu a coustume de visiter & d'exercer ses mieux-aimez, afin qu'ils se conforment à la mort, & Passion de IESVS-CHRIST, comme ils font aux mœurs, gestes, paroles, sentimens & affections de sa vie, qui toutes n'estoient qu'effets d'amour & de bonté diuinement fluante aux hommes, pour les entraîner s'il faut ainsi dire, par la rapidité de leur diuin flux, & les rendre amoureux par la force ondoiante d'vne telle Majesté, qui ne se plaist qu'à rendre les hommes amour, & vous particulierement.

SECTION IV.

Les auantages d'vne ame, qui est deuenuë amour à force de couler en Dieu, & combien elle differe de celles qui ne font estat que de l'action.

IL faut donc en suite de ce que dessus, que l'ame se laisse doucement forcer & violenter aux écoulemens plus interieurs qu'exterieurs, d'vn tel & si profond amour, que celui de Dieu en son endroit : mais encore que ce que Dieu fait en vous soit admirable, & surpasse vostre intelligence, n'aiez pas neantmoins tant d'égard à cela, qu'à ce qu'il veut & desire de vous, pour vous conformer parfaitement à sa diuine volonté, toûjours, en tout & par tout, en eminence d'action

& en sureminence de mort. Afin que par cette pratique, vous soiez desormais lui-mesme, sans aucune dissimilitude entre lui & vous, ny entre vostre vie & la sienne.

Au reste, il faut vous resoudre non seulement de ne laisser pas esteindre le feu d'amour en vostre cœur, mais encore de tenir ce cœur ardemment & continuellement bruslant au feu du mesme amour; afin que là dedans tous vos manquemens & defauts, qui sont de pure infirmité, soient en vn moment consommez & reduits à rien. Ainsi le seul amour demeurera maistre de la place, c'est à dire, de vostre ame, & de tout vostre cœur, & en pratiquant, comme vous devez, l'amour au tout de lui-mesme, au fond de vostre esprit tres-separé de tout ce qui est sensible & intellectuel, vous iouïrez-là des delices, paix & repos dignes d'vn tel amour, & d'vn tel Espoux que le vostre.

Ah! que cette si douce & si plaisante vie est inconnuë aux hommes, voire mesme à beaucoup de ceux qui s'exercent en choses grandes, mais seulement en l'ordre de leur vie: car cette vie est en beaucoup de personnes sans aucun autre exercice d'esprit, ceux-cy se delectans en toutes les bonnes œuures, qu'ils peuuent faire à l'exterieur, pour aider le prochain dans ses necessitez.

Or quoi que la vie actiue en sa perfection, soit autant spirituelle que corporelle, agreable à Dieu, & profitable à ceux qui la pratiquent: neantmoins ces personnes-là fourmillent de propres attaches d'esprit en elles-mesme, au fait mesme de leur propre bien, qu'elles desirent & appetent plus ou moins en leurs proprietez naturelles, quoy qu'elles ne le connoissent pas. Car leurs tenebres & leurs recherches consistent en ce qu'elles ne connoissent pas la voie de nature en elles, qui les détient par beaucoup de tres-subtiles attaches & proprietez d'esprit. Ce qu'elles ne connoistront iamais que par le succez des diuines & frequentes illuminations, viuement coulantes en elles, pour les purger en vn temps, les illuminer en vn autre, & pour les vnir & les fondre en vn autre temps. Les fondre, dis-je, & les perfectionner au tout de son diuin feu, où desormais elles soient eternelles & par dessus le temps, comme l'amour qui les engoutist & les perd, est eternellement en soi-mesme. Et ces personnes de là en auant, n'estimeront plus faire ny perte ny gain en aucune chose. Car estant perduës aux creatures comme elles seront, elles viuront à leur Espoux & en leur Espoux selon leur total, qui est tout dire. Là elles n'auront plus aucun choix à faire, car elles viuront, en quelque estat & rencontre que ce soit, en totale abstraction & solitude d'esprit, comme s'il n'y auoit au monde que leur Espoux & elles.

Cependant elles ne manquent à rien de leur deuoir dans la pratique des œuures exterieures, quand il est question de traitter & negotier auec les creatures. Ce qu'elles font toûjours deuëment, purement & vistement, sans aucune detention d'elles-mesme, & sans se dépeindre des especes estrangeres. Si bien qu'on ne desire rien d'elles, qu'elles ne mettent à chef auec vne discretion tres-delicate & diuine. En effet, ce seroit bien mal pensé, si on croioit que par cecy nous voulussions rendre quelqu'vn si parfaitement solitaire, qu'il ne fust nullement obligé de vaquer aux œuures & actions de son office. Car il est certain que Dieu l'y oblige expressément: & tout autant, qu'vn chacun est obligé de chercher le propre bien & plaisir de Dieu & le salut du prochain. Ceux dont nous parlons icy se doiuent plus exactement acquitter de ces obligations, puis qu'ils sont comme fermiers, ausquels Dieu a donné ces offices plus ou moins excellens; afin que sa Prouidence en recueille abondamment les œuures & les fruits, pleins de maturité.

Il est donc vrai qu'on ne sçauroit dire quel auancement & profit fait vne ame, que Dieu éleue, agite, & occupe amoureusement & ordinairement de soi & en soi. Celui-là seul le peut sçauoir, qui se voiant deuenu esprit sans s'en apperceuoir, ne vit plus qu'en la vie & de la vie de l'esprit; abhorrant comme la mort la vie des sens, de l'honneest, & du licite moral, qui n'est que pour les communs hommes. Car pour lui, il se trouue heureusement en la vraie region des Esprits, & en la fruition de leur amour eternel; où estant eternel en sa maniere, il se trouue grandement estonné & confus en sa mort, ou pour mieux dire en sa vie. Là on ne peut dire ce qu'il gouste & ce qu'il sent en Dieu, lequel il void & contemple, dont il iöuit à pur & à plein en toute son immensité, en sa maniere possible; de sorte que les gousts, ou pour mieux dire, les representations des choses crées, quoi qu'elles ne le frappent que par dehors, & par les sens exterieurs, lui sont à plus grand contre-cœur qu'on ne sçauroit conceuoir.

Au reste ces personnes ainsi attachées à l'ordre de Dieu, ne reflechissent point sur les choses exterieures qu'en la maniere cy-dessus exprimée, qui est dire chose grande. On pourra voir quelque raion de cét estat en tout ce contenu, quoi que nous n'exprimions proprement rien de ce qui en est en verité. La simplicité d'esprit de ces personnes, ne pouuant estre apperceuë que de loin, de laquelle nous parlerons ailleurs.

CHAPITRE III.

Que l'amour doit sortir aux pratiques des vertus, comme à ses propres effets.

SECTION I.

Que les vertus se peuuent pratiquer en leurs propres motifs, iusqu'à ce qu'on les ait surpassées à force de fluer en Dieu par amour.

PAR tout ce que dessus on verra assez, qu'il nous conuient aimer le tres-cher, & tres-vnique Espoux de nos ames, en ardent & pur amour, & selon l'ordre de toutes les vertus occurrentes qui se presentent incessamment à pratiquer. Il ne faut iamais receuoir aucun exercice ou euenement, comme venant de la part des creatures, mais de la pure & tres-liberale main de Dieu; lequel disposant auec tant de sagesse, comme il fait, l'ordre de toute nostre conduite, nous mene par des voies non seulement agreables à sa Majesté, mais encore plus directement conuenables & tendantes à nostre bien. Ce qui paroist si merueilleux à nous autres, en l'effet de sa bonté infinie, que nous ne sçaurions que nous ne l'acceptions tres-hautement & totalement, sans reflexion, par maniere de dire; si ce n'est sur le moien de bien & deüement agir ou endurer.

C'est pourquoi nous croions que l'amour, comme cause motrice, regardant immediatement sa fin qui est Dieu, sort à toutes vertus occurrentes comme à ses propres effets. Il est neantmoins vrai, que celui qui se sent ne pouuoir surpasser les sujets & matieres des vertus en elles-mesme, pour facilement voler à l'amour par l'amour, il se peut delecter des vertus dans les mesme me vertus. Ce qu'il fera s'exerçant là dedans, tandis se sentira estre au dessus d'icelles, allant toûjours à sens contraire de soi-mesme; iusques à ce qu'à force d'exercices vifs & continuels, il les ait toutes surpassées. Ainsi il lui sera tres-facile de les tenir toutes en subiection, comme seruantes tres-soûmises, & en continuel exercice du tres-haut & tres-pur amour; qui par la forte & penetrante infusion de son objet amoureux, surpasse la mesme infusion & tout le créé, pour desormais vacquer à la contemplation, & viure des splendeurs, dans les splendeurs mesme, de l'amour infini en tout soi.

Or par cecy, ie ne veux pas dire que la vertu, comme vertu, soit sans amour. Car si l'amour est sa fin, elle sera aussi le sujet & la matiere de l'amour. Mais l'amour n'a affaire que de soy-mesme, & n'a aucun besoin de ce qui lui est inferieur, pour la subtilité & viuacité de son vol tout penetrant en vn moment, & qui ne peut souffrir aucun entre-deux, qui lui resiste, qu'à mesme temps il ne collige en vn toutes ses forces, se rendant doublement actif, plus par la raison, l'esprit & le cœur, que par sens & la teste, qui pour cela ne se bande aucunement. De sorte qu'il ne cesse iamais, qu'il ne soit placé immediatement deuant Dieu, au tour duquel s'il faut ainsi dire, il habite son supreme fond, qu'il obserue & cultiue tres-soigneusement, empeschant & fermant de toutes parts l'entrée à toutes creatures, par son culte amoureux tres-vif & tres-continuel. Si bien que les creatures sont contraintes de roder au dehors d'oresenauant au tour du sens; & ainsi l'homme intellectuel tout perdu là-dedans, est au dessus de tous ces efforts. Ce qui est vn estat si noble & si excellent, mesme par dessus l'estat des communs spirituels, qui ne sont gueres au ancez dans la vie de l'esprit, que cela mesme est conceuoir tres-grandes choses. Mais il y a gradation

Fff

des choses basses aux hautes, & des choses hautes aux plus hautes.

Section II.

Que les cheutes d'infirmité, & les indiscretions ne sont pas toûjours inutiles à l'ame amoureuse de Dieu.

LEs vertus, à l'exercice desquelles il nous faut sortir par ardent & vif amour, outre plusieurs, qui conuiennent à tout homme vertueusement moral, sont celles-cy, à sçauoir ; l'humilité, la patience, la mansuetude, la pauureté d'esprit & d'affection, la chasteté, la temperance, la connoissance le mépris & la haine de soi-mesme, la sobrieté, la bonne composition du dedans & du dehors, la compassion & benignité enuers le prochain, la clemence & misericorde, la simplicité, les humiliations & mortifications, la discretion maistresse de toutes les vertus, & autres semblables. Toutes lesquelles se presentent à nous en diuerses occasions, qui succedent les vnes aux autres, & ausquelles il faut que nous vacquions par intime & pur amour, auec entier & perpetuel renoncement de nous-mesmes; de sorte que nostre cœur & nostre conscience ne nous remorde iamais là-dessus, par nos propres defauts volontaires. Afin que ne se trouuant en nous aucune cheute & manquement, sinon de foiblesse & d'infirmité, nous nous releuions delà par amour plus vigoureusement, en la veuë & l'horreur de nostre propre infirmité, & que nous nous plongions & perdions plus actiuement & ardemment que iamais, en Dieu nostre amoureux centre.

C'est en ce sens, que les cheutes humaines sont plus vtiles & fructueuses aux enfans de l'esprit, non comme telles, mais comme excellemment & totalement esteintes par le vigoureux exercice de l'amour. De sorte qu'ils ne perdent rien de leur precedent lustre ; au contraire, ils l'augmentent de plus en plus, au tres-grand plaisir de Dieu leur Espoux & leur amour, par leur fidelité actiue, qui fait qu'ils aiment mieux mourir mille fois, que de croupir en terre, c'est à dire, dans le sens ny dans les creatures si excellentes qu'elles soient. Mais fluans & coulans actiuement & ardemment de tout soi, par appetit amoureux en Dieu, ils s'y perdent irrecuperablement en l'abondance de la ioie ineffable de Dieu, dans lequel ils sont totalement engloutis.

C'est en cette consideration, que nostre amour se renforce, pour arriuer à Dieu, & y demeurer comme au lieu de son repos, où il ioüit de son bien-heureux objet; lequel infiniment heureux par soi-mesme, bien-heure l'ame en soi & de soi, par le doux effet, & l'effort amoureux qu'il fait en elle, conformément à la capacité de son excellente habitude d'amour infuse & acquise. Afin que la transformant de plus en plus & de mieux en mieux, elle soit desormais lui-mesme, son esprit, son amour, sa ioie, sa lumiere, son supreme ornement & son tout, non par nature, mais par grace & par amour.

Voila quel est l'effet des cheutes des enfans de l'amour. Sur quoi il est vrai de dire, qu'il y a fort grande & differente gradation, tant en ceux qui tombent, qu'en ceux qui se releuent. Que si l'amour est vrai, les cheutes ne sont iamais grandes, & sont des sujets de profonde humiliation. Car le vrai amour est aussi veritablement humble, qu'il est veritablement amour.

Cela toutefois n'empesche pas l'effet de la sainte & bien-ordonnée liberté de l'esprit. Car quoi qu'il soit vrai que l'amour se trouuant fort en vne ame, sort assez souuent aux excez d'esprit, ce qui semble scandaliser les hommes communs, qui en sont incapables, comme personnes de bien moindre vol : neantmoins là où ces sorties excessiues se rencontrent, c'est que le moust du feruent amour n'est pas encore bien digeré. Si bien que l'effet de cette rauissante & si delicieuse ebrieté spirituelle, emporte l'homme hors de soi, à faire & à dire aux autres les effets de l'amour, dont il est entierement dominé ; iugeant que tous les hommes bruslent du mesme feu, & soient yures du mesme amour que lui. Voiez donc si ces desordres, qui rendent l'homme plus patient, & transporté hors de soi, que purement actif, doiuent le rendre coupable de si loin que ce soit. Surquoi i'aurois vne grande déduction à faire : mais il me suffit que par cecy vous penetriez assez mon concept en bonne & lumineuse raison.

Section III.

Que la veuë & representation continuelle de nostre Sauueur, est le meilleur moien, pour acquerir l'amour pur, & toutes sortes de vertus.

CE sont donc toutes les vertus, qui doiuent faire la beauté, & le supreme ornement de tout vostre homme sensitif & exterieur, en l'ordre & mouuement d'amour, ainsi que ie viens d'expliquer ; c'est pourquoi vous deuez auoir eternellement en but & en visée l'amour incrée & infini de nostre bon Dieu, tant en sa seule Diuinité, qu'en l'Humanité diuine de nostre Sauueure Dieu & homme. Son image interieure & exterieure doit estre pour ce sujet viuement empreinte & grauée en vostre cœur, afin de l'imiter sans cesse en amour tres-ardent, ne donnant aucun repos à vostre amoureuse, mais discrete & bien ordonnée actiuité, que tout voſtre homme exterieur & interieur ne ſe trouue reueſtu de ſon infini eſprit, amour, charité, bonté, douceur, humilité, force, patience, manſuetude, & en vn mot de ſa diuine reſſemblance en eminent degré de toutes ces vertus. C'eſt à quoi il vous faut trauailler à bon eſcient.

Mais ſoiez aſſuré, que ſi procedant ainſi, vous voulez vous perdre entierement, ſans vous attacher aux dons de Dieu en vous, pour vous y repoſer (quoi que neantmoins il n'en faut pas faire refus, afin d'en tirer le fruit que Dieu deſire) croiez, dis-je, que vous paruiendrez bien-toſt au ſupreme amour de Dieu, lequel vous dominant & agitant puiſſamment, il vous ſera auſſi facile de vous exercer en lui & de lui, que de reſpirer & pouſſer voſtre haleine. La raiſon eſt, que l'amour eſtant infini comme il eſt, ſon action conforme à ſa tenduë, doit eſtre de telle & pareille facilité. Mais comme ce n'eſt pas tant dequoi il eſt icy queſtion, comme de l'amour paſſif, vraiement & entierement renōcé pour toûjours, tant à ſentir qu'à ne ſentir pas les graces & dons de Dieu, & autres choſes ſemblables, ce dernier nous eſt bien plus ſortable, parce que nous y pouuons donner plus de ſatisfaction à Dieu qu'en l'eſtat precedent. C'eſt donc à quoi il faut nous reſoudre, ne laiſſant rien à faire ou à endurer, qui ſoit en noſtre pouuoir; afin de l'effectuer ſelon le bon plaiſir de Dieu noſtre amour.

Or ie vous vais dire icy vn profond ſecret, c'eſt à ſçauoir, qu'amour hautement exercé en ſoi-meſme par tout le ſujet, ie veux dire par l'ame, en tout ſon objet qui eſt Dieu, eſt infiniment autre en eſtat, & en conſtitution, que faire & viure ſelon l'ordre de la volonté de Dieu purement & ſimplement. Et quand vous ſerez perdu entierement au vaſte infini du total ocean du meſme amour, vous ſçaurez ſi ie dis vrai, & pourquoi ce qui contient grande quantité de secrets en soi: & i'ay bien voulu vous le dire, afin que vous laissiez le moins noble pour le plus noble, & ce qui est moins, & mesme beaucoup, pour auoir le tout. Chose merueilleuse!

Section IV.

Que l'affection d'amour est fort conforme à l'amour propre, & par consequent suspecte; si elle n'est accompagnée des vertus & de la mortification.

IL y auroit icy beaucoup de choses à dire, touchant l'affection d'amour, en ce qu'elle est tres-conforme à la nature de plusieurs mols, en ce qu'il est tres-difficile de discerner l'amour diuin d'auec le naturel. Quelque intention qu'ils aient, ie ne pense pas deuoir croire que leur amour soit saint pur & net; attendu qu'és choses que l'on desire beaucoup, il est fort difficile que la nature ne mette & n'oppose son propre plaisir à celui de Dieu. Ce qui se fait en nous si subtilement dans les œuures & objets delicieux, qui appartiennent à la concupiscible; que nous ne le pouuons apperceuoir, tant nous sommes finement & vistement recourbez en nous-mesme, pour nostre satisfaction.

Mais où il ne s'agit point de voluptez, ny mesme de biens si sensibles & si conformes à la nature: il n'y a pas tant à craindre. De sorte que là, nous nous sentons fort indifferens d'auoir ou de ne pas auoir; de faire, ou de ne pas faire; de donner, ou de retenir; de sçauoir, ou ne sçauoir pas; de reietter, ou d'accepter; d'ignorer, ou d'entendre; il est tres-certain pour lors que nostre intention droite & simple suffit, pour rendre pur nostre amour, nostre desir, nostre élection & nostre exercice.

de l'Amour Diuin.

Il est certain neantmoins, qu'en toutes les rencontres, où nostre appetit est ardent à poursuiure, ou à desirer cecy ou cela ; cette ardeur ou actiuité naturelle, nous monstre assez l'impureté de nos motifs & mouuemens, & par consequent de nostre appetit. Le plus seur en cecy est, de ne pas suiure incontinent nos inclinations & allechemens. Et mesme plus le bien nous apparoist grand, tant plus subtilement nous deuons nous garder de nous-mesme, qui croions que l'amour du bien en nous, regarde plus hautement Dieu en la plus haute & plus estroite vnion de tout nous en tout lui.

Mais on est tres-asseuré qu'au mortifier, à l'humilier, au mépris, au mourir, au haïr, au resigner eternel, quand on pratique le tout de tout son possible, l'amour propre n'y est point. Et il est vrai que deux contraires si opposez que le viure & le mourir, le viure & l'amour propre, & le mourir & l'amour de la grace en la grace, sont incompatibles. Il faut que l'amour propre succombe & perisse entierement, là où l'amour de Dieu regne pleinement, comme en son propre empire.

Section V.

Conclusion, & Aduis sur ce qui vient d'estre dit.

JE vous ay déduit icy beaucoup de profonds secrets qui sont tres-cachés & tres-mistiques ; mais il n'y a remede, vous les verrez, & entendrez quelque iour, Dieu aidant, en vraie & theorique science, laquelle suiura en vous l'amour, la science & l'experience pratique, comme en toute ame fidele. Tout cecy est merueilleux, & remplit d'exultation, d'estonnement, & de iubilation, les hommes en diuers temps. Mais quoi? C'est le ieu de Dieu dans les hommes, ses pauures &

miserables vassaux, qui pour l'auoir fidelement serui, ont esté receus de sa Majesté en son amour infini, d'vne maniere, & par vne voie toute extraordinaire.

Faites donc vostre mieux, pour vous exercer continuellement selon tout cecy, viuant en vostre exercitation tres-indifferemment; mettant tout vostre plaisir & vos ébats en la vie & au plaisir infini de sa seule Majesté, & viuant tout perdu en elle, comme s'il n'y auoit qu'elle & vous, ainsi que i'ay dit cy-deuant.

Au surplus, aiez égard à toutes les subtiles manifestations & expressions de toutes les veritez de cét Exercice, sans que rien vous en échappe; en sorte neantmoins que vous soiez tres-libre en vostre introuersion, & aiez libre entrée, non seulement en vostre cœur & en vostre fond, mais en Dieu; pour y estre inattingible, invulnerable & impassible. Sur quoi ie vous dis derechef, que si vous auez ce bon-heur de pouuoir arriuer là, à force de fluer en vostre bien-aimé, de toute l'actiuité de vos puissances, vous sçaurez si ie dis vrai & pourquoi.

Au reste toute cette doctrine & son experience, n'entre point par les oreilles, ny par le sens; mais toute cette connoissance, tous ces sentimens, toute cette theorie, toute cette lumiere, sa ioie, & ses ineffables delices, ce sont des effets de la sapience Diuine, abondamment infuse auec l'amour mesme, faisant amour tres-haut, & tres-profonde sagesse en l'ame, qui en est frequemment touchée, tirée, & illustrée comme de son propre, vnique & vniuersel ornement; dont le lustre & la splendeur ne se peuuent regarder, par maniere de dire, par ceux qui sont de degré inferieur, sans tres-profonde admiration.

CHAPITRE

CHAPITRE IV.

Des choses exterieures, qu'on doit faire vniquement en amour.

Section I.

Comme il se faut comporter dans l'action, & dans la conuersation exterieure.

QVAND il vous faudra faire exterieurement quelque chose, gardez vous bien d'en tirer les especes à vous, & d'emploier vostre cœur & vostre affection plus qu'il ne faut, pour les faire bien & deuëment. Car apres tout, il faut faire ses actions auec vne raisonnable crainte de les tirer à vous, & d'en demeurer dépeint & empesché apres l'action.

Ne cherchez point d'affaires à traitter, qu'en ce qu'il vous faut faire expressément, selon le deuoir de vostre condition.

Dans vos exercices & pratiques d'esprit, tenez-vous clos & couuert aux hommes, à qui cela ne conuient nullement, non plus que ce qu'ils ignorent entierement.

Soiez toûjours également égal, & ioieux au dedans & au dehors, pleinement & hautement superieur de vous-mesme, vous obseruant fidellement sur vos mouuemens & pensées, ne donnant iamais lieu, autant qu'il sera en vous, à aucun desordre interieur ou exterieur, par quelque perturbation soudaine & legere, ou par quelque indiscretion.

Sçachez toûjours en seconde fin, ce que vous faites, & pourquoi vous le faites; ce que vous admettez & choisissez au dedans de vous, comment, & pourquoi.

Ggg

Afin que vostre homme tant interieur qu'exterieur, soit le tres-excellent temple de Dieu viuant, rempli de tresors & de richesses spirituelles, & qu'il apparoisse toûjours tel, à l'edification singuliere, tant de vous-mesme, que des creatures, auec lesquelles il vous faudra humainement converser. C'est ce que l'on dit, estre hautement & excellemment docte & moral, auec les purement doctes & moraux : surquoi ie ne veux point vous donner d'enseignemens, veu que comme Docteur & Maistre de l'Eglise de Dieu, vous enseignez conformément à vostre eminence, tout ce qui vous est inferieur, qui en cela mesme reçoit & lumiere & pasture de vostre doctrine. Aussi n'est-ce pas dequoi il est icy question, mais seulement de vous dire, qu'agissant auec vos semblables & vos inferieurs, vous ne laissiez point tirer vostre cœur ny vostre esprit à ce qui se dit & s'entend, pratiquant en cela le dire du Sage, qui deffend d'accommoder son cœur à tout ce qui se dit.

Mais vous sçauez assez iusques où doit aller la bonne action, veu que la vraie grauité auec l'effet & l'ordre de la prudence, qui lui convient ne peut pas moins que cela : & que vostre dignité d'Euesque vous doit faire éclairer à tous comme vn flambeau ardent, par vostre vertueux & excellent exemple.

Ne permettez pas aussi, s'il est possible, qu'en vostre presence on detracte de la vertu, ny des Enfans, ou Maistres, & Peres de la vie de l'esprit; les soustenant tous également, en l'ordre de vostre sainte & graue prudence. Que si mesme quelques-vns d'entre-eux se trouuoient auoir vraiment failli en quelque chose, excusez les sur ce que nous sommes tous hommes, non confirmez en grace; & que partant aucun n'est infaillible en ses lumieres : en sorte que c'est plustost des esprits, & par les esprits que ces personnes-là doiuent estre iu-

gées que par leurs œuures & pratiques; specialement
si les œuures ne sont point peché d'elles-mesme. Ce
qui neantmoins est toujours laissé à vostre prudence &
discretion, comme tout autre chose.

Enfin vous sçauez ce que nostre Seigneur veut de
vous en toutes ces rencontres exterieures; à sçauoir,
que vostre lumiere luise tellement deuant les hommes,
qu'en vous voiant ils glorifient vostre Pere qui est aux
Cieux.

Section II.

Comme on peut se tenir attentif à Dieu dans l'action exterieure.

IL faut donc faire en sorte que vos pratiques du dehors ne vous ostent rien du dedans, ny de vostre paix, repos & liberté d'esprit, ny de vostre simple & affectiue occupation auec Dieu: vous seruant tout ce temps-là de viues & vniques aspirations, de peu de paroles & de formes: mais viuement élancées de tout vous, comme seroient celle-cy.

O mon cher amour! ô ma chere vie! qu'est-ce qu'il me faut icy faire, & entendre parmi les hommes? Ah! qu'il fait bon, ma chere vie, qu'il fait bon vous adherer amoureusement, nuëment & simplement!

Ah! ma chere vie, ie suis dehors, & neantmoins ie vis au dedans. Vne partie de moi, bien petite, ô mon cher amour, est au dehors; encore est-ce en l'ordre de vostre amour, pendant que ce qu'il y a de meilleur en moy est occupé de vous & en vous, en qui est ma vie, ma ioie, & tout mon plaisir.

Ah! que s'il m'étoit loisible, mon cher amour, de viure vraiement solitaire, mesme selon le corps, ce seroit tout mon plaisir. Mais si l'ordre de vostre amour est tout autre ; bien soit : pourueu qu'en cela mesme ie m'occupe amoureusement de vous tout ce temps-là, essentiellement, subtilement, nuëment & simplement ; par regards, soûpirs, & gemissemens amoureux, & par simples conuersions sous formes simples & enflammées, qui m'emportent tout en vous, mon bien-aimé.

Vous, vous seruirez, dis-je, de choses semblables à cecy. Et mesme quand vous n'aspireriez qu'ainsi de tout vous : ô mon amour! c'est assés pour vne fois. O ma vie, ma chere vie! ô mon tout, mon cher Espoux! que ie vous aime vniquement. Ie dors en vous, & mon cœur veille au dehors, pour ne me point desordonner. Vne de ces aspirations à chaque fois c'est assez. C'est de toutes ces flammes d'amour, & d'vne infinité d'autres semblables & plus viues, qu'amour allumera en vous, que vous pourrez vous seruir en ces occurrences exterieures.

Au reste l'amour viuement allumé en son sujet, ne sçait & ne tient ny moien ny mesure. Ce qui s'entend toûjours, la discretion sauue, pour euiter les desordres de la nature, tant dedans que dehors, qui peuuent arriuer en l'appetit raisonnable & intellectuel, lors qu'on veut aimer plus qu'on ne peut, & que ne permet l'amour, à raison de l'indisposition & incapacité du sujet où il est.

Section III.

Comme on peut sans preiudicier à son amour, traitter d'affaires d'importance, étudier, se recréer, &c.

QVAND il vous arriuera quelque affaire d'importance, qui pour estre bien estenduë & bien faite, demandera que vous employez vostre esprit à y penser, faites le, tout vn certain temps que vous y determinerez, afin de n'y plus penser par apres. Que si la chose est grandement difficile & abstruse, quand vous aurez trouué les moiens d'en venir à bout: ie voudrois que vous en fissiez vn memoire; afin que tout à fait vous ne fussiés plus importuné de ces images durant ou apres vos prieres. Ce moien est fort bon, pour arrester le cœur, qui a deu s'occuper d'affaires. Que si apres cela vous vous sentez encore importuné de ces especes, il les faudra viuement rejetter comme choses étrangeres, & impertinentes. Ce que vous ferez auec beaucoup plus de facilité, mettant, comme i'ai dit, par écrit ce que vous auez à faire.

Quand il vous conuiendra estudier, ou lire, faites-le comme toute autre chose, en l'ordre de vostre mesme amour, en toute pureté & sainteté: Ostez souuent la veuë de dessus le liure, pour donner vne œillade amoureuse à l'amour, c'est à dire à vostre Espoux; vsant si vous voulez de cette aspiration simple: Ie lis & estudie, ô mon amour, & ma vie; non tant pour connoistre & sçauoir, comme pour vous aimer; afin d'estre suffisamment docte & capable, pour les fonctions de mon office.

Quand vous aurés esté deüement attentif au bon ordre de bien faire quelque chose, & auec perfection, laissez entierement à Dieu le soin des euenemens, qui en pourront arriuer, sans vous en plus empescher. Et selon ce qu'il plaira à Dieu en ordonner, demeurez toûjours tres-content, comme des propres effets de sa tres-sainte & diuine volonté.

Pour ce qui est d'estre triste ou ioieux, ie dirai seulement en peu de mots; attendu que quand vous vous serés entierement surpassé vous-mesme & toute chose crée, à force de fluer actiuement en Dieu par amour ardent & continuel, la tristesse sera aussi éloignée de vous que ce qui n'est point du tout. Parce qu'estant veritable en voſtre occupation interieure, vous ſerez toûjours, & en tout euenement, pleinement content & ioieux en toute la ioie, gloire & felicité de Dieu, qui ſera tout voſtre, en tout lui-meſme. Mais cela ne ſera que lors que vous ſerés totalement paſſé, fondu, & perdu en tout lui. Et auant que d'eſtre arriué là, il faut qu'en l'ardeur infinie de voſtre appetit amoureux, vous vous ſurpaſſiés vous-meſme, & tous rencontres, qui vous pourront cauſer de la triſteſſe. Ce qui ne vous ſera nullement difficile, ſi vous voulez eſtre fidele.

Vous voiez aſſez, comment ie m'éloigne de toute la circonference de l'eſprit, c'eſt à dire, de tout ce qui appartient à l'eminente vie morale; afin de vous tirer & eſtablir en l'eſprit de Dieu, comme en voſtre propre centre naturel, ſurnaturel, & eternel. Auſſi me ſeroit-il plus difficile de me multiplier en ces deductions, que de vous éleuer ſimplement en l'abſtraction & pureté de vie, telle que l'eſprit la requiert. Ioint que les Saints ont ſi abondamment écrit des pratiques de cette vertu morale, qu'on les trouue en chacun d'eux toutes digerées; ſelon la diuerſité des gouſts, & de l'eſprit d'vn chacun. Pour moi ie vous choiſis icy, ſi ie ne me trompe, le plus ſeparé, le plus ſimple & le plus abſtrait flux & eſprit, afin que vous n'aiez rien à laiſſer de cét exercice, que vous ne pratiquiés auec vne diligence, & vn ſoin tres-exacte. Ce n'eſt pas qu'il n'y ait d'autres voies & eſtats d'vn tout autre vol, perte, & exercitation que celle-cy. Mais celle-cy & autres ſemblables, ſont tres-propres, pour reformer entierement, & ſanctifier hautement & excellemment l'ame en Dieu ſon objet.

Quand vous prendrez quelque honneſte recreation auec vos domeſtiques, tout ce que vous verrez de beau & agreable à la veuë, vous doit tirer en admiration des merueilles de Dieu, qui a fait tant de choses diuerses pour sa gloire, & pour le bien & le plaisir des hommes. Sur quoi vous aurez vn champ tres-ample. Mais sur tout voiez sa bonté, son amour, sa sagesse, sa liberalité, sa misericorde, sa science, sa beauté, sa iustice, sa grandeur & essence infinie, & incomprehensible à tout ce qui est crée ou agreable.

Ie ne vous parle point icy de traitter vos bons domestiqnes comme vos bons amis, veu que cela est l'ordinaire de la vie vraiement honneste & morale.

Section IV.

Quelques Regles & Aduis, pour conseruer l'amour de Dieu dans les actions exterieures.

IL faut non seulement que nous trouuions, mais encore, que nous aions Dieu par tout: & que nous viuions plus de sa vie & en sa vie, qu'en la nostre propre, viuans toûjours également perdus en lui, & tenans pour cét effet nos sens exterieurs & interieurs fermez & bien clos de toutes parts; de peur que la mort n'entre chez nous, & nous dérobe en tout où en partie nostre thresor, qui est Dieu nostre souuerain amour. Ie sçai que c'est tout comprendre & tout dire, mais amour ne se peut contenter de moins. Que s'il y a volontairement du moins dans sa tenduë & actiuité, il n'est déja plus amour selon toute son actiuité possible; & par consequent encore moins amour à l'égard du plus, puis qu'vne ame vraiement amoureuse n'auroit pas encore assés de l'amour & de l'ardeur des Seraphins, pour satisfaire à son amour & à soi-mesme selon son total.

Tenez toûjours le milieu, tant en vous qu'aux autres. Cét ordre n'appartient specialement qu'aux hommes souuerainement lumineux & discrets.

Pour ce qu'il s'agit souuent d'endurer & souffrir quelque chose, qui contrarie plus ou moins à nostre bien-estre, & par consequent d'estre vraiement humble, renoncé, entierement mort à soi-mesme, & souuerainement charitable; en pareilles & autres rencontres où il vous conuiendra de demeurer mort, tant à l'agir qu'au souffrir, faites cette aspiration du plus profond de vostre cœur : qui est-ce qui me separera de la charité de Iesvs-Christ, mon cher amour ? laquelle vous pourrez poursuiure iusques à la fin de cette excessiue deduction, de S. Paul, tres-tirée, tres-reduite, concise, & essentielle, & en cela mesme tres-propre & conforme au pur esprit, ardemment amoureux de son cher amour.

Dauantage si vous estes vraiement abstrait, vous serez autant éloigné de reflechir, que de vouloir faire.

Aussi prendrez vous bien garde de fuïr soigneusement toute tentation, ne prenant le faux pour le vrai, & vous gardant du bien apparent, à cause de l'affinité qu'il a auec le veritable. Sur quoi, comme en toute chose d'importance, vous ferez tres-sagement de consulter les doctes en choses de pure doctrine, & les saints & sages en choses purement spirituelles. Enfin il faut voir les choses, non comme elles apparoissent, mais telles qu'elles sont en elles-mesme.

Vous ne deuez point aussi vous émouuoir des cheutes d'autrui, fust-ce des plus spirituels, & des plus saincts. Car tous ces mouuemens & sentimens, que l'on a sur semblables fautes, ne sont qu'effet du deffaut de science & connoissance de soi-mesme, de son rien, de sa propre misere & vileté.

Et c'est là non seulement sortir mal à propos de Dieu & de soi-mesme, pour aller chez les autres chercher leur perfection, au peril & à la grande diminution de

son

son amour : mais c'est encore se donner en proie à la nature & au Diable, pour trebucher en de plus grandes imperfections. Que si vous estes mort, vous croiez facilement (sauf vostre honneur, à cause de vostre dignité) qu'on doit marcher par dessus vous, iusques au iour du iugement. Sentiment tres-éloigné de la propre vie, du faux zele, & de la fausse compassion. Et selon cette verité, il ne vous sera pas difficile de croire, que tout homme est meilleur que vous deuant Dieu, & merite dauantage. Prenez cette verité en mon sens, & quand vous aurez esté suffisamment tiré de Dieu, pour l'aimer d'amour languissant, vous sçaurez en la veuë de vostre propre rien, que cela est la mesme verité. Ce qui est trop peu vous dire en comparaison de ce qui en sera par necessité, en consequence des raisons de l'amour en tout soi, & en tout vous.

Ce sera sagement fait à vous, si vous pouuez tromper vostre nature en quelque chose sur toutes ses necessités : mais regardez bien qu'il est fort difficile en cecy de faire rencontre du iuste milieu. C'est pourquoi on conseille pluftost d'exceder vn peu contre soi, que pour soi-mesme. Ce qu'il faut que vous aiez en continuel exercice, selon l'ordre de vostre lumineuse discretion & prudence ; aussi bien que la mortification, qui vous sera necessaire.

Quoi que la contemplation soit incomparablement meilleure que l'action, il sera fort à propos, & de grandissime merite pour vous, d'auoir tres-grande compassion des pauures selon toute l'étenduë de vos moiens, en l'ordre & en la force de vostre ardente charité ; specialement au respect de ceux qui sont malades, & qui n'ont pas la puissance de mendier.

Hhh

Section V.

Aduis touchant les illusions diaboliques, & conclusion de tout ce Chapitre.

LEs songes purement naturels & illusifs, à peine trouuent-ils lieu aux cœurs, & aux esprits habituez à l'actuel exercice de l'amour en soi-mesme : & mesme quand on a acquis les habitudes des vertus en excellent & eminent degré.

Que si par permission diuine, ils se trouuent auoir lieu en de telles ames, c'est plustost pour leur exercice, que pour aucune autre raison : supposé, dis-je, que ces ames soient vraiement humbles. Or quand cela arriue, l'amour au réueil de ces personnes, ou mesme dés aussi-tost qu'elles sont à demi éueillées, détruit & annulle ces representations, fantosmes, & sentimens, en l'ardeur de leur objet amoureux ; auquel elles s'vnissent, en la méme repression ou suppression, autant amoureusement & ardemment, que douloureusement & angoisseusement. D'où estant pleinement éueillées, elles continuent leurs gemissemens amoureux par quelque espace de temps ; faisant au surplus mépris de tous semblables effets, aussi bien que du diable, qui en est souuent la cause. Que s'il y a de la faute de leur part, à raison de leur vie trop large & licentieuse, en quelque chose qu'elles puissent apperceuoir, elles en demandent tres-humblement pardon à Dieu leur cher amour, & n'y pensent plus, continuans leur repos comme si rien ne s'estoit passé, sinon lors que la necessité de s'en confesser les y oblige.

Enfin ie conclus ce Chapitre par vne importante lumiere, qu'il faut faire l'exterieur par l'interieur : & que c'est le propre effet de l'interieur, de tirer à soi par succession de temps l'exterieur, & non iamais au contraire. D'autant qu'il est de droit & de raison, que le plus noble attire le moindre, afin de l'ennoblir en soi & par soi-mesme. Or toutes les œuures du sens exterieur, en comparaison des interieures, prises en soi, ne sont que du plomb, & celles-cy au contraire sont comme vrai & pur or. Que si elles sont faites en quelque eminent degré d'amour acquis, elles sont au plus comme fins diamans & rubis tres-precieux, à l'aspect & à la veuë de Dieu. Ainsi voiez vous où doit resider vostre bien, vostre vie, vostre action, & vostre amour, tant au dedans qu'au dehors. Cherchez-le donc où il faut, & n'y manquez pas sciemment, ny de propos deliberé, si vous ne voulés vous rendre la plus ingrate & déloiale creature, qui fut iamais née pour deuenir amour, à force d'aimer vn si aimable & desirable Espoux que le vostre.

CHAPITRE V.

De la voie mistique.

SECTION I.

Que la sapience Diuine est le fondement de cette voie, & quelle opposition il y a entre la voie Scolastique, & la Mistique.

LA sapience, que Dieu infond, auec l'amour du tressaint Esprit, dans les ames qu'il a eternellement choisies, pour l'aimer hautement & excellemment, est admirable & inconceuable en la diuersité de ses effets; tous lesquels elle produit si diuersement en vne infinité de diuerses voies & chemins, que c'est en consideration de cét admirable ordre que le Sage a dit, comme par admiration: *Qui est-ce qui entendra la multiplique entrée de la Sapience ?* Eccl. 1.

C'est ce que ceux-là doiuent profondement admirer, qui sont entierement soûmis à cette sagesse, pour estre remplis de plus en plus de ses diuines generations, iusques à ce qu'ils en soient eternellement surcomblez en toute la Diuinité ; du fleuue amoureux de laquelle ils boiront incessamment, en leur eternelle soif, repletion, & satieté.

C'est, dis-je, cette infinie sapience, dont le saint Esprit nous exalte infiniment l'essence & les effets. C'est selon ce fondement si stable & si certain qu'il faut dire ce que nous pourrons de la voie mistique.

Ie ne desire pas neantmoins pour maintenant entrer en ce profond abisme, ny parler de l'infinie profondeur & hauteur de son essence, ou des inconceuables effets qu'elle produit en ses enfans. Car comme ils sont transformez en elle-mesme en son tout, & perdus à tout le crée, on ne sçauroit donner aucune atteinte à leur eminence & profondeur, non pas mesme par mesme flux d'esprit que le leur. Mais mon dessein est seulement de monstrer la meilleure, la plus vtile & profitable, la plus courte & compendieuse voie, pour paruenir à la sapience mistique. Sur quoi ie laisse l'enceinte d'infinies raisons, qui font la plus grande étendue & circonference de ce fond.

Il y a donc, pour aborder cecy, des voies plus éloignées & d'autres plus proches. Mais la voie plus conforme aux doctes & à la nature, c'est la speculation faite scientifiquement auec douceur & plaisir de l'appetit, pour connoistre Dieu par la montée qu'ils font, comme ils peuuent, des choses visibles aux intellectuelles & inuisibles, & à Dieu mesme ; pour en auoir la connoissance, afin de le pouuoir aimer par le moien de ses lumieres.

Or tous ceux qui tiennent cette voie, qu'on appelle

Scholastique, ne paruiennent iamais, si ce n'est miraculeusement à la voie mistique, ny à l'excellence de ces diuines vnions, transformations, notions, simplicité, & plusieurs autres effets, qui sont infini amour, ioie & delices au total de la creature. Ceux-là, dis-je, ne sçauent & ne sçauront iamais ce que c'est qu'esprit, ny combien Dieu est doux & amoureux à ceux qui sont fondus totalement en son feu immense. Que s'ils ont parfois quelque petit raion de la clarté Diuine, cela est merueilleux; mais c'est encore plus grande merueille, qu'ils ne se rendent pas par cela amoureux de Dieu, qui les visite de son amoureuse clairté. Car comme ce raion ne touche que la superficie de leur cœur & de leur sens, ils lui sont veritablement attentifs tout ce temps-là auec reuerence; mais cela estant éuanouy, ils retournent à leur premiere façon de viure, d'entendre, & d'agir en l'effort de leur vie raisonnable & sensible, en l'ordre & action de speculation scientifique. De sorte qu'ils ne sçauront iamais en cette vie, ce que c'est que se perdre en Dieu, & demeureront toûjours dans leur propre effort & industrie : sans pouuoir iamais passer la vie purement morale, au sommet de laquelle ce sera merueille, s'ils peuuent iamais paruenir.

La voie mistique en elle-mesme est du tout contraire à celle-cy, car si elle se sert de considerations en son commencement, elle fait en sorte qu'elles soient toutes propres à la volonté. Et ainsi laissant telles considerations, elle enflamme la volonté de toutes sortes d'affections, conformément à celles qui lui sont plus presentes, comme produites par sa consideration. Si bien que ces personnes-là excitent leurs affections qui se succedent l'vne à l'autre, tout ainsi que les boucles d'vne chaisne, & la premiere affection s'étend & se dilate en elle-mesme, conformément à l'ordre & à l'effet de vraie pratique, & delà en procede vne autre d'vne autre sorte, & puis encore vne autre ; & ainsi du reste selon l'ardeur du desir de celui qui agit. Et ces affections ainsi enchaisnées sont ou des vertus necessaires, ou bien de l'amour, qui est l'aiguillon, le nourrisson, le fomentateur, le maistre, le sanctificateur, & le tout des vertus morales, necessaires au lustre & à l'ornement de l'esprit.

Or quoi que cette voie mystique conuienne vraiement aux simples, si est-ce que les Doctes de bon naturel, qui ne veulent point se chercher, & qui ne font aucun cas de la science naturelle, comme de chose plus nuisible incomparablement, qu'vtile & auantageuse pour l'amour simple, pur & vnique, ne sont pas entierement incapables de tenir cette voie. Car ils ne se soucient non plus de leurs sciences, que de ce qui n'est point, & n'en vsent qu'en temps & lieu, pour enseigner, disputer ou prescher, vacquans hors delà, à la simple contemplation des œuures diuines, de l'infinie essence de Dieu en son vnité, ou en la fecondité de sa nature, des personnes produites & emanées de cette fecondité, l'vne par voie de generation diuine & eternelle, & l'autre par eternelle emanation des deux premieres. Ce qui conuient à l'eminente & aucunement ecstatique contemplation ; par laquelle on est plus agi qu'agent, si l'eleuation est telle que ie la suppose.

SECTION II.

De la contemplation tres-sublime des simples, & quelle est leur occupation, hors de l'attrait diuin.

ENCORE que la speculation autant spirituelle que naturelle, des perfections & de l'essence diuine, soit estimée & tenuë pour contemplation ; ainsi que ie *de l'Amour Diuin.*

viens de dire: si est-ce que nous disons que la contemplation se fait en arrest d'esprit hautement éleué, profondement penetré, & transporté, & attaché entierement & d'vn fixe regard en Dieu. La beauté & douceur duquel rauissent l'ame au moins par dessus soi, & sur toute chose crée. Ce qui continuë autant de temps que cét effort dure. C'est ainsi que les doctes mystiques la definissent à peu prés.

Or neantmoins, Dieu, ses perfections & son amour simplement & spirituellement speculez, sont des effets & témoignages d'vne ame grandement auancée & profitante en voie d'amour. Mais il n'est pas donné à tout amoureux de pouuoir faire cette simple speculation: ains seulement à ceux qui ont quelque science & doctrine, qui s'en seruent comme d'vn simple instrument pour cette simple, amoureuse & vnique speculation.

Mais les simples ne manquent pas de contemplation, ny en Dieu, ny en son amour sorti, ny en tous ses effets, tant selon la grace, que selon la nature. Ce qui les rauit tellement d'eux-mesme, qu'ils sont entierement plongez & perdus là dedans: d'où certains d'entre eux retournent fort rarement à eux; & les communs de cét estat s'en sentans diuertis, ils se plongent & perdent incontinent en ce diuin ocean, où est la vraie ioie & la vraie vie: les veuës & sentimens du dehors, leur estans plus cruels que la mort.

Or posé que ces personnes soient à elles, n'estant pas actuellement rauies de l'attrait puissant & tres-extraordinaire de Dieu; leur exercice ordinaire est d'aspirer en Dieu le plus amoureusement, ardemment & essentiellement qu'il leur est possible. Ce qui leur est aussi facile & presque aussi ordinaire, que de pousser & retirer leur haleine, à cause de leur tres-grande habitude à cela.

Ces personnes-là sont déja passées en toute l'étenduë de Dieu, n'aians plus autre vie que sa vie, ny autre esprit que le sien; & leur eminente excellence ne se peut conceuoir telle qu'elle est.

Or il y a diuerses sortes d'aspirations propres pour ces personnes-là. Il y en a de plus simples & de plus éloignées, pour ceux qui sont plus dans le sens: d'autres plus excellentes, pour ceux qui ont plus de iugement naturel, & plus d'éleuation, de lumiere, & d'amour theorique. Il y en a encore d'autres plus excellentes que celles-cy, pour les personnes plus auancées: & d'autres pour les ames toutes perduës. De toutes lesquelles sortes le tres-saint Esprit est l'Autheur, le moteur, & le Maistre. Si bien que ces personnes & cette vie & voie diuine, faisant vraie contemplation si perduë, si douce, & si delicieuse en tout Dieu, sont les delices de Dieu en terre; & la mesme vie hautement & vraiement contemplatiue est aussi le Paradis de ces mesme personnes en ce bas monde.

C'est donc l'occupation en ardent amour, qui est la voie & l'exercice de ces personnes, par laquelle Dieu leur vient au rencontre, comme elles vont tres-agilement au rencontre de Dieu. Et c'est là que se font les étroits & ineffables embrassemens de l'Amant & de sa bien-aimée, en l'ineffable amour & suauité de tout Dieu. Cela en certain temps se fait si souuent & si frequemment, que c'est grande merueille comme telles ames peuuent subsister en vie, dans ces efforts si doux & si amoureux, & souuent tres-rapides & impetueux.

SECTION

Section III.

Perte admirable de l'ame en Dieu, qu'elle aime nuëment, par dessus l'amour.

CETTE voie mistique ainsi, & tout autrement, que nous l'auons monstrée, deuroit estre à bon droit la voie de tous les hommes choisis pour connoistre Dieu, & pour l'aimer excellemment ; & non pas l'autre voie, que nous auons aussi monstrée assez legerement & en passant, veu qu'elle est vn vrai obstacle & empeschement à celle-cy. Mais quoi ? Les hommes sont si pleins d'eux-mesme & de leur propre amour en cette vie, & par consequent si tenebreux, que Dieu n'en peut approcher, s'il faut ainsi dire, pour les illuminer de son raion viuifique & extraordinaire. Mais ceux qui sont choisis par sa Majesté pour vn si noble Estat, donnent là dedans plus de gloire à Dieu en ce monde, qu'on ne peut penser.

C'est icy que la science mistique s'apprend, mais bien-tost, quoi qu'on n'en puisse rien dire à proportion de son eminence infinie. Quelques Saints en ont écrit choses merueilleuses, & neantmoins tout cela mesme n'est rien en comparaison de ce qui en est. Icy on est reuestu de Dieu, & de toutes ses proprietez comme d'vn vestement. Icy on est docte & tout rempli des generations diuines. C'est icy qu'incessamment Dieu vient tout de nouueau en l'ame, & l'ame va reciproquement en Dieu de tout son appetit. Enfin c'est icy que toute la creature est entierement transfuse en sa mer eternelle, & cela se fait & se possede en la creature par dessus elle-mesme.

Mais nous ne faisons pas autrement estat de tout cela, laissant les choses comme elles sont par dessus tout discernement & consideration de cecy ou de cela, habitans noſtre propre fond, ou pluſtoſt Dieu infini en lui, tres-attentifs que nous ſommes à le contempler fixément d'vn tres-vif, tres-ſimple & ardent regard, lequel eſt tres-ſubtil, tres-perdu, & tres-ſimple aux ſouuerainement parfaits, en leur ſureminent eſtat. Mais comme i'ai dit, & c'eſt à quoi on penſe le moins, & nous ne penſons qu'à Dieu, que nous voions, & qui nous tire inceſſamment, ie dis à le contenter, en nous obſeruant fidelement tant dedans que dehors. Si bien que nous viuons amoureux par deſſus l'amour, quoi que non pas ſans amour; au contraire, c'eſt en infini amour, qui eſt tres-ſimple dedans & dehors de nous.

Pardonnez, s'il vous plaiſt à mon excez, puiſque ie ſuis expoſé à vos yeux: il n'importe pas tant. Ie vous ay voulu faire toute cette déduction tres-ſecrette & tres-cachée, afin qu'en verité vous diſcerniez & connoiſſiez le plus & le moins, & ce qui eſt vil d'auec le precieux; & que vous vous rendiez vraiement amoureux de l'amour meſme, par ce qui eſt en cecy le meilleur & plus conuenable pour vous, moiennant voſtre appetit amoureux. Cela aiant bon ſuccez, comme vous le deuez cordialement eſperer, vous vous appliquerez premierement à connoiſtre en l'amour, & puis par autre ſuccez vous ſerez amoureux par deſſus la connoiſſance en toute la connoiſſance qu'on puiſſe auoir de l'objet amoureux en ſoi-meſme, en tres-grande abondance de lumiere & de gouſts. Si bien qu'en cecy, vous voiez comme il importe de pratiquer l'amour meſme en toute humilité & reſpect, & neantmoins auec confiance entiere, en amour ardent & vigoureux. Car il y a diuers degrez de diſpoſition pour cela en l'habitude du meſme amour tant infus qu'acquis, ſelon l'ordre effectif des diuers ſuccez, effets, & efforts du flux amoureux de Dieu en l'ame.

Au reste il ne faut pas tant enuisager icy la repletion d'amour, où nous sommes plus patiens qu'agens, que la soustraction de ce flux, sans qu'il reste rien à l'ame que la simple & forte habitude du mesme amour, faisant & operant amour en l'eminence de son fond sur-éleué, où l'esprit & l'intelligence, & le meilleur & le plus noble de l'ame reside, pour continuellement contempler Dieu, & pour le voir autant & en la façon qu'il peut estre veu en cette vie; laquelle constitution se trouue neantmoins en fort differente gradation.

Les moindres mesme de cét estat, ne sont detenus ny empeschez d'aucunes choses crées, ny d'aucune subtile proprieté en icelles. De sorte qu'ils demeurent toûjours également attentifs à la ioüissance de la beauté infinie, qui les rauit de soi & en soi; & sont forts & genereux en cela mesme, pour toûjours outrepasser toutes choses en eux-mesme, fust-ce les tourmens les plus forts, nonobstant leur simple nudité d'esprit; ce qui appartient au vrai, pur, & essentiel amour.

C'est donc plustost la soustraction qu'il faut voir, & dont il faut parler aux vrais profitans, puisque l'abondance, comme nous l'auons dit, ne conuient proprement qu'aux enfans. Et si on a veu le torrent d'amour diuin debondé vn fort long temps en beaucoup d'amoureux, ils ont bien acheté ces caresses, & ont eu leurs corps toûjours attaché à quelque croix tres-pesante; dont il y a infinies raisons.

Quant est de nous, qui sommes du commun fort indignement & de fort loin, c'est à nous de faire nostre mieux, selon la voie ordinaire & bien fraiée des vrais mistiques, à l'imitation de nostre Sauueur Iesvs-Christ en tout nous, auquel nous ne sçaurions iamais si parfaitement ressembler au tout de nostre vie exterieure

& interieure, que nous ne le puiſſions dauantage. Sçachans aſſez que le meilleur & le plus pur de la vie d'amour, & le plus efficace moien de transformer icy amoureuſement l'aimé en l'aimant, eſt la pleine & eternelle conformité de tout ſoi à l'amour meſme. Si bien que c'eſt en cét effet ſur les croix, qui leur ſuccedent tres-frequemment l'vne à l'autre, qu'ils diſent ces paroles de l'Apoſtre. *Qui eſt-ce qui nous ſeparera de* IESVS-CHRIST, *ſera-ce la tribulation, la perſecution, le glaiue?* &c.

Ainſi, là où l'amour eſt grand ou petit, ſa force eſt telle à proportion. Surquoi i'aurois vne infinité de deductions à faire, pour vous repreſenter les diuers inconueniens, aſſauts, cheutes, & miſeres des foibles & mauuais ſoldats de cét amour. Mais les Eſcrits des Autheurs en ſont tous pleins. Pour ce qui eſt de vous, il faut que vous voiez ce que vous deuez à l'amour, afin de lui rendre toûjours & en tout euenement, ſans y manquer d'vn ſeul poinct.

SECTION IV.

Continuation du ▓ *precedent, où ſe monſtre la force de l'amour pur.*

LEs hommes qui ont fait vn notable progrez en ces voies, n'ont plus beſoin, dés là meſme, qu'on leur digere abondamment & largement, les diuerſes occaſions & rencontres ; dont il faut auertir les enfans de lait, qui ne font encore que commencer à entrer dans cette voie d'amour pur. Ce que l'Apoſtre a naïuement figuré, diſant: que ſi-toſt qu'il a eſté fait homme, il s'eſt vuidé de l'enfance. Ce qui monſtre & comprend de grandes choſes dans les œuures tant actiues que paſſiues du vrai amoureux de Dieu.

Ie dis donc, que le vrai amoureux en sa dereliction, est incomparablement plus fort qu'il ne pense. Si bien que souuent lors qu'il pense estre à terre, il est entierement sur pieds, & pleinement iouïssant de la victoire de soi-mesme, de sa nature, & mesme des diables. O Dieu que nous sommes pauures, quand nous sommes laissez tous seuls! mais que nous sommes forts & riches, quand nous sommes de toutes parts enuironnez de nostre cher amour, quoi que nous ne le connoissions pas. Car tel est l'ordre tres-secret de nostre mesme amour, qui pour nous conseruer en nostre pureté & en nos richesses, nous soustrait la veuë & la science de ses dons & de lui-mesme, & quelquefois mesme ce nous semble la Foi, l'Esperance, & la Charité enuers lui.

Or c'est en ces angoisseuses langueurs, que le iuste vit de la Foi, & que sa simple & pure Charité le fait eternellement adherer à Dieu, d'vne façon simple & nuë; preferant infiniment le calice amer, & la croix douloureuse, auec tout ce qui l'afflige puissamment dedans & dehors, à tous les dons precieux que Dieu lui peut auoir iamais donné, ou lui pourroit donner; pour demeurer en ce temps si desolé, fermement immobile en Dieu son tres-cher amour. Et supposé qu'il soit tenté de tres-mauuaises & importunes tentations, en cela mesme il n'est affligé qu'au dehors de soi, & assuré en vne paix diuine au dedans.

Voila donc pourquoi nous sommes créez, pour retourner & refluer en nostre infini amour actiuement, ardemment, incomparablement, purement, & sans cesse; moiennant, neantmoins, son amour actif & fortement efficace en nous, autrement non: & tout cela selon l'ordre & l'effet de son amour en nous, & du nostre respectiuement en lui. Pour lequel effet il faut fraier & dépenser tout le nostre amoureusement. Car nous ne pourrons iamais auoir rien fait ny donné, qui puisse ou doiue recompenser & satisfaire à nostre amour infini, deuant lequel toute creature est menteuse, & l'homme n'est du tout rien.

Les creatures angeliques, & les hommes sont obligez à Dieu d'infiniment plus qu'ils ne peuuent & qu'ils n'ont. S'ils auoient vn pouuoir infini, ils deuroient donner cela mesme incessamment, fortement, & purement à sa Majesté infinie, selon l'exigence de l'amour reciproque & mutuel de la creature à son Createur. Mais comme cela ne peut estre, estans si étroitement limitez & bornez comme nous sommes, donnons lui au moins tout le sien & tout le nostre, sans reserue ny épargne aucune, & sans aucune remission sur nousmesme : la discretion neantmoins toûjours sauue.

Or en ce qui vous touche, l'amour s'étend en ses effets au dehors & au dedans de vous, selon le vrai deuoir de vostre eminent office, en l'ordre de tout ce dont vous estes redeuable à vos oüailles & enfans, comme vrai Pere & naturel Pasteur en quelque temps que ce soit. Vous sçauez assez comment & pourquoi cela doit estre, & que le bien doit naistre de la liaison de toutes ses parties, comme le mal procede du moindre defaut.

Au reste ce n'est pas la science speculée de tout cecy, qui vous doit rendre bien-heureux, mais c'est le goust de Dieu mesme, lequel se donne à gouster à ses vrais amoureux en tout lui-mesme; au respect de quoi tout le reste n'est que mort & mensonge. Or tout ce qui se peut dire de plus que tout cecy, a esté largement deduit par tous les graues Mistiques. Mais vous n'auez point tant affaire de particularitez, voiant assez le moins & le plus en l'eminent Tout. Que si vous auiés besoin du moins, il faudroit auoir recours à ces Escrits là, qui sont diuersement larges & étroits, & largement & étroitement theoriques & pratiques. Neantmoins ie vous dirai librement que vous ne trouuerez point d'Escrits si reduits & si concis, ny de si pure pratique. Non que les Autheurs ne l'eussent bien pû faire : mais parce qu'ils ne l'ont pas fait. Car ces Exercices monstrent & contiennent tout ce qui se peut dire, en leur pur esprit, & en leur fond d'eminence, & de profondeur. Les sentimens en sont plus sauoureux, penetrans, & compendieux qu'on ne peut conceuoir; dont la raison consiste en la largeur & hauteur infinie de l'esprit, qui reduit & compendie tout ce qui est Theorique, à peu prés en ses concepts si reduits & si concis, dont l'expression & le flux est autant profond que large & sureminent. De sorte que cela mesme est vne manne tres-suaue à celui qui la donne, & à celui qui la reçoit.

CHAPITRE VI.

De l'Aspiration.

SECTION I.

La definition de l'Aspiration, auec ses premieres pratiques.

C'EST donc icy qu'il nous conuient reduire la voie mistique en elle-mesme, & par ordre d'exercice & de pratique. Mais auant que faire cette deduction, il faut vn peu parler de l'effet de l'aspiration ; ce que nous verrons par sa propre definition. Aspiration donc n'est pas seulement vn colloque affectueux, quoi que de soi-mesme, cela soit vn bon exercice ; d'où mesme naist & procede l'aspiration. Mais l'aspiration est vn élancement amoureux & enflammé du cœur & de l'esprit, par lequel l'ame se surpasse promptement soi-mesme & toute chose creée, & va s'vnir étroittement à Dieu en la viuacité de son expression amoureuse. Laquelle expression ainsi essentiellement faite, surpasse tout amour sensible, raisonnable, intellectuel, & comprehensible ; arriuant, par l'impetuosité de l'esprit de Dieu & de son effort, à l'vnion diuine : non tellement quellement, mais par vne soudaine transformation de l'esprit en Dieu. L'esprit, dis-je, surpasse en Dieu mesme tout l'amour connoissable & intelligible, en l'abondante & ineffable suauité de Dieu mesme, dans lequel il est amoureusement englouti. Voila ce que c'est que l'aspiration essentielle en elle-mesme, en sa cause, & en son effet.

Cette voie d'aspiration largement exercée, par vn familier, respectueux, facile & amoureux colloque qui éleue l'ame à Dieu, est si excellente, que par elle on arriuera bien-tost au comble de ite perfection, & deuiendra-on amoureux de l'ame par cét Exercice.

Or il faut que l'aspiration de continuel exercice & pratique, succede à la meditation & à l'oraison affective & facile. Ie dis, affective & facile, pour faire voir que ce n'est pas icy qu'il faut remplir l'entendement de curiosité, mais que l'entendement s'estant representé les œuures diuines, & les aiant tirées à soi, veu & connu suffisamment, il les doit donner à la volonté pour s'en enflammer & s'en nourrir, comme de sa propre pasture. Et tout ainsi qu'en se seruant du chien pour chasser, lors qu'il a pris la proie, on ne lui en laisse pas faire sa curée ; ainsi l'entendement ne doit pas ioüir plus qu'il ne faut, ny autrement, de la lumiere & verité découuerte. Et on ne doit pas la lui laisser, pour l'étendre lui mesme comme il voudra ; mais quand il l'aura penetrée

netrée suffisamment, la volonté la doit prendre comme sa propre & surnaturelle nourriture, pour s'en exciter & enflammer selon toute l'estenduë de son pouuoir. Surquoi i'aurois grandes choses à dire, mais cela est trop bas & trop effus dans la matiere mesme. Les Mistiques en ont assez amplement écrit, & ont déduit les premiers moiens & principes de cette diuine science, entre-autres le P. Grenade. Seulement dirons-nous icy que c'est la volonté, qui a tout en cét Exercice, par maniere de dire. Quoi qu'il soit tres à propos que la consideration precede l'aspiration vn long temps ; c'est à dire, que l'affection a besoin du mouuement precedent de l'entendement & de la representation lumineuse, apres quoi elle embrasse incontinent cette connoissance, s'en excitant & enflammant, en l'ordre de l'amour de Dieu.

SECTION II.

Quelles personnes sont propres à cét exercice d'Aspiration, & ses admirables effets.

CEvx qui profitent notablement en cette diuine science, sont bien-tost propres pour cét exercice d'aspiration, specialement s'ils sont de nature affectiue. Car il y en a d'autres, qui n'y sont iamais propres, lesquels s'occupent de Dieu & en Dieu, par la simple & amoureuse speculation ; qui est encore vne tres-excellente voie mistique, comme nous l'auons monstré au Chapitre precedent. Au reste il importe que l'on n'aborde point cét exercice trop tost, ny plustost que ie l'ai dit ; lequel pourtant en sa plus large étenduë reçoit diuers degrez. Que si quelqu'vn se veut donner en proie à bon escient à l'amour diuin, il sera bien-tost suffisamment instruit en cette diuine science, pour trait-

K kk

ter auec le mesme amour, en l'ordre de tous ses exercices, & degrez successifs.

Or l'amour est moien à l'amour : le moins excellent amour est moien à celui qui l'est plus : & celui-cy encore au supreme, & aux souuerains & derniers effets de l'amour actif. Tous lesquels moiens & degrez ont chacun leur theorie & pratique : & tous (specialement les derniers) ont contemplation legere, subtile, haute, profonde, large, simple, vnique & eminente en l'objet du mesme amour; duquel on est toûjours par maniere de dire, puissamment agi & fortement raui.

Mais l'entrée de cette voie est facile aux affectifs, & difficile à ceux qui ne le sont nullement. Si bien que les vns sont tres-facilement rauis par la connoissance de la beauté de l'objet, les autres sans tant de connoissance sont rauis à l'aimer, pource que l'objet qui les rauit fortement, entraîne rapidement leur volonté auec leur entendement. Et mesme cet amour est si fort en beaucoup, que la volonté entre toute seule au sein amoureux de l'amour; où elle le gouste par dessus toute intelligence, ineffablement, & par dessus toute expression. Cependant l'entendement demeure à la porte comme étonné, & suspendu à son action.

Cela est du flux amoureux viuement coulant en ses amantes, qui les entraîne, les rauit, & les inonde au milieu de ses flots; où ils sont lui-mesme, son esprit & sa deïté, autant qu'vne creature le peut estre en cette vie. Là rien n'est ny passé ny futur, ny mesme eternel, mais tout est present en cette delicieuse mer. D'où l'esprit estant resorti à soi & en soi, il se void & se sent estre moins qu'vn petit poinct, ou qu'vn atome. De sorte que delà il ranime son vol, non vers soi, mais en Dieu, en l'estenduë infiniment spacieuse duquel il se desire engloutir, pour viure de sa vie, autant que de la sienne propre.

C'est ainsi que cét amour est son effet à soi-mesme, si surnaturel & si diuin en Dieu, qu'il est & moien & fin tout ensemble: moien, entant que la creature y contribuë amoureusement le sien ; & fin, entant que là, elle repose en amour, ioie, & delices ineffables, en la veuë de la rauissante beauté de Dieu, qui la tient comme endormie en son sein delicieux ; & cela par dessus toute expression de formes & de similitudes.

Section III.
Ce qu'il faut éuiter en cét Exercice d'Aspiration, & comme il faut y entrer.

OR ce qu'il faut éuiter icy, specialement au commencement de cét exercice, c'est le trop grand effort, non seulement de la teste, mais encore du cœur. Car cela rendroit l'ame peut-estre inhabile à ce noble & excellent exercice, qui moienne si parfaitement, si facilement & si puissamment l'vnion au delà de l'vnion, s'il faut ainsi dire, de la creature amante à Dieu son bien-heureux amant. Cela est tres-considerable & se doit soigneusement éuiter, de s'appliquer ainsi sans mesure, specialement pour son propre plaisir, ce qui seroit chose peruerse, & indigne du mesme amour. Car quoy que ces éleuations soient le bien de Dieu en la creature, & le bien de la creature en lui, si est-ce que sa Majesté veut qu'on se reserue des forces bastantes pour les fonctions & exercices de la vie humaine, & de sa propre vacation & condition.

Pour ce qui est des efforts, transports, impetuositez, diuers rauissemens & ecstases, que Dieu fait par lui-mesme en sa bien-aimée espouse ; il le faut laisser faire. Il est le maistre, & doit ioüir pleinement & entierement de son excellent domaine, qui est son espouse.

Laquelle se voiant tant cherie & caressée de sa Majesté, doit l'endurer & le soustenir à quelque prix que ce soit. O qu'vne si douce vie seroit suiuie d'vne douce mort, s'il y failloit mourir!

Or ce qu'il vous faut faire icy en cette diuine voie, c'est de tascher de l'aborder de tout loin, par colloques amoureux, dont il faut que vous vous excitiez à aimer l'amour mesme en lui-mesme, sur tous les effets de son amour, dans la nature, dans la grace, & dans la gloire. Si bien que comme les hommes s'arraisonnent par admiration les vns les autres, sur les effets de la bonté & de l'amour d'vn Roy; specialement s'ils sont excessifs, prodigieux & admirables : à bien plus forte raison tous les hommes, & signamment vous, ont infini sujet d'eternelle admiration & rauissement, sur les prodiges infinis, qu'ils voient & doiuent voir de nostre bon Dieu, en son amour ecstatique en soi-mesme, qui est sorti à nous autres pauures & chetifs en tant de façons si surnaturelles pour sa gloire infinie, & pour nostre bien infini. De sorte que comme c'est en lui que nous sommes, & que nous viuons & nous mouuons, c'est aussi en lui qu'il faut que nous recoulions d'vn tres-actif & indeficient amour; non seulement pour le connoistre excellemment, mais pour l'aimer tres-ardemment & continuellement, & en iouïr en tout nous tres-excellemment, pleinement, & eternellement, en attendant nostre pleine & consommée iouïssance beatifique en l'immensité de son tout, & dans la fournaise amoureuse, infiniment spacieuse & ardente de son feu infini, apres cette vie miserable. Puisque cette vie si sainte & amoureuse qu'elle soit, nous fait assez connoistre & sentir par experience, que nous sommes viateurs: & par consequent qu'il n'y a rien plus miserable que nous.

Or puisque ie vous ay si plantureusement monstré

iufques icy l'excellence des vrais Miſtiques en la vie miſtique, & les moiens d'y entrer vtilement, d'y pourſuiure, & d'y finir; au moins ſelon le large d'icelle, auec les precautions pour n'y encourir ny dommage ny danger : il me conuient vous former icy vn exercice d'aſpiration pratique, laquelle vous menera heureuſement, comme par la main, dans ce chemin ſi ſaint, amoureux, & delicieux à toute ame qui le ſçait, & le veut amoureuſement pratiquer, à ſes propres frais & dépens.

Section IV.

Exercice d'Aſpiration, propre pour vne ame, qui commence à s'addonner interieurement à Dieu.

Q'AVIEZ-vous affaire, ô Seigneur mon Dieu, de créer l'Vniuers, puiſque vous n'en eſtes pas pour cela plus heureux en vous-meſme?

Ne ſuffiſiez vous pas à vous-meſme, pour voſtre beatitude infinie, ſans vous communiquer par recreation à tant de diuerſes creatures, que vous ſçauiez bien n'en deuoir iamais faire leur profit, pour la plus grande partie?

O bonté! ô amour immenſe! vous auez voulu tirer ces creatures en éuidence à elles-meſme de vos diuines & eternelles idées, pour vous connoiſtre, vous aimer, & agir toûjours conformément à voſtre excellent amour.

Vous les auez créé, pour ne connoiſtre & n'aimer que vous ſur toute autre choſe; afin que par ce moien elles demeuraſſent toûjours également ornées de vôtre diuine ſimilitude, qui eſt leur beauté & leur accompliſſement ſurnaturel.

Qu'eſt-ce que cela, ô amateur des hommes & des

Anges? quelle distance y a-t'il de l'estre au non estre & au rien, duquel tout ce monde est crée en si grande & si haute excellence qu'il est?

Si l'Ange a sujet de s'émerueiller de cela en l'infinité infinie de vostre Majesté, de son amour, & de sa beauté; combien à plus forte raison nous autres, qui ne sommes rien au respect de la nature Angelique, auons nous sujet de nous en estonner?

Or sus, à la bonne heure, eux & nous sommes les effets admirables de vostre ecstatique & ecstasiant amour en vous-mesme, dans les Anges bien-heureux, & dans les hommes saints.

C'est-là que vous faites des effets, qui sont tous assez puissans, pour aneantir les hommes, qui ne correspondent point à ce que vous faites en eux; qui reçoiuent tout, & gastent tout ce que vous leurs donnez, l'employant & tout eux-mesme à mauuais vsage.

Cependant, mon cher amour, ils viuent contens & paisibles dans leur bien-estre naturel, sans consideration aucune de vous, qui estes leur estre & tout leur bien.

Mais moi, Seigneur, qui suis-je, & d'où m'auez vous tiré par creation & par recreation, sinon de la bouë, de toute corruption, & de la terre, où i'estois à la verité plus pauure que la pauureté mesme, quant à la vraie intelligence, & operation d'amour; & cela, Seigneur, pour me faire seoir entre les Princes de vostre peuple éleu & choisi.

O amour, ô bonté, ô misericorde immense! ô Majesté infinie, qui remplissez tout, & qui sanctifiés tout homme qui vient au monde, & qui n'aime pas le monde!

Qui vous donnera des bornes & des limites en cela seulement que vous auez fait en moi, & ce que ie suis?

de l'Amour Divin. 447

Perſonne, Seigneur, perſonne ne le ſçauroit faire.

Car ie me ſens infiniment obligé à voſtre Majeſté infinie, tant pour ce qu'elle eſt en ſoi-meſme, que pour tous les bien-faits que i'ai receu d'elle, à mon entier bien-eſtre iuſques icy, tant ſelon l'eſtre de la grace, que ſelon l'eſtre de la nature.

Si ie veux mettre en compte deuant voſtre Majeſté ceux de la nature, combien ſupprimerai-ie de veritez, & de ſujets digne d'admiration? Que ſi i'entre auſſi en compte des biens receus en l'eſtre de la grace, (ie dis meſme par deſſus les communs benefices de recreation, de bapteſme, & d'élection) comment y procederai-ie, veu que c'eſt ce que i'ai ſi peu merité, & ce que ie puis ſi peu meriter ſans voſtre grace ſpeciale, & ſans voſtre amour?

Non, mon amour & ma vie, ie ſuis muet ſur cecy en mon admiration, attendu que ie n'ai rien qui ſoit à moi : & ſi i'ai quelque choſe, à ſçauoir moi-meſme, ie ſuis ſi pauure & ſi corruptible, que ie vais continuellement m'abiſmant en l'abiſme de toute corruption, qui eſt le peché.

Mais, ô ma chere vie, & mon cher amour, puiſque vous m'auez donné moi-meſme à moi-meſme, par mon franc-arbitre : par cela meſme ie me donne à vous en pur & eternel holocauſte, autant qu'il m'eſt poſſible : & ſuis infiniment déplaiſant de vous auoir ſi tard connu, & ſi tard aimé, ô verité ſi nouuelle & ſi eternelle.

O que les creatures m'ont ſouuent demandé en leur vie large, où eſt ton Dieu? Auſquelles ie répondois ce qu'il n'eſtoit pas conuenable. Car vous eſtes en moi, comme en voſtre propre Roiaume, & neantmoins ie ne l'ay pas toûjours ſceu par vne connoiſſance & amour efficace ; qui m'euſt librement contraint à vous chercher, vous connoiſtre, vous ſentir, vous aimer, &

vous posseder en moi, comme au lieu de vostre propre Royaume, dont vous auez eternellement desiré la sanctification. C'est, mon cher amour, dequoi ie suis infiniment marri.

Ah! quelle plus grande misere se peut penser que de viure à soi & pour soi-mesme, sans entendre & agir selon l'amour perfectif de Dieu en soi-mesme.

Qu'est-ce que cecy, ô ma vie, que vous m'aiez dit ue ie fusse parfait & saint comme vous l'estes; & neantmoins comme si ie ne vous eusse point ouy, ie ne me suis nullement appliqué à cela?

Mais, mon cher amour & ma chere vie, c'est maintenant que regrettant ma perte, non en moi, mais en vous par moi, ie desire mettre vigoureusement la main à l'œuure; ce que ie ferai sans remission, ny indulgence à moy-mesme.

C'est maintenant que ie veux refluer de toute l'actiuité de mes puissances internes & de tout mon cœur en vous, pour vous aimer eternellement à quelque prix que ce soit.

Helas! helas, mon cher amour! mon cœur a esté continuellement agité par le passé, comme vne mer, de tempestes furieuses: de sorte que ie viuois instable & sans repos de cœur, & ignorois la cause de ma misere.

Ah! mon cher amour & ma chere vie, qu'est-ce que du cœur qui ne s'applique point à vous aimer, sinon vn receptacle de toutes sortes de larrons, chacun desquels le tiraille, pour en auoir sa part? De sorte que l'homme si miserablement violenté par ses propres & volontaires hostes, est miserable par dessus toute misere en sa captiuité, à laquelle chacun contribuë, de peur que la prise ne leur échappe.

O mille & mille fois inconceuable misere des hommes

mes! d'autant plus miserables, qu'ils se plaisent en leur miserable seruitude ; cherchans & desirans s'assujettir à tant & tant de mal-heureux maistres.

Or sus, mon amour & ma vie, puisque par vostre misericorde le filet est rompu, & que ie suis deliuré de ceux qui me rauissoient auec eux à perdition; c'est vous, c'est vous, qui l'auez fait, que ie veux aimer d'amour souuerainement perfectif, d'amour fort, d'amour excellent.

C'est en vostre bonté que ie me confie totalement pour cela, autant que i'ai sujet de me deffier de moi-mesme.

Par cecy vous voiez le large de l'amour, lequel autant qu'il croist autant s'étressit-il par la viue & enflammée aspiration. Or tout est bon à l'amour, qui sans ordre ny recherche, iette les flammes de son cœur ardemment & simplement, abondamment & continuellement, ignorant toute discretion, moien & mesure, parce que son bien-aimé le rauit de sa douce impulsion, & de sa beauté tres-aimable, en qui il desire se perdre sans resource, & d'effet il s'y abisme de plus en plus.

TRAITTÉ
DE
L'AMOVR ASPIRATIF,
OV
DE L'ASPIRATION AMOVREVSE DE l'Ame vers Dieu.

CHAPITRE I.
Que l'Exercice de l'Amour Aspiratif, presuppose la hayne & mépris de soi-mesme.

'EST chose asseurée, que nous ne sçaurions estre tirez, & penetrez interieurement des sentimens sauoureux & delicieux, que l'amour ardent & aspiratif a coustume de produire en l'ame, si la diuine Majesté ne nous tire à soi par son raion viuifique, qui brûle & consomme tout ce qu'il rencontre de disposé. Or il ne fait cé teffet-là, qu'à mesure de la fidelité actiue, de l'ame à mourir à soi, & à se perdre pour iamais en Dieu.

Pour donc commencer cét exercice, il faut sçauoir,

Lll ij

qu'il est absolument necessaire de mourir auparauant à nous-mesme, & nous humilier & mépriser parfaitement. Tels doiuent estre les raisonnables effets de la haine, que nous deuons nous porter: considerans que Dieu estant d'vne grandeur infiniment infinie, nous l'auons détruit & aneanti autant qu'il estoit en nous, par nos pechez volontaires. Si bien que pour cette cause, nous deuons nous haïr implacablement, neantmoins auec ordre & discretion.

Or pour proceder comme il faut, contre vn si maudit ennemi, qui est le peché, & les habitudes de corruption, qu'il a produit en nous; il faut aller toûjours eternellement & indeficiemment à sens contraire de nous-mesme, en toutes choses, tant grandes que petites, ne nous appuians iamais plus sur nous, mais en Dieu seul, & nous confians en lui par amour tres-filial & tres-confident. Enfin, il faut nous ranger entierement, en tous euenemens d'aduersité & de prosperité, sous la regle & le niueau de son tres-desiré & desirable plaisir, & sous sa diuine & eternelle conduite.

De plus, il faut qu'éleuez & répandus de cœur & d'esprit en sa continuelle presence, nous viuions profondement humiliez, en la veuë & aspect du rien de toutes choses & de nous-mesme, sous sa toute puissante main, & sous toute humaine creature, pour l'amour de lui. A quoi il se faut animer par les motifs de la grandeur infinie de Dieu en lui-mesme, & par la consideration des sorties & saillies qu'il a faites vers nous, sans que cela lui fust necessaire pour sa gloire, & pour son mieux. Premierement en la Creation, nous formant comme des deïtés fort excellentes à son image, & à sa semblance. Et puis en la Redemption, où nous trouuant miserablement décheus de cét estat de sa diuine ressemblance, & moûlez à l'image & semblance du diable; meu de compassion en la force de son amour & bonté infinie, il nous a deliuré en temps ordonné d'vne telle mort, & d'vn si dur, si triste & si angoisseux esclauage que celui des diables, nos tres-cruels ennemis.

Tel est le bien que nostre bon Dieu nous a fait, au prix infiniment infini de tout lui-mesme, se donnant à nous, & se faisant semblable à nous dans nostre humanité; passible, souffreteux, pauure, miserable, & mortel comme l'vn de nous: & enuironné de toutes nos infirmités, excepté l'ignorance & le peché.

Voila, ô Ames religieuses, quelle doit estre vostre eternelle consideration, & occupation amoureuse en l'amour infini de Dieu, tant en soi-mesme qu'en nostre humanité, qu'il a prise pour vous deïfier auec tous ses Eleus. Or cela ne doit ny ne peut estre accompli que par la veritable & fidele pratique, d'vne eternelle mort à vous-mesme, pour pouuoir estre touchées, éleuées, tirées, penetrées, illuminées, illustrées, & sanctifiées dans vn souuerain accomplissement d'amour.

C'est ce qui vous doit faire amour de plus en plus, demeurans cependant en cette vostre hauteur & eminence, souuerainement accomplies & ornées de tout le feu & effet du saint Esprit, & de son don septiforme: par le moien dequoi vous deuez estre renduës tres-simples, & tres-vnes, entierement mortes à la vie sensitiue, reflexe, & animale en vertu du tres-obeissant, & du tres-parfait amour, duquel vous serez outrées & toutes reduites & fonduës en son immensité. Ce qu'aiant acquis en l'habitude d'vn tel amour, il vous sera desormais comme impossible de vouloir sortir de là, pour entrer en la vie sensible, & agreable à la seule nature.

Chapitre II.
Comment se doit pratiquer l'Exercice d'Aspiration.

POvr pratiquer au commencement ce noble exercice, c'est à l'entendement de rauir la volonté apres soi; & de l'enflammer des sujets & motifs tirez du fond de l'amour, tels que i'ai mis cy-deuant, ou autres meilleurs: car si vous voiez l'amour en lui-mesme, & en ses effets, vous delectant également en l'vn & en l'autre; & vous seruant de vostre industrie & actiuité amoureuse: Dieu vous secondera infailliblement selon sa bonté & misericorde immense, dont il ne manque iamais de preuenir, aider & fortifier l'ame, qui desire humblement aborder cét infini amour en lui-mesme.

Il ne faut pas neantmoins vous rompre la teste, ny vous violenter ou blesser les facultez naturelles dans l'aspiration: mais il y faut aller doucement, & d'vne mediocre actiuité, qui soit autant raisonnable que sensible.

Aussi ne faut-il pas vous ennuier, si vous pouuez, mais il faudra vous reposer certain temps, sans agir que de l'esprit, afin de delasser vos puissances, qui ont esté trop longuement tenduës. Et cependant demeurer fixe & arresté à contempler vostre infini objet, en tres-grande admiration par vn simple regard, & en profond silence: iusques à ce que vous vous sentiez abaissé de là, & que la nature se répande à elle-mesme. Alors vous recommencerez doucement, & par frequens interualles de temps, vostre humble, respectueuse, & amoureuse action: & continuerez toûjours de faire ainsi.

de l'Ame vers Dieu. 455

Neantmoins, quand vous serez paruenu à certain estat & degré d'amour, il vaudra beaucoup mieux contempler & regarder vostre diuin objet, que de parler ou agir. Car à quoi nous sert nostre industrie, sinon pour nous éleuer moiennant le secours attractif de Dieu? que si nous ne le sommes déja, ou par son seul trait amoureux, qui nous a penetrez, ou coniointement auec nostre industrie, à quoi pour lors tant multiplier nos actes?

I'aduoüe que cela suppose beaucoup de degrez: mais par tout où est l'amour, là sont aussi toutes les raisons de l'amour en la veuë, acte, science, & eminence du mesme amour. Si bien que plus l'amour est acquis, il contient aussi plus eminemment en soi les raisons de tout ce qui a rapport à la chose aimée. Et ainsi c'est à tres-iuste raison qu'on doit dire que nostre amour diuin contient en nous, & pour nous les raisons de toutes sciences, & de toutes choses: & cela tres-eminemment, comme vne seule chose.

Si bien que nous n'admettons & ne reuerons qu'amour, & son flux, tant au dedans qu'au dehors de nous. Mais nous reuerons auec vn tout autre amour, l'amour mesme par nous-mesme, en lui-mesme, totalement hors de nous. De sorte que le supreme poinct de reduction amoureuse nous éleue & constituë en vne telle hauteur, eminence, & nudité, que les hommes, mesme de bonté mediocre, n'ont que voir ny que chercher en nous, pour nous iuger, censurer, ou condamner; parce que nous n'auons rien que le corps au monde, & l'ame auec toutes ses puissances, est entierement perduë en Dieu. Et il l'engloutist en soi, la rauit, & la rassasie de lui-mesme, en la iouïssance qu'elle a de lui, plus delicieusement qu'on ne le peut conceuoir. Là dedans & en cette iouïssance tout est ineffable, la region des images estant infiniment loin de là au dessous de nous; voire comme vne chose qui n'est point.

Mais retournant à mon propos, ie dis que ceux qui ont la liberté d'agir fortement & roidement, en l'eminence de l'amour, le doiuent faire autant en contemplant & reposant, que dans l'action; se laissans emporter & rauir aux sujets & notions, où Dieu les tirera, & reuerans toutes ses diuerses operations en eux, sans y reflechir autrement qu'il ne faut. De sorte qu'ils doiuent toûjours aller leur train, demeurans également contens en la pauureté & en l'abondance, en la lumiere & dans les tenebres, en la vie, & en la mort: & suiuans toûjours le trait amoureux, qui les tire au dedans la part qu'il voudra, & en la maniere qu'il lui plaira.

Or à mesure qu'on auancera en cette voie d'amour, on pourra se dilater & se restreindre en amour plus essentiel, au dedans de soi. Mais ce doit estre par des moiens tres-vniques, & tres-essentiels. Et comme par succession de temps & d'action, les puissances seront destituées de leur pouuoir actif, il faudra pour lors par l'effort de son amour simple, éleué, & lumineux, former des aspirations de peu de mots: procedant ainsi fort souuent; suiuant l'effort du trait amoureux, duquel on sera tiré & excité au dedans, à se conuertir & se fondre en son bein-aimé.

CHAPITRE

CHAPITRE III.

De la douceur spirituelle, qu'apporte cét amour Aspiratif: & de la fidelité, que l'Ame doit auoir à souffrir les desolations interieures.

ON ne sçauroit exprimer combien les ames amoureuses, en qui le saint Esprit se plaist de verser son amour, reçoiuent dans cét exercice d'amour aspiratif, de discretion, de connoissance & de science experimentale, en tres-simples gousts & delices. On ne sçauroit dire à vne telle ame les amoureuses experiences qu'elle fera; les veuës qu'elle aura de ses pechez, & puis apres de ses plus secretes imperfections, & du bien & perfection que demande le mesme amour, pour l'accomplissement de l'ame amante. Elle verra & sçaura infailliblement tout cela auec estonnement, & confusion d'elle-mesme, accompagnée d'vne amoureuse componction, & de ioie diuersement operée & ressentie. Ce qui la renouuellera de plus en plus, en son excellente habitude, & la fera s'humilier profondement en ces abismes diuins, en la presence de Dieu: ne sçachant que faire ny que penser, pour répondre à l'amour infini, qui l'absorbe & l'engloutit totalement, en l'immensité infinie de son feu tres-ardent & consommant.

Mais il faut sçauoir que cela n'est rien que l'entrée au vrai amour de la part de la creature, & qu'il faut qu'elle soit épurée & éprouuée, par le feu des cuisantes tribulations, pauuretés, miseres, abandonnemens, langueurs, morts d'esprit, dont on ne sçait ny nombre, ny moien. En toutes lesquelles épreuues, la bonne ame n'a garde de sortir à la recherche de ses sens;

mais poursuiuant son chemin, elle vit tranquille & ioieuse au dedans de soi; desireuse qu'elle est, d'estre le viuant & eternel holocauste de Dieu son amour infini, en ses eternelles & infernales morts. Cecy ne la doit nullement épouuanter, ny la faire desister de courir roidement dans la lice d'amour, auec tous les vrais & fideles amoureux de Dieu: attendu qu'il lui sera infailliblement & pleinement fauorable. Que si vous auiez sentiment contraire, gardez vous bien d'y adiouster foi. Car ce seroit faire vn trop lasche tour à vostre amour infini, qui desire plus ardemment vostre bien, pour sa gloire infinie, que vous ne le sçauriez iamais penetrer.

Enfin la preuue du vrai amour, dans le fidele amoureux de Dieu, est l'abondante force, auec laquelle il le soustient amoureusement à ses propres fraiz & dépens, dans les diuerses morts qu'il lui conuient souffrir en son amour, par dessus amour; quoi que ce ne soit pas sans amour: mais au contraire, cela se fait d'vn amour, masle & vigoureux, qui fait que l'homme souffre & opere tout, sans lumiere & sans goust, en la nuë & viue simplicité de son inclination iouïssante, dont il est toûjours tres-doucement & simplement agité. Si bien que quiconque est arriué à cét estat d'experience, hauteur, simplicité, & profondeur amoureuse, ne peut plus faire autrement, par maniere de dire, qu'aimer ainsi: à cause des profonds attouchemens successifs de l'amour diuin, & de l'amour mesme mutuel, & reciproquement receu, & agent.

Ainsi toutes choses sont au dessous de cecy, par maniere de dire; encore qu'il y ait vne voie & vne vie incomparablement plus haute. Mais n'importe: celle-cy, qui est la vie d'amour amoureusement pratiquée, est tres-seure, & tres-profitable, tres-haute, & treséleuée : & sa fin est vne disposition à l'autre. Aussi est-elle capable de rendre son possesseur bien-heureux par elle-mesme ; mais beaucoup mieux & plus certainement, si dehors d'elle en la vigueur & subtile force de son amour infini, l'ame lui satisfait dehors & au delà d'elle-mesme, en son amour nud & essentiel; conformément à l'eminence de son fond, qui n'éclaire point au temps, mais à l'eternité ; par dessus tous gousts & delices senties & fluantes de son amour en ses puissances.

Chapitre IV.
Que les images crées, & les reflexions nuisent beaucoup a cét Exercice, & de la liberté & pureté interieure, qu'il cause dans l'ame.

QVAND vous serez tiré & penetré de la douceur d'amour en l'amour mesme, vous experimenterez ce que c'est l'empeschement des images, & combien les choses crées, nuisent à l'introduction de l'ame en Dieu. Par cét amoureux exercice d'aspiration, vous deuiendrez libre de cét empeschement, & demeurerez nud, simple, paisible, tres-recueilli & libre au dedans de vous, où vous serez comme vn miroir bien poli, representant naïuement l'excellence & la beauté de Dieu, au dedans, & de l'humanité sacrée, nostre tres-cher & tres-aimé Sauueur & Espoux, au dehors. Ainsi vous serez composé interieurement & exterieurement, comme la fidele amante, qui assiste toûjours en la presence de Dieu son bien-aimé.

Or celui qui pratique cét amour aspiratif, a cela de propre, qu'il change & reduit toutes choses en soi-mesme, & croit que tous ont son mesme esprit : sinon, il laisse les choses estre ce qu'elles sont, sans s'en empescher autrement, & va droit son chemin en la perpetuelle veuë tres-simple de son objet, à qui seul il desire plaire, & satisfaire de tout soi eternellement en amour ardent & vnique en quelque occasion que ce soit.

Sa regle est vnique, & son motif eternel est la volonté infinie de Dieu, & par consequent Dieu mesme. Si bien qu'il ne sort iamais en façon quelconque de son objet, & ne reflechit iamais bassement hors d'icelui: non pas mesme aux occasions des plus grandes souffrances & morts ; veu que tels sentimens & reflexions sont indignes d'vne ame genereuse, qui desire tout surmonter, & qui en effet surmonte tout, en l'effort de son amour actif ou passif, bien loin au delà de l'action. Que si quelquefois elle semble reflechir bassement, cela ne se trouue que pour le moment ; se plongeant à mesme temps par son effort amoureux, ou par son amoureuse patience, en l'abisme infini de son amour objectif.

Or en ce veritable amour, l'ame est tellement vne seule chose auec son bien-aimé, qu'elle n'a comme plus d'ordre, d'égard, ny de reflexion sur la diuersité des temps ; son amour vnique lui estant toûjours vn en toutes choses, & en lui-mesme. Attendu qu'amour est tout le plaisir, tout le feu, toute la ioie, gloire, felicité, repletion, sainteté, essence, & totalité de son infini objet.

Celui donc qui est perdu en amour, vit tres-heureusement en l'image de IESVS-CHRIST, & en sa vie tres-amoureuse, interieure, diuine, glorieuse & tres-vnique : laquelle est tres-occulte à plusieurs, & tres-connuë à plusieurs. Vn tel amour est tres-amoureusement & entierement perdu en l'abisme de cette vie tres-diuine & viuifiante, de nostre tres-cher Sauueur & Espoux, vrai Dieu & vrai Homme, fait homme pour l'amour des Hommes, & pour l'attraction tres-forte & tres-rapide de ses intimes amis à soi, afin qu'ils ne soient plus iamais separez de lui, mais qu'en toute eternité, ils soient vne seule chose en tout lui-mesme, non par nature, mais par grace.

Que si sur cét aspect & verité, vous demeurez en vous-mesme, auec l'vsage entier de vostre puissance amatiue ; l'amour, qui vous penetrera, vous contraindra par sa tres-douce, amoureuse, & facile impulsion, de former sur ce sujet ou autres pareils, cette exclamation, ou semblables.

O doux ! ô ineffable ! ô tres-penetrant ! ô abissal ! ô tres-profond ! ô tres-incomparable amour ! Qui vous donnera des bornes & des limites, ie ne dis pas en vous-mesme, car il est impossible ; mais en vos saillies & efforts amoureux, à l'endroit des saints Anges & des saints Hommes, en qui vous allumez si excellemment vostre feu, qu'ils en sont eternellement brûlez en son infini plaisir & douceur ? O amour tres-delicieux ! Dequoi parlent & peuvent parler les creatures, en qui vous n'estes & ne viuez que d'vne façon commune ? C'est vn excez, que ie vous fais, ô mon amour & ma chere vie ; car consommé que ie suis, au feu de vostre amour, ie iuge & ie sens que tous les hommes deuroient estre comme moi. Mais il y en a si peu qui reposent au dedans, où s'ils le font, c'est si imparfaitement, qu'ils sont tous pleins de propres inuentions & exercices, ignorans le vrai bien en eux & en vous, mon amour, qui estes tres-aimable, & tres-digne d'estre suiui & soustenu en exercice, par dessus tout propre exercice. C'est à vous, ô amour, qu'il faut adherer nuëment en pressimple repos & attention; en intention & sentiment tres-simple & tres-vniforme, pour ne iamais reflechir ailleurs.

CHAPITRE V.

De l'Aspiration essentielle, & inclination ioüissante de l'Ame parfaitement introuertie & amoureuse de Dieu.

SVPPOSE' donc que l'ame ait atteint ce degré, elle verra & sentira qu'il n'y a plus en elle que simple inclination, simple esprit, simple fond, tres-simple vniformité, simple pensée, en vn mot, que simple essence. Ce qui estant ainsi, il faut qu'elle s'y occupe, tres-subtilement, & essentiellement, comme en vn moment & en vn clin d'œil, par frequens & continuels regards intimes & tout contenans, tres-simples & tres-eminens. De sorte qu'elle doit demeurer ainsi morte, voire totalement ensepulturée & perduë en l'abissale & tres-profonde essence de IESVS-CHRIST, son tres-cher amour & Espoux. D'où elle ne doit iamais sortir pour quoy que ce soit, par le moindre mouuement d'affection reflexe.

Resoluez-vous donc tout de bonne-heure, à ne vous point reposer en la multiplicité des objets; à sçauoir, en ce qui semble beau, bon, parfait, excellent, & choses pareilles, ausquelles ceux-là s'arrestent ordinairement qui ne cherchent Dieu que par le dehors, & pour eux-mesme; à cause de la grande recompense, & des merites, qu'ils y pretendent. Mais sans auoir égard ny consideration à tout le dehors, qui semble specieux & delectable, soiez vn en toutes choses; simple, fondu, perdu, en nuë & simple abstraction: laquelle ne soit point violentée. Car il faut que Dieu la fasse & la cause en vous : en sorte neantmoins que vous lui répondiez toûjours en cela mesme, par vne éleuation & exercitation telle que ie la suppose.

Alors vostre pensée sera changée en affection, pour produire vostre amour, & le reduire en acte d'insigne veuë & estenduë ; dont vous receurez des impressions d'esprit tres-pur & tres-profond, mille fois plus estenduës, plus simples, & plus sauoureuses qu'auparauant. De sorte que vous n'aurez pour lors besoin que de former vos élans, ainsi que i'ai dit, tres-simplement, & tres-vniquement, en vostre amour tres-estendu & tout penetrant.

Car en cét estat, ainsi que dit est, l'œil de vostre simple pensée sera toûjours ouuert, & regardera toûjours par sa simple inclination iouïssante son bien-heureux objet, d'vn acte, & d'vn regard simple, haut, eminent, & continuel. Ainsi vostre pensée simple, illustrée de Dieu, sera renduë comme vn tres-vif & tres-clair miroir, representant à Dieu tres-excellemment sa diuine image : laquelle inondera tout l'homme exterieur & interieur, pour rauir excellemment le tout au dedans, d'vnité simple, par dessus toute consideration, & discernement de quoi que ce soit.

Les sorties neantmoins, & les operations que vous ferez au dehors, ne seront iamais sans discretion & preuision de la tres-haute raison, hautement & largement illuminée.

Mais ces hautes éleuations n'arriuent point, ou peu souuent, à ceux qui ne font gueres d'exercices, & qui se contentent de viure tellement quellement, en faisant oraison deux fois le jour ; & ne pratiquant que fort peu & fort froidement la presence de Dieu en eux. Aussi cét exercice n'est point pour eux, mais pour ceux qui estans fortement preuenus & tirez de Dieu en lui-mesme, abhorrent la vie animale comme la mort: sans vouloir iamais plus reflechir sur eux autrement qu'il ne faut, ny sur quoi que ce soit au dessous de Dieu.

Il y a encore des natures sensuelles, qui sont fort amoureuses d'elles-mesme, dont l'affection & l'amour n'est que mollesse de nature. A celles-cy encore cét exercice amoureux n'est point propre ny conforme: mais seulement à ceux qui par amour raisonnable, moiennant les operations de Dieu en eux, auront acquis cét amour tres-pur & tres-spirituel. Si bien que ce n'est point pour des enfans, ny pour des mols & effeminez, que nous écriuons cecy; mais pour des ames genereuses, tres-robustes & tres-fortes, qui sont les vraies espouses de nostre Sauueur. Tres-fortes, dis-je, en toute l'étenduë de son infini amour, pour de plus en plus y exalter, éleuer, & illustrer sa diuine ressemblance en elles, selon que nous le déduisons en cét exercice. De sorte que qui le voudroit prendre de soi-mesme, & sans conduite; il n'y trouueroit qu'écueils, que rochers, & que precipices.

Chapitre VI.

Ce que l'Ame doit faire, quand elle se sent éleuée au dessus de son industrie, & propre operation.

QVAND vous aurez acquis la tres-excellente habitude de cét amour aspiratif, en tout le tres-simple fond du mesme amour, là vous vous sentirez tout reduit & perdu en tres-simple & profonde penetration de tout vostre fond, où vous vous sentirez auoir tant de veuë & de goust ; en hauteur, largeur, longueur,

longueur, profondeur, & simplicité, que vous n'aurez aucun besoin de vous éleuer & guinder là, par aucune action de vostre amoureuse industrie.

C'est ainsi qu'on est éleué dans cét estat, en simplicité & eminente veuë, regard & contemplation de Dieu, par dessus toute propre industrie : si bien qu'assez souuent l'ame se sent reboufcher à son industrie & actiuité, par le doux effort & effet de la simple, nuë, & delicieuse pensée de l'amour objectif, qui est Dieu. Or Dieu estant pour lors hautement, & nuëment contemplé, ne demande pas que l'ame agisse autrement que par certains actes simples de son habitude, qui soient suffisans pour la simplement occuper, arrester, & reposer là comme en Dieu mesme, son souuerain bien, par dessus les grandes occupations affectiues qu'elle pourroit former à ce dessein.

Or la raison d'vn tel reboufchement & contrarieté d'esprit, est qu'on est plus simple & plus hautement éleué qu'on ne le sçauroit estre par la viue occupation continuée à longue haleine. Si bien qu'en cette luitte & procedure ; ou pour mieux dire, en cette contrarieté, c'est assez de produire d'interualle à autre tres-intimement certains actes amoureux : s'arrestant beaucoup plus à voir & contempler, à se fondre & se complaire en la veuë & aspect de son infini amour ; qu'à discourir pour lors, si affectueusement que ce puisse estre. Ainsi faut-il demeurer arresté entre le temps & l'eternité, à contempler son infini objet, bien loin au delà de toutes formes & images.

La contemplation en ce degré, est vne science sans science, & qui ne sçait point de moien, laquelle est veuë & possedée sans admiration, dont le retour est admiration. Ce que j'adiouste de ma veuë, à la definition qu'en ont donné les Mistiques. Ie dis donc que la contemplation est en cecy & par cecy, l'effort & l'effet de l'esprit diuin, tirant, éleuant, & rauissant l'esprit humain à soi; dedans lequel esprit diuin, celui-cy est, non tellement quellement, recueilli en sa tres-haute vnité; mais outre cela, il est quelquefois, & mesme assez souuent, si fort penetré & anticipé par l'attouchement amoureux qui l'agite, qu'il se sent estre fondu, & totalement reduit en l'immense mer du feu amoureux, qui le consomme là dedans par la force de son ardente & penetrante actiuité. Là il se voïd tellement plongé, & absorbé en ce feu, qu'il est eternellement mesme chose auec lui & en lui; aussi bien qu'vne mesme vie, tant au viure qu'au mourir.

Neantmoins encore que cét estat & éleuation soit l'effet d'vn singulier profit & auancement: si faut-il estre bien aduisé, à ne demeurer pas trop long temps sans agir & se seruir de son actiuité; faisant cela, non trop sensiblement, ny en soi-mesme: mais comme par simples exclamations d'esprit, par gemissemens, par intimes resolutions d'eternelle & tres-viue imitation de Iesvs-Christ, son infini exemplaire diuin & humain, tant au dedans qu'au dehors. Il faut en suite faire en sorte par cette veuë actuelle & continuelle, que vous ne manquiez à aucune occasion, qui se presente de l'imiter, soit qu'il s'agisse de peu ou de beaucoup: afin de rendre vostre amour, non tellement quellement veritable; mais pur, excellent, & éleué. Ce qui sera d'autant plus, que vous serez fidele, iusques au supreme poinct des morts, les plus importantes & eternelles.

Que si tout cét Exercice comprend & penetre beaucoup de verités, connoissances, richesses, & perfections, qui font le lustre & l'accomplissement de l'ame en son objet amoureux; c'est parce qu'il ne faut pas qu'elle viue à moins, ny pour moins que cela. Mais comme on pourra tout vn grand temps auoir affaire de beaucoup moins, on le trouuera déduit & digeré chez les Autheurs Mistiques. Cecy neantmoins est pris de de fort loin, quoi qu'il soit plein de touches & de fonds persuasifs & reduits, & partant tres-excitans, & tirans au dedans à l'vnité simple. I'aduertis au reste, encore que le plus haut de cét Exercice, semble estre la fin de toute action, & l'entrée au vrai repos ; il ne faut pas neantmoins estre oisifs en icelui, sinon autant que ie l'ai dit cy-dessus. C'est pourquoi nous donnerons icy quelques modeles, ou pratiques d'aspirations, dont chacun pourra se seruir pour plus grande facilité, & en tirer ce qui sera conuenable à son estat.

Chapitre VII.

Soliloque amoureux de l'Ame conuertie à Dieu, sur le suiet de la Passion de Iesus-Christ.

QVE ferai-je, que deuiendrai-je, Seigneur, vous aiant causé toute cette mer de miseres ? Mer, qui dans sa largeur, longueur, & profondeur n'a receu son dernier accomplissement que par la mort.

Mais, mon Dieu, quelle mort? qui le dira? C'est la mort de la croix, la plus douloureuse, la plus penible, la plus ignominieuse & honteuse mort, que iamais au grand iamais, il soit possible de conceuoir. Laquelle vous auez enduré, Seigneur mon Dieu, pour satisfaire tres-pleinement & abondamment pour moi, & pour mille millions de mondes, si tant il y en eust eu, à toute extreme rigueur, à l'infinie iustice de Dieu vostre Pere.

Mais ce qui est de plus merueilleux en cét abisme

d'amour, si paternel & si visceral, c'est que quand vous n'eussiez eu que moi à rachetter, à sanctifier, & excellemment sauuer, vous eussiez aussi bien prodigué, tout cela pour moi seul, que pour le grand nombre de tous vos Eleus ensemble.

Helas, Seigneur, mon Dieu, mon amour, & mon tout! c'est en cét abisme que ie deffaus totalement, ne sçachant que faire, que penser, ny que deuenir pour répondre amoureusement en ardent & continuel amour, à vostre amour infiniment infini.

Qu'on ne me parle plus, mon amour & ma vie, qu'on ne me parle plus des effusions volontaires de moi-mesme; encore moins de badineries, ieux, & ébats enfantins pris auec les creatures, quoi qu'honnestes & licites, sinon autant & en la maniere que vous le voudrez, ou par vous-mesme en moi, ou par mes Superieurs, qui me seront toûjours les fideles interpretes, expositeurs & denonciateurs de vos diuines volontés, en toutes mes pratiques, tant à l'agir qu'à l'endurer: car c'est en telles regles & pratiques que i'entens & desire profondement me reposer toute ma vie.

Qu'est-ce que cela, mon amour & ma vie? vostre fournaise est en la terre, viuement allumée, en laquelle tous vos sages & saints amis tres-intimes, sont ou déja consommez, ou à consommer: & moy, que sera-il de moi? quel moindre sort aurai-ie aupres de vous? ô ma chere vie! non, non, iamais moins ny autre chose que vous en tout vous, en toute l'immensité & profondeur de cette vostre fournaise amoureuse.

Helas! ma chere vie, à quoi pensent les hommes? que pensent-ils? & quelle vie menent-ils? est-il bien possible ô mon Dieu, est-il bien possible que quelqu'homme puisse viure en beste, pendant que vostre feu est viuement allumé dans la terre, attendant qui se iettera dedans pour s'y brusler, & y estre tres-souëfuement, delicieusement & amoureusement consommé?

O pauures hommes, où est vostre sens? où est vostre intelligence? & que pretendez-vous faire de vos ames, que vous donnez en proie à la mort, comme ignorans la verité de vostre vie, de vostre sanctification, & de celui qui la veut faire auec vous, & non pas sans vous?

Mais ce n'est pas dequoi il est icy question, pensons à nous Seigneur, puisque tous les hommes ensemble ne vous sont point tant redeuables que moi seul.

Ie fais donc estat, Seigneur mon Dieu, mon amour, de me perdre entierement & pour iamais, en vostre fournaise amoureuse, laquelle a fait & produit aux hommes & pour les hommes, tous effets semblables à elle-mesme: ie dis en vostre Passion tres-amoureuse, douloureuse, ignominieuse & amere, & au tres-saint & tres-auguste Sacrement de l'Autel, où & en quoi il semble sans doute que vostre puissance soit toute épuisée, & neantmoins vostre amour ne l'est pas, lequel amour vous conferez & versez plus amplement, aux vns qu'aux autres, selon la capacité de chacun, & à la mesure & proportion de l'amour, auec lequel il vous répond amoureusement. Que s'il est grand, vous l'aimez grandement ; & s'il est petit, vous estes contraint de l'aimer petitement à vostre extreme regret, ô mon amour, & ma chere vie.

Mais laissant à chacun faire son mieux, ie desire faire le mien à bon escient, incessamment & à perte d'haleine, sauf la discretion requise & necessaire à tel effet, car l'amour & la charité de vos espouses, qui n'est point ordonnée, vous déplaist.

C'est pourquoi ie me veux doucement occuper de vous, & en vous aux tres-nobles & tres-amoureux effets de vostre infini amour, les digerant en vostre mesme amour, par colloques les plus doux & affectueux qu'il me sera possible, selon le desir & le pouuoir que vous m'en donnerez, ainsi que i'espere en toute humilité & reuerence à moi possible.

Quoi les Anges, voire, les tres-hauts Seraphins tremblent & sont aneantis deuant vostre infinie Majesté. Et moi qui ne suis que poudre & cendre, oserai-ie vous parler de choses si cachées & si manifestes, si connuës, & si inconnuës?

Ouy, mon amour & ma vie, car tel est vostre plaisir, vostre honneur, gloire & loüange. C'est pourquoi par telles & toutes autres occupations d'esprit, ie desire, veux & entends de toutes mes forces, retourner & refluer en vous, duquel ie suis sorti mal-heureusement, iniquement, cruellement par mes pechez, dont vous seul sçauez le nombre & la griefueté.

Car, mon amour & ma vie, qui n'est point en vous, où est-il, sinon en soi? Et qui n'est qu'en soi, où est-il, sinon en la vie bestiale, ou pour le plus, en la vie humaine & morale, la prenant en ses plus hauts points, veuës, exercices & sentimens?

Cecy, ô mon amour, contient vne grande estenduë de secretes notions, que vos ardentes amoureuses voient bien, comme estant éleuées tres-hautement, perduës, arrestées, & constituées en vous, pour vous fixement voir par leur indeficient vol amoureux, en leur tres-humble & eternelle confiance en vous, & deffiance en elles-mesme, où & en qui leur amour bruslant continuellement, leurs vertus aussi ne reçoiuent, ny distinction ny difference du mesme amour, veu qu'elles en sont les effets continuels.

Car elles sçauent tres-bien, tant en theorie qu'en pratique, que manquant, voire vne seule fois, aux vertus dés l'occasion, elles manquent à l'amour, ou pour mieux

de l'Ame vers Dieu.

dire, elles manquent d'amour & d'aimer, qui seroit chose si exorbitante à telles ames, qu'elles ne se pourroient supporter ny endurer elles-mesme.

Ces ames neantmoins, ô mon cher amour, ne laissent pas de tomber assez souuent par negligence, ou à quitter les creatures, ou à se conuertir amoureusement au dedans, & se tirer en vous, ou à s'obseruer de tous points elles-mesme, en leurs mouuemens, gestes, actions & paroles. Mais ô ma chere vie, ces cheutes sont tres-petites, & comme rien deuant vous, pource que le soudain & vigoureux retour, qu'elles font de toute leur force & actiuité à vous, efface & annulle entierement tout cela en l'immensité de vostre feu amoureux, & tout consommant.

Or en toute cette deduction & reduction, amoureuse, i'entens ô ma chere vie, cōprendre toutes les langueurs, & soustractions que vous me ferez de vostre presence & douceur sensible, dans mes puissances sensitiues ou autres, & vous demande, ô mon amour, mille fois plustost la mort, que de ressembler à certains, lesquels s'ils ne sont fortement preuenus de vous quand il leur plaist, se lassent incontinent, & perdent cœur au chemin & dans l'exercice de vostre amour, & puis apres le quittent du tout, retournans à leur propre vie animale, & viuans comme s'ils ne vous auoient iamais connu.

O mon cher amour, n'est-ce pas là vn témoignage euident, qu'ils ne vous aimoient pas, mais plustost eux-mesme? Qu'ils ne vouloient point de vous, ny de vostre amour, mais plustost vos dons & vos douceurs? Ouuriers mercenaires, qui ne vous seruent que pour leur plaisir & recompense, dont s'ils sont frustrez pour quelque temps, ils retournent à eux-mesme & aux creatures, auec lesquelles ils prennent leurs plaisirs & ébats à cœur saoul.

O cher amour, mille morts pluſtoſt que de reſſembler à ces miſerables, quoi que ie merite d'eſtre delaiſſé de vous, trop plus iuſtement qu'eux, tant pour les cauſes infinies que vous voiez & ſçauez, que pour mon veritable rien : car qui n'eſt rien ne merite rien.

Ainſi mon amour & ma vie, ce ne ſont pas vos dons & vos gouſts tres-delicieux que ie cherche, mais c'eſt vous ſeul en iceux & par deſſus iceux : car il n'y a point de doute mon cher amour, que vous me transformerez bien mieux & plus excellemment en vous, tandis que ie me conformeray pleinement à voſtre infinie volonté tant aux langueurs, aux croix, au ſouffrir, au mourir, qu'en la douce ebrieté de vos diuines delices ; que ſi i'eſtois toûjours plongé en l'immenſité de voſtre feu delicieux.

Mais mon Dieu, mon amour, que cecy eſt aiſé à dire, à qui n'a rien experimenté de cecy, qui n'a point ſouffert, & qui ne ſçait ce que c'eſt que mourir à ſoi-meſme ; à celui, dis-je, qui pour cela eſt deſtitué de la forte & abondante grace de voſtre infini eſprit.

Chapitre VIII.

Icy l'Ame languiſſante d'amour, deſire ſa diſſolution, ſe reſignant neantmoins au bon plaiſir de Dieu.

Qv'est-ce que viure ? ô amour, qu'eſt-ce que viure icy, ô mon amour & ma vie ? c'eſt mourir, c'eſt mourir à ſoi, c'eſt patir, c'eſt languir, c'eſt mourir en effet, ſoit par dedans & ſelon le pur eſprit, ſoit quant au corps, ſelon la vie naturelle, qui s'aneantiſt en ſes langueurs, & ſe conſomme peu à peu de foibleſſe & de langueur, iuſques à ce que ſa vie ſoit totalement ſupprimée. Or

Or sus, mon amour & ma vie, tel est mon desir, & l'amour, qui est en nous deux, l'allume en moy, pour eternellement vous satisfaire sur cette croix, & sur toute autre qu'il vous plaira, & mesme encore tout autrement si vous me l'ordonnez.

Helas, mon cher amour! Qu'est-ce que cette vie ou on ne vit qu'en l'attente de son vnique bien, duquel on n'est iamais autrement iouïssant, que lors qu'on est brûlé, reduit, & totalement consommé au feu d'amour? Quand sera-ce, mon amour & ma vie, que ie seray totalement reduite, fonduë, & transfuse, de sorte que ie sois totalement lui-mesme en lui-mesme?

O triste, ô penible vie, si contraire à la vie de mon amour! mais quoi que ce soit, mon cher amour, & ma chere vie, si faut-il vous la donner telle que ie l'ai, & que ie la sens, auec ses mesme contraires effets en moi. Vous sçauez bien, mon cher amour, ce qui en est, & ce que ie suis, conformément à ce que ie puis.

Helas, mon amour, ie ne suis, ny ne puis rien, & neantmoins cette veuë & cette science si experimentée de moi, est & sera à iamais tout mon plaisir, tant au viure qu'au mourir, tant en l'agir qu'au souffrir, tant en eternité qu'en temps.

Quoi? n'estes vous pas mon amour, ma vie & mon tout? N'estes-vous pas mon Dieu, mon cher Espoux? Cela me suffit pour demeurer toûjours égale à moy-mesme, au feu de la pauureté & resignation amoureuse tres-interne & tres-nuë, pour adherer eternellement, simplement, & nuëment à vous, en simple repos d'esprit, en tres-simple intention & attention.

Mais par dessus tout cela, ie demeure & demeurerai fixement arrestée en paix & repos d'esprit, tres-simple & tres-vnique dans les efforts de mes gemissemens amoureux exterieurs, & par dessus iceux en ce temps & en cela mesme.

Car i'entens, mon amour & ma vie, que cela mesme vous exprime viuement & ardemment l'ardeur de mon amour, qui me brûle à viues flammes, pour me ietter en l'abisme de son tout-consommant feu, raisonnablement, & selon toutes les raisons du mesme amour, égal & mutuel entre nous deux : afin que le mesme feu me puisse transformer tout en soi, à son plaisir infini & eternel, par ma totale perte, & mon eternel abandonnement.

Si bien que, mon amour & ma vie, tout ce que vous verrés, & tout ce qui se verra, & entendra de moi, tant des Anges que des creatures humaines, manifestera l'effet de mon sacrifice amoureux en eternel holocauste, à vostre infinie Majesté.

Ah, mon amour & ma vie! vous n'auez garde de me frustrer du vostre en moi, en l'ardeur de mon amour. Et moi ie vous dis en toute humilité & confiance, que ie ne vous frustrerai pas aussi du vostre, que vous me donnez & me donnerez toûjours pour le mesme effet, de plus en plus, & de mieux en mieux. Que si c'est l'effet, dont il est question presentement, nous sommes en cela & par cela mesme, déja entrez en possession & ioüissance de nostre mutuel desir.

Pour moi, ma chere vie, vous sçauez si mon desir est affamé & insatiable ou non; que si vous voulez le plus, voire le beaucoup plus, eternellement de moi & en moi, donnez-le moi, faites-le, & il est vostre.

Chapitre IX.

L'Ame toute penetrée d'amour croit n'aimer point, & cherche à se sacrifier dans la Croix.

O Mon tout, que celui qui ne vous aime point est mal-heureux! Pour ce qui est de moi, ie vous sçai & vous connois à suffire pour vous aimer : mais helas! mon tres-cher amour, ie ne vous aime pas à suffire; car mon desir est infini, & est à tout le moins de vous pouuoir aimer en pureté & ardeur seraphique, en ce mortel & terrestre sac, où ie suis languissant d'amour, pour combattre bien & deuëment & en bon ordre, tant au dedans qu'au dehors de moi, tout ce qui est contraire à mon amour.

Vous le ferez en moi, ô ma tres-chere vie, en verité & perfection consommée, & moi ie vous endurerai le faire, & vous soustiendrai à plaisir, moiennant vostre infinie bonté & amour, en cela gist & consiste icy eternellement mon plaisir & mon repos, en attendant que ie iouïsse totalement de vous, par ma dissolution entiere de ce corps pesant, materiel & penible.

O mon amour & ma vie, c'est là que i'auray tout, en vous voiant & possedant; c'est là que ie vous aimerai pleinement, parfaitement & tres-deïformement.

O quelle distance! ô quel changement! ô quel abisme de mer! ô quelle immensité de feu tout-deuorant & tout-transformant en soi, afin que nous soions en toute sa tres-simple eternité vne seule chose en lui-mesme, non par nature, mais par amour tres-grand & indicible.

C'est donc aimer, dequoi il est question, mon amour

& ma vie, c'est de languir & mourir d'amour, mais beaucoup & beaucoup mieux en l'ardeur de mon cœur, & de tout moy-mesme, qu'en mon seul corps.

Il me semble, mon amour & ma vie, que les similitudes & demonstrations de mon amour, telles que ie les pourrois prendre, sont grandement au dessous de cecy, veu que mon amour est essentiel & perdu en vn bon sens, en toute vostre deité humaine : en vous dis-je, mon Sauueur, mon amour, mon cher Espoux, auec lequel l'amour me crucifie & me crucifiera à iamais.

Que les creatures, ô mon amour & ma vie, ne me parlent plus d'autre chose à tout iamais, que de me glorifier en vostre Croix, en vos douleurs & souffrances, & en vostre mort tres-dure & tres-amere; puisque vous auez souffert tout cela pour moi, cela est aussi l'objet de mon amour en mon amour mesme, ô ma chere vie & mon tout. Et ce seroit n'auoir l'amour qu'à la bouche & non pas au cœur, que faire moins & estre moins en effet, que tout cecy.

Ah! ma chere vie, l'amour ne dit iamais c'est assez, mais il desire toûjours donner trop plus qu'il n'a, qu'il n'est, & qu'il ne peut. Mais en vraie verité, quel est le temps d'amour? C'est celui-cy, mon amour & ma vie, & encore tout autre, & du tout autrement que celui-cy.

Au reste, mon tres-cher amour, ie vous prie tres-instamment par vous-mesme, que vous m'épuriez icy de telle sorte de moi-mesme, & de mes propres & subtiles recherches, qu'il ne se trouue iamais plus de dissimilitude entre vostre vie & la mienne.

O que c'est voir & comprendre de choses, ô mon amour & ma vie. Mais le grand desir que vous auez de le faire, me fait esperer & pleinement confier que vous le ferez, & que cela fera. Que fi vous donnez toûjours le moins pour le plus, & le plus comme difpofition encore à chofes plus grandes, moi auffi reciproquement & mutuellement, mais tres-continuellement ie vous donnerai tout pour tout; & tout à tout.

Sus donc, mon amour & ma vie, feul à feul, fans que iamais rien de ma part nous faffe empefchement & entre-deux.

Chapitre X.

Amour paſſif, mourant, & renoncé.

MEs expreffions amoureufes, ô mon cher amour & ma vie, font tout le ieu & le plaifir de vos intimes & vniques amoureux. Vous m'entendez bien, mon cher amour. Quoi ? ma vie fe deduire & occuper de vous, auec vous, & en vous, n'eft-ce pas le plaifir de toutes creatures, mais fpecialement de toutes celles qui vous aiment ? Si bien qu'elles aiment autant ma veritable occupation amoureufe en vous, felon mon total; que la leur propre, à caufe de l'infinité de l'amour qui fait & reçoit l'amour, pour recouler à mefme temps au mefme amour, par fa viue & ardente actiuité, ou par deffus cela en pure fouffrance, en tres-nuë & tres-fimple contemplation.

C'eft là, ô ma vie, que les amoureux de l'amour infini contemplent fixement & nuëment leur infini & bien-heureux objet, pour le moins en tres-fimple admiration.

Or c'eft au non-pouuoir de beaucoup agir, que l'amante fidele fe guinde & s'éleue, à perte d'haleine, mais pour mieux dire, à perte de veuë, par fimples regards grandement expreffifs, & exprimans chofes grandes & de grande estenduë, comme par vn tres-subtil & tres-leger vol d'esprit, qui est tres-propre, tres-conforme & tres- conuenable à l'esprit amoureux, blessé & languissant d'amour, tel que ie le suppose icy en son tres-cher Espoux.

Ah, mon amour & ma vie, qu'il fait bon adherer à vous au dessus du sens, du temps, & de la raison ! Ie gouste & experimente ce que ie vous dis, i'attens de vous en ma profonde confiance, l'effet de mon ardent & vnique desir, c'est dequoi il est question pour iamais dés icy. O mon cher amour, que le vol de l'amour en vos amoureux intimes est actif & penetrant ! qui le verra & qui le dira, sinon les enfans du mesme amour, qui sont ses intimes Espouses.

O amour ! ô bonté ! ô grandeur ineffable ! qui vous donnera des bornes & des limites en son concept ? Mais ce n'est pas dequoi il est icy question ; ô mon tout ! mais de vous aimer eternellement, fermement, vniquement, incessamment tel que ie vous sçai, & que ie vous voi : à la Majesté duquel ne pouuant répondre que d'infiniment loin, à cause de mon rien ; ie suis contrainte de demeurer en suspens par dessus ma propre action, & toute autre action.

Ainsi, ô ma vie, on ne vous sçauroit aimer que de loin, mais de tres-loin, quoi que neantmoins ce vous seroit beaucoup, si cela estoit toûjours de tout l'effort, & le pouuoir de la creature humaine ; ie voi & sens tres- bien cela. Mais quoi ? Cela dépend & dépendra toûjours de vous, ma chere vie, en l'effort & vertu du vostre propre ; c'est à dire, de vostre intime amour en mon endroit.

Car comment seroit-il impossible, mon cher amour, que de moi-mesme & par ma foiblesse, i'vnisse mon rien à vostre tout ? Mais il n'est pas icy question de cela, ains de vous estre fidele amante, par dessus la distinction & la difference de sentir & de non sentir. Voiez, mon tres-cher amour, que ie vous exprime tout ce qui se doit, & ce qui se peut exprimer par dessus toute expression, sentiment, manifestation, ou veuë de cecy ou de cela. Attendu que ce que ie desire, & ce que i'entens est en l'eminence de ma veuë, par dessus toutes choses.

Enfin il est question d'aimer l'amour infini en soimesme, à mes eternels fraiz & dépens, c'est tout vous dire, c'est tout comprendre & tout voir, comme c'est tout vouloir, tout faire, & tout estre au flux, & par dessus le flux sensible de vostre exuberant amour, en vos vniques & intimes Espouses.

Helas! helas, ma chere vie! que ce bannissement m'est triste & penible, qu'il m'est long & ennuieux, attendu l'infini desir que i'ay, d'auoir l'entiere & pleine ioüissance de vous en tout vous-mesme.

CHAPITRE XI.
Protestations amoureuses, de l'Ame qui est proche de sa separation.

O Dieu! mon amour & ma vie, qu'est-ce que tout le crée, sinon amour de vostre part? C'est infinie merueille, ô mon Espoux & mon Tout, que tout le mesme crée ne soit amour de sa part. Mais à quoi dire cecy? Puis qu'il s'agit si expressément de mon amour mutuel, reciproque, & infini, si faire se pouuoit, au vostre infini en mon endroit?

Ie croi fort facilement que chacune de vos amantes, en desire, en veut, & en dit autant, ce qui est mon infini plaisir, attendu que pour le moins, il s'en trouue ra assez entre-elles, qui feront toûjours le mieux, & le plus à mon respect ; mais si ne puis-je penser ny croire, qu'elles puissent plus desirer que moi en cette nostre vnique exercitation, en laquelle ie m'emploie totalement & eternellement à vous aimer. Car que m'importe, mon cher amour? c'est mon plaisir que le plus soit le plus, & le beaucoup beaucoup, pourueu que ie fasse en mon total ce que ie dois en l'amour mesme, sans iamais varier sur quoi ny pourquoi que ce soit ; ce qui est tout dire & tout voir.

Quoi, mon amour & ma vie? La terre est pleine d'amour & de misericorde, iusques à regorger, & moi cependant ferai-ie moins, en l'amour qui me domine & qui m'agite puissamment ? Serai-ie moins qu'amoureuse comme ie le dis, & totalement perduë en la mer infinie de mon amoureux & tres-heureux amour, que vous estes?

O ma chere vie, & mon amour, que seroit-ce que cela ? Quelle infidelité ? Quelle ingratitude ? Que voit-on ie vous prie en moi, sinon amour & misericorde de vostre part? Et que verra-on, & doit-on iamais voir en moi autre chose qu'amour, aimant l'amour, caressant l'amour, exaltant & magnifiant l'amour au tout de lui-mesme, en qui ie suis fonduë, perduë, simple, amoureuse par dessus le sens, & par dessus toute comprehension? Et c'est delà, que ie ne veux iamais sortir viuante à moi-mesme ny au crée, comment ny pourquoi que ce soit ; attendu que là dedans, ie suis & serai si pleinement contente, que rien ne manquera iamais à mon souhait.

Ah ! mon amour & ma vie, c'est icy que vous verrez & aurez à vostre infini plaisir, ma tres-pleine, vnique & eternelle conformité selon le deu d'amour mutuel, & reciproque de vostre amante, intime en son infini amant.

amant. Cela fait, ma chere vie, que ie ne me mets pas beaucoup en peine du reste, & de tout ce qui touche le dehors par le dehors, selon que vous sçauez & voyez tres-bien, mon cher amour, sçachant assez que tout cela me sera tres-fauorable à mon besoin, comme l'effet de vostre mesme amour, qui ne manquera nullement en cét endroit.

C'est donc vous, ô ma vie, que i'enuisagerai toûjours fixement & vniquement comme mon tout, mon objet final, mon amour infini, & tout mon plaisir & ma ioie. Mais ce que ie fais icy, ô mon amour & ma vie, c'est de coniurer la Reine d'amour, & tous les Saincts & Sainctes, qui sont ses sujets tres-humbles, tres-amoureux, tres-glorieux, & tres-heureux, de m'aider pleinement pour l'entiere & parfaite execution de mon amour, en sorte qu'il se puisse trouuer en effet, tel qu'il est en mon desir, en mes paroles, & en mes amoureuses protestations.

Ha! qu'il est heureux, mon amour & ma vie, qui vous donne plaisir, mais tout plaisir & contentement selon son total! Quoi, mon cher amour? tous le feront, & moi ie ne le ferai pas? Non, non, ô ma vie, & mon amour, il n'en sera pas ainsi, moiennant vostre grace & faueur.

Que si ie languis d'amour & d'aimer, quelle merueille est-ce, de me voir mourir entre vos diuines mains, & expirer d'amour & d'aimer? Animez donc, mon amour & ma vie, vostre amoureux holocauste que ie suis, de l'amour mesme tres-viuement infus & coulant en mon ame, & en toutes mes puissances pour cét effet; afin que ie sois consommé dans le feu tres-vif, & tres-doux du mesme amour en tout lui-mesme, que vous estes.

Faites cela en moi, ô ma chere vie, & que ie n'y metce aucun empeschement, ny relasche de ma part : afin que vous soiez pleinement satisfait de vostre tres-indigne, mais tres-humble & tres-pauure creature, & espouse que ie suis.

C'est le sujet, ô mon amour, de l'admiration de tous vos saints amoureux ; de voir que ie suis vostre espouse : lesquels en cette consideration sont bien éloignez de me vouloir dédaigner. Au contraire, ils desirent me sousleuer & me porter entre leurs bras amoureux ; pour me faire franchir & surpasser moi-mesme : & surmonter entierement tous les dangers & embusches de mes ennemis en ce dernier détroit & passage de la mort. Mort, qui m'est tres-desirée, puisque elle est l'entrée & le commencement de ma bien-heureuse vie, & de la pleine ioüissance que i'aurai de vous, ô mon tres-cher amour.

Plus vous vous sentirez proche de la mort, inuoquez le tres-doux nom de IESVS, *l'accompagnant toûiours de quelqu'vne de ses perfections : mais sur tout de son amour, de sa bonté, de sa misericorde en la maniere suiuante.*

CHAPITRE XII.
Aspirations de l'Ame agonisante à Iesus son bien-aimé.

O IESVS ! mon IESVS ! ô IESVS, mon amour, & ma vie ! ô IESVS ma misericorde, mon esperance, & tout mon bien ! ô mon IESVS, ma force, ma constance & ma ioie dans ce peril ! ô IESVS mon IESVS ! pourquoi vostre amoureuse Passion ? Pour qui, & pourquoi vos plaies amoureuses ?

O IESVS ma misericorde, & mon tres-cher refuge ! ô IESVS, mon vnique soulas ! à quoi ce Sang precieux si amoureusement & douloureusement versé pour les pecheurs ? N'a-ce pas esté pour moi, ma tres-chere vie ?

O mon amour ! leuez-vous, hastez-vous de m'aider, ô bon IESVS, ô mon Tout : car c'est au besoin qu'on connoist l'ami. O IESVS mon amour, ie n'ai garde de me défier de vous, ny de vostre amour infini, en ce poinct. Car si vous m'auez eternellement aimé, combien le ferez vous mieux, & tout autrement en ma douloureuse & amoureuse agonie !

O bon IESVS, c'est en vostre cœur & en vos entrailles amoureuses, que ie m'enferme & me perds pour iamais. Afin de n'escouter point la voix de mes ennemis de si loin que ce soit. Vous estes en moi & pour moi, que craindrai-ie, ô IESVS mon amour ? Non ma vie, rien du tout, ie ne craindrai rien, mais ie me mocquerai de mes ennemis, en la veuë & aspect de vostre infinie Majesté, & de son infini amour.

O IESVS, feu bruslant & tout consommant ! consommez mon tout & mon rien en vostre Tout immense. Et que vos ennemis & les miens soient eternellement confus. Ma pleine victoire sur eux sera toute vostre, ô mon IESYS, & non mienne : quoi que i'en reçoiue le bien infini, que vous estes, ô ma felicité & mon plein Paradis !

O bon IESVS ! ô amoureux IESVS ! ô tres-saint IEsvs ! ô mon sanctificateur, mon IESVS ! soiez-moi IEsvs, Sauueur & Espoux. Sauuez à ce coup par vous-mesme & par vostre amour infini, vostre pauure Espouse que ie suis, de la gueule beante de nos communs ennemis.

O mon IESVS, mon amour & ma vie ! tous vos Saincts & Sainctes vous requierent instamment cela pour moi, à mon amoureuse & tres-humble instance.

C'est du present, ô mon amour, dont il s'agit, pour l'eternité amoureuse. Pour aimer & loüer à iamais vostre Majesté dans sa pleine ioüissance, entre les Princes de son peuple, & entre ses cheres & amoureuses Espouses. Que ce soit là mon sort & mon partage eternel & infini, ô mon cher amour, à l'instance de toutes vos creatures sainctes & amoureuses.

O doux embrassement! est-ce donc icy l'heure benite, que ie dois ioüir de vous & de vos delicieux embrassement? O que la recompense est grande pour si peu, & si peu de trauaux! mais, ô mon amour, vous ne voulez pas donner vne moindre recompense à mon amour tres-ardent, & tres-pur en vostre endroit; que de vous donner vous-mesme à pur & à plein, pour estre veu & gousté infiniment doux & sauoureux en vous-mesme.

Ah! Dieu de ma vie! ô mon amour, mon repos & & mon tout! i'halete apres vous à viue course, plus que le cerf ne desire le courant des eaux, pour rafraichir son ardeur. I'ay vne soif infinie de vous, ô Dieu tres-fort, fontaine tres-viue! Quand viendrai-ie dépoüillé de ce corps pesant & terrestre? Et quand apparoistrai-ie deuant la face de mon Dieu, que ie cherche auec tant d'instance?

O mon IESVS! ô mon amour! ô l'Espoux de mon ame! ô ma chere vie, & mon Tout! ie recommande mon esprit entre vos diuines mains, reuecez-le comme vostre en nostre mutuel amour.

Enfin, mon tres-cher Espoux, monstrez-moi vostre face beniste, & que i'entende resonner cette voix de vostre part, en mon ame & en mon cœur: *Viens mon Espouse, mon amie, ma colombe, & reçois de moi la couronne que ie t'ay eternellement preparé, dans l'infinité de mon amour: en me voiant, & me possedant à ton plein souhait &*

plaisir, en toute mon eternité. Amen.

Chapitre XIII.
Autres Aspirations pour les malades, & Agonisans.

A Qui est ma vie, Seigneur ? A qui est ma vie ? N'est-elle pas vostre ? Non seulement, parce que vous me l'auez donnée : mais parce que ie vous l'ai consacrée quoi que trop imparfaitement, comme vostre ?

Derechef, ô mon Dieu, & l'vnique centre de mon cœur, ie vous la donne, & tout moi-mesme, possedez le tout à vostre bon plaisir, & faites que ie vous rende fidellement ma vie en ce dernier détroit.

Quoi, Seigneur ? Qui est-ce qui vous a incarné ? N'a-ce pas esté l'amour, & la misericorde ? Reuestez-moi donc de vous, ô mon IESVS, & ma vie, pour estre forte & genereuse en ce dernier combat. Car ie ne desire le faire que pour vous & en vous ; souhaittant de vous donner tout plaisir & satisfaction, non seulement en l'agonie, & dans le combat de la mort : mais encore eternellement.

Comment, Seigneur, pourrai-je vaincre tant & de si cruels ennemis, sinon en vous & par vous ? Ie vous aimerai, ma force, ma fermeté, & mon tout, en dépit de tout l'enfer. Car, ô mon amour, vous me le donnerez selon ma foi & ma confiance, & ie le vous rendrai aussi de tout moi-mesme.

Sus donc, mon Dieu, mon refuge, mon amour & mon tout, hastez-vous de m'aider : secourez-moi, si vous ne me voulez voir perir. Sauuez-moi, ô Dieu, sauuez-moi de l'effort de mes ennemis, ou c'est fait de moi. Ie peris, leuez-vous, aidez-moi, & me deliurez, pour l'amour de vostre saint Nom.

A quoi, Seigneur, & pourquoi vostre vie, vostre Passion, vostre sang, & vostre mort? N'a-ce pas esté pour les pecheurs, entre lesquels, ô Dieu, ie suis le pire? Tous ces merites & diuins effets, sont pour les pecheurs & pour moi. Voire, ô ma vie, selon vostre amour, bonté, & misericorde, mieux & plus amplement pour moi que pour eux. Vous m'entendez bien, ô Dieu de mon cœur: mon cœur & ma chair s'éioüissent en vous, ô Dieu viuant, qui estes mort pour me faire viure.

O Dieu! voicy le poinct & le moment de m'auoir pour vostre entier heritage, pur & sans macule. Voicy le poinct, ô bon IESVS, ô mon Seigneur! de m'estre pleinement fauorable, selon vostre amour, bonté & misericorde.

O Dieu infini! ô bon IESVS! si vous estes pour moi, qui sera contre moi? Si vous prenez ma cause en main, que craindrai-ie? Non, mon amour, non ma vie, vous estes mon protecteur, ma protection, & ma deffence. Encore que l'enfer s'éleue en ce poinct icy contre moi, ie ne craindrai point; car vous estes mon Dieu, ma tour, & mon rempart inexpugnable. Vous estes mon tout, & plus i'ai sujet de craindre en moi-mesme, lors que ie suis sans vous, plus, ô bon Dieu, i'ai sujet d'esperer la victoire contre mes ennemis, vous voiant pour moi, en moi, & auec moi.

Non, non, ô bon Dieu! ie n'entends plus qu'il s'agisse du mien, mais comme vostre, & entierement vostre. O mon IESVS, ô mon amour! ô ma vie! ô mon Tout! que vous me voiez bien; & que vous sçauez profondement la necessité que i'ai de vostre present & efficace secours.

Ah, Dieu eternel & infini! on connoist l'ami dans

le besoin, & l'amoureux dans le peril. Le peril ne peut estre iamais plus grand pour moi. Soiez-moi donc pleinement fauorable, secourez-moi en ce si étrange poinct de desolation.

O Dieu! que seroit-ce si mes ennemis se preualoient icy de moi? Que diroient-ils de ma foi? De ma confiance en vous, & de mon amour: mais que diroient-ils de vous, sinon qu'en se mocquans de moi, ils me disent maintenant: où est ton Dieu, qui ne daigne maintenant te deliurer de nos efforts, & qui te laisse en nos mains pour te faire la proie des enfers, auec nous selon tes demerites? Que seroit-ce que cela, ô bon Dieu?

Non, mon amour & ma vie: d'autant que i'ai esperé, & espere fortement en vous, vous m'exaucerez en mon si grand besoin. Car vostre bonté & misericorde infinie, demandent cela de vous pour moi, nonobstant le deu de vostre iuste iustice.

Il est vrai, Seigneur, il est vrai que vous estes iuste, & que vostre iugement est droit & équitable: de sorte que si vous voulez faire iustice de qui que ce soit, il n'y a rien qui vous en puisse empescher. Que si cela est vrai de vos Saints, ô ma vie; quoi d'vn si maudit & malheureux pecheur que ie suis?

Mais c'est en cela mesme, que ie prens la hardiesse de m'approcher de vous, de crier apres vous, & d'esperer en vous; me iettant en la mer de vostre infinie misericorde & amour, pour me changer, me guarentir, & me sauuer dans ses doux & amoureux flots.

Non, mon amour & ma vie, i'espere en vous de tout mon cœur, & de toutes mes forces, que ie ne serai iamais confondu de mes ennemis & des vostres, & que vous me deliurerez de leurs efforts en vostre iustice infinie.

Hastez-vous donc, ô mon Dieu, hastez-vous de me deliurer puisque vous estes mon Dieu, mon Sauueur, mon protecteur, mon refuge & mon tout. Vous voiez ô Dieu infini, les lacets que mes ennemis m'ont tendu, pour me faire trebucher, & me rendre leur proie eternelle.

Ah, mon Dieu, mon amour & ma vie ! écoulez vous dans mon cœur, & en toutes mes puissances : & les recueillez toutes en vous, afin que vous estant vni & conioint tres-estroitement, ie sois en parfaite assurance, & guaranti totalement des inuasions de mes ennemis. Alors, ô mon Dieu, ils agiront & dresseront toutes leurs machines au dehors, & ie serai en pleine paix & assurance interieurement au dedans de vous. Pour le moins, ô mon amour & ma vie, donnez-moi la force de vostre diuin esprit pour vous pouuoir soustenir en ce dernier conflict.

Que seroit-ce, ô bon Dieu, que seroit-ce, si vous vouliez entrer en iugement auec moi, si indigne & si souïllé que ie suis, puis qu'aucun des viuans ne se pourra iustifier deuant vous ? Ah Dieu eternel ! vos misericordes sont sans nombre, sans poids, sans bornes, sans mesure : c'est pourquoi l'abisme de mon rien inuoque vostre abisme infini.

Helas, Seigneur, il est bien nuit pour moi, si vous ne me visitez promptement, sans doute les demons se preuaudront de moi, comme de leur propre proie. Mais ô mon Dieu, mon amour & mon Sauueur, ou me mettrai-ie mieux à couuert de leurs mal-heureux efforts, qu'en vos plaies benistes & amoureuses, que pour cét effet vous auez receu & reseruê dans vostre propre corps ?

C'est pourquoi, ô mon cher amour & ma chere vie, ie me iette là dedans comme au lieu de mon propre refuge.

fuge. C'est là qu'est ma vie, ma force, ma iustification, tout mon bien, mon vnique repos, ma future gloire, & mon tout. C'est là que ie serai sourd aux clameurs de mes ennemis. C'est là que ie serai recueilli en vous, tout renouuellé en esprit, en l'abondance de vos diuines illustrations ; & que mes tenebres estans dissipées, la troupe des demons sera vaincuë en la force de vostre tres-lumineux, profond, & simple aduenement.

Mais, ô bon Dieu, quand vous ne viendriez point si plantureusement en moi, pour le moins suis-je bien asseuré, en mon infinie confiance, que vous me donnerez la force de soustenir vostre absence tres-sensible, & de combattre fortement & genereusement, mes ennemis dans mon agonie.

O benistes & sacrées plaies, qui contenez tres-abondamment toutes les richesses des hommes, voire qui estes leur paradis mesme, en quelque extremité de maux, qu'ils puissent estre, tant en la vie qu'en la mort, c'est chez vous, & en vous que ie trouue toutes sortes d'abismes à l'infini ; de Dieu fait Homme ; de Dieu naissant ; de Dieu faisant penitence pour l'exemple des hommes ; de Dieu souffrant & mourant en Croix pour le remede & le salut infini, & pour l'exemple tres heroïque des hommes.

O fournaise d'amour, qui bruslez là dedans les hommes, qui ont la confiance de s'y perdre! Ah! que celui qui est embrasé de vostre feu diuin, est heureux en quelque estat qu'il puisse estre en cette vie. C'est de là, mon amour, que sortent & s'exhalent les viues flammes de vostre amour, qui semblent deuoir, & vouloir tout inonder d'amour & de suauité indicible. C'est ce qui donne vne force competente dans les combats que vos seruiteurs & vos Saints soustiennent amoureusement, par la force tres-simple de la secrete operation que vous faites en eux.

Qqq

Ah Dieu infini, Dieu de mon cœur, & mon tout! c'eſt ce qui fait que ie m'éjoüis infiniment en vous, mon Dieu, mon ſalutaire; en l'aſpect amoureux duquel mes yeux defaillent de ioie & d'admiration. Sus donc, mon amour, voiez ie vous ſupplie, de quel amour & plaiſir vous auez mis le feu dans la terre, feu détruiſant le feu, & transformant en ſoi tout ce qu'il touche.

Ah Dieu! vous m'auez introduit en ce feu diuin, ne permettez pas que i'en ſorte iamais pour quoi que ce ſoit, ne permettez pas que ie reflechiſſe iamais plus ailleurs qu'en lui; que ie ne deſire que lui de toutes mes forces: car vous eſtes lui-meſme, & partant en quelque eſtat que ce ſoit, de ſouffrance, de langueur, d'agonie, ou de mort, vous eſtes toûjours le centre tres-deſirable & tres-deſiré de mon cœur.

Comment donc m'attriſterois-je, encore que mon ennemi pourſuiue ma deſtruction deuant vous? Non, non, c'eſt en cela meſme que i'eſpererai plus fermement en vous, mon Dieu, mon ſalutaire, & mon Tout, qui voulez que ie viue pour vous loüer & benir eternellement, & non que ie meure & periſſe auec les diables.

Si donc ie marche au milieu de l'ombre de la mort, comme ie fais à preſent, ie ne craindrai point les maux; parce que vous eſtes auec moi & pour moi, & vous me ſauuerez miſericordieuſement en la force & vertu de voſtre ſaint nom, à la prononciation duquel toutes mes parties aduerſes s'enfuiront.

Sus donc, amour pour amour, vertu pour vertu, ſouffrance pour ſouffrance, vie pour vie, mort pour mort. Que ſi tout cela n'eſt rien à l'égard de voſtre infinie Majeſté: voiez ie vous prie, ô mon amour, que c'eſt tout ce que ie ſuis, & tout ce que ie puis. Mais ſi par l'intime vnion toute preſente de voſtre infini eſprit, au mien vous me defirez rendre excellent en vous-mefme & pour vous feul, vous m'aurez tout tel par mon total amour.

Au reſte, ſi vous me dites en ma forte deſtitution, que vous m'auez deuëment & eſſentiellement aimé, c'eſt dequoi ie vous remercie infiniment, ô ma chere vie. Et tant moins ie puis en moi & par moi ſeul, tant plus & tant mieux ie pourrai cela : voire d'autant plus excellemment, que vous me confortez de voſtre diuine & ſecrete operation, au tres-pur fond & centre de mon cœur : ce que vous ferez iuſques au dernier ſoûpir de ma vie.

Ainſi ie voi, ô mon cher amour, par deſſus tout ſentiment, que ie ſuis en voſtre ſainte & diuine protection, en laquelle ie reſſens l'effet tres-exprés de voſtre intime amour; quoi que nuëment & tres-ſimplement. Attendant le mieux & le plus de vous, ſi tel eſt voſtre bon plaiſir. Sinon, ô mon amour, ie ſuis pour iamais tres-content de faire voſtre bon plaiſir en toute pureté, d'amoureuſe & intime reſignation de tout mon cœur, de tout mon ſens, de tout mon eſprit, & de tout moi-meſme. I'aime trop plus de vous auoir en vous aimant, & en ſouffrant voſtre penible abſence ſenſible; que de vous ſentir, connoiſtre & entendre en vos fortes & radieuſes manifeſtations amoureuſes, & flottantes au long & au large, de voſtre ſimple, profond, & lumineux amour.

Non, mon amour, que mes ennemis ne ſe moquent point de moi. Car il eſt tres-vrai que ceux qui vous ſouſtiennent & vous attendent par vn humble, patient & confident amour, ne ſeront iamais confus.

Ah! Majeſté infinie, n'eſtes-vous pas mon poids, & ne ſuis-je pas le voſtre, en voſtre amoureuſe acceptation, en la force & verité de mon amour, ſelon mon total? Vous m'entendez bien, mon cher amour, & c'est icy que ie veux demeurer recueillie, perduë, & totalement aneantie dans la profonde mer de vostre amour: afin qu'en admiration par dessus l'admiration, ie vous contemple, & toute vostre immensité immense, qui demeurant essentiellement en vous, va s'écoulant de vous par les infinis effets de vostre amour. C'est ce qui fait mesme au dehors, vne tres-spacieuse & tres-profonde mer, pour le bien & le salut eternel de vos tres-cheres & diuines Espouses, & pour les rendre amoureuses de vous à l'infini.

Non, ô ma vie, non; c'est au dedans qu'est mon repos, en la Diuinité & en l'Humanité de vostre Majesté incarnée pour moi dans ma chair. Et que veux-je sur la terre, sinon vous seul? Mais que veux-je, ô ma vie, en tout le créé, sinon vous seul? Car vous estes deuëment & totalement compris de vous-mesme, & infiniment aimable à moi & à toutes vos creatures.

Ah! que s'il m'estoit loisible d'enuier le bon-heur des tres-hauts Seraphins; non pas pour leur tres-haute & profonde gloire: mais pour leur tres-grand & profond amour en vostre endroit, que ie le voudrois de bon cœur! mais ô mon amour, n'estant qu'vne pauure creature humaine, plus pauure que toutes les autres ensemble, cela ne m'est pas possible. Ie vous aimerai neantmoins infiniment, voire autant qu'eux tous, en l'effort & ardeur de mon desir. Quoi que mes efforts ne soient rien, n'importe: ie me trouuerai toûjours pleinement contente de mourir tout presentement, en l'ardeur de mon desir.

Ie sçai bien, ô ma vie, ie sçai bien conformément à cecy, que vous n'aurez pas égard au passé, mais au present tout present. Ce qui estant ainsi, ie suis en pleine paix, par la pleine possession & iouïssance que i'ai de vous, autant que mon eſtat preſent le peut permettre.

Ie recommande mon eſprit entre vos beniſtes mains, ô mon Dieu, qui m'auez racheté ſi plantureuſement & ſi largement. C'eſt vous, ô mon Seigneur, qui eſtes la part de mon heritage : mais pluſtoſt, mon entier heritage, mon calice, mon bien, & mon Tout.

C'eſt vous, ô mon amour & ma vie, qui aiant acheté le rien pour le tout, au prix de tout vous-meſme, donnez toûjours à vos intimes amans le tout pour le rien. Et cela en l'amoureuſe acceptation que vous faites de nos pauures deſirs, & de noſtre impur amour.

Or ſus, mon amour, ie tiens mes yeux fixement attachez à voſtre infinie Majeſté : la contemplant fixement & nuëment en l'aſpect de tous ces diuins prodiges d'amour, à l'endroit des hommes. Et encore d'vne toute autre maniere, au deſſus de tout cela, au tout d'elle-meſme, de laquelle i'eſpere & attens tout mon bien en bref, par ma preſente expiration, en plein & aſſuré repos. Attendant que pleinement & à découuert, ie ioüiſſe de vous entierement, tres-pleinement & face à face, dont ie ſerai pleinement raſſaſié, & totalement ſurcomblé de ſimple & diuine ioie, auec tous les Anges, & la ſacrée Cour Celeſte.

TRAITTÉ DE LA SOVVERAINE CONSOMMATION DE L'AME EN DIEV PAR AMOVR.

Déduit en simple Theorie & Pratique.

CHAPITRE I.
En quoi consiste cét Estat.

CET estat consiste en vne éleuation d'esprit, par dessus tout objet sensible & crée; par laquelle on est fixement arresté au dedans de soi, regardant stablement Dieu, qui tire l'ame en simple vnité & nudité d'esprit. Cela s'appelle oisiueté simple, par laquelle on est possedé passiuement par dessus toute espece sensible en simplicité de repos : duquel en cela mesme on iouït toûjours également, soit que l'on fasse quelque chose au dedans de soi, ou bien au dehors, par action ou discernement raisonnable.

La constitution de celui qui est en cét estat, est simple, nuë, obscure, & sans science de Dieu mesme : en nudité & obscurité d'esprit, éleué par dessus toute lumiere inferieure à cét estat. En quoi il ne peut agir de ses puissances internes, qui sont toutes vnanimement tirées & arrestées, en la force de l'vnique & simple objet, qui est Dieu mesme ; lequel les areste nuëment & simplement, en süreminence de veuë & d'essence, au plus haut de l'esprit par dessus l'esprit. Et cela en la nudité & obscurité, du fond du tout incomprehensible. Car là, tout ce qui est sensible, specifique, & crée est fondu en vnité d'esprit, ou plustost en simplicité d'essence & d'esprit. Alors les puissances sont fixement arrestées au dedans, toutes attentiues à fixement regarder Dieu, qui les areste toutes également à le contempler. Car il les rauit & les occupe simplement par l'operation de son continuel regard, qu'il fait en l'ame, & l'ame mutuellement en lui. Cecy est le continuel regard de l'esprit purement agi d'vne maniere passiue, & qui ne fait rien que regarder son objet, & le contempler perpetuellement en sa nuë, profonde, & simple ioüissance. Et plus cela est ignoré du patient, tant mieux pour la profondeur & l'excellence de cét estat.

En cét estat ou constitution, il n'y a ny crée ny creature : ny science, ny ignorance : ny tout, ny rien ; ny terme, ny nom : ny espece, ny admiration : ny difference de temps passé, ou futur, ni mesme present ; non pas mesme le maintenant eternel. Tout cela est perdu & fondu en cét obscur broüillard, lequel Dieu fait lui-mesme ; se complaisant ainsi dans les ames, en qui il lui plaist de faire cette noble operation.

Chapitre II.

Quelle fidelité & correspondance d'amour l'Ame doit à Dieu en cét estat ; & des morts insupportables qu'elle y rencontre.

C'est à l'ame ainsi ennoblie, & transformée en fond & en lumiere suressentielle, de respondre de
tout

tout soi à celui qu'elle voit ; & qui la tire en soi-mesme par vne simple ecstase. Là elle doit continuellement estre attentiue à ne se point laisser occuper des objets naturels & spirituels, qui sourdent presque continuellement, quoi que tres-simplement, de la puissance raisonnable : & à n'écouter point la nature, qui la sollicite continuellement à connoistre & à sentir son estat, & à reflechir sur ce qu'elle voit & ce qu'elle est. Car la nature veut toûjours secretement auoir quelque objet à quoi elle s'attache ; ne pouuant se perdre continuellement, comme il conuient, hors du sens, & hors de ce qui est specifique & crée. Ce qui neantmoins est necessaire pour pouuoir aisément en profonde & simple paix de tout l'esprit, ioüir de son objet, en simple & vnique repos, accompagné de tres-simples & tres-intimes lumieres, amour & delices.

Or si cette ame est vraiement fidele, quoi qu'elle souffre au dehors, soit en l'agitation naturelle de ses puissances, soit en son corps ; ces agitations la rendent de plus en plus occupée plus profondement à son regard diuin, & à son simple repos ; ioüissant en cela mesme du Paradis en terre, en certaine maniere. Mais beaucoup mieux & plus profondement, en la verité de son entiere attention, & en la serenité de ses puissances : supposé, dis-je, qu'elle réponde vniquement & toûjours à celui qu'elle voit & contemple. Voila pourquoi c'est à l'ame, qui a receu cet infini bien, de se plonger incessamment par sa simple & totale attention, en l'essence abissale de Dieu ; qui la rauit de lui & par lui en lui-mesme. Et tant plus vne telle ame se sent aggrauée aux sens, tant plus elle se doit resserrer par son attention : afin que répondant par sa fidelité à son reciproque deuoir, elle contemple toûjours également, nuëment, & simplement son bien-heureux objet : au

R rr

tant qu'il est possible à l'ame éleuée par la bonté diuine, à cette haute dignité & sureminence d'estat.

Mais les morts tres-diuerses & innombrables, qu'il est necessaire de souffrir en cette simple nudité, sont presque intolerables. Et si on ne possedoit la simple force, & le reste des dons de Dieu simplement; on ne pourroit pas les supporter. Encore y en a-il beaucoup qui ne les supportent pas, si ce n'est auec de grandes impatiences: sortans aux creatures, & à la consolation des sens; ou bien mesme taschans de retourner à leurs exercices actifs. Cela vient de ce qu'ils ne peuuent ny ne veulent estre sans quelque sentiment & attache, ny se resoudre à mourir toûjours également aux sentimens & non-sentimens; pour s'abandonner si veritablement & en telle sorte, que tout cela leur soit vne seule chose en la contemplation & ioüissance perpetuelle de leur objet. Dans lequel objet ils doiuent estre totalement refuz & fondus, au delà mesme de la transfusion, si penetrante, si profonde, & si abissale qu'elle puisse estre. Dans laquelle tres-simple, tres-subtile, & tres-profonde penetration, l'ame en Dieu est son objet mesme, sans distinction ny difference; en la maniere que ie l'ay expliqué ailleurs. Et tant moins il y a de science, de perception, & de sentiment de cecy dans les puissances, tant plus excellemment & profondement cela est.

Chapitre III.

L'Ame en cét estat, passant en Dieu d'vne maniere inconnuë, deuient lui-mesme, & en ioüist ineffablement.

C'est en cette tres-noble & tres-simple operation attractiue, que les forces de l'ame sont intime-

de l'Ame en Dieu par amour. 466

ment tirées, & fixement arreſtées en cét abiſme objectif de Dieu meſme; qui les tire & les rauit ainſi par ſa tres-noble & tres-penetrante action continuelle. Alors l'ame profondement arreſtée à contempler fixement ſon ſimple, vnique, & abiſſal objet, ſauoure & gouſte Dieu en tres-ſimple & vnique repos, en plenitude de fruition, s'il faut ainſi dire. Ce que ie dis, à cauſe des tres-ſimples & tres-efficaces delices de Dieu meſme, ſon objet: qui eſt & qui fait ce meſme repos en lui-meſme, en l'abiſſale vnité toute rauiſſante de toute ſa fecondité. Là où il n'y a que veuë & ſcience, en ignorance; que clarté & lumiere, en obſcurité: qu'amour tres-ſimple, en tres-pure & tres-ſimple charité; qu'ineffable experience hors de cela, & en cela meſme.

Car il n'y a aucun moien humain, pour pouuoir veritablement conceuoir, & encore infiniment moins pour exprimer la rauiſſante ſaueur, & la ſauoureuſe ioie que fait & contient ce tres-vnique & ſimple repos, qui eſt Dieu meſme; duquel l'ame ioüiſt en cela meſme, autant qu'il eſt poſſible. Et cela s'experimente & ſe poſſede d'autant mieux hors de ſoi, & par deſſus les puiſſances en ſon propre eſprit, en totale & tres-ſimple ignorance & nudité d'eſprit: qu'il eſt lui-meſme pour lui-meſme, ſouuerainement le comble de ſon total bon-heur, & ſon Paradis, par ſa propre & totalement totale felicité.

C'eſt cela, ou pour mieux dire, Dieu meſme & ſon Paradis, qui enfonce & abiſme l'ame en ſon propre fond, non tellement quellement, mais en l'eſſence totale de toute la Diuinité: pour n'eſtre plus que lui-meſme, de lui, & en lui. Là où totalement perduë par totale refuſion de puiſſances & d'appetit, elle ioüiſt ainſi totalement de ſa felicité; ſelon qu'il eſt poſſible à vne ſubſiſtance creée, en ce corps mortel. A laquelle fecilité elle est totalement arrestée, & attentiue; pour de plus en plus, & de mieux en mieux la contempler, & en iouïr à son aise, voire ineffablement.

A cette suressentielle contemplation, l'ame se sent tres-secretement rauie par sa tres-simple, tres-vnique, & tres-secrete operation: qui se fait au fond, au fin fond de la mesme vnité & essence diuine, pour elle, & pour son infini & total repos. Et ainsi l'ame qui est entierement abismée en sa diuine fruition objectiue, iouïst de ses mesmes delices obiectiues; qui lui sont toutes presentes en experience de goust & de saueur ineffable, par dessus cela mesme que l'ineffable exprime. D'où on voit qu'il faut & par necessité, & par reuerence deuë à ces diuines operations; que la creature se taise, & ne passe pas outre les termes de son propre rien, au faict de son imbecille & tres-inutile pouuoir, à vouloir comprendre & exprimer ces abismes sans riue & sans fond.

Chapitre IV.

De l'inondation, & dégorgement d'amour; ou l'Ame est surcomblée de delices diuines.

IL faut adiouster à ce que dessus, que c'est icy que le Paradis s'écoule quelquefois en l'ame: qui la noie de delices diuines; de simple amour, & de lumiere en toutes ses puissances, plus fouëfuement, plus intensiuement, & plus vniquement qu'on ne peut conceuoir. Il s'en trouue neantmoins à qui cela n'est iamais arriué, & n'arriuera iamais, si ce n'est à l'article de la mort; lesquels toutefois sont icy placez & arrestez, à fixement regarder Dieu en lui-mesme, en toutes les manieres susdites: & par leur simple & nuë foi, dont ils *de l'Ame en Dieu par amour.* 501

viuent sur la terre comme iustes qu'ils sont, voire mesme au milieu de leurs penibles morts.

Mais il y en a d'autres de plus excellente lumiere & perfection, à qui le Paradis se manifeste plus souuent; & à d'autres tres-souuent. Dont ils demeurent tellement illustrez par toute sorte de bon-heur, & de perfection: qu'on les en voit entierement comblez, iusques à facilement se regorger aux autres par le dehors.

Neantmoins le plus haut & le plus intime estat en cecy, est dans la tres-simple & tres-intime operation de Dieu, & de l'esprit, par laquelle il contemple Dieu incessamment, en imperception, par maniere de dire, de ce qu'il voit & qu'il sent. Et toutefois il sçait & voit bien qu'il voit & contemple, en arrest & stabilité ferme & immobile, son diuin objet en lui & par lui-mesme; duquel il est ainsi secretement satisfait en esprit, comme nous l'auons dit. Ce qui ne peut estre autrement, au moins pendant que l'ame demeurera fidele à son introuersion & attention tres-simple & tres-vnique.

Tout ce qui se pourroit dire de plus que tout cecy, seroit beaucoup moins que ce qui est. C'est pourquoi il le faut taire, puisque tout cela est de l'effet des diuines splendeurs en elles-mesme: ou pour mieux dire, en leurs propres sujets; au tres-secret silence, dans lequel Dieu se contemple, & tout ce qui est en lui, & de lui.

Et de vrai, cette simple ioüissance & cette estincelle de tres-pure & tres-simple contemplation continuelle, est du reste de la gloire precedente, receuë en la pure & totale substance de l'ame, totalement fonduë & consommée au feu vif & tout-deuorant de la mesme deïté, qui a allumé & fait ce feu en toute sa propre substance. C'est là que l'ame est toute consommée & aneantie à sa creaturalité, sans qu'il lui en reste rien que cette tres-simple ioüissance, qu'elle a plus eminemment qu'on ne

R rr iij

peut dire ny conceuoir. Car c'est Dieu mesme qui fait cette ioüissance, par sa tres-simple action, laquelle rauit tres-secretement l'ame à soi & en soi, la comblant de tres-simples delices, de lumiere & de charité, pour iouïr en simple repos & delices de tout ce que le crée ne peut comprendre. Aussi est-ce icy la mesme deité en toute elle-mesme, où tous les esprits perdus à eux-mesme, sont renouuellez incessamment au total de cét abisme, en leur eternelle & totale consommation.

CHAPITRE V.

En quoi consiste le poinct de l'entiere consommation de l'Ame en Dieu : l'excellence de cét estat, & comme l'Ame y deuient diuine.

COMME la fin de quelque chose que ce soit, excede en soi-mesme & en son entier accomplissement tous les moiens qui y sont ordonnez : de mesme ce dernier estat, dont nous parlions à la fin du Chapitre precedent, surpasse infiniment en soi-mesme toutes les manifestations, veuës, & notions illuminantes, purgeantes, enflammantes, & consommantes des traits, attraits, & operations diuerses des personnes de la tres-sainte Trinité. Ces operations se font apres cecy successiuement en amour, dans l'ame toute substantiée au total & immense abisme de toute l'vnique fecondité. Et cela pour certain temps, & pour la gloire & la propre felicité de Dieu. Comme aussi cela s'accomplist en vn autre temps, par succez, au delà de tout cela : en l'étenduë infinie des simples abismes imperceptibles, de la Diuinité, infiniment au delà de toute la creaturalité presente & possible.

Or toute cette ioüissance obiectiue au temps de son

total flux & reflux ainsi successif, est vn Paradis écoulé en terre ; c'est à dire, dans l'ame vnie au corps. Lequel Paradis en la force de ses operations tres-fortes & efficaces, & de ce diuin ieu actif ; opere dans l'ame vne immensité d'amour, de lumiere, de science, de connoissance, & de delices. Ne faut-il pas donc dire & croire en suite de cela, que l'ame est toute fonduë, liquefiée, & totalement consommée en toute la substance de Dieu son objet beatifique : & que l'effort amoureux des ardeurs toutes consommantes, de ses infinies & continuelles operations ; à guise d'vn feu deuorant, ou de foudres & d'éclairs tres-penetrans, l'aneantissent à sa creaturalité : & la rendent totalement reduite & transformée en toute la substance diuine, iusques à l'entiere consommation d'amour.

L'ame donc estant paruenuë à cette heureuse consommation, par sa fidelité à répondre, selon son total, au diuin amour consommant ; ne fait plus de distinction ny de cecy, ny de cela : ny mesme de ces eternelles, foudroiantes, & tres-penetrantes splendeurs, qu'elle a cy-deuant souffert, en l'effort du feu d'amour viuement allumé ; qui l'a infiniment mieux substantée, fonduë, & conuertie en soi, que le feu materiel ne fait à l'égard des metaux, qu'on lui suppose.

Or quand tous ces embrasemens sont entierement passez, tous moiens sont reduits à vn, en cét abisme vnique-fecond. Et cela par dessus la fecondité, tant en vnité, qu'en fecondité ; où la fruition & la contemplation est eternelle, & également égale, tant en fecondité qu'en vnité. Enfin c'est en ce poinct de totale consommation, que la notion & connoissance de tout cét abisme est vniuerselle ; tout ainsi que le mesme abisme en theorie & pratique, par dessus toute theorie & pratique ; selon l'ordre purement theorique de tous les moiens sans moiens, qui precedent cecy.

CHAPITRE VI.
Que le feu d'Amour agist toûiours sur l'Ame, tandis qu'il y a quelque chose à consommer en elle.

TANDIS qu'il reste quelque force en la creature à consommer, ce diuin feu agist toûjours selon son total ; pour reduire la creature en sa propre substance, & la transformer totalement en toute l'étenduë infinie de sa diuine substance. D'où il est impossible de vouloir iamais sortir : d'autant que cela est la totale felicité de l'ame, & son souuerain accomplissement en cette vie. Que si elle eust toûjours eu des forces naturelles à consommer, ce feu tout-consommant d'amour immense, eust aussi toûjours duré & agi par sa noble action transformant tout en soi. Mais comme il a esté & est de necessité que tout ce qui est de la creature cede à la consommante action de l'amour ; cela est cause que cette ioüissance & cette contemplation eternelle, est si pure, si simple & si intime en simplicité de repos & de delices, comme elle est en cét estat de parfaite consommation.

Toute la theorie de cecy, est exprimée par les Mistiques, comme ils le peuuent ; auec des similitudes prises des effets de la nature, selon qu'ils les voient estre plus propres & plus conuenables, pour monstrer & expliquer tous ces moiens & estats de simples manifestations & notions. Par ces deductions ils s'élargissent & se répandent tres-lumineusement & simplement, faisans assez voir & sentir la force qu'a sur eux le feu d'amour eternel ; qui les embrase iusques à leur entiere consommation. Si bien qu'estans ainsi consommez,

ce

ce feu vit en eux : & ils ioüissent de la felicité infiniment abissale qui lui appartient, tres-pleinement & & totalement, en toute l'étenduë de son actuelle, eternelle & totale comprehension. Et par mesme moien, tout ce que ce feu a transformé & consommé en soi & par soi est lui-mesme sans difference ny distinction, autant que cela peut estre vrai dans vne creature.

En effet, il n'est plus possible à l'ame ainsi consommée, de se diuertir de cette tres-simple fruition, par intention & volonté; d'autant que ses forces sont entierement consommées, pour n'auoir iamais d'appetits contraires; ie dis, de volonté & d'intention: parce que la vie, dont on vit icy, est eternelle, simple, en repos & fruition de l'essence diuine, eternelle, & suressentielle. Car l'ame dans sa consommation est totalement refuse & perduë en cette diuine essence, auec tous les bien-heureux Esprits, qui s'y sont amoureusement perdus, par leurs amoureux, perpetuels, & tres-vigoureux plongemens. En laquelle s'estans totalement surpassez, & rien ne se trouuant plus d'eux; cette vnion intime fait qu'il n'y a plus qu'vne infiniment simple, amoureuse, & amiable essence & substance: de laquelle & en laquelle ils viuent tous de pareille vie, & plaisir qu'elle-mesme.

Au reste, tout ce qui vit eternellement au Pere, vit de mesme eternellement au Fils. Et tout ce qui vit au Fils & au Pere, vit pareillement au S. Esprit; qui embrasse & rauit à soi & en soi toute la fecondité, & nous auec elle en toute l'étenduë de cette suressentielle essence, dont les personnes sortent incessamment à leur beatifique action, & nous auec elles; en rentrant incessamment auec nous, en ce leur repos ineffable & infini.

Chapitre VII.

Que ce sublime Estat ne tombe point sous le sens, & ne se peut exprimer.

Tovs les estats, qui precedent celui-cy, en quelque voie que ce soit, sont deduits chez les Autheurs Mistiques. Mais celui-cy les contient tous sureminemment d'vne assez diuine maniere ; par laquelle on se voit, & on se sent fondu & reduit en vn tres-petit poinct, qui est le centre vnique, d'où sont tirées toutes les lignes qui se peuuent conceuoir. Ainsi le sentiment, & la simple & specifique perception semble plustost monstrer ce qui est crée en vne excellente maniere, que l'increé où nous sommes arrestez : & qui nous tient purement attachez par dessus tout amour ; en nudité & simplicité vnique & du tout suressentielle : par dessus tous les effets susdits du feu diuin ; embrasant & consommant toute l'ame en soi au temps de son action. De sorte que l'ame estant icy arriuée, ne trouue rien que dire, ny que penser ; non pas mesme pour exprimer ce qu'elle a veu, ou senti dans les estats precedens, & encore beaucoup moins en celui-cy. Si bien que quiconque penseroit que les formes, ou les discours intellectuellement tirez, fussent propres à en exprimer quelque chose, se tromperoit grandement ; veu que si simplement qu'on les puisse deduire, ou reduire sur cela, ce n'est encore rien exprimer, en comparaison de ce qu'on a veu & senti : & encore infiniment moins de ce qu'on voit & qu'on sent à present.

C'est pourquoi au mesme temps que le feu diuin embrase tout l'homme par son action, celui qui le sent operer si viuement & si souefuement en toutes ses puis-

de l'Ame en Dieu par amour.

sances; en est de plus en plus embrasé & entierement consommé en toute son infinie amplitude. Comme, dis-je, cela remplit l'esprit d'vne indicible & inconceuable volupté; il s'efforce d'en faire paroistre quelque chose au dehors pour son propre soulagement; tirant & reduisant comme il peut ce qu'il en exprime, afin de renforcer par cela mesme sa vie mourante par les effets de ces attractions si soüefues & si delicieuses. Mais il sent assez par experience, qu'il n'en exprime rien en verité; attendu que telles operations diuines, qui embrasent & consomment ainsi tout l'homme, ne tombent point sous le sens, non plus que Dieu mesme qui les fait. Non seulement pour ce que Dieu est pour soi & en soi-mesme : mais en ce qu'il est & de ce qu'il fait par ses fortes & embrasantes manifestations en la creature, en laquelle cela se fait. Et qui le soustient non seulement pour estre toute tirée & veuë : mais pour estre toute transformée en cette suressentielle suressence, comme elle est selon tout soi-mesme, en la totale perte & cheute de toute elle en ce diuin feu suressentiellement suressentiel.

Chapitre VIII.

Difference notable entre l'Estat d'inondation d'amour, & celui de la consommation suressentielle de l'Ame en Dieu.

OR la difference de toutes ces operations diuines, qui vont toûjours augmentant dans la creature ce feu diuin, & par lequel elle est de plus en plus transformée en lui-mesme dans toute son estenduë; la difference, dis-je, de cét estat au present, est que Dieu pour lors estoit selon toute sa substance au total de la creature. Laquelle par cela mesme qu'il estoit & qu'il faisoit en elle, & parce qu'il lui faisoit voir, estoit aussi toute tirée, & toute pleine de Dieu iusques à regorger d'amour & de delices à l'infini, s'il faut ainsi dire. Dans ce premier estat, l'ame heureuse est infiniment estenduë & élargie en toute cette diuine vastité, toute inondante d'amour, de lumiere, & de gloire : & dans vn estat tel que si iamais elle n'auoit veu, ny senti les choses creées, ny esté tirée de Dieu à elle-mesme. Ce qui la va consommant de plus en plus, selon son total ; & la perdant & fondant toûjours en cette mer d'amour infini & eternel. Et par consequent elle est aussi de plus en plus deifiée par ces si nobles effets diuins. En sorte que Dieu ne cesse point ce diuin ieu tout consommant, qu'il n'ait reduit iusques à la totale consommation son Espouse, qui patist ses continuelles operations tres-diuerses, & qui succedent l'vne à l'autre, tant pour le plaisir & la felicité de Dieu qui les fait, que de l'ame son espouse qui les endure, & les doit toûjours endurer à ses tres-agreables dépens.

Estant donc icy heureusement arriuée, elle se treuue en l'estat present, qui consiste en ce que nous auons dit cy-dessus. Et maintenant elle ne voit, & n'a rien de soi mesme ; quoi qu'elle soit en puissance d'estre, de voir les creatures, & de sortir à icelles ; si elle vouloit s'oublier iusques là par son extreme folie. Mais estant reduite & fonduë, comme elle est totalement selon ses puissances & son essence ; elle est là arrestée & establie, infiniment au dessus de tout le passé en Dieu. Arrestée, dis-je, fixement selon la plus haute cime de ses puissances, à contempler, en iouïssance & en repos, l'infinie immensité de Dieu en lui-mesme : en l'amour continuel du tres-saint Esprit, & de la tres-sainte Trinité. Où & en laquelle, elle est entierement tirée, par cette éternelle & infinie production auec les personnes diuines : & mise en repos ioüissant en l'amour infini & eternel du S. Esprit, qui tire toute la personalité en soi. Et d'autant plus que la creature se trouue nuë, & destituée de tout sentiment de cecy, tant mieux. Et tant plus elle est là, tant plus aussi elle est telle que nous la disons en cette suressentielle essence. En laquelle son repos & sa iouïssance excede infiniment toute comprehension : & d'vne maniere aussi subtile, que Dieu mesme le peut faire ; & qui en effet opere cela en elle, par son amour continuellement agissant, & continuellement pacifiant.

Chapitre IX.

Que tout ce qui se dit de cét estat, n'est rien à l'égal de ce qui en est : & pourquoi les Mistiques n'en parlent que par excez.

IL y auroit vne infinité de choses à deduire en ce lieu, conformement à ce sublime estat. I'en ay exprimé quelque chose icy, & ailleurs. Mais tout cela n'est rien que begayement & que tenebres, au respect de ce qui en est. Les Autheurs Mistiques pleins de ce diuin amour, ont differemment décrit & établi plusieurs estats & manieres, dont Dieu se sert pour allumer son amour infini en sa pauure creature, & pour la consommer en soi. Par tous lesquels moiens & estats, qui procedent l'vn de l'autre comme par vne montée, ils ont conclu & exprimé des choses tres-grandes, & du tout incroiables à celui qui ne les a point éprouuées. Mais tout cela mesme n'a esté, & n'est autre chose que de tres-excellens & ineffables moiens ordonnez à leur ineffable & sureminente fin. A laquelle l'ame estant heu-

De la consommation

reusement paruenuë par sa totale consommation, elle est en quelque maniere en son Paradis: soit en amour pratique, soit en amour ioüissant & fruitif; qui est tout dire, & tout comprendre sur ce sujet.

Mais comme i'ai dit cy-dessus, lors qu'on est atteint de cét amour, & qu'on y est eleué; on en digere & écrit pour soi ce que l'on peut. Cependant comme on voit qu'on n'a ny esprit ny parole, pour s'exprimer conformément à ce qu'on sent, & à ce qu'on voit en cét abisme infini de toutes richesses & delices; on fait souuent des excez pour s'exprimer. Comme seroit de dire en quelques rencontres: *Plus que Dieu, au delà de Dieu, &c.* Ce qui paroist grandement rude. Mais parce qu'on ne voit ny terme, ny nom, pour répondre à ce dont on se sent & on se voit tout embrasé, comme d'vn feu tres-deuorant, en cét immense abisme d'amour eternel; on se reduit & on s'exprime comme on peut. Ce qu'on fait, non par ignorance: mais en profondeur de science experimentale, que l'on a de ce que Dieu est en soi-mesme, autant qu'on le voit, qu'on le gouste, & qu'on le possede en lui-mesme, en toute son infinie étenduë. Ainsi il ne se faut pas arrester à semblables paroles, qui sont de vrai hors du langage de la science commune; mais au sentiment & à l'esprit qu'elles contiennent: ou pour mieux dire, aux mouuemens embrasez qui les poussent dehors, & qui nous font voir à nous-mesme ce que nous sentons de Dieu, & ce que nous sommes en Dieu.

Or il est vrai, que d'autant plus que les formes & les façons de parler sont simples, d'autant mieux, & plus conformément à ce que Dieu est, & à ce qu'il fait en nous, nous nous répandons & exprimons nos mouuemens, nos veuës, & nos sentimens tres-simples, embrasez, & vniques. Lesquels estans les effets des operations divines en nous, nous monstrent cét abisme infini d'amour & de lumiere, viuement & efficacement operant, en faisant & produisant soi-mesme, lorsqu'il remplit totalement nos puissances de lui-mesme, selon l'acte continuel & total de son infinie felicité. Selon lequel nous sommes tous fondus, étendus, & entierement perdus en son vnité infiniment suretenduë & suressentielle. Là, nous demeurons en vn amour tres-pur, tres-paisible, & tres-eternel, s'il faut ainsi dire. Car nous sommes là eternels, mesme par dessus l'eternité; entant que nous sommes totalement perdus, mesme à ces sentimens & veuës là, si peu que ce soit distinctes du mesme objet, qui nous abisme & nous perd de plus en plus en lui-mesme. D'où il arriue que nous sommes sans aucun desir de sortir de là, pour reflechir en aucune façon sur nous-mesme, pour voir ou nous sommes, & ce que nous sommes. Car nous auons vne science tres-certaine de l'estat present; par lequel nous sommes morts & aneantis à nous-mesme & à tout estre, par l'operation de Dieu; mais particulierement à nous-mesme, qui est tout dire. Et là nous demeurons ainsi fondus & perdus en celui, par l'operation duquel nous viuons de l'aspect fruitif & ioüissant de son infinie essence diuine; selon la mesure & la façon que Dieu tient pour cela, en l'arrest & constitution de nos puissances.

CHAPITRE X.

Que la maniere d'exprimer, ou d'écrire cét estat, est d'autant plus noble, qu'elle approche plus de la pratique.

C'EST la verité, que les déductions & reductions pratiques de tout cét estat, sont incomparablement plus nobles, que les sentimens & les veuës theoriques, par lesquelles on manifeste le mesme estat. Car les deductions theoriques tirent entierement au dehors, & comme par art ou par science, à dire ce que l'on voit, & ce que l'on sent là dessus. Au contraire les deductions reduites de cette pratique diuine, tirent & reduisent en Dieu mesme, qui les fait & qui les produit, tout ce qu'elles semblent mettre au dehors. Et cela sous formes & expressions tres-simples, conformément au tres-simple & vigoureux fond, qui les a produit en son simple & sureminent aspect, pour son supreme bien : & comme pour seruir de miroir à l'ame, qui voit Dieu là dedans reluire en son immense & ineffable clarté.

Il y a neantmoins vne theorie tres-conforme à cecy, qui est autant pratique que theorique : laquelle sort à sa deduction d'vne maniere tres-simple, tres-reduite, & tres-concise : éuitant soigneusement toute l'explicité contenuë sous ses tres-simples formes ou façons de parler ; ce qui est en somme tout ce que les Autheurs Mistiques ont mis en euidence. Cette theorie ainsi coulante en tres-simple flux, tres-conforme à cette tres-pure & tres-simple pratique : tire au dehors par le dedans, au dedans mesme : rentrant toute au lieu d'où elle est coulée, au fin fond tres-simple, qui l'a debondée, comme par regorgement d'amour, de lumiere, de goust, & de delices tres-simples & tres-diuines. Cette theorie monstre & tire à l'ame tout Dieu selon toute sa diuinité, toute sa clarté, tout son amour, toute sa beauté, & tout le comble de sa felicité : autant qu'elle en est capable en cette vie mortelle. De sorte que l'ame, qui est ainsi embrasée du feu de cette si surdiuine & suressentielle vnité, possede vn plein Paradis de delices, en cela mesme que ses simples formes

&

de l'Ame en Dieu par amour.

& manifestations lui font sauourer à l'infini de la deïté mesme, qui semble les verser.

L'ame neantmoins, autant qu'il est en elle, doit toûjours demeurer en fruition, tant selon le plus subtil effet de ses puissances nuës au dedans: qu'en ses sens & en son corps, & par le dehors; demeurant vraiement morte, non seulement par foi, mais aussi par action, tant dehors que dedans comme nous auons dit. Et quoi qu'elle doiue estre tres-resoluë à l'amour pratique de pure obedience, les Directeurs de telles personnes doiuent bien soigneusement regarder à les laisser en leur repos, si faire se peut. Ou à tout le moins prendre garde à quelles actions ils les emploient, afin de n'empescher l'action de Dieu en eux. Mais les hommes ne sont point en cette peine là, veu qu'à peine personne se trouue en cét estat, ny mesme au chemin d'y paruenir.

Mais faisant abstraction de cela mesme, ie dis qu'il importe grandement d'estre vraiement mort; voire par maniere de dire, sans agir mistiquement, & par dessus la mesme misticité en son objet eternel & infini: operant là dedans selon la regle des plus subtiles proprietés de l'esprit, que i'ai écrit ailleurs. Toutefois il n'importeroit pas tant, sauf tout meilleur iugement, d'agir mistiquement. Mais il faudroit que cela se fit imperatiuement, par le moindre signe, ou action qu'on puisse faire sur les diuerses occurrences des necessitez; par lequel signe on connoisse, & on sçache son desir. Si on dit que cecy mesme peut estre vne attache, ie n'y contredis pas, veu que ma regle est encore plus subtile que cela. Neantmoins il faut vser de lumiere & de discretion, pour pareille pratique: & se souuenir que moins on aura de discernement au dehors, ou à soi-mesme; tant mieux on sera mort, & perdu en son eternel abisme. C'est ce que i'entens exprimer en la simple, profonde, & large vnité de mes Escrits.

Or c'est chose fort déplorable, qu'il ait faillu que des personnes d'vne telle pratique & d'vn tel estat, aient fait de si longues & si mauuaises experiences, sans en découurir les causes, quoi que cela se soit fait à la bonne foi. Partant il faut qu'on se regle à cecy ou pour se reformer, ou pour se maintenir : rejettant les licences, que ie semble auoir donné icy & là ; (de l'image mesme de nostre Sauueur) pour quoi & sur quoi que ce soit. Et qu'on s'establisse en son repos central, vnique & objectif, selon le tres-pur & simple fond, tres-large & tres-profond soit de mes Escrits, soit d'autres semblables, ou meilleurs. Car ceux de cette nature sont tres-perdus, & contiennent tres-sureminemment tout ce qu'ont les Autheurs tels qu'ils puissent estre. D'autant qu'ils sont faits en theorie & pratique tres-vne & tres-perduë, tres-large & tres-profonde, tres-longue & tres-sublime.

Chapitre XII.

Que les reflexions sur soi-mesme, & sur son estat, en certaines occasions, ne sont pas deffenduës à l'Ame contemplatiue.

SI quelque chose estoit capable de nous affliger, ce seroit entre-autres, le pouuoir que nous auons de reflechir sur nous-mesme. En quoi il semble que nous ne soions pas en la tres-pure charité. Cela est vrai en effet, à le prendre selon nous, selon nos sentimens, & selon le propre de nos puissances, qui se trouue toûjours en nous en pouuoir d'agir naturellement. Mais entant que par foi & par verité selon cela nous sommes morts à nous, & viuans à Dieu & en Dieu, pour lui donner pleine & totale ioüiſſance de noſtre vie, à ſon infini & eternel plaiſir & ſatisfaction. Ainſi, dis-je, & en cette verité infaillible, nous ſommes en la tres-pure charité; parce que tout ce qui eſt naturel en nous, eſt, & ſe fait ſans nous. Et cela eſt de l'effet de noſtre aneantiſſement pratique.

Mais il faut bien adviſer, que tout cela ſe trouue ainſi vrai en l'acceptation des difficultez innombrables, telles que Dieu nous puiſſe preſenter, meſme à l'infini. Tellement que pour accomplir toutes ces veritez en leur ſupreme comble, il nous faut armer de force & de foi; qui n'eſt & ne doit eſtre en nous, autre choſe que Dieu meſme, tant en ſa vie diuine, qu'en ſes diuins effets.

Or quoi que nous aions dit, qu'il failloit ſe donner de garde de ſe tirer aux ſens: on pourra neantmoins quelquefois le faire, pour voir ſes manquemens & ſon ordre. Sur tout pour y voir ce qu'on doit eſtre, faire, & endurer. Et pour y découurir que continuellement on doit mourir, & expirer en cette infinie eſſence; pour y demeurer vraiement & parfaitement: & pour obſeruer toutes les circonſtances, que la raiſon illuminée fera voir deuoir eſtre obſeruées au dehors, & au dedans, conformément à cette voie.

L'ame donc ſe donnera diligemment garde des creatures, & ſur tout d'elle-meſme; en conſideration des malins & tres-ſubtils inſtincts naturels, qu'elle ne voit pas en elle, nonobſtant toute conſideration; afin d'eſtre ſi pure en ſon introuerſion, qu'elle ne s'vſurpe iamais, de ſi loin que ce ſoit, l'eſtre de Dieu (car c'eſt ainſi qu'il faut dire) pour la vie & pour le plaiſir de ſon propre eſtre, qui n'eſt que menſonge & miſere. Enfin qu'elle demeure attentiue à s'obſeruer ſoi-meſme, pour ne rien faire d'elle-meſme en quelque ſorte que ce ſoit.

Chapitre XIII.

Lumiere, pour découurir les plus subtiles attaches de la nature.

NOvs auons dit cy-dessus, qu'il ne faut point se chercher soi-mesme selon la nature. Mais comme il est tres-difficile de la voir, si elle est spiritualisée en elle-mesme, & par les exercices exterieurs; à cause de la tres-grande ressemblance, qu'elle a auec l'esprit: il faut donner icy quelque regle pour la découurir. Ce qu'il faut faire par voie d'esprit. Car les exercices exterieurs estans plaisans à la nature comme ils sont, elle s'en appaste, & les pratique auec plus ou moins d'auidité. C'est ce qu'ont fort bien monstré tous les plus excellens Mistiques: & moi sans comparaison d'eux, ie n'eusse presque pas pensé qu'elle eust tellement tiré à elle ses propres exercices, comme elle fait en verité. Car en tout ce qu'elle desire, ce qu'elle fait, ou ce qu'elle laisse à faire; elle n'a égard qu'à son propre bien, & à la recompense qu'elle en pretend.

Cela se voit manifestement, quand il est question de l'oster & la diuertir, pour la reduire à sens contraire d'elle-mesme; & lors qu'on la priue ce lui semble, des moiens plus propres & plus efficaces de son salut, qu'elle regarde comme souuerain bien, pour s'y reposer, & delecter eternellement: car elle ne sçait & ne sent rien de meilleur, ny plus desirable que cela. C'est pourquoi elle s'excite là dessus par dehors, en l'effort du sens, aux pleurs, aux regrets, & aux gemissemens; se répendant & se manifestant à tous, par des sentimens passionnez, tantost d'vne façon, tantost d'vne autre. Ainsi elle se fait voir comme forcenée en elle-mesme,

de l'Ame en Dieu par amour.

excitant la raison à s'inquieter, & à se dépiter de plus en plus : & l'importance est qu'elle croit qu'il faut faire ainsi. Aussi la pluspart des personnes, qui se gouvernent de la sorte, se forcent grandement à cela : & excitent tous ces efforts & ces mouuemens, par eux-mesme & de proppos deliberé.

D'icy on peut voir combien c'est vne chose miserable & vile, que de ne se pas tirer en Dieu par les exercices interieurs ; par le moien desquels on connoist, on sent, & on gouste Dieu en lui-mesme par son vrai amour. Lequel amour détache la creature du dehors, la tirant simplement au dedans ; pour l'établir, l'affermir, & l'arrester par vrai repos en Dieu seul, à quelque prix que ce soit, d'action ou de souffrance. C'est pourquoi les hommes ne sont point tant trompez, qu'à iuger des esprits : à voir & apprehender par esprit, ce qui se iuge & se manifeste par l'esprit & par le goust, qui excede toute la veuë & speculation de raison morale. Car l'amour & la deuotion de ces paures personnes, n'est qu'interest & que concupiscence. Au contraire l'amour & la deuotion des hommes vraiement interieurs, est d'amitié pure à l'endroit de Dieu ; sans consideration de cecy ny de cela. Ils sçauent bien se conformer toûjours & par le tout de leur volonté à sa volonté diuine : encore qu'il ne leur deust rien donner de ses gousts, ny icy bas, ny au Ciel en sa gloire : attendu la distinction, qu'ils sçauent tres-bien, de chacune de ces choses.

Selon donc toutes ces veritez, tout ce qui reluit n'est pas or. C'est par l'esprit & de l'esprit qu'il faut iuger ; non par le sens, qui contrefait l'esprit ; & moins encore par le corps ; qui le plus souuent a presque tout en cette action. Mais c'est en vrai esprit, par le vrai esprit, & par le solide interieur, qu'il faut asseoir son iugement;

Ttt iij

tant pour les vrais commençans, que pour les vrais profitans. Il est vrai que beaucoup sont enlacez pour jamais là dedans; & d'autres rompent ces lacets, par l'abondante faueur de Dieu. Mais tout cela est du fait, & de la science des bons & experimentez Directeurs; ausquels quiconque s'abandonnera parfaitement, il sera adressé & tiré au vrai ordre, par les moiens & les exercices des solides vertus: fondé qu'il sera mesme en la profonde humilité de cœur, selon le total aneantissement & mépris de soi-mesme.

Chapitre XIV.
De la constante & souueraine resignation de l'Ame consommée en Dieu.

ON ne peut nier que le repos suressentiel de nostre ame en Dieu, ne nous soit grandement delectable & satisfactoire: lequel repos est infiniment éleué au dessus de l'appetit, qui est entierement supprimé en nous. Car par ce repos nous sommes en quelque façon comprehenseurs, quoi que ce soit d'vne tres-grande distance, en comparaison de ce que nous attendons & esperons de l'estre vn iour en la totale repletion de toutes nos puissances creées. Neantmoins auec le present estat, qui est en nous hors de nous, & partant si éloigné de nostre total, nous ne laissons pas de porter & ressentir de continuelles miseres en leurs causes qui sont toutes viuantes en nous; c'est à dire, les subtiles inclinations naturelles. Cela, dis-je, nous fait bien ressentir que nous ne sommes pas bien-heureux, non pas mesme d'vne infinie distance. Car nous ressentons à l'infini au dedans & au dehors de nous, la guerre & la douleur. Mais specialement pour le dehors, nous de-

de l'Ame en Dieu par amour. 519

uons estre à tous ces efforts si penibles & si angoisseux, stables, comme des rochers au milieu d'vne mer agitée de la furie des vagues, sans estre aucunement ébranlez.

Ainsi quoi qu'il nous puisse arriuer, de quelque part que ce soit en la voie, en laquelle nous viuons, estans neantmoins morts, ne nous doit aucunement atteindre le cœur, ny les puissances supremes, ny mesme les sensitiues. Parce que Dieu, qui vit en nous, qui nous meut, qui agit & qui endure en nous, accepte le tout par nostre ministere, sans alteration de lui-mesme. Que s'il se trouue quelque alteration volontaire de nostre part, cela ne conuient point à son estre, & à sa vie diuine & tres-heureuse: mais à nostre infidelité, par laquelle nous viuons à nous-mesme en cela, & par cela; ainsi que i'ay exprimé ailleurs.

Partant est-il besoin, que nous demeurions grandement attentifs à nous obseruer nous-mesme; pour ne rien faire par nous-mesme, en quelque sorte que ce soit. Que si estre mort, c'est estre tout perdu à soi & à toutes choses: il faut que comme tels, nous demeurions en nostre sepulture, qui est l'abisme infini & eternel de Dieu. C'est de cét abisme que nous ne voulons iamais sortir viuans: c'est pourquoi nous allons toujours nous étendans aux choses qui sont au deuant de nous, sans nous empescher de ce qui est derriere nous: & nous poursuiuons à bon écient & à toute reste le prix, dont nous auons déja de si diuines arres dés cét exil. C'est à dire ce que Dieu a, & ce qu'il est en lui-mesme, qui sera nostre continuel objet, & nostre continuelle & eternelle fruition.

Il est certain nonobstant, que nous sommes plus pauures en la voie qu'aucune creature; à raison des dissemblances de nostre vie exterieure, d'auec celle de nostre bien-heureux Sauueur. Ie dis, quant à ce qu'il nous connient sentir de contraire à lui au dedans, & au dehors de nous-mesme, à raison de nostre simple nudité d'esprit: & que nous ne representons pas si viuement selon nostre total sa diuine & humaine vie, en nostre humanité, que nous desirerions bien, & ainsi qu'il seroit requis. Mais nous nous resignons à l'infini, tant en ce defaut là, qu'en toutes autres occurrences. Ainsi nostre resignation est infinie, & sans fin: & n'a pas mesme le present, ny l'eternité; quoi qu'il soit vrai qu'elle doit prendre fin auec nous. Au reste nous ne pensons point à toutes ces distinctions & reflexions: d'autant que nous ne sommes point, estans parfaitement aneantis à nous-mesme.

CHAPITRE XV.

Que l'Ame consommée en Dieu, iouïst d'vn vrai Paradis, nonobstant toutes les miseres de la vie presente.

DIEV, nonobstant vne infinité de miseres qui nous enuironnent, est la cause de nostre Paradis icy bas; en ce qu'il est, en ce qu'il possede, & ce qu'il fait en soi-mesme & pour soi-mesme: qui est sa totale felicité infinie. Quand il voudroit que iamais nous ne le possedions autrement, que nous le possedons à present dans nostre totale transfusion en toute son estenduë diuine; en cela & par cela mesme, nous serions en nostre Paradis en tous euenemens: fust-ce mesme dans les enfers. Car la felicité des bien-heureux ne consiste pas seulement dans la gloire & felicité, dont ils iouïssent en le voiant & le comprenant en tout lui-mesme: mais bien leur felicité souueraine & principale, est l'infinie felicité de Dieu, dont ils iouïssent en inondation

&

de l'Ame en Dieu par amour.

& dégorgement de son amour consommé enuers eux. Par lequel il les éleue, & les reuest de sa mesme gloire & felicité; en laquelle & par laquelle ils le comprennent en tres-grande faim, & en tres-pleine satieté, sans contrarieté quelconque. Et de leur amour, de leur science, & de leur ioie resultent toutes les raisons de l'amour essentiel & glorieux, en plenitude de clarté & de ioie accidentelle en eux. Ce qui prend sa source interminable de Dieu mesme, & de toute l'influence eternelle de ses infinies communications glorieuses; augmentant, par cela mesme qu'il opere amoureusement & glorieusement en eux, la gloire de chacun d'eux, de moment à autre, comme à l'infini. D'où se fait que chaque Bien-heureux possede la ioie & la gloire de tous les autres, & en iouïst comme de la sienne propre, en tres-diuers & differens degrez, conformément à la charité qu'il aura eu enuers Dieu icy bas.

Or l'acte de charité dont nous aimons à present nostre objet infini en lui-mesme, de nostre gloire essentielle; lequel lors que nous serons clarifiez de la lumiere de gloire, sera tout plein, tout parfait, tout accompli en l'immense amour, clarté, ardeur, ioie, & largeur de toute nostre ame. Laquelle en suite de l'eternelle repletion d'elle-mesme, inondera son propre corps de tout cela, & de tout ce qu'elle est. Si bien que l'homme ainsi plein de Dieu, sera Dieu mesme en effet de totale participation d'vne gloire immense & infinie; comme creature neantmoins, & non comme Dieu. Ce que ie ne veux point approfondir pour cette heure.

CHAPITRE XVI.

Qu'il faut suiure fidelement le raion diuin, si on desire paruenir à l'vnité suressentielle, & à la consommation en Dieu.

C'EST chose étrange, que l'homme ne veut point connoistre ny Dieu, ny soi-mesme, par la Sapience diuine, surnaturelle & sensible. Mais bien par sa seule science naturelle, par laquelle il considere & specule, non ce qu'il est, mais ce qu'il peut, & ce qu'il fait naturellement de ses puissances naturellement reformées, ou non reformées. C'est à quoi l'homme s'applique actiuement, non pas à desirer Dieu affectueusement, & par amour actuel, pour le connoistre & le gouster par sa Sapience diuine, en se conuertissant à lui par vraie exercitation d'amour & de vertu. Car l'effet de cette Sapience est, de faire entierement diuorce entre nous & la chair, pour viure à Dieu, & nous vnir à lui en la viue force du raion vif & amoureux, duquel nous touchant le fond du cœur, il attire fortement toutes nos puissances à lui, quand nous nous appliquons amoureusement à le suiure: Alors, dis-je, l'homme voit de quel estat d'excellence & de hauteur il est décheu, & en quelle misere il est reduit; ne pouuant de soi-mesme aborder le souuerain bien, & infiniment moins s'vnir à lui, si Dieu mesme ne fait cela en lui, par les écoulemens frequens de son tres-fort & vif raion.

Or les vns vsent bien de ce diuin raion, & les autres le negligent (mesme apres l'auoir receu, suiui, & carressé quelque temps) comme vne chose de neant; qu'ils ne receurent, ne virent, & ne sentirent iamais. Mais les mieux aduisez, & les vrais fideles ont toûjours sui-ui ce raion perfectif en eux. Ils l'ont contraint, s'il faut ainsi dire, par leur vigoureux & indeficient amour, de les totalement reduire & transformer en soi-mesme. En suite dequoi totalement aneantis en eux, ils sont en lui totalement perdus & fondus, flottans au long & au large de son essence, en sa similitude par dessus toute similitude & distinction d'action & de veuë : par dessus leurs puissances, viuans desormais en sa propre vie, hors de distinction & de difference (en la maniere que les vrais Mistiques le conçoiuent) afin de reposer simples & vniques, en cette iouïssance. En sorte qu'ils pratiquent vne vie si diuine en cét ineffable repos, qui ne tombe sous aucune forme, par vne continuelle & attentiue mort d'eux-mesme. Ainsi se vont-ils plongeans de plus en plus en leur fond originaire. Ce qui les fait abhorrer toute creaturalité, gemissans comme aggrauez, sous le faix penible de ce corps, de ce qu'ils ne iouïssent totalement à pur & à plein de l'essence diuine.

Voila comme on monte l'escalier d'amour diuin, par amour & par vertu, ioincts inseparablement ensemble, qui conduisent enfin iusques à l'amour consommé de l'objet final. Là où par les diuers succez des operations diuines, on est de plus en plus rempli des diuines generations ; qui contiennent vne infinité de diuerses simples veritez de la Sapience eternelle, & infinie. Ainsi apres s'estre totalement perdu, on se trouue entierement aneanti & consommé là dedans ; par entiere refusion de tout soi, de tout desir, de tout don, de toute science & connoissance : iouïssant là dedans de Dieu en lui-mesme, & par dessus tout moien perceu, & perceptible.

Or tout cecy est possedé & contenu en cette infiniment sureſſentielle vnité, en laquelle nous le poſſedons entierement, & d'vne maniere inconceuable, par deſſus tout cecy, & tout ce qui s'en peut exprimer. Et ce ferme arreſt, cette immobilité, cette ſcience infinie, cette double fecondité, cette ſimple vnité, cette effuſion, & cette refuſion, ce gouſt tres-ſubtil, cette ignorance & cette connoiſſance, cette vie & ce repos, ſont les propres effets de la Sapience inconceuable, qui fait & contient en tout ſoi cét infini, noſtre objet eternel. En la vie, & de la vie duquel nous ſommes perdus, & du tout abſorbez : & enfin entierement conſommez en elle, d'elle, & pour elle ; ſans aucune reſource, comme i'ay dit.

Chapitre XVII.

Enſeignemens & lumieres importantes, pour ſe maintenir en cette vnité ſureſſentielle.

IL faut que l'ame ſe tienne tres-attentiue à la contemplation de ſon objet, ſelon le plus nud & le plus pur de cét exercice. C'eſt à dire, conformément à ſon regard tres-pur, tres-ſimple, tres-nud & tres-vnique : ſuiuant attentiuement ſon inclination tres-ſimple, tres-actiue, & tres-ioüiſſante ; laquelle nous tire en l'abiſme incrée de noſtre infini objet. Mais, pour mieux dire, qui nous y aiant tiré quelquefois, nous y tient tres-fixement & immobilement arreſtez ; pour le contempler en lui-meſme, tres-étendus & perdus en toute ſa totalité par deſſus toute diſtinction & difference : comme nous l'auons toûjours deu dire & entendre. Que s'il reſte quelque moien de cela en la creature, il conſiſte en ce que ie viens de dire, & n'eſt comme point diſtingué, ny diſtinguible de l'operation meſme de Dieu *de l'Ame en Dieu par amour.*

en ce sien negoce tres-simple & tres-perdu. Si bien qu'il se faut bien garder de iamais varier delà, sur quoi, ny pour quoi que ce soit.

Il faut viure icy inconnu en ignorance, & en pureté, empeschant la nature de s'attacher subtilement aux especes procedantes du desir de sçauoir, de connoistre, de sentir, & cela, en sa tres-subtile inclination. Car cecy ne se passe pas à present comme il faisoit au commencement, & en l'auancement : mais tout autrement, & d'vne maniere infiniment plus subtile. Parce que l'ame est icy forte & arrestée, aiant pouuoir sur ses subtiles inclinations, par maniere de dire, pour arrester par vne simple façon, la tres-subtile action de ses puissances. Mais il faut y estre attentif & arresté, & bien éuiter icy les multiplicitez ; faisant estat de mourir & d'expirer en esprit, pour demeurer entierement arrestez en nostre iouïssance & contemplation diuine.

Or ce qui est plus penible en cecy, c'est le facile assoupissement de ses puissances. Chose, qui est fort ordinaire & facile aux ames, qui sont en cét estat, à cause de leur totale destitution. A quoi on remediera, en tenant ces puissances libres & alaigres par sa propre & expresse industrie : les détournant dextrement & simplement tanticy, qu'ailleurs de tous objets imaginaires & delectables à la nature ; & éuitant toute curiosité & multiplicité, & les tenant perduës à toutes choses creées, telles qu'elles puissent estre. Et comme la pesanteur du corps contribuë souuent à cét assoupissement, il faut soigneusement se donner garde, changeant souuent de posture, si besoin est.

Il faut aussi diligemment se donner garde, d'empescher l'ame en sa paix & en son arrest, par les excessiues souffrances du corps, endurées par indiscretion,

Car quand elles nous viennent de la part de Dieu, & sans les procurer par nous-mesme; il en faut faire infinie estime, & gloire. Mais si par indiscretion l'ame s'en va, comme i'ay dit ailleurs, & se répand par les souffrances du corps: tirant ainsi, comme par force, toutes sortes d'images creées, specialement en ces personnes icy: quoi que les images soient tres-spirituelles, tres-simples, & tres-deliées: ce sont neantmoins toûjours des phantosmes, qui detiennent & occupent l'ame en quelque maniere. Si bien qu'en cela mesme elle ne iouïst pas parfaitement, entierement, & comme il faut de son repos; selon la totale actiuité de sa tres-simple, & tres-vnique inclination & transcendance. Neantmoins il vaut mieux dire icy, tres-simple inclination, que transcendance. Et encore diroit-on mieux, que ce n'est ny l'vn ny l'autre. Mais c'est le tres-simple & tres-vnique trait de Dieu mesme; qui nous constituë & nous arreste en lui d'vne maniere imperceptiblement perceptible, & pour l'ordinaire du tout imperceptible. Tant plus cela est, & se fait ainsi, tant plus & tant mieux nous sommes simples, vniques, estendus, & perdus au total de nostre infini objet. Et ce d'vne science & notion, qui excede toute science & & notion de tout ce qui se puisse fecondement tirer & fluer d'icy, pour exprimer & manifester cette constitution perduë & vnique. Car fondant & reduisant tout en son propre abisme, elle ne sçait, ne voit, & ne sent rien de toute chose creée ny increée, sans la difference d'elle-mesme: n'estant autre chose que l'abisme tres-profond du mesme objet, qu'il a fait & aresté en nous; ou pluftost hors de nous, en tout lui-mesme.

CHAPITRE XVIII.

De l'exercice, que les Parfaits reçoiuent des Diables, & combien soigneusement ils doiuent s'obseruer eux-mesme.

NOnobstant tout ce que ie puis auoir dit ailleurs, de l'exercice, que les plus parfaits reçoiuent des diables; il est fort à craindre qu'eux-mesme n'en soient la cause. Sçauoir est, par la subtile recherche, qu'ils font d'eux-mesme, retenans quelque chose de l'actif, soit mental, soit vocal, & viuans selon cela: ou quelque autre chose que ce soit, sous pretexte de crainte de s'aueugler, & d'obtenebrer leur conscience. De sorte qu'ils ne viuent pas comme morts, mais comme viuans à eux-mesme. Et leur semble que tels actes & procedures soient acte de mort, sous pretexte d'annihilation actiue. Ainsi ils viuent souuent en quelque subtile proprieté d'eux-mesme, en cecy, ou en cela. En quoi ils sont causes que les diables les trauaillent de nuit diuersement, comme i'ay dit ailleurs : outre les autres subtiles recherches d'eux-mesme, qui peuuent estre en leur vie. Ce qui sera toûjours, iusques à ce qu'ils soient totalement & parfaitement perdus. Que si estans vraiement morts, ils se trouuoient encore trauaillez; n'importe. Ils doiuent auoir recours à la mort mesme, qui est l'vnique remede.

Or ce que les diables pretendent en cecy, c'est de nous croire superbes, en ce que nous iugeons assez souuent leurs illusions de nulle importance, & ne les disons pas à nos Confesseurs, ou Superieurs. D'où vient qu'ils pretendent que telles personnes soient superbes: mais ils se trompent grandement, attendu qu'on voit

& qu'on iuge que ces choses sont si peu importantes, qu'elles ne meritent pas qu'on les dise. Neantmoins il est bon de les dire vne fois pour toutes, si tant est qu'on en aye toute commodité & liberté propre: sur quoi est requise vne tres-grande discretion.

D'icy on voit, que les personnes dont nous parlons, ne laissent pas d'auoir plusieurs choses à craindre en cette vie en elles-mesme, qu'elles sçauent tres-bien. De sorte qu'il faut qu'elles demeurent vraiement & entierement abstraittes, & sans empeschement quelconque. Au reste, qui reçoit en cét estat quelque empeschement, monstre ou foiblesse, ou indiscretion, ou defaut de vraie humilité & de defiance de soi-mesme: ou pour mieux dire, d'ancantissement total. Ce qui se trouuant en quelqu'vn; il peut dire qu'il y a en lui beaucoup à reformer.

Il faut donc bien prendre garde à soi, & rendre tout le dehors conforme à son estat interieur: par l'étroit des sens & de tout le corps, sans égard, ny difference de cecy, ou de cela. Mais d'autant qu'à cause de quelques circonstances qui sont hors de nous, & qui sont hors de nous, & qui sont l'effet & la pratique de nostre tres-simple & vnique liberté d'esprit: il nous les faut, dis-je, toutes reduire à rien: pour la perfection & le complement de nostre vnique & essentielle pratique. On ne sçait peut estre, ce que ie dis icy. Mais n'importe, ie m'entens bien: & me comprendra qui pourra.

Chapitre XIX.

De l'obscurité diuine, & comme il s'y faut comporter.

I'AY parlé ailleurs, de l'enuironnante & pressante obscurité de Dieu; de laquelle, & en laquelle il tire
les

les ames de qui il lui plaist, en plus ou moins grande presse & angoisse: serrant viuement les puissances par sa suspension, quelquefois iusques à leur ôter mesme le pouuoir reflexe; mais non pas l'acte elicite & commandé qui se fait par dehors. C'est pourquoi ie ne veux point en parler icy autrement, sinon que ie veux dire que cette diuine obscurité est la Diuinité mesme. Laquelle se rend ainsi obscure à l'ame, & sur tout à l'entendement qui en est enuironné, par abondance de sa sa tres-grande lumiere. Dont l'entendement demeure ébloüy, & en laquelle il est diuinement éleué & suspens en admiration pardessus l'admiration, en la tres-rauissante beauté de l'objet qui le remplist de soi-mesme: & le rauit de plus en plus à le contempler suressentiellement en abondance, & mesme en plenitude de delices. Ce qui se fait d'vne maniere totalement nuë, abstraite, & simple; en l'vnité suressentielle de Dieu mesme, où l'homme est éleué, sans bien souuent qu'il en sçache rien, ny où il est. Dequoi ie ne veux non plus parler, veu que les Mistiques en ont diuinement écrit.

Mais ce que ie pretends dire icy, c'est que ceux qui sont rauis à ces nobles spectacles eternels, où ils sont enuironnez de diuine obscurité, qui est Dieu mesme: qui fait cette obscurité en eux pour sa supreme gloire, & pour la perfection de la creature; si, dis-je, ces personnes icy sont prises & éleuées à cét estat, estant encore imparfaittes, & sans les habitudes des vertus; ils sont perdus, à vrai dire, en cét estat. Quoi que ce ne soit nullement l'intention de Dieu, mais seulement leur propre faute Et cela pour causes, que ie ne veux point icy autrement déduire. Il me suffit qu'il soit vrai ce que i'ay dit; que cét estat ne leur conuient nullement, supposé leur defaut & leur desordre. Neantmoins il n'y a pas de doute que s'ils vouloient, il ne leur tourneroit point à ruine, comme il fait à plusieurs. Au reste, entre ces personnes là, sa Majesté à pitié de qui il lui plaist, pour ne les laisser pas perir de mort eternelle, en leurs spirituels pechés, comme sont, aueuglement, superbe, precipitation, & toutes autres miseres.

Mais celui qui est bien exercé, & qui a bien acquis l'habitude des vertus en la mort de soi-mesme : plus encore l'vnion amoureuse, en la sauoureuse contemplation du mesme amour ; alors cette diuine obscurité ne lui nuist point. Car estant humble & mort comme il est, il est disposé à la soustenir en la force de l'esprit diuin, en sa sagesse & discretion. Sur laquelle neantmoins ne desirant s'appuier, il communique de toutes ses affaires & de tous ses sentimens à qui il doit ; comme à celui qu'il sçait estre accompli en toute telle theorie & pratique, pour sa seure conduite.

CHAPITRE XX.

Que le silence du desert interieur, vaut incomparablement mieux que toute sortie, & manifestation de ce sublime estat d'amour suressentiel.

LA demeure du desert spirituel est infiniment meilleure & toute autre, que la libre sortie du dehors : (quoi que l'vn & l'autre, à le bien prendre, doiue estre mesme chose en cét estat) si tant est que la pure necessité, & la profonde discretion de charité ne nous en tire pour vn peu de temps. C'est à quoi ceux qui y sont vraiement constituez, doiuent auoir soigneusement égard ; laissant là toutes choses, qui ne les doiuent toucher ny empescher, non plus que ce qui n'est point. Attendu que rien n'est comparable à la vraie & essentielle solitude, du tres-profond desert, pour vne infi-

de l'Ame en Dieu par amour.

nité de causes, dont i'ai specifié quelque chose ailleurs. A quoi il faut rapporter tout ce que i'en ay dit en ce Traitté, le tout n'estant qu'vne seule chose : c'est à dire le fond tres-suressentiel, & la vie mesme suressentielle, en l'infini abisme objectif de tout le créé, & de tout le creable. Duquel fond ie dis derechef, que tout ce qui en sort selon quelque distinction & notion, si sureminente qu'elle puisse estre : voire mesme selon la maniere de ce flux icy, ie dis que tout cela n'est rien de ce que nous sommes, & de ce que nous voions là dedans.

Que si quelques sorties & notions expriment quelque chose de cecy à nos semblables, c'est en cela mesme que nous tous ne sommes point autres ny ailleurs, que dans cét estat. Si bien que l'intelligence de nos formes nous demeure en nostre ioüissance & fruition objectiue, suressentielle & vnique. L'explication, deduction, & expression de quoi nous seroit plustost imputée à temerité, qu'à vraie & iuste raison. Aussi ne le faisons nous pas : & nous nous donnerons bien garde de sortir à moins que cecy, qui n'est nullement dehors; mais dedans l'abisme mesme en lui, & comme lui. Que s'il y a quelque distinction en cela mesme comme sorti, c'est pour nous découurir & manifester au long & au large cét abisme, comme il est en lui-mesme & en nous, hors de nous : & tout autrement hors de nous, qu'en nous. C'est là qu'il nous faut demeurer, pour le complement total de nostre vie, de nostre voie, & de nostre fruition. Sauf ce qui au mesme abisme nous en fait sortir, sans en sortir; y demeurans sans distinction de sortie, ny de demeure.

Chapitre XXI.

Conclusion de tout ce Traitté, où l'Autheur rend raisons pourquoi il a plus particularisé les merueilles de cét Estat, que tous les Autheurs Mistiques.

C'EST la verité, que quelques Mistiques tres-saints, & tres-pleins de cét amour infini, dont nous auons parlé en tout ce Traitté; en ont dit des merueilles. Ce qu'ils ont déduit, & tiré en pure & enflammée pratique. De sorte qu'ils semblent deuoir embraser & faire fondre tous les esprits qui les voient, au feu immense de cét infini amour; duquel ils disent qu'vne seule goutte répanduë en enfer, l'aneantiroit, & le changeroit en vn Paradis. Cela est vrai, & cét amour a esté si fort, si vif, & si ardemment embrasé en eux, & a produit en eux tant de prodigieux effets en leur total; que c'estoit grande merueille, qu'ils n'expiroient de moment à autre.

Or ils n'ont tous osé prendre la hardiesse, à cause de leur profonde humilité, de reduire ce tres-vif & tres-ardent amour, & tous ses infinis effets en pure pratique. Mais ils se sont contentez de le faire voir theoriquement, comme nous auons dit; monstrans neantmoins quant & quant quelque chose de ses effets, conformément à la theorie qu'ils en ont deduite. Et nous, les admirans en leur profonde humilité & doctrine, nous prenons d'eux & de leur doctrine, ce qui nous sert; conformément à ce qui est nostre, selon ce que Dieu a fait en nous, & y fait continuellement par son infini amour & bonté. Ce que nous déduisons & reduisons expressément, pour nous seruir d'exemple & de miroir: dans lequel nous voions reluire Dieu en de l'Ame en Dieu par amour.

son infinie clairté, & en tout ce qui est, & ce qu'il a, comme nous auons déja dit.

Que si mesme les excellentes personnes de propre exercice, ne comprennent & n'entendent pas cecy; ils le pourront laisser à ceux lesquels estans constituez en vie & voie consommée selon la voie, m'entendront & me comprendront tres-bien: sinon possible au tout, au moins en la pluspart de mes Escrits: si, dis-je, elles sont telles que ie les suppose. Car pour ne comprendre pas les veritez qu'on list, il n'est pas question pour cela de les blasmer: attendu que ce seroit plustost œuure de legereté, & de temerité, mais toûjours d'ignorance, que non pas de bon sens, & de sagesse. C'est pourquoi ces personnes là ne s'en empescheront point autrement, s'il leur plaist. Se souuenans au reste; que la vie de l'esprit doit estre totalement inconnuë de ceux qui l'ont en moindre degré. Cela estant ainsi, comme il est, il doit arrester tout court le monde, pour admirer ce qu'il ne peut conceuoir, ny comprendre.

FIN.

PRIVILEGE DV ROY.

LOVIS PAR LA GRACE DE DIEV, ROY DE FRANCE ET DE NAVARRE: A nos amés & feaux Conseillers les Gens tenans nos Cours de Parlement, Maistres des Requestes ordinaires de nostre Hostel, Baillifs, Seneschaux, & à tous autres nos Iusticiers & Officiers qu'il appartiédra: Salut. Nostre cher & bien-aimé le P. Donatien de saint Nicolas Religieux de l'Ordre des Carmes Reformez de Touraine, Nous a fait remonstrer, qu'il a composé vn Liure intitulé *la Vie, les Maximes & Partie des Oeuures du Venerable Fr. Ian de saint Samson, Religieux Laïc du mesme Ordre*, lequel il desireroit faire imprimer, s'il Nous plaisoit luy en donner le Priuilege. A CES CAVSES, & desirant fauorablement traitter l'Exposant: Apres que par l'Approbation des Docteurs en Theologie de la Faculté de Paris, il nous est apparu ny auoir rien dans ledit Liure qui ne soit conforme aux maximes de la Religion Catholique, & aux vrais sentimens de la Foy: Nous luy auons permis & accordé, permettons & accordons par ces presentes, de faire, par tel Imprimeur qu'il voudra choisir, imprimer ledit Liure, & iceluy vendre & débiter durant le temps de cinq ans, à la charge que son Imprimeur l'imprimera correctement & sur bon papier, en telle grandeur & caracteres qu'il aduisera bon estre: Deffendant à tous Imprimeurs, & tous autres de quelque qualité & condition qu'ils soient, d'imprimer, faire imprimer, vendre ou distribuer par tout nostre Royaume, terres &

Seigneuries de noſtre obeïſſance ledit Liure, en quelque ſorte & maniere que ce ſoit durant ledit temps, ſans le conſentement dudit Expoſant, ou dudit Imprimeur qui aura charge de luy, ſur peine de confiſcation des exemplaires, de mil liures d'amande, tiers à Nous, le tiers aux Pauures Enfermez, & l'autre tiers audit Expoſant, & de tous deſpens, dommages & intereſts enuers luy, duquel Liure on mettra trois exemplaires, ſçauoir, deux en noſtre Bibliotheque qui eſt gardée au Conuent des Cordeliers de noſtre bonne Ville de Paris, & le troiſiéme en celle de noſtre tres-cher & féal le Sieur de Chaſteau-Neuf, Cheualier, Garde des Sceaux de France, auant que de l'expoſer en vente, à peine de nullité des preſentes : SI VOVS MANDONS, que du contenu en ceſdites preſentes, vous faſſiez & ſouffriez jouyr & vſer pleinement & paiſiblement ledit Expoſant, ou celuy qui aura droit de luy, ſans ſouffrir qu'il lui ſoit fait ou donné aucun trouble ou empeſchement. Commandons en outre à noſtre Huiſſier ou Sergent premier requis, de faire pour l'execution des preſentes, toutes ſaiſies & exploits neceſſaires, ſans demander autre permiſſion : Nonobſtant clameur de Haro, Chartre Normande, & autres Lettres à ce contraires. Voulant que mettant au commencement ou à la fin dudit Liure coppie des preſentes, elles ſoient tenuës pour deuëment ſignifiées : CAR tel eſt noſtre plaiſir. DONNÉ à Paris, le vingt-huictiéme iour d'Aouſt, l'an de grace, mil ſix cens cinquante, & de noſtre Règne le huictiéme.

Par le Roy en ſon Conſeil.

CROISAT.

LEdit Reuerend Pere Donatien de saint Nicolas, Religieux de l'Ordre des Carmes Reformez de la Prouince de Touraine, a cedé, quitté & transporté à Denys Thierry marchant Libraire à Paris, le droit du present Priuilege, pour en jouir durant le temps porté par iceluy aux clauses & conditions dont ils sont conuenus entre-eux.

Acheué d'imprimer pour la premiere fois le quinziéme Ianuier mil six cens cinquante & vn.

Les trois Exemplaires ont esté fournis.

TABLE ALPHABETIQVE
des Matieres contenuës en ce Liure.

A

ABandon de soi à Dieu dans les douleurs. 180
Abnegation. 267
Elle est le sommaire de la perfection. 398
Ses effets. ibid.
Sa necessité, specialement à l'article de la mort. 174. 325.
Voyez *Renonciation*.
Abstraction pure. 434
Abstraction & solitude d'esprit. 152. 234. 235. 281. 295. 299. 306. 307. 334. 406.
Abstraction purement naturelle. 292. 307
Actions exterieures sont plus vtiles que nuisibles aux Parfaits. 110. 318
Quatre choses les rendent parfaites. 229. 294. 406
Voyez *Regles de Conuersation*.
Accusations injustes doiuent estre supportées. 271
Aduersité & prosperité en la vie spirituelle, ce que c'est. 401
Affection est preferable à la connoissance. 440. 441
Naturels affectifs sont pro-

pres pour l'aspiration. 442
Agonisans merueilleusemét consolez par le V. Frere Ian. 43. & suiu.
Ames fidelles en quoy different des mercenaires. 393. 471. 472.
Ames insatiables d'amour. 78. 79. 154.
Ame contemplatiue comparée à vne Abeille. 74
l'Ame perduë en Dieu ne refleschit ny sur Amour, ny sur Humilité. 92. ny sur autre chose temporelle. 460
Elle reçoit tres-purement les dons de Dieu. 155. 112. 215
Amour diuin. Ses effets. Ses pratiques, & ses moiens. 247. & suiu. 438
Ses vicissitudes. 393
Il est la vie vnique des Chrestiens. 400
Il est insatiable. 475
C'est vn exacteur inexorable. 154
Il suffit à soy-mesme. 409.
n'est iamais oysif. 147. 249
Il produit ses effets au dehors & au dedans. 438
Ses diuers degrez. 352

Yyy

Son progrez. 114
L'Homme n'est creé que pour aymer. 437
Amour grand, est fort à proportion. 436
Sa preuue est la pratique. 248. 398.
Amour pur s'assujettit toutes les vertus. 409
Amour d'vnion vaut mieux que celuy de conformité. 250. 413.
Amour vray, & essentiel en quoy consiste. 247. 404
Amours comment se discernent. 414
feu d'Amour. 53. Son embrasement subit. 154. Il doit tousjours brusler en nous. 405
Amour de Iesus-Christ. 149
Effect plus haut de l'Amour de Dieu enuers nous. 400
Guerre au combat d'Amour. 58. 59.
Aymer soy-mesme, & mourir à soy sont incompatibles. 415
Amour du prochain. 252. & suiu. voyez *Charité*.
Amour diuin dégouste Fr. Ian de ses estudes. 3.
Affluence d'Amour difficile à celer & à supporter. 3. 14. 54
Amour passif, mourant, & renoncé. 477
Aneantissement, & veuë de son propre rien. 209. 213. 217. 218. voyez *Humilité*. Mort mystique.

Aneantissement inconnu. 277. 294.
Anges cherissent les ames deuotes au mystere de la naissance de Iesus-Christ. 77
Antoine de Reuol, Euesque de Dol prend sa conduitte de Fr. Ian. 161. 162. 163. Sa deuotion au S. Scapulaire 162. Sommaire de ses vertus. ibid.
Apparitions du V. Fr. Ian apres son decez. 190. & suiuans.
Aridité d'esprit, preferable à la consolation sensible. 113. 435
Ascendance, effet de superbe 214.
Ascendance dommageable dans les Superieurs. 350
Aspiration, ou amour aspiratif. 451. ce que c'est. 439. ses pratiques. 439. 454 ses especes. 432. ses effets. 441. 457. 459.
Aspiration essentielle, & inclination iouyssante. 462
A quelles personnes est propre cét exercice. 442. 463. 464. ce que presuppose cét exercice. 451. ce qu'on y doit éuiter. 443. 454.
ordre pour entrer par l'Aspiration en la voye mistique. 444
Aspirations pour les commençans. 419. 445. 468. pour les Agonizans. 482. autres 472. & seqq. 485.
Aspirations de l'ame dans l'affliction. 473
Assoupissement des puissan-

des Matieres.

ces, & son remede. 525.

Attention à Dieu dans l'action exterieure. 220. à l'office diuin. 258

Attrait diuin. 430
occupation de l'Ame hors de cét attrait. 431

Aueuglement corporel de Fr. Ian. 2

Austeritez de ce Frere en l'estat seculier, & regulier. 7. 18. 119. 120.

Austerité quelquefois nuisible. 244

Austerité necessaire. 313

B

Baiser de l'Espoux diuin. 61
Baptesme du S. Esprit. 55
Benediction receuë du Superieur, fortifie l'ame contre les demons. 109

C

Caliginosité diuine. 510. & 529.

C'est vn estat dangereux pour les imparfaits. ibid.

Calomniateurs de la vie spirituelle. 259. 260. 275.

Charité vers le prochain. 133. 252. est prudente, compassiue, infatigable, & rend l'homme sainct à l'interieur, & l'exterieur, ibid.

Charitable conuersation de Fr. Ian. 153

Chasteté, ses eloges, effets, & pratiques. 231. 232.

Cheutes en quel cas vtiles à l'ame. 410. 411

Cheuttes legeres, & leur remede. 471

Ciuilité & honnesteté dans la conuersation. 150

Communion du corps de Iesus-Christ. 79

elle est vn Mariage de l'ame auec Dieu. 80

Communions indignes. 84

Communions de Fr. Ian, pourquoy faites de grand matin. 82. 142.

Communications spirituelles entre Fr. Ian, & le R. P. Dominique de S. Albert. 154

Combat du V. Frere contre les demons. 116. & suiuans.

Combat d'amour. 58. 59.

Compassion du V. Frere aux infirmitez du prochain. 134. mesme à celles des bestes, ibid.

Complaisance propre. 333

Complimens mondains luy estoient en horreur. 149

Connoissance de soy-mesme, & son contraire. 216
source de cette connoissance, 387. ses effets. 388. ses moyens, 216. 217. 274. elle suppose la pauureté d'esprit, & la mortification. 391

Combien cette vertu estoit parfaite en Fr. Ian. 92. 93

Conduitte des ames, excellente en Frere Ian. 42. 153

Conduitte des ieunes ne se doit donner à ceux qui ne sont

Yyy ij

que sortir des estudes, & pourquoy. 350
Confiance en Dieu. 120, 389. au poinct de la mort. 320
Confiance de personnes qualifiées, aux prieres & assistances spirituelles de Fr. Ian. 109
Confesseurs de personnes spirituelles, instruits par le V. Frere. 127
Conseil, don du S. Esprit, communiqué à Fr. Ian. 141
Conscience des parfaits. 184
Conscience tres-pure de ce Frere. 123, 269
Consolations creées sont en horreur aux ames fidelles. 293. 312.
Consommation de l'âme en Dieu, 495, 502. & suiu. en quoi consiste cét estat, ibid. pourquoy on n'en parle que par excez, ibid. pourquoy nostre Frere l'a plus specifié que n'ont fait les autres mistiques, ibid. ch. 12.
Contemplation, & speculation simple, ce que c'est, 432
Contemplation est vne science sans science, 465
Contemplation, ou vie contemplatiue, & sureminente, 286. & suiuans. elle n'exclud pas les actions de charité, 425. ses degrez diuers, 287. & suiuans.
Contemplatifs sont hors des atteintes des Diables. 354. 355.
Contemplatifs en quoy different d'auec ceux qui sont dans l'action. 405. quand peuuent vser de leur operation interieure vers Dieu. 757. leur eloge. 295.
contemplation ordinaire & extraordinaire du V. Frere Ian de S. Samson, 63, & suiuans
contemplation fausse, 291
conuersation exterieure, 140 ses regles, 310, 319, & suiuans, & 417. fruits de la conuersation du V. Fr. Ian de S. Samson, 130. 153. iusques à 168.
conuersation auec les seculiers, & ses regles. 331
Conuersation interieure, & ses regles, 397
Conuens de Rennes & de Dol se reforment, & Fr. Ian y est appellé, 40. 42.
Correction comment se doit faire, 330. 339. 344
Corps est la prison de l'ame, 169
Correction doit estre soufferte sans excuse, 330
Crainte de Dieu, excellente en Frere Ian, 125
Crainte naturelle comment se surmonte. 245
est vn grand desordre dans les vrais sages, 315
Croix & afflictions sont plus precieuses que la consolation, 112. leur vtilité 402. doiuent estre cheries de tous, 392
comment il s'y faut comporter, 424. 473
Croix interieures, 457

des Matieres.

la Cour des Rois a ses Saints, aussi bien que les Cloistres, 213

D.

Defauts du prochain doiuét estre supportez, 133
Desert spirituel, 65. voiez, souffrances interieures

Abstraction. Mort mistique, 278

Desir de l'Ame sainte est plus grand que son pouuoir. 247

Desir fort ardent est plus souuent de la nature que de la grace, 415

Desir de mourir, 321. 327

Desir de la mort, vehement en Fr. Ian, & ses saillies d'esprit sur ce sujet 168. & suiuans 472.

Desolation interieure, son vtilité, 268

Demons exercent les spirituels 219. & 527.

Ce qu'ils pretendent par ces exercices, ibid. leur dernier stratageme. 123. leur pusillanimité lors qu'ils sont vaincus 122. 355. n'osent aborder l'ame penetrée de Dieu. 70. autât de demons combattent l'homme qu'il a de diuerses passions. 124. leurs illusions comment se surmontent. 354. 426. Regles pour les exorciser 357. Regles pour discerner leurs ruses, fausses lumieres, & façons de faire 353. & suiuans.

possessions Diaboliques, 356

ils tourmentent V. Fr. Ian 35. 116. & suiuans. mesme en sa derniere maladie 177. ses victoires sur eux 120.

vn Demon aduouë le pouuoir que ce Frere a sur lui, 122

Deuotion sensible, 285

Discretion, ce que c'est, 301
elle est tres-rare, 303

Discretion des esprits, de la nature, du demon, & de la grace. 294. 296. 353

cette Discretion grande en Fr. Ian 142. 143

Discretion vraie, & prudence diuine sont les marques dauancement en la vie interieure 259. 280

Dieu doit estre trouué en toutes choses, 256

Il desire vne grande fidelité des Parfaits chap. 2. du Traitté de la Consommation. Ses dons comment doiuent estre receus 213. tout estat doit estre accepté, comme venant de sa main 112. 172. 266. 297. 408. grand mal'heur de n'estre pas tout à lui. 222. il manifeste sa volonté à Fr. Ian par des signes sensibles 141. 142. Tendre à l'infini, à Dieu, ce que c'est, 116. Attention à Dieu dans les actions exterieures. 419. 410. Presence de Dieu. Voiez Oraison & vie interieure. Attaches aux dons de Dieu, 240

Yyy iij

Distractions pendant l'oraison, 258. 259.
P. Dominique de S. Albert disciple de Fr. Ian 153
ses Deuises spirituelles, 157. 159. Son amour, & ses autres vertus, 154
Douceur necessaire dans les Superieurs, 346
Douceur & benignité de Fr. Ian, 133
Dureté de cœur des mondains, 223. 224

E.

Ebrieté spirituelle, 411. 412
Egalité d'esprit en Fr. Ian. 138. 149
Lumieres sur cette vertu 256
Enfant obtenu à vne femme sterile, par le V. Frere 138. Mort du mesme enfant predite. ibid.
Equiuoques contraires à la perfection, 151. 329
Escrits de Fr. Ian le font connoistre, 106
Pourquoy il y parle si librement de ses voies & experiences. 107. 108. 132. 363. & suiuans.
Il les soûmet au iugement & correction de la saincte Eglise, 136
Escriture sainte entenduë par Fr. Ian, 135
Esprits doiuent estre esprouuez. 46
Voiez: discretion des esprits.
Espreuues de l'esprit & de la vertu du V. Frere. 30. 31. 32. 40. iusques à 53.
retour de l'Espoux, l'vn delicieux, l'autre douloureux, 403
Estime du V. Frere chez les Grands. 96. & suiuans.
Horreur qu'il auoit de cette estime, 102
Essence originaire, & auoir atteint cette essence ce que c'est, 72. 73.
Euesques honorent le V. Frere, 100
Euures de surerogation 249. Voiez: Actions.
Excez d'esprit ne doiuent estre communiquez aux imparfaits, 329. 333
Exercices & vexations diaboliques 116. Voiez Demons.
Exercices extericurs empeschent par fois la mort mistique, 279
Exercices propres se doiuent laisser par le contemplatif, 291
Exorcistes comment doiuent se comporter, 157. & suiu.
Ecstase & estat extatique. 55. & suiuans.
progrez de cét estat, 58
Exterieur ne doit pas tirer à soi l'interieur, 426

F.

Feu d'amour & ses effets, 51. 290
le centre de ce feu est le S. Sacrement, 78
Fidelité necessaire és ariditez, 457. 458.

Fiévres comment gueries, 25. 29. 30

Flatteries contraires à la perfection, 149

Foy nuë, 437

Foy, 261

tentations contre la foy, 324

Fond de l'ame, 260

Force diuine, ou don de force, 138. 263. 264. & suiuans.

quelle dans l'hôme spirituel, 56. 138. 264. 392. ses degrez. 139. Elle doit estre grande pour soustenir sans alteration les fortes operations de Dieu 138

elle consiste à patir grandes choses, 265. 435.

elle est imperceptible, 437

elle est la preuue de l'amour, 458

G

Gausseries, opposées à la Charité, 134. 151

& à la simplicité, 309. 310

Gouuernement trop politique nuit à la vie religieuse, 151. 311. 342

Graces extraordinaires doiuent estre tenuës secretes, 14. 103. 106

Grace de Dieu en l'homme est vn continuel miracle, 224

Generosité d'esprit, 266

H

Haine sainte de soi-mesme, 170. 171

Honte est vn effet de superbe, 215

Humilité. 205. & suiu.

ses degrez par rapport au corps mort. 93. l'vne claire, l'autre feruente. 210. 395. elle est industrieuse pour se cacher. 94. 95. 106. elle supplée au defaut de la contemplation, 208

Humilité seulement exterieure n'est rien, ibid.

Humilité fausse, 211. 239

Humilité vraie, combien rare, 206. 211.

en quoi consiste sa perfection. 207. 209. 210. elle fait toute la vie spirituelle. 207. elle est inconnuë aux faux Catholiques, & l'a esté aux Philosophes anciés. 216. elle est tousiours accompagnée des vertus, 212

Humilité parfaite ne conuient qu'à Iesus Christ, 205

son Humilité est nostre exaltation, 205

pratiques des vrais humbles, 208. 209.

Humilité les exempte de toute peine, 213

Humilité, dit moins qu'anéantissement, 93

Humilité profonde de Fr. Ian. 49. 91. & suiuans.

ses Humiliations, 94

Humilité du R. P. Dominique de S. Albert, 159

amour vrai est vraisemét humble, 413

Humiliation passiue, meilleure que l'actiue, 210
Humilité des parfaits, difficile à connoistre, 315

I.

FR. Ian de S. Samson rend cõpte exact de son interieur à vn Directeur inexperimenté, 36
Ieusnes de ce Frere en l'estat seculier. 7
Ignorance saincte, 299
Imitation de Iesus-Christ, 324, 412, 413, 435, 436.
Image de Iesus-Christ, moié excellent pour la perfection, 324, 412, 460. il apparoist à l'ame agonisante, 181, 182.
Images des bons objets par fois nuisibles, 241, 459
Incarnation, ses eloges, 77. 400.
Indifference est marque d'amour pur, 414. sa necessité, 245
Indignation, effet de superbe, 214. 215. 333
Inferieurs, comment se doiuent comporter vers leurs Superieurs, 348. & suiuans.
Indulgences appliquées aux deffuncts. 330
Impatience, 265
Innocence du V. Frere, 37
Instincts malicieux de la nature, 240. du demon, 241
don d'Intelligence excellent dans le V. Fr. Ian, 143
Intention bonne n'est souuent que pretexte, 239, 240

Interest propre se trouue en tous sujets, 239
Introuersion, 216, 217, 259. V. vie interieure.
Iob deffendu contre la calomnie. 66. 67
S. Ioseph hautement loüé & veneré par Fr. Ian, 88. & suiu.
Iuger autruy, est effet d'ignorance de soi-mesme, 217

L.

LEctures spirituelles faites sainctement, 16
fausse Liberté, 314. 315
Liberté vraye des enfans de Dieu, 312, & suiuans.
le Licite ne doit estre pris pour l'expedient, 243. 245. 313
Loüanges abhorrées du V. Frere Ian, 94. 149
Lumiere eclattante apperceuë sur le visage du V. Frere, 22. 70
Lumieres receuës interieurement, preferables aux exterieures, 17
Lumieres fausses, & vrayes, 353, & suiuans.

M.

MAlades sainctement assistez & gueris, 25, 29, 30, 43, comment se peuuent recréer sainctement, 322
Maladies, comme il s'y faut comporter, 271, 321, aspirations pour les malades, V. aspirations.
Maladie derniere & la mort de Frere Ian, 177, & suiu.
Mariage

Marie de Medicis Reine de France, estime & honore Fr. Ian. 96. elle le consulte ibid. Il lui conseille de s'humilier en Reine. 99. il lui predit le succez de ses affaires. 99. 137
Martirs du diuin amour. 66. 154. 155. 284. 319.
Meditation de la Passion de Iesus-Christ & sa necessité. 5. 6. 74. 75. 206
Modestie 232. & suiuans. 335. 336.
 Grande en Frere Ian de saint Samson. 35. 126. 127. 146. & suiuans. Voiez *Regles de conuersation.*
Monde ce que c'est. 221. & suiuans.
Mortification, 244
 Sa necessité. 389. Voiez *mort mistique.*
Fr. Ian tiroit grand profit de la Mortification exterieure 149. Il a pratiqué cette vertu iusques à la mort, 180
Mort naturelle. 319. & suiu. extremement desirée par Fr. Ian 168. & suiuans. Ses sentimens & affections sur ce suiet 171. 172. Ses derniers sentimens auant que mourir. 180. 181. Aspirations pour les mourans. Voiez *Aspirations.*
Mort sainte du R. P. Dominique de S. Albert. 160
Mort de tout l'appetit naturel dans le V. Fr. Ian. 129
Mort mistique. 268. 276. & suiuans. 457. 458. Ses fruits. 407.
Mourir en Dieu & y expirer, ce que c'est. 280. 282
Mourir & patir sont les delices des Saints, 282
Mysticité, ou voie Mistique. Voiez *Aspiration.*
 Cette voie est differente de la Scholastique, 292 Les Doctes y peuuent entrer, s'ils sont de bon naturel. 430. Elle ne consiste point dans les sens. 66. Sa necessité. 433. Ses effets. 433. & suiuans. Voiez *vie Contemplatiue.*
Misteres de la Foy hautement contemplez par Fr. Ian. 75. 76

N.

Naissance de Iesus Christ, hautement honorée par Fr. Ian de S. Samson. 77
Naissance de ce Frere, 1
Nature, ses recherches, 256. Se recherche iusques à la mort, 178. elle veut toûjours sçauoir, & sentir, 277. & 525. Sa mort parfaite en Fr. Ian, 129. ses attaches subtiles, découuertes, 238. 354. comme on la doit tromper, 425
Noms de Iesus, & Marie, & des Saints, estoient en grande veneration au V. Fr. Ian 130
Nom donné au V. Frere, par

Prouidence diuine, 24
Nopces mistiques, 72. se font parfaittement en la saincte Communion, 80
Nouices conduits par Fr. Ian 41
Nouices dissimulez, doiuent estre reiettez, 345
Nourriture corporelle, estoit à degoust au V. Frere, apres la sainte Communion, 83

O.

Obeïssance, 227. & suiuans.
Obeïssance exacte du V. Fr. à Dieu, à ses Regles, & aux Superieurs, 108. & suiuans. Elle passe au delà de son pouuoir naturel, 110. Il ne faisoit rien que par mouuement diuin, 107. 108
Office diuin doit estre dit respectueusement, 130. 158 Auec quelle attention, ibid.
Oisiueté saincte, & son contraire, 64. 283. 291. 495
Operations du Pere, du Fils, & du saint Esprit, és puissances de l'Ame, 53. iusques à 64
Operation propre, estant surpassée, comment il se faut comporter en l'Oraison, & Aspiration, 464
Oraison & vie interieure, sa necessité, ses moiens & sa fin, 254. & suiuans.
Oraison basse & commune, est meilleure pour quelques-vns, 213. Exercice de l'oraison est aisé à qui se connoist soi-mesme, 390. Maniere d'Oraison tres-sublime en Fr. Ian 50. 51. approuuée par gens doctes & pieux, 52. son assiduité à l'Oraison, en l'estat seculier, 10. 23. Ieu d'Orgue excellent, & iugé plus que naturel en Fr. Ian, 45
Orgueil, voiez, Superbe.

P.

PAix de l'an 1610. predite par Fr. Ian 97. 137
Paradis de delices diuines, 55. 501. 520
Parfaits ne sont connus que de leurs semblables, 247
Paroles dernieres de Frere Ian, 179
Passion de Iesus-Christ. Voiez Meditation.
Passions, aueuglent l'Ame, 244. 246. 257. Doiuent estre mortifiées, ibid.
Pauureté, 128. 230. Embrassée par Frere Ian encore seculier, 9. 17
Patience, 263. & suiuans. Merueilleusement pratiquée par le V. Fr. Ian en sa derniere maladie, 179. 180
Patir pour Dieu, estoit son plus grand desir, 113
Peché, regles pour le connoistre, 218. & suiuans.

des Matieres.

Peché veniel, combien pernicieux, 125. 219. Comment s'efface, 391

Pechez des spirituels, comment se discernent, 219

Perfection en quoi consiste, 399. Consiste à voir son ordre & son desordre, 219. nous sommes obligez d'y aspirer, 220

Perte de l'ame en Dieu, 433. 455

Persecutions contre les spirituels, d'où procedent, 256

Persuasion exterieure, n'est rien en comparaison de la sagesse, 301

Pestiferez, assistez par nostre pieux Aueugle, 27. 28

Petites choses ne doiuent estre negligées, 246. 304

Pieté du Venerable Frere enuers les choses saintes, 129 vers les deffunts, 130. il deliure quelques ames du Purgatoire, 19. 20. 130. 131

Plaie d'amour & ses effets, 11. 12

Police, ou esprit politique, dangereux en Religion, 151. 311. 350. 352

Predicateurs affectez, 303. 338

Prestres & leur dignité, 337. & suiuans.

Presence de Dieu, 223. 256

Pretextes sont les rets des spirituels, 238

Prophetique esprit de Frere Ian, 137

Prudence diuine, est marque d'auancement en l'Oraison, 259. 299

Prudence en la conuersation, 13. 147. 329. & suiuans.

Prudence de la chair, 299. 300

Prudence des Sages, 304

Pureté de cœur, 459

Pureté de conscience, 125. 126

R.

Raison illuminée, ce que c'est, 300

Raion diuin doit estre suiui, 522

Rauissemens diuins, quels sont plus parfaits, 55. 56. Ne doiuent estre reiettez, 443

Rauissemens de la volonté, 442

Regles d'vne honneste recreation, 422. 423

Recreation des sens, est vne mort aux Parfaits, 244. 312. 328

Recherches de nature, 238 & suiuans.

Reflexions sur soi-mesme, quand bonnes, ou mauuaises, 460

Reflexions secretes, 240

Reforme des Carmes de Rennes, 38. 39. 41. persuadée par Frere Ian encore seculier, 17. Il en predit deslors le succez, 137. celle des Carmes de Dol, 42

Reformation de l'homme affectionné au peché veniel, comme se peut faire vniquement, 219

Zzz ij

Reformation de la nature, comment se doit faire, 241
Regard diuin en l'Ame 61. 62
Regard & arrest fixe de l'esprit en Dieu, 51. 434
Regles pour discerner les esprits, 238. & suiuans
Regularité. 229. Doit estre accompagnée de mortification. 245. est opposée à la singularité, 111
Reine Mere, voiez, *Marie de Medicis.*
Religion est vn martire & vn Purgatoire 226. causes de sa ruine, ibid. Pourquoi a-elle receu des regles de Dieu, 244
Reliques des Saints, venerées par le Venerable Frere Ian. 130
Repos vnique de l'ame consommée en Dieu. 285. 292. 293. elle ne prend son repos que dans la Croix, en la mort, & en l'amour, 112
Renonciation parfaite. 267. & suiuans. Ce que c'est, 269
Repos sensible & empeschement à la perfection, 270
Resignation souueraine, 267. 272. & 519. Pratiquée par le Venerable Frere Ian à la mort, 173
Se Resigner à la iustice de Dieu, est plus parfait que recourir à sa misericorde ; ibid. & 319. 320. 321. 326. 327.

Rien de la creature.
Voiez *Aneantissement, & humilité*, profondement penetré par le V. Frere Ian, 92. 93. 181

S.

SAint Sacrement comment veneré par le V. Fr. Ian, 78. 79. 80. les sacrées especes sont six heures en son estomach sans estre cōsommées, 81. la presence du S. Sacrement estoit sensible à nostre Aueugle, 81
Saincteté vraie en quoy consiste, 105. 212. 229. 247. 248. 268. 269. 274. 284. 285. 299. Dieu a ses SS. dans la Cour des Roys, 223
Saincteté vraie est inconnuë, 278. 284. 285
Sapience diuine. 296. & suiuans. Comment differe de la science 300. 301. 305. 416
Ses effets, 302. & suiuans. Les vrais Sages iugent des choses non selon l'apparence, mais selon leur fond, 305. 307. 308
Science, inutile au point de la mort, 319
Science des écholes, 298. 305. 316. & suiuans. Ne rend l'homme que moral, & non spirituel. 296. 297. 395. est inferieure à l'homme contemplatif, 291
la Speculation est vn chemin éloigné pour arriuer à la Sa-

des Matieres.

-pience diuine, 298
Speculation simple, est signe d'auancement, 431
Silence, ses auantages, ses especes, &c. 236. & suiuans. Vaut mieux se taire qu'exprimer les estats de la contemplation, 54. 297
Simplicité diuine, ce que c'est. 308. & suiuans. 311. Ses estats ou constitutions. 308. Sa necessité à la mort, 319
Sa difference d'auec la nature illuminée, 309. 310. 311
Ses effets & ses pratiques ibid.
Ses empeschemens, ibid.
Vraie & fausse simplicité, 151
Solitaires doiuent estre cheris & non méprisez en Religion, 343
Solitude, 234. & suiuans.
Solitude du spirituel quelle, 139. 140. Amour de la solitude, 48. 146
Soliloques amoureux, 445. 467. & suiuans.
Souffrances, 320. & suiuans.
Souffrances interieures du Venerable Frere. 8. 113. Voiez, mort spirituelle, & resignation. Il en fait vne haute estime. 113. Il les supporte fidellement 8. & secretement. 9. 213
Ses souffrances exterieures. 34. 35. 36. 114. Il en estoit insatiable, 115. 268
Souffrances des Iustes, bien differentes de celles des mondains. 222. 223. 224. 225. 271. 272
Souffrances indiscretes troublent la paix de l'ame. 525. Comment on peut demander à Dieu d'estre deliuré des souffrances. 264. 321
Spiritualis iudicat omnia: passage expliqué, 137
Speculation, est la voie Scholastique pour paruenir à la Sapience. 428
Stabilité de l'Ame consommée en Dieu. 505. Regles pour la conduite des Superieurs 339. & suiuans. Doiuent cherir & estimer les personnes spirituelles. 343. 344. mortifier leur propre iugement. 352. Leurs Regles pour la correction des fautes. 339. 344. 345. 347
Superioritez font profondemét mourir vne ame. 158. en quel cas peuuent estre refusées, 352
Superbe, ses effets, proprietez, &c. 212. & suiuans, & 229. 231. 232. Elle est quelquefois vtile, 215

T.

THeologie Mistique, ce que c'est. 286. Voiez *voie Mistique*.
Tentations se doiuent éuiter. 231. 424
Tentations des mourans, 325

Table

Tentations des Nouices que signifient. 125. P. Philippe Thibault chef de la Reforme, 39. 40

Tombeau du Venerable Frere Ian de S. Samson. 183. On y reçoit plusieurs graces. 182. & suiuans.

Transformation de l'Ame en Dieu. 72. 279. Ce qu'elle presuppose, 276

Tribulations : Voiez, Afflictions, Souffrances, Croix, 272. 273. & suiuans. 293. 322. & suiuans

Tristesse ne conuient point aux parfaits, 149. 421

V.

Vanité du Monde. 221. & suiuans.

Vertus sont tantost la cause, & tantost l'effet de l'Amour. 408. 409. Elles sont necessaires à l'amour. 248. L'amour les doit surpasser. ibid. & 409. Il les change en soi-mesme, 91

Veuës necessaires, du *Tout* de Dieu, & du *rien* de la Creature. 396. 397

Veuë intuitiue de Dieu en cette vie, si elle est possible, 73 xations diaboliques. Voiez *Demons*.

Vexations des hommes & des diables, comment doiuent estre soustenuës. 266

Vie inconnuë. 239. 281. 284. Est l'effet d'vne grande force diuine. 209. Elle est extremement cherie du V. Fr. Ian. 103. 104. 105. 106. Voiez *Humilité*.

Vie mourante & son progrez. 114

Vie presente est penible aux parfaits. 170

Vierge Marie venerée & louée par le V. Fr. Ian. 85. 86. 87

Vieillesse comment doit estre sainte, 127. 128

Visite de Iesus-Christ navré de ses plaies, à l'ame agonisante, 181. 182

Vnité suressentielle, moien de s'y maintenir. 524. Puissances recueillies en vnité d'esprit. 51

Vocation en Religion. 226. En quoi consiste. ibid. son bonheur. 226. Sa fin. ibid.

Volonté propre se quitte auec profit. 129. La bonne, volonté souuent plus estimab que les œuures, 345

Vocation du V. Frere à l'Ordre des Carmes, 20.

Vœux de Religion renouuellez à sa mort. 178

Voie Mistique. Voiez *Misticité*. Sa difference d'auec la voie commune. 291. 296. 428. 429. Ses effets. 433. Elle ne s'apprend point. 438

des Matieres.

Z.

Zele des ames. 224. Grand dans le V. Fr. Ian. 13. &c suiuans. 132. & suiuans. Zele indiscret doit estre euité. 132. 303. 424. 348.
Zele faux. 214. 215. 248

Fin de la Table des Matieres.

FIN

**BIBLIOTHEQUE NATIONALE
DE FRANCE**

R 116026

Entier

Cde : 1736　Volts : M6

Date : 24.04.98

:9

Service de la reproduction

www.ingramcontent.com/pod-product-compliance
Lightning Source LLC
Chambersburg PA
CBHW060359230426
43663CB00008B/1321